LA GRANDE NUBIADE

OU LE PARCOURS D'UNE ÉGYPTOLOGUE

Du même auteur

Cette bibliographie concerne uniquement les ouvrages se rapportant à des sujets d'ensemble et s'inscrit indépendamment des nombreux articles de recherches scientifiques et rapports de fouilles parus dans les diverses revues et collections spécialisées en égyptologie.

Principaux écrits

L'Art égyptien au musée du Louvre, Éditions Floury, Paris, 1941.
Le Style égyptien, Larousse, 1946. (Plusieurs rééditions; ouvrage couronné en 1947 par l'Académie des inscriptions et belles-lettres.)
La Religion égyptienne (histoire générale des religions), Aristide Quillet, Paris, 1947. (Réédité en 1960; ouvrage couronné par le prix de l'association France-Égypte.)
Les Sculpteurs célèbres (les Égyptiens du Moyen et du Nouvel Empire), Éditions Mazenod, Paris, 1955.
Les Femmes célèbres, tome I (reines et impératrices; grandes dames et femmes politiques), Éditions Mazenod, Paris, 1960.
L'Extraordinaire Aventure amarnienne, Éditions des Deux-Mondes, Paris, 1960.
Égypte : Art égyptien, Grand Larousse, 1961.
Temples de Nubie : des trésors menacés, Art et Style, Paris 1961.
L'Art égyptien (« Les neuf muses »), PUF, Paris, 1962. (Traduit en plusieurs langues, réédition prévue.)
Peintures des tombeaux et des temples, Unesco, Paris, 1962. (Édité en plusieurs langues.)
Toutankhamon, vie et mort d'un pharaon, Rainbird, Hachette, 1963. Pygmalion, 1977. (Prix Broquette-Gonin d'histoire de l'Académie française; édité en seize langues.)
Toutânkhamon et son temps (catalogue de l'exposition au Petit-Palais), Association d'action artistique des Affaires étrangères, Paris, 1967. (Plusieurs éditions.)
Le Petit Temple d'Abou Simbel (en collaboration avec Ch. Kuentz), CEDAE, Le Caire, 1968, 2 volumes.
Le Speos d'el Lessiya, en Nubie, tomes I et II, CEDAE, Le Caire, 1968.
Le Monde sauve Abou Simbel (étude archéologique des deux temples), Éditions Koska, Vienne, Berlin, 1968. (Édité en trois langues.)
Ramsès le Grand (catalogue de l'exposition au Grand-Palais); ministère des Affaires étrangères et des Affaires culturelles, 1976. (Plusieurs éditions.)
Le Département des Antiquités égyptiennes. La Crypte de l'Osiris. Miniguides du musée du Louvre. Éditions de la Réunion des musées nationaux, Paris.
L'Univers des formes, NRF, Paris. (Traduit en plusieurs langues.)
Le Temps des pyramides (Les arts de transformation), volume I, 1978.
L'Empire des conquérants (Les arts de transformation), volume II, 1979.
L'Égypte du crépuscule (Les arts de transformation), volume III, 1980.
Un siècle de fouilles françaises en Égypte (exposition au palais de Tokyo), Ifao et Réunion des musées nationaux, Imprimerie nationale, 1981.
La Grammaire des formes et des styles (Antiquités : Égypte). Bibliothèque des Arts, Paris; Office du Livre, Fribourg, 1981.
La Momie de Ramsès II (contributions égyptologiques; histoire du roi; bilan des découvertes), Éditions Recherches sur les civilisations, Paris, 1985.
La Femme au temps des pharaons, Éditions Stock, 1986, Paris (Prix Diane-Potier Boes, de l'Académie française).

Livres en préparation

Le Message symbolique du bestiaire égyptien.
Ramesseum : la salle astronomique.
Vallée des Reines.
La Tombe de Touy, mère de Ramsès.
La Tombe de Bent-Anta, fille-épouse de Ramsès.
La Tombe d'une fille-épouse de Ramsès, princesse inconnue.

Christiane Desroches Noblecourt
Inspecteur général honoraire des Musées de France

La Grande Nubiade
ou le parcours d'une égyptologue

Stock/Pernoud

Les cartes, tableau chronologique et différents indices ont été dressés par Isabelle Franco.

L'ensemble des photographies de ce livre provient du fonds de l'auteur, à l'exception de quelques clichés fournis par les sociétés qui ont œuvré pour la sauvegarde des monuments, et par les journalistes ayant suivi les manifestations officielles. D'autres clichés sont dus à certains de mes collaborateurs, leur crédit accompagne chacune de leur contribution.

A la mémoire de mes maîtres Étienne Drioton et Gustave Lefebvre.

A la mémoire de René Maheu, à Saroïte Okacha.

Pour André
qui a supporté, encouragé et soutenu cinquante années d'égyptologie, et sans lequel je n'aurais pu mener à bien la Grande Nubiade.

Pour notre fils Alain.

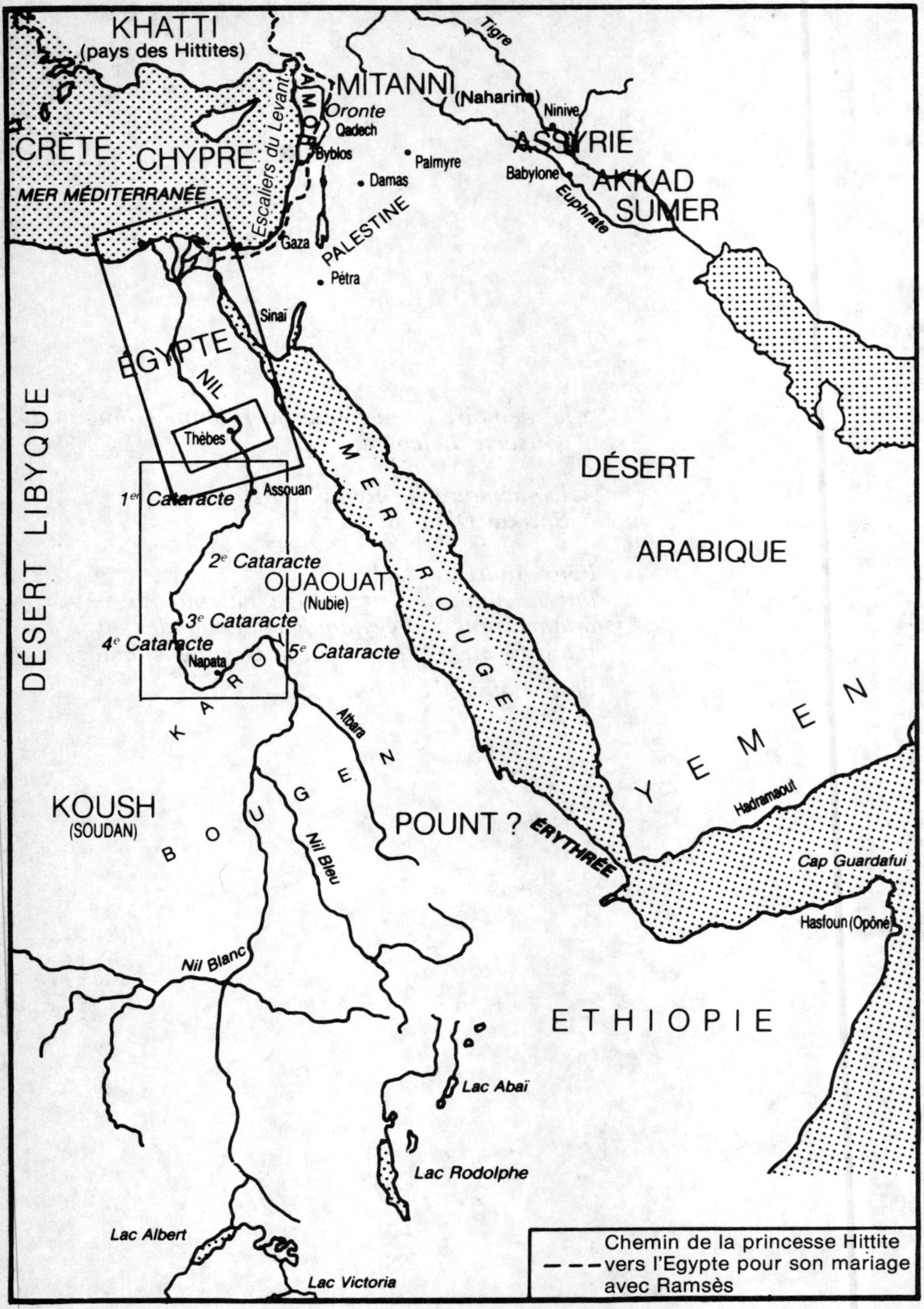
KHATTI
(pays des Hittites)
MITANNI
(Naharina)
Tigre
Ninive
ASSYRIE
AKKAD
SUMER
Babylone
Euphrate
CRÈTE
CHYPRE
MER MÉDITERRANÉE
Escaliers du Levant
AMOR
Oronte
Qadech
Byblos
Palmyre
Damas
Gaza
PALESTINE
Pétra
Sinaï
ÉGYPTE
NIL
Thèbes
DÉSERT LIBYQUE
1er Cataracte
Assouan
2e Cataracte
OUAOUAT
(Nubie)
3e Cataracte
4e Cataracte
5e Cataracte
Napata
KAROI
MER ROUGE
DÉSERT
ARABIQUE
YEMEN
Hadramaout
Atbara
BOUGEN
KOUSH
(SOUDAN)
POUNT ?
ÉRYTHRÉE
Nil Bleu
Cap Guardafui
Hasfoun (Opôné)
Nil Blanc
ETHIOPIE
Lac Abaï
Lac Rodolphe
Lac Albert
Lac Victoria
Chemin de la princesse Hittite
vers l'Egypte pour son mariage
avec Ramsès

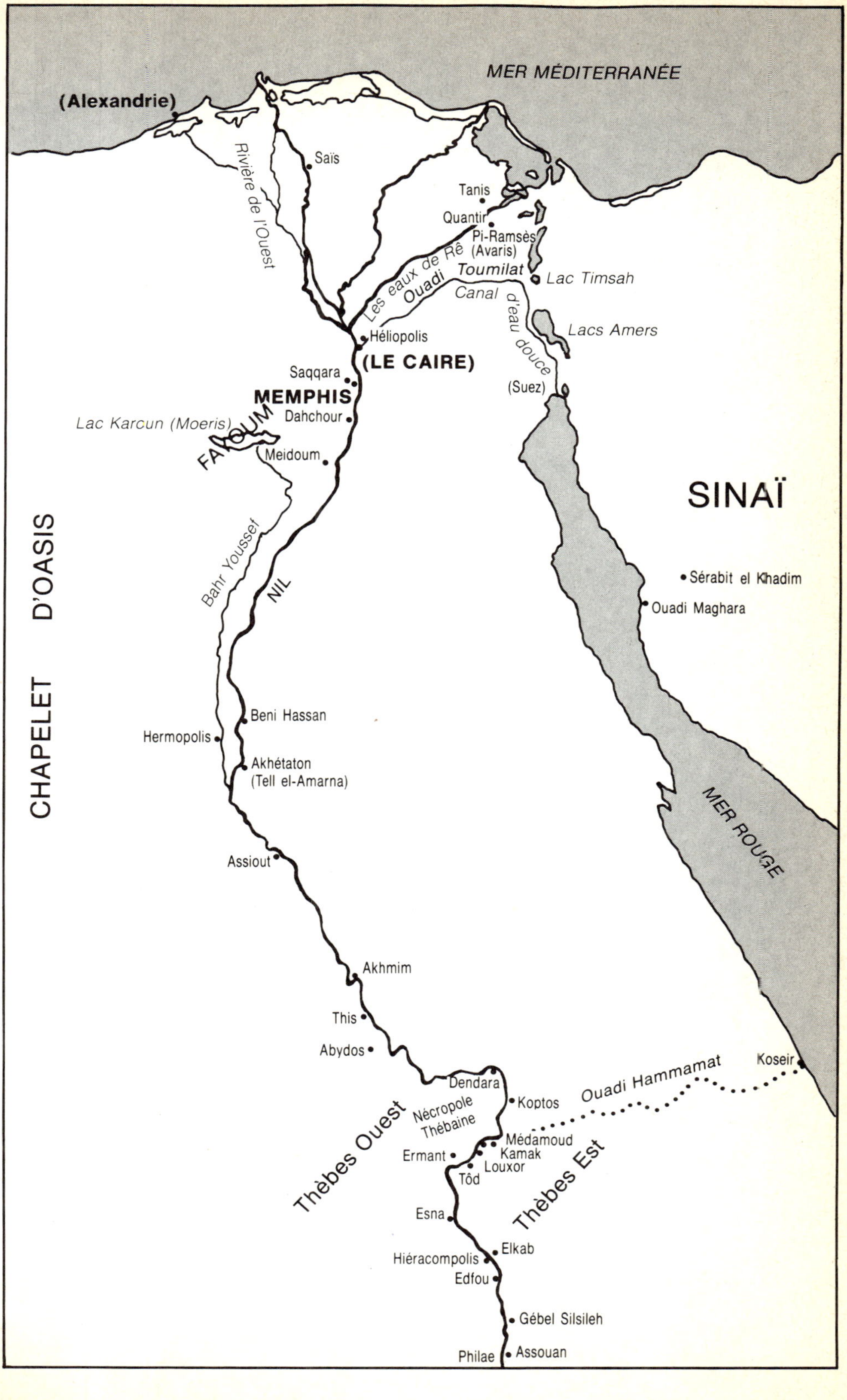
MER MÉDITERRANÉE
(Alexandrie)
Saïs
Rivière de l'Ouest
Tanis
Quantir
Pi-Ramsès
(Avaris)
Les eaux de Rê
Ouadi
Toumilat
Lac Timsah
Canal
d'eau douce
Lacs Amers
Héliopolis
(LE CAIRE)
Saqqara
MEMPHIS
Dahchour
(Suez)
Lac Karcun (Moeris)
FAYOUM
Meidoum
SINAÏ
CHAPELET D'OASIS
Bahr Youssef
NIL
Sérabit el Khadim
Ouadi Maghara
Beni Hassan
Hermopolis
Akhétaton
(Tell el-Amarna)
MER ROUGE
Assiout
Akhmim
This
Abydos
Koseir
Dendara
Ouadi Hammamat
Koptos
Nécropole
Thébaine
Thèbes Ouest
Médamoud
Ermant
Kamak
Louxor
Tôd
Thèbes Est
Esna
Elkab
Hiéracompolis
Edfou
Gébel Silsileh
Philae
Assouan

1

De Toutânkhamon à la « Pierre de Rosette » (1822-1922)

Une apprentie égyptologue

Rien ne me paraissait plus merveilleux, dans mon enfance, que de partir avec mon grand-père jusqu'à la place de la Concorde, encore épargnée à cette époque par la pollution automobile, pour admirer les hiéroglyphes gravés sur les quatre faces de l'obélisque de granite rose. J'ignorais, durant ces moments exceptionnels, qu'au musée du Louvre où j'aboutirais un jour quatre cynocéphales debout, levant les mains pour saluer le rayon solaire pétrifié symbolisé par le monument – et ornements de son socle – avaient reçu un gîte imposé par Louis-Philippe : le roi les avait trouvés par trop incorrects pour figurer ainsi, tout nus – ce qui constituait alors une véritable atteinte à la pudeur –, sur une des plus belles places du monde.

De nos jours, et par un ironique retour des choses, ce spectacle est offert à la vue des visiteurs sans cesse plus nombreux de notre musée national ; en revanche, rares sont ceux qui osent risquer la traversée pour aborder au terre-plein de l'obélisque.

L'Égypte était vraiment présente en moi – aussi, lorsque mon père m'interrogea sur la direction que je désirais prendre en vue d'une éventuelle occupation dans le domaine des arts, ma réaction manqua-t-elle d'enthousiasme quand je l'entendis me prôner, tout en sacrifiant à l'acquisition d'une culture générale... l'étude des dessins classiques !

« Je suis allé pour toi voir le directeur du musée et de l'École du Louvre, Henri Verne. Les humanités s'imposent, mais tu devrais aussi, parallèlement, trouver à l'École du

Louvre une formation spécialisée concernant les arts graphiques du XVIIIe siècle français. »

Pourtant, il jugea bon d'ajouter : « Cependant, Henri Verne m'a parlé aussi d'une chaire qui pourrait répondre à tes désirs : celle de l'archéologie égyptienne. L'enseignement de cette discipline est dispensé par le conservateur en chef du département des Antiquités égyptiennes, Charles Boreux, et par son conservateur adjoint, le chanoine Étienne Drioton, un grand savant, d'un rayonnement exceptionnel, qui initie à la langue égyptienne. Quoi qu'il en soit, il faut aller prendre ton inscription rue Gît-le-Cœur. Mais, auparavant, n'oublie pas de te rendre au bureau d'Henri Verne demain matin : il s'est proposé de te donner toutes les informations que tu désirerais... Songe surtout au dessin français du XVIIIe siècle, dont l'étude est tout de même plus accessible, au lieu de te plonger dans trois mille cinq cents années d'histoire et de civilisation pharaoniques... »

A l'issue de mon entretien avec Henri Verne – qu'on aurait fort bien vu figurer dans une salle du musée de Pau consacrée au souvenir d'Henri IV, tant il ressemblait au Vert Galant –, j'optai pour les cours d'égyptologie. Ce choix devait marquer toute ma vie : j'allais avoir dix-sept ans. Depuis cette époque, je ne me suis jamais écartée de cette voie.

L'enseignement au Louvre, dont l'égyptologie présentait pour moi le chapitre le plus attrayant, fut complétée par les cours des quatrième et cinquième sections de l'École pratique des hautes études de la Sorbonne, ceux de l'École libre des langues orientales de l'Institut catholique et de ceux du Collège de France : grande époque qui réunissait des maîtres comme Charles Boreux, Étienne Drioton, Gustave Lefèbvre, Alexandre Moret, et nous offrait également l'expérience, dans leur diversité et leur originalité, de Raymond Weill et surtout de Pierre Lacau. Plus tard, ce furent, à Oxford, les leçons de Battiscomb Gunn et de sir Alan Gardiner.

En troisième année de l'École du Louvre, je fus amenée, de façon fortuite, à me pencher sur le personnage de Toutânkhamon. Depuis, et durant toute ma carrière, je l'ai retrouvé sur mon chemin, toujours dans des cas exceptionnels ou des circonstances quasi insurmontables, comme s'il devait en assurer l'issue favorable.

Tout d'abord ce fut par le truchement de Mme Vinès, l'agissante secrétaire générale de l'École du Louvre. Un des conser-

Obélisque de Ramsès II, place de la Concorde,
aux lendemains de la guerre 1914-1918. (Photo Roger-Viollet.)

Classe enfantine du lycée Molière ; sur une chaise, *à l'extrême gauche*, Christiane Desroches ; assise au sol, *à l'extrême droite*, Jacqueline David, future madame de Romilly (1921).

vateurs du département des Peintures, chargé de participer aux conférences du soir qu'elle venait d'organiser, s'était fait malmener par son auditoire. Elle me suggéra : « Peut-être pourriez-vous les intéresser en leur présentant le trésor de Toutânkhamon. Voilà sans doute un sujet qui devrait combler la curiosité du public ? – Mais je n'ai jamais parlé en public, comment voulez-vous que je puisse maîtriser ce sujet à dix-neuf ans ? Je n'ai pas de clichés à leur montrer et je ne suis jamais allée en Égypte. » Aucun argument ne la touchait. Elle insista : « Ne refusez pas avant de demander l'avis de votre maître Étienne Drioton. C'est à lui que je m'étais adressée pour me tirer d'embarras. Il m'a parlé de vous et m'a promis de vous aider. D'ailleurs, il vous attend dans son bureau. » Je me rendis donc à la Conservation du Louvre.

C'était à l'automne 1933. Notre musée était encore ce que l'on appelle le Vieux Louvre. Si la grande salle de conférences de l'École était alors installée dans la cour Le Fuel qui, plus tard, devint la réserve des Antiquités égyptiennes pour constituer ensuite le grand atelier des serruriers – l'entrée de la Conservation donnait dans la Cour carrée par une petite porte si discrète qu'on l'aurait crue secrète. Elle ouvrait sur l'angle nord-est et conduisait directement à un petit escalier à vis aux marches usées. Dans le mur, à mi-hauteur, existait une étroite niche où se tenait un huissier. Comme tous les surveillants du Louvre à cette époque, il avait été recruté parmi des anciens combattants de 1914-1918, blessés de guerre ; il manquait à certains qui un œil, qui un bras, qui une jambe. Dans cette pénombre, le surveillant – celui-là était borgne, mais voyait tout –, avait pour charge de rassurer les rares et téméraires visiteurs au milieu de leur ascension. Arrivé au bout de l'épreuve (bien plus tard les escaliers des pylônes, dans les temples égyptiens, ne me parurent ni plus clairs ni plus larges), on rencontrait un autre surveillant – celui-là n'avait plus qu'un bras ; il vous priait très poliment de remplir la fiche destinée au conservateur intéressé. Ce jour-là Lecarme, c'était son nom, s'engouffra dans un long couloir en direction des bureaux égyptiens et revint, quelques instants après, pour me prier d'attendre car « M. le conservateur en était, paraît-il, à sa quarantième bouffarde depuis le matin et semblait sur le point d'aboutir à la solution de sa recherche ». Je fus introduite peu de temps après dans le bureau sombre parfaitement enfumé. Immense, il était orné de deux très hautes fenêtres diffusant avec économie la lumière. J'appris plus tard que les vitres en étaient lavées deux fois par an, à l'intérieur l'hiver, l'été à l'extérieur (ô Courteline!) : on ne risquait jamais, ainsi, d'être ébloui de clarté. Ces ouvertures donnaient sur la Cour carrée – maintenant ornée d'un jet d'eau – et on accédait à chacune d'elles par une large estrade de quatre marches.

Une rangée de vitrines, peintes en vert sombre, tapissait les murs et contenait des stèles dédiées aux taureaux sacrés Apis, rapportées du Serapeum de Memphis par Mariette Pacha. En double file – si je puis dire –, j'apercevais, debout, une succession de sarcophages momiformes – derniers gîtes terrestres de Grands Prêtres d'Amon –, revêtus de vignettes magiques peintes. Au centre de la pièce, l'espace libre était occupé par une table servant de socle à une statue de quartzite rose à l'effigie accroupie du haut fonctionnaire Neferrenpet, recouverte aux trois quarts d'hiéroglyphes. Étienne Drioton, dans ce magnifique capharnaüm – véritable « cabinet d'amateur » –, était affairé à copier des textes gravés pour moitié en écriture hiéroglyphique; l'autre partie était composée de signes cryptographiques dont le grand savant allemand Kurt Sethe avait déclaré, après de vaines recherches sur les quelques monuments connus marqués de ces signes, qu'il s'agissait d'une « écriture scellée de sept sceaux ».

Je n'apercevais, à travers un voile opaque, que la tête de l'abbé, penché sur sa pierre, dans le halo de la lampe à huile distribuée l'après-midi à partir de 4 heures, dès le mois d'octobre, dans chaque bureau du Louvre, encore démuni d'électricité.

Je vivais un véritable instant historique : j'étais admise dans l'antre d'un maître prestigieux. En guise d'accueil, il me confia qu'il venait enfin de percer le système cryptographique!

« Nous parlerons en détail de cela plus tard, me dit-il. Pour l'instant mon propos est de vous confier une conférence sur le Trésor de Toutânkhamon. Il faut " dépanner " la secrétaire générale de l'École du Louvre. » Je ne décris pas ici le poids que j'avais sur l'estomac ni la panique ressentie. Bienveillant, il ajouta tout de suite : « Je vous prêterai mes clichés de projection et les trois volumes de Carter sur sa découverte. Vous avez le temps, c'est pour après-demain! Comme cela, je verrai ce que vous êtes capable de faire. Ne refusez pas! Vous viendrez me voir la semaine prochaine pour me rendre les clichés et je vous expliquerai alors en quoi consiste la cryptographie. »

Atterrée, je rentrai à la maison, bien décidée à lui faire savoir le lendemain que je renonçais à cette tâche trop écrasante. Mais c'était compter sans mon père! « Ma fille, tu n'as pas le droit de te dérober à la première épreuve. Voilà, au contraire, une excellente occasion de t'apprendre à parler en public et sans notes. Je vais t'aider. Nous commencerons après dîner et nous y passerons toute la nuit s'il le faut. Auparavant rassemble tes idées pour savoir ce que tu veux dire. Il est essentiel de soigner l'introduction, les " couplets " (les transitions) et la conclusion. »

Le surlendemain, à 20 h 30, je me présentai à l'École du Louvre dans un état second, disparu dès mes premiers mots : en effet, la découverte du Trésor était tellement miraculeuse qu'elle mobilisait l'intérêt des auditeurs et, leur indulgence m'aidant, je les entraînais à travers la Vallée des Rois et l'entassement de richesses inimaginables qu'il fallait, cependant, faire revivre avec les clichés de verre en noir et blanc, très archaïques. Pour l'occasion, bien entendu, je me bornais à répéter strictement ce que le fouilleur et ses collaborateurs avaient pu écrire de la découverte et des objets qui la composaient. Mais j'avais pris le pli : depuis ce jour, je n'ai jamais pu lire une conférence.

Des années s'écoulèrent, en un cheminement qui m'éloignait beaucoup de ce sensationnel sujet, avant que je ne m'intéresse à nouveau au « mobilier funéraire » du jeune pharaon. D'abord en 1938, visitant la Vallée des Rois et pénétrant dans la tombe de Séthi II, je fus frappée par une série de peintures aux murs d'un couloir de la syringe, et représentant certaines des figurines existant en ronde-bosse dans le fameux Trésor : l'image d'un jeune prince nu et tout noir jouant du sistre, l'élégante silhouette royale, en équilibre sur une nacelle de papyrus, lançant un javelot, ou encore une statuette sur son socle, véhiculée par un guépard passant. C'était bien la preuve que ces objets déposés dans la tombe du petit souverain n'étaient pas exceptionnels, et qu'ils devaient être utilisés rituellement pour le cheminement des défunts royaux dans leur quête de la vie éternelle. Mais je n'étais certainement pas prête à faire œuvre originale, traversant encore cette période où l'on enregistre à la fois les leçons de ses maîtres et bien des idées reçues.

Lorsque, à l'École du Louvre, je quittai mon enseignement d'épigraphie égyptienne pour celui de l'archéologie, je choisis naturellement la période charnière de la fin de la XVIIIe dynastie. Cela me permettait non seulement d'exposer l'étendue des innovations apportées dans l'expression de l'art et de la religion par le roi « hérétique » Aménophis IV-Akhénaton, mais aussi de faire le point sur l'impact de cette réforme au cours des dynasties suivantes en comparant le rendu des mêmes phénomènes avant et après cette période dite amarnienne. De la sorte, j'abordai réellement cette fois-ci l'étude du Trésor de Toutânkhamon et celle des bien maigres témoignages sur son règne.

Georges Salles, après Henri Verne et Jacques Jaujard, devenu directeur des Musées de France, m'adressa un jour un éditeur anglais nommé George Rainbird, escorté d'un photographe au talent exceptionnel : J. Kenneth. La série des clichés qu'ils me montrèrent concernant, presque tous, l'époque amarnienne était d'une rare qualité : je ne pouvais refuser de cautionner ces magnifiques illustrations et de leur consacrer une longue introduction, dans laquelle je résumais ce que je pensais avoir apporté de nouveau sur l'établissement de la nouvelle capitale d'Aménophis IV, en Amarna (Akhètaton), face à Khemenou, la ville des sages prêtres de Thot, appelée par les Grecs Hermopolis. J'intitulai alors la publication : « L'extraordinaire aventure amarnienne ».

J'aurais voulu faire mieux connaître, en les publiant, les acquis obtenus par la préparation de mes cours, mais j'étais réellement prise par le temps. L'activité journalière dans mon département était alors rompue par de fréquents séjours en Égypte puisque, depuis la fin de 1954, j'avais été amenée à accepter des missions de l'Unesco, afin de collaborer avec les Égyptiens pour fonder un Centre (le CEDAE) destiné à l'étude et à l'exploitation scientifique de leurs monuments pharaoniques. J'évoquerai ailleurs comment je fus conduite à mettre en route la campagne qui avait pour but de sauver les monuments de la Nubie menacée par la construction du Grand Barrage. Des va-et-vient entre la France et l'Égypte mobilisaient des instants que je devais trouver coûte que coûte, surtout à partir du moment où, les relations diplomatiques ayant été rompues entre nos deux pays, je demeurais habilitée, aussi bien du côté égyptien que du côté français, à tourner ces interdits en étant en mission de l'Unesco, ce qui rendait mes charges encore plus lourdes. L'éditeur George Rainbird réapparaissait régulièrement à l'horizon, espérant, grâce à mon intervention auprès des autorités égyptiennes, arriver peut-être à obtenir la permission de faire photographier pour la première fois en couleurs, et par Kenneth, les objets du Trésor de Toutânkhamon, car personne dans le grand public ne les connaissait réellement ; et cela en dépit de la rupture des relations diplomatiques entre l'Égypte et le Royaume-Uni. Il me semblait éminemment juste que ces objets découverts par un Anglais fussent photographiés pour un éditeur et par un très talentueux photographe, anglais tous deux, et je décidai de plaider leur cause auprès du ministre égyptien de la Culture, un homme remarquable, devenu un ami très cher : le ministre Saroïte Okacha. Il nous permit de franchir tous les obstacles. Ce qui pour nous, dans nos musées européens, aurait simplement consisté à savoir si la qualité du demandeur justifiait qu'on lui donne la priorité de ces photographies, présentait en effet, pour les conservateurs du musée du Caire, un problème de conscience encore jamais vraiment rencontré. Les vitrines mises en place et composées entre 1924 et 1932 n'avaient, quasiment, jamais été réouvertes. Le système de conservation d'alors était très différent du nôtre et reposait avant tout sur la responsabilité des détenteurs des clefs : avoir accès aux objets était presque impensable. De plus, la sécurité du musée n'était pas assurée, la nuit, par des services de gardiennage dans les locaux, mais uniquement par la police montant la garde à l'extérieur des bâtiments.

Le ministre Okacha accueillit ma demande avec la plus grande bienveillance « en remerciement », me confia-t-il, « de mes efforts en vue de sauver les monuments de Nubie ». Mais il savait qu'il serait contraint de donner des ordres très fermes et que, régulièrement, nous serions obligés d'avoir recours à son autorité. Après que nous eûmes surmonté des obstacles inattendus et répétés, les choses se mirent progressivement en place et Kenneth, dont il fallait régulièrement calmer les impatiences et les fureurs, put mener à bien, vaille que vaille, ses prises de vues.

Je ne savais point dans quelle aventure je venais de m'engager. Rainbird avait immédiatement fait imprimer en Italie les planches en couleurs de ces clichés remarquablement exécutés. Dès lors il me poursuivit en Égypte et en France pour me convaincre d'écrire le texte qui devait les accompagner.

En définitive, j'y souscrivis, ayant travaillé le sujet depuis des années, mais rédiger ce livre pendant la période où la sauvegarde des monuments de Nubie battait son plein, au milieu d'épreuves presque insurmontables, était une gageure. Le livre sortit. Rainbird donna alors, à Londres, une somptueuse réception à laquelle je ne pus assister, en raison précisément des travaux de Nubie qui exigeaient ma présence en Égypte. L'accueil du volume, édité simultanément en français, suédois, norvégien, danois, hollandais, italien, allemand, espagnol, anglais – et n'oublions pas la publication américaine –, sans compter les autres langues, dont le japonais, fut des plus sympathiques et encourageants, surtout de la part de mes collègues américains, allemands et italiens. La réaction des conservateurs du British Museum – de bons et vieux amis –, fut toute différente... Ce n'était pas une Britannique qui avait osé aborder le problème de Toutânkhamon. Le sujet paraissait « chasse gardée » pour les fils d'Albion. Cependant, plus de quarante années s'étaient écoulées depuis la découverte; la « prescription » aurait pu fonctionner! Seul, Alexandre Piankoff, très pertinent spécialiste des textes funéraires royaux du Nouvel Empire, avait – durant la guerre – eu l'audace d'aborder l'étude des inscriptions recouvrant les quatre dais dorés de Toutânkhamon. Je fus très vite alertée par un article anonyme paru dans le *Sunday Times*. Si on y louait bien la beauté des illustrations en couleurs, on reprochait à l'auteur du texte d'abord de n'avoir pas respecté les transcriptions anglaises des noms égyptiens cités, puis d'avoir usé de son imagination en donnant à Toutânkhamon un père qui n'était autre qu'Aménophis III et tout simplement pour mère l'épouse du roi, la reine Tiyi. J'avais encore utilisé mon imagination pour reconstituer le couronnement de Toutânkhamon à Thèbes – et non à Héliopolis comme c'était la coutume. Enfin, parmi toutes les erreurs reprochées, j'étais adepte de la corégence entre Aménophis III et son fils Aménophis IV, corégence de neuf années. La semaine suivante, un autre article parut dans le même journal, empreint de la même amabilité, et dont l'auteur demeurait également anonyme.

J'aurais pu cacher, une fois de plus, ma déception et mon irritation à propos de ces reproches bien mal fondés, car j'étais arrivée à proposer les points incriminés après l'étude minutieuse – et extrêmement prudente – des rares éléments historiques parvenus à notre connaissance. Il était bien connu, en égyptologie, qu'on ne savait à peu près rien sur ce petit roi, ni de ses origines ni de ses actions; son Trésor nous renseignait seulement sur des rites funéraires encore mystérieux.

Je décidai, pour mettre les choses au net, de m'inspirer de l'humour britannique. J'écrivis donc une lettre à l'auteur supposé des deux articles anonymes – le conservateur en chef du département égyptien du British Museum –, en lui rappelant que nous étions liés par une vieille amitié; aussi, pour cette raison, je le chargeais d'une mission de confiance. Qu'il veuille bien me rendre le service de repérer l'identité de l'auteur de ces pamphlets. Au reste, je le mettais sur la voie : tout d'abord ce ne pouvait être un gentleman, car un gentleman signe ses écrits. Il ne pouvait pas davantage être égyptologue, car, s'il avait abordé sérieusement le problème et dominé les sources, il aurait appris ceci : en premier lieu, les transcriptions en langue anglaise des noms propres égyptiens avaient été confiées à un de nos collègues écossais, conservateur du Musée royal d'Edimbourg; ensuite, je n'avais, au départ, aucune idée préconçue sur la longueur de la corégence entre Aménophis III et Aménophis IV. Cependant, au cas où on n'accepterait pas ma thèse, en réunissant les documents alors à notre portée pour l'établir, on aurait dû placer le règne de Toutânkhamon beaucoup trop tard à la fin de la XVIIIe dynastie, ce qui s'avérait impossible.

Par ailleurs, il n'avait qu'à consulter la thèse de Paul Barguet sur le temple de Karnak sortant des presses de l'Ifao : il pourrait ainsi suivre sur la carte tout le cheminement du couronnement du roi qui, nous rapportaient les textes, « prit les couronnes dans l'Héliopolis du Sud (Thèbes) ». Quant aux parents du petit prince, à côté de très maigres indices eux aussi fournis par le Trésor, une dizaine de citations apparaissent, entre autres dans le temple de Louxor, où Toutânkhamon désigne nettement Aménophis III comme son père... et non pas forcément comme son « ancêtre ». En ce qui concerne sa mère, aucune preuve écrite n'a encore été trouvée, mais le véritable puzzle qu'il a fallu réunir sur ce sujet et la ressemblance des effigies des deux personnages permettent de placer, sans objections valables, la naissance de Toutânkhamon un peu avant celle du dernier enfant d'Aménophis III et de Tiyi : la petit Baketaton, née du temps de l'hérésie amarnienne, alors que la reine devait avoir à peine une quarantaine d'années.

Ma lettre produisit sans doute son effet puisqu'un ami

commun, d'une grande droiture, responsable de la chaire d'égyptologie à Oxford, le docteur Jaroslav Černý, auquel mon correspondant était allé raconter sa mésaventure, m'informa que ce dernier était fort contrit d'avoir été percé à jour et ne savait réellement plus quoi faire. Bien conseillé par son interlocuteur, il se résolut à m'adresser une épître un peu confuse, dans laquelle il ne voyait pas ce qui avait pu me choquer, sinon quelques petites « banderilles » – de tradition, c'est bien connu, en matière de critique de livre... Lorsque enfin le British Museum obtint le prêt de l'exposition de Toutânkhamon, plusieurs années après la France, ma satisfaction fut complète à la lecture du catalogue rédigé par le même auteur. Je pus constater que la majorité des objections faites à mon livre étaient levées! Et même les théories étaient reprises comme des évidences connues.

En effet, quelques années après la parution de mon livre et, naturellement, bien avant l'exposition Toutankhâmon à Londres (1972), on préparait la reprise des relations diplomatiques entre l'Égypte et la France : le gouvernement de Gamal Abdel Nasser, en la personne de son porte-parole Saroïte Okacha, décida de me confier l'organisation d'une exposition sur Toutânkhamon à Paris. Pour la première fois, des objets importants allaient quitter le musée du Caire, et la venue du petit roi dans notre capitale devait entériner l'amitié retrouvée.

L'exposition du Petit-Palais

Tout posait problème pour cette grande exposition sortant d'Égypte au cours du siècle. Il est bien évident qu'en parallèle aux objections formulées par les responsables du Trésor au musée du Caire, on sentait se développer des manœuvres extérieures. Jamais, affirmait-on, ces objets ne pourraient supporter le voyage, non seulement en raison de leur fragilité, mais aussi parce que les moyens de transport ne le permettraient pas sans accident. Le ridicule dans l'odieux fut atteint. On osa, dans certains journaux, attaquer le ministre de la Culture en suggérant que, « s'il laissait partir ces objets hors du pays, c'était pour les brader plus facilement »! En fait, à retracer les étapes successives de cette opération, on mesure pleinement la somme des difficultés de l'entreprise.

Il fallait d'abord procéder au choix des objets à présenter, sans dépasser le nombre de quarante-cinq. Chaque antiquité proposée allait être le sujet d'âpres discussions de la part du conservateur chargé de la collection, encadré d'adjoints habités de prudence et de terreurs, et doublé d'un redoutable responsable du service de restauration dont le verdict était, la plupart du temps, dicté par l'école qui l'avait formé outre-Manche. Mon choix était guidé par le souci de ne pas donner au public français la seule information artistique souvent attendue d'une manifestation de ce genre. Je voulais, par ces prestigieux témoins, raconter aussi une histoire illustrée, facilement accessible au public non averti et susceptible à la fois de captiver les amateurs d'art et de civilisation, et de poser – pourquoi pas ? – des problèmes aux spécialistes. Il fallait obtenir en prêt celles des antiquités qui me permettraient d'évoquer le contexte historique dans lequel le prince avait vu le jour, son couronnement, le faste de sa vie au palais, son trépas, la préparation à son éternité et la résurrection d'un jeune pharaon à peine connu et pourtant, jusqu'à présent, le seul dont le « trésor funéraire » soit parvenu quasiment intact jusqu'à nous.

J'allais connaître alors l'ère des innombrables comités où la patience est fortement mise à l'épreuve, où les plaidoyers les plus sophistiqués sont assortis de l'extrême subtilité du verbe oriental. Chaque objet passait à l'analyse : celui-ci présentait trop d'importance pour quitter le musée, celui-là, mauvais ambassadeur, ne pouvait être exposé à l'étranger. Il s'agissait d'une des cannes du roi, dont l'extrémité inférieure était ornée des images d'un Asiatique et d'un Africain immobilisés par le même lien (on ne voyait pourtant là qu'une figure symbolique et magique, destinée à paralyser à l'avance les agressions éventuelles venant de l'Est et du Sud). Cette autre pièce était dans un tel état qu'elle arriverait complètement délabrée sur les rives de la Seine (ce coffre plaqué d'or figura pourtant dans l'exposition qui se tint plus tard à Londres).

Après plus d'une année de palabres, tout semblait réglé. Il ne restait plus qu'à organiser l'exposition. La première des conditions formulées par la partie égyptienne était de faire restaurer sur place, par nos équipes, tous les éléments du Trésor sélectionnés pour Paris. La grande compréhension de Jacques Jaujard – ancien directeur des Musées de France et qui avait sauvé le Louvre pendant l'Occupation –, devenu l'adjoint d'André Malraux au ministère de la Culture, fut décisive. Il accepta de mettre à notre disposition le responsable de l'atelier de restauration du Louvre, Gaucherot, et l'un des plus habiles artisans du Mobilier national, David, qui s'était illustré par son remarquable travail sur le bureau cylindre de Louis XV. Pendant trois mois ils s'activèrent au musée du Caire, dans des locaux mis à leur disposition. La « précaution » était tout à l'honneur des autorités égyptiennes et elle valait surtout à cette époque, où le matériel nécessaire manquait en Égypte ; nos spécialistes apportèrent donc de France instruments et produits voulus. Ces dispositions ne mettaient pas en cause l'habileté des artisans égyptiens qui, depuis, ont fait preuve dans la remise en état d'autres antiquités – dont le trône du même roi –, d'une totale maîtrise. Je pense qu'on voulait, avant tout, nous laisser la responsabilité du sort des objets destinés à traverser la mer et à séjourner en Europe. Mais que d'observateurs autour de nos collaborateurs, lorsqu'ils œuvraient ! Des paires d'yeux peut-être inquiets, probablement curieux, et sans doute aussi un peu admiratifs de leur virtuosité, formaient un faisceau impressionnant qui en arrivait parfois à les paralyser un peu. Au mois de juillet, tout était achevé : on attendait octobre 1966 pour faire venir la plus vénérable firme d'emballage, déjà « layetier » de la cour de France lorsque le Roi-Soleil se rendait, avec son mobilier, du Louvre à Versailles.

Durant cette courte période le ministre Okacha, dont la liberté d'expression donnait la pleine mesure de sa parfaite honnêteté intellectuelle, avait, à la suite d'un différend avec son Reïs Nasser, présenté sa démission. Il était alors devenu président de la Banque nationale d'Égypte. Lorsque je retournai au Caire, en octobre, avec les emballeurs des Établissements Chenue, je rendis visite à Saroïte Okacha, qui venait, avec les « honneurs de la guerre », d'être réintégré à la tête de son ministère de la Culture. « Il s'est passé des événements curieux pendant mon absence, me dit-il en guise d'accueil. Je ne sais comment vous expliquer les choses... Tenez, poursuivit-il en me présentant une liasse de papiers, lisez plutôt ce rapport et vous comprendrez. » Puis, émaillant comme il le faisait souvent ses conversations d'une expression anglaise, il conclut : « *I am cornered!* (Je suis le dos au mur!) Gardez ces papiers, ils seront précieux pour un éventuel contentieux. »

Il s'agissait du rapport que le chef du laboratoire du British Museum, Plenderleith, avait soumis au ministre intérimaire de la Culture, pendant le mois d'août 1966, à la suite d'une visite officieuse de « détente »... au Caire, et concernant les objets signalés dans la liste définitive des prêts pour l'exposition, liste signée et contresignée par les deux parties. Cinq pièces avaient été retirées, dont une des deux statues du roi debout – grandeur nature, toute recouverte de bitume noir avec ornements dorés –, le grand lit d'apparat, en forme de vache, mais surtout figurait aussi sur ce rapport la remarquable statuette, également dorée, du jeune roi en équilibre sur un nacelle de papyrus visant, de son grand harpon, une cible invisible au fond de l'eau. « Choisissez ce que vous voulez parmi les autres éléments du Trésor, me dit Saroïte Okacha. Mais il ne m'est pas possible de m'opposer au verdict d'un spécialiste que vous avez vous-même fait venir comme expert de l'Unesco l'an dernier pour étudier la consolidation des grès malades d'Abou Simbel. » Plus tard je devais retrouver Plenderleith, très gêné de me rencontrer, à Lisbonne, lors de l'inauguration de la Fondation Gulbenkian. « Vous voulez bien, malgré tout, me saluer », furent ses paroles ! « Cher ami », fut ma réponse, « vous nous avez donné un conseil très utile en nous indiquant les résines époxy pour soigner la pierre d'Abou Simbel. Je vous en sais infiniment gré ! »

Le problème était grave, puisque les objets en question avaient été sélectionnés en raison de leur valeur artistique, mais aussi pour illustrer les thèmes prévus. A nouveau il fallut repasser devant les comités. Je discutai, j'ergotai, je plaidai pour maintenir au moins deux des cinq merveilles, dont la statue noire grandeur nature du roi et le lit en forme de vache dorée, mais ne pus récupérer ni le naos plaqué de feuilles d'or, ni le Toutânkhamon harponneur, en raison du verdict de haute fragilité qui les avait frappés. A cette époque, de nouveaux membres faisaient partie de ces comités et je demeure profondément reconnaissante au soutien qui me fut apporté par deux très brillants et sages représentants de l'égyptologie égyptienne, le docteur Ahmed Badawi, alors recteur de l'Université du Caire, et le docteur Gamal Mokhtar, qui allait devenir Président de l'Organisation des Antiquités de l'Égypte.

Les emballeurs se mirent au travail sous la direction du contremaître Dubois. La première étape consistait naturellement à prendre les mesures de chaque élément du Trésor pour le déposer ensuite dans un coffre individuel gainé, préparé à cet effet. Jamais aucun objet ne devait être en contact avec du coton hydrophile. Seul était autorisé le papier de soie. Les

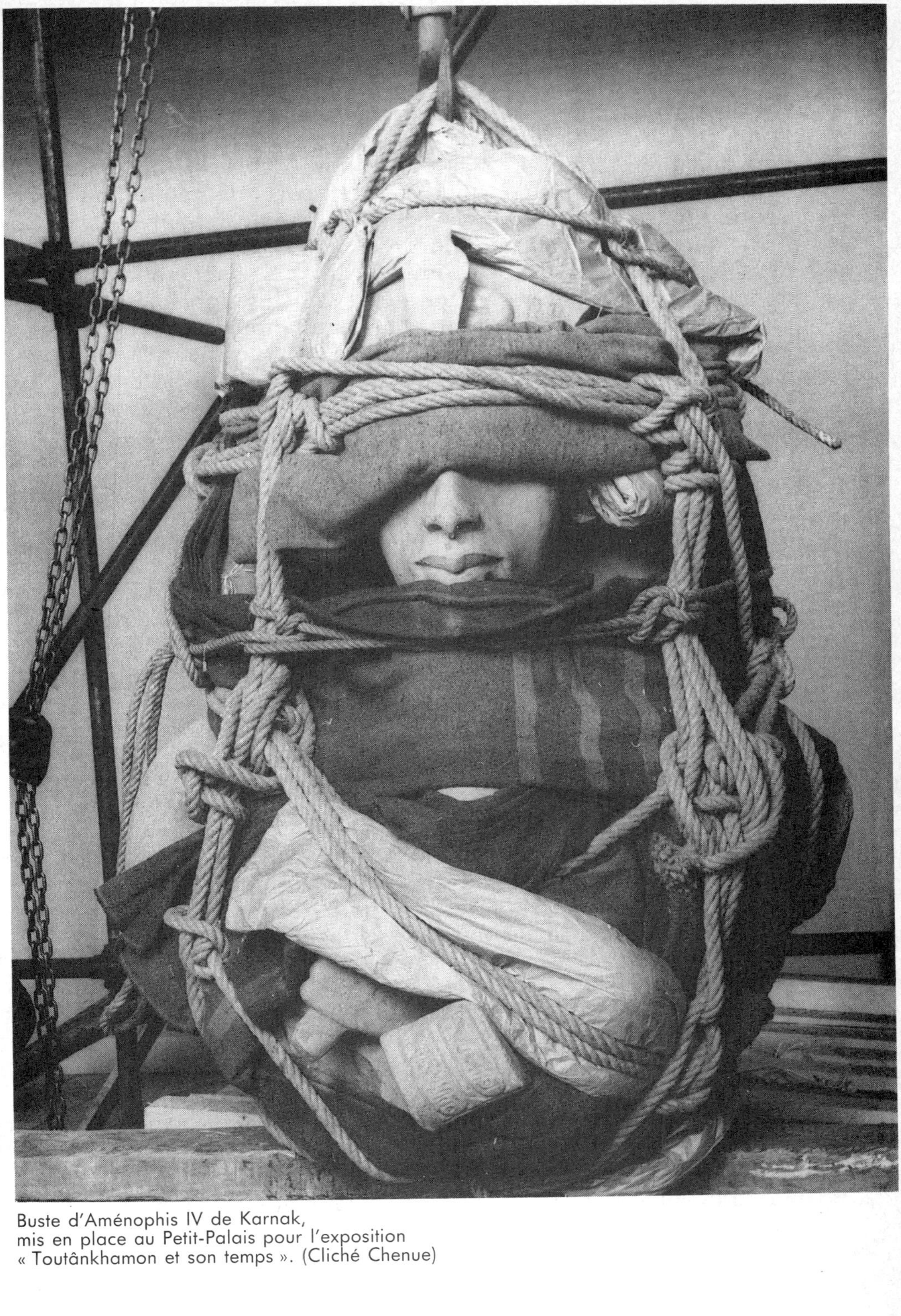

Buste d'Aménophis IV de Karnak,
mis en place au Petit-Palais pour l'exposition
« Toutânkhamon et son temps ». (Cliché Chenue)

caisses étaient protégées de l'humidité par du papier-cuir, et du feu par du papier-amiante. Une contre-caisse était prévue pour chaque coffre. L'espace garantissant la stabilité de l'emboîtage était occupé par d'épais ressorts de caoutchouc régulièrement répartis. Des cales de la même matière assuraient encore le parfait équilibre des objets et leur emplacement dépendait de l'état de solidité du sujet. Le chef emballeur travaillait donc avec les restaurateurs qui lui signalaient les endroits vulnérables du monument. Aucun clou ne devait être utilisé, seules les vis étaient permises pour fermer les couvercles, afin d'éviter les chocs qu'un maillet aurait pu provoquer.

Ce conditionnement démontable, fait de matériaux sélectionnés, fut entièrement préparé à Paris, puis envoyé en Égypte pour être réassemblé. Dès son arrivée, une sorte de miracle se produisit tant fut grande la rapidité avec laquelle les caisses furent reconstituées et les objets mis en place. A l'admiration du personnel du musée du Caire, nos spécialistes opéraient en gants de fil blanc pour éviter tout contact d'humidité avec les antiquités. La plupart furent transportées en avion militaire, venu de Paris : c'était ma première expérience avec l'armée de l'air. J'étais escortée du représentant du ministère de la Culture français et de Jacques Gaudin, directeur général adjoint des Établissements Chenue : depuis lors, il s'est toujours vu confier les expositions partant du Caire pour parcourir le monde, tant il a œuvré, au-delà même des limites de son rôle professionnel, pour résoudre les difficultés les plus inattendues.

Les monuments pondéreux, tel le colosse en quartzite de Toutânkhamon, ou la statue accroupie d'Amenhotep-fils-de-Hapou, grand architecte d'Aménophis III, furent chargés sur un bateau à destination de Marseille. Une mer démontée nécessita une longue escale à Gênes. Ils traversèrent, ensuite, en caravane escortée de motards, un Morvan glacé (janvier 1967) pour arriver en pleine nuit d'hiver à Paris... sous les feux de la télévision. Quant au radieux masque d'or du fils de la reine Tiyi, il devait gagner la capitale seulement quelques jours avant l'inauguration, pris en charge, au départ du Caire, par un courrier d'Air France. Un arrêt était prévu à Rome et, dès l'atterrissage à Fiumicino, l'avion fut entouré d'une garde militaire fort impressionnante ! L'accueil fut assuré, à Paris, par l'ambassadeur d'Égypte en France, le représentant des Affaires étran-

Exposition « Toutânkhamon » : déballage du masque en or. (Cliché Chenue)

Exposition « Toutânkhamon » : Bernard Bruyère, qui avait été témoin de la découverte.

gères, celui d'André Malraux et quelques membres de mon équipe du Louvre et du CNRS : Ruth Antelme, Monique Kanawati, Diane Harlé, auxquelles s'était joint Bernard Fonquernie, maintenant inspecteur général des Monuments historiques.

Au Petit-Palais (les galeries d'exposition du Grand-Palais n'étaient pas encore prêtes), une des salles du sous-sol avait reçu une immense chambre forte métallique, constituant le coffre-fort, où les objets précieux avaient été déballés et entreposés pendant que l'on montait les vitrines. Tous les artisans des ateliers du Louvre avaient été mobilisés, à l'exception des marbriers occupés à l'extérieur pour une exposition de sculpture. Les vitrines furent dessinées et exécutées par les menuisiers et les serruriers du Louvre. La fixation du colosse de Toutânkhamon fut également assurée par les mêmes serruriers, dont le chef, Meyer, réalisa des prodiges. Adeline Cacan, conservateur du Petit-Palais, se vit d'ailleurs obligée de faire fortement étayer le plancher de la salle d'exposition qui risquait de s'effondrer sous le poids des tonnes accumulées. Tous les murs avaient été gainés de tissu naturellement ignifugé, comme les bois des cloisons. Pendant plusieurs mois, j'avais dévalisé les producteurs de plantes de papyrus en France, pour en construire un écran au centre de la salle consacrée à évoquer le passage, dans les eaux primordiales, du roi défunt.

Le jour de l'inauguration (15 février 1967), la foule impatiente et entassée devant l'entrée du Petit-Palais faillit mettre à mal les deux grands vantaux de la porte vitrée, ornés de bronzes. Pour éviter un accident prévisible, Jacques Jaujard demanda au gouverneur militaire de Paris d'affecter des gardes républicains dans les salles, afin d'imposer le respect et l'ordre aux visiteurs enfiévrés ! Impassibles, en gants blancs, ils firent par leur seule présence régner un calme exemplaire.

La visite du général de Gaulle

Le jour des jours fut celui décidé par les deux gouvernements, égyptien et français, pour la rencontre du général de Gaulle et du représentant de Gamal Abdel Nasser. C'était – on pouvait s'y attendre –, le ministre Saroïte Okacha. La semaine précédente, nous en avions discuté au ministère de la Culture, et André Malraux m'avait demandé d'être le cicérone du Général. Pensant que la fougue de l'écrivain serait de nature à mieux répondre à l'attente du Général, j'avais cru sincèrement devoir décliner cet honneur. Nous en étions restés là. Le mardi matin suivant, à l'arrivée du Général et de la Présidente escortés de quelques hauts fonctionnaires de l'Élysée, j'avais rapidement rappelé à André Malraux qu'il lui revenait de commenter la visite, mais il insista de nouveau pour que je présente l'exposition. « Je regrette, lui dis-je, que vous ne m'ayez pas indiqué les points essentiels propres à retenir l'attention du Président, car les vingt minutes prévues par le protocole sont certainement insuffisantes. » En guise de réponse, Malraux répliqua : « Aimez-vous danser? Oui...? Dans ce cas, vous avez l'habitude d'être entraînée dans les bras d'un bon guide, alors, laissez-vous aller. Je ne vous en dis pas plus! »

C'était bien vrai. Dès le départ, à l'entrée dans la première salle aux murs couverts d'agrandissements photographiques montrant les premières prises de vues de la découverte, je me suis trouvée devant le plus simple des auditeurs, attentif et patient : la glace était rompue. Nous retrouvions l'atmosphère de l'Égypte ancienne. La bienveillance dont le Général témoignait, toute son attitude me rappelaient mon autre maître en égyptologie, Gustave Lefèbvre, un grand savant lorrain à la chaleur réservée, qui forma plusieurs générations d'égyptologues. Dans la seconde salle, nous abordions alors des monuments qui devaient rappeler le milieu familial et religieux ayant entouré la naissance de l'enfant roi. Le visiteur ne se bornait pas à écouter, il commençait à faire des réflexions. Ainsi, devant la petite ébauche d'artiste où l'on voit une jeune princesse mordre à pleines dents une oie rôtie, je lui faisais remarquer l'absence totale de figurations égyptiennes montrant un personnage, quel qu'il fût, en train de porter de la nourriture à sa bouche : l'exception apparut au temps de la réforme amarnienne. Le Général-Président réagit alors : « Une provocation, en quelque sorte! On en avait besoin! » Je consultai discrètement ma montre; les vingt minutes étaient passées et nous n'avions parcouru qu'une salle! J'en fis honnêtement part à notre visiteur exceptionnel. Tout bonnement, il se retourna vers l'un de ses attachés et lui demanda de prévoir une heure et demie de plus pour la visite. A partir de ce moment, comme nous pénétrions dans la grande salle gainée de bleu lapis-lazuli et aménagée en vue de recevoir les objets évoquant le règne de Pharaon, le dialogue s'engagea réellement. Le sacre du roi? Les questions du Général fusaient, se chevauchant presque. Je tentai alors d'évoquer les travaux d'Hercule, en rappelant que les exploits de Pharaon lors des épreuves du couronnement pouvaient préfigurer la poursuite des oiseaux du lac de Stymphale (le chasse-mouches exposé orné de la chasse aux autruches), la lutte contre le taureau d'Erythrée et le lion de Némée (la chasse royale aux animaux sauvages sur le fourreau de la dague en or), etc. Bref, les prouesses sportives de Pharaon étaient peut-être à l'origine de la geste du demi-dieu.

« Et que faisait Pharaon pendant la guerre ? Envoyait-il seulement ses généraux au combat ? – Pour ce que l'on en sait, Général, fidèle à la tradition des grandes figures de proue, il menait lui-même ses troupes. » Puis j'introduisis notre auguste visiteur dans la salle aux murs tendus de satin couleur de lune : atmosphère sans chaleur solaire, où le roi séjournait rituellement après son trépas. La grande statue noire avec son équipement doré apparaissait seule, dans une lumière froide : « C'est vraiment l'homme invisible », déclara le Général. Et c'était bien ce que j'avais voulu évoquer. A la vue de la pièce toute tapissée de velours vert, évocation de l'eau glauque primordiale d'où semblait surgir un immense fourré de papyrus, l'intérêt de Charles de Gaulle sembla s'accroître encore. Revêtue de bitume noir, la statuette de Toutânkhamon, figuré tout nu, tel un enfant, dans ce passage marécageux, comme le germe flottant dans le chaos antique, comme notre lointain ancêtre, l'avait touché. Il demeurait frappé par le symbole de ce petit être à venir brandissant le sistre d'or, sublime porte qu'il doit franchir pour renaître comme le jeune Soleil. Sur le côté, j'avais exposé l'arme devant accompagner la statuette, un bois de jet, factice, en ivoire orné d'or : instrument mis à sa disposition afin de briser le cou des canards sauvages, qui matérialisaient les démons prêts à l'assaillir pendant ce « purgatoire » peuplé de génies provocateurs.

La traversée de la salle suivante, teintée de rouge comme le suaire des embaumeurs, attira surtout le regard du Général par la splendeur des objets revêtus de feuilles d'or et par la barque véhiculant le siège encore vide, prêt à recevoir son occupant sorti des épreuves. Mais, arrivé dans la pièce qui plongeait les visiteurs dans une tonalité corail, rappel du ciel illuminé par le soleil levant, le Général, toujours accompagné de Mme de Gaulle, se trouva comme fasciné par la vision de l'admirable coupe en calcite à l'image d'une fleur de lotus épanouie. J'avais fait diriger, vers l'intérieur, le rai d'un spot invisible pour la rendre phosphorescente.

Exposition « Toutânkhamon » : visite privée du général de Gaulle, de Mme de Gaulle et du ministre Okacha.

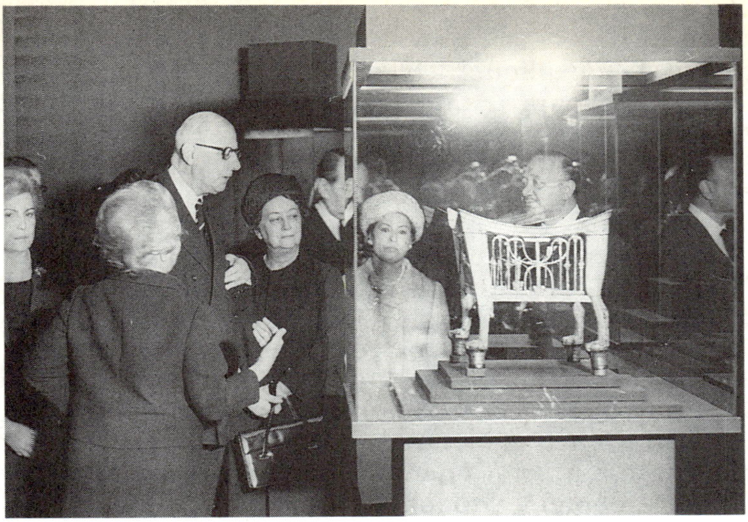

— J'ai bien peur que le succès de Toutankhamon lui monte à la tête !...

Une des nombreuses caricatures inspirées par l'exposition.
(*Aux écoutes du monde*, 23.2.1967.)

Inauguration de l'exposition « Toutânkhamon » : les ministres Malraux et Okacha écoutent les commentaires de Christiane Desroches sur le masque d'or.

Il me revenait d'en expliquer le symbole qui, au reste, avait déjà quelques jours auparavant intrigué André Malraux. Je me devais de rappeler qu'en Égypte le papyrus et le lotus matérialisaient deux notions différentes. La première plante évoque les prolégomènes de la naissance et les différentes métamorphoses de l'Être en devenir. En revanche, le lotus (à ne pas confondre avec le lys de Haute-Égypte) constitue la matrice d'où surgit la force de lumière. C'est l'apparition de l'Être transcendant. Il y avait alors peu de distance entre ce concept égyptien (on le retrouve aussi dans certaines religions orientales) et celui du calice au-dessus duquel le prêtre fait apparaître, comme un Soleil, la grande hostie. Cette interprétation semblait avoir convaincu le Général : il acquiesçait avec une sorte d'enthousiasme muet – quand, subitement, on entendit un « oh ! » à peine contenu prononcé par Mme de Gaulle. Se retournant alors vers elle, le Général lui répondit, avec une grande prévenance, ces mots dont je me souviendrai toujours : « Il faudra vous y faire, ma bonne amie ! »

Les anecdotes ayant émaillé cette visite historique sont demeurées encore vivantes, par exemple lorsque le Général s'adressant au ministre égyptien, au moment où je comparai l'*Enfer* de Dante au « Livre des cavernes » des tombes royales, lui demanda : « C'est vrai tout ce qu'elle raconte ? », ou encore, après son face à face muet avec le visage en or de Toutânkhamon, au moment où il se mit à me remercier de l'avoir guidé à travers cette évocation millénaire ; alors Malraux lui coupa la parole, plaisantant presque, faisant remarquer « qu'il n'en aurait jamais fini avec moi : il y avait encore une salle à visiter » !

Toutânkhamon resta, comme on le sait, plusieurs mois à Paris et l'exposition fut – malgré son immense succès ayant dépassé pour l'époque un million deux cent mille visiteurs payants – fermée en raison des incidents provoqués par la guerre des Six Jours : « Protégez l'Élysée et Toutânkhamon », avait ordonné le ministre de l'Intérieur, Christian Fouchet, le premier jour des troubles.

Les années passèrent. Les relations diplomatiques entre l'Égypte et la France, renouées, s'améliorèrent de jour en jour. Les travaux de sauvegarde des monuments de Nubie, illustrés par ceux d'Abou Simbel, étaient entrés dans une fiévreuse phase de réalisation et je continuai à partager mon temps entre la Conservation, mon enseignement à l'École du Louvre, mes fréquentes missions en Égypte, le suivi des activités des chercheurs du CNRS, dont je répondais au sein de la Commission nationale, et la poursuite de mes travaux scientifiques, malheureusement ralentis par les tâches dont j'étais chargée.

Toutânkhamon confond les comploteurs

Je reçus, un jour de 1972, un coup de téléphone de Rainbird, mon éditeur londonien, me demandant sans m'en dire davantage de bien vouloir accorder d'urgence une entrevue à Denis Hamilton, président du groupe de presse éditant le *Times*. Il m'assurait que c'était un cas très particulier et me priait de faire l'impossible pour me dégager quelques instants le lendemain. Assez intriguée, je réussis à libérer l'heure du déjeuner, durant laquelle je vis entrer dans mon bureau un bien élégant gentleman inspirant la plus grande sympathie, et d'une très nonchalante distinction. Il se présenta et, comme pour mieux situer son personnage, il m'expliqua comment, tout jeune officier, il avait, pendant la guerre, préparé le débarquement de l'armée anglaise à Bayeux en faisant la répétition générale dans un port de Cornouailles : tout était prévu, même l'arbre vers lequel il devait courir en descendant de sa péniche de débarquement, l'officier qui devait le remplacer s'il était tué, etc. Je croyais me trouver à l'École de guerre, cependant que mon interlocuteur devenait de plus en plus passionnant à écouter. Il avait terminé les hostilités avec le grade de lieutenant-colonel.

Mais quel était son propos? Enfin, il vint au fait : « J'ai un grand service à vous demander, me dit-il, comme membre des Trustees du British Museum, puisque le *Times* subventionne l'exposition Toutânkhamon devant avoir lieu à Londres, mais je comprendrais fort bien si votre réponse était négative. Nous nous trouvons devant un grave problème, car le conservateur en chef du département égyptien du British Museum voudrait, parmi les objets demandés, obtenir le prêt du roi harponneur sur la barque. »

Je n'osais imaginer la suite et pourtant... « Cependant, reprit-il, nous avons à ce propos rencontré en Égypte une objection catégorique : " Impossible! viennent de nous dire les responsables, cet objet a été refusé pour l'exposition de Paris, il y a quelques années, en raison du verdict formel d'un de vos spécialistes. Nous ne pouvons le laisser partir vers Londres... à moins que vous n'alliez en parler directement à Mme Desroches Noblecourt. " C'est, poursuivit Hamilton, pourquoi je suis venu ici, la corde au cou. » Il semblait attendre un refus ironique. Pourtant, j'aurais rougi d'appliquer la loi du talion!

« Cher monsieur, cette œuvre d'art a été, je puis le dire, amoureusement restaurée par nos réparateurs. J'ai moi-même suivi toutes les étapes des soins qui lui furent donnés. Elle aurait pu braver le climat parisien; mieux encore, elle saura affronter sans problème les brumes bien humides de Londres. Si vous venez prendre mon accord, il est acquis. Dites-le à nos amis égyptiens, dont la délicatesse me touche profondément: ce chef-d'œuvre doit figurer à l'exposition anglaise. Je vais moi-même leur écrire en les prévenant: bien que choquée, à l'époque, par les conditions dans lesquelles l'objet avait été retiré de la liste primitive, je ne leur tiendrai aucune rigueur de l'envoi de cette statuette en Angleterre. » Hamilton, à la fois troublé et ravi, quitta mon bureau les larmes aux yeux. Je devais le revoir le jour de l'inauguration au British Museum (1972).

A Paris, mes collègues et moi-même venions de nous réunir pour préparer la commémoration du cent cinquantième anniversaire du déchiffrement des hiéroglyphes par Champollion en 1822 (cent ans avant la découverte du tombeau de Toutânkhamon!), principalement grâce à la « Pierre de Rosette ». Ce précieux monument, en effet, portait le même texte gravé en deux écritures égyptiennes et en grec, et fut trouvé, comme on le sait, par un officier de Bonaparte pendant l'expédition d'Égypte en 1798 dans les fortifications du village de Rachid, du delta égyptien. Aux discours et aux concerts donnés à l'Institut de France, devaient succéder la restauration de la tombe de Champollion au Père-Lachaise (subventionnée par l'émission du timbre à l'effigie du déchiffreur), l'inauguration de la nouvelle présentation d'objets égyptiens dans la galerie Henri-IV au Louvre, et enfin l'apparition dans notre musée d'un des plus extraordinaires bustes d'Aménophis IV, venant de Karnak, « offert par le peuple égyptien au peuple de France », en remerciement pour la participation de notre pays à la sauvegarde des monuments de Nubie. Mais Champollion ne connaissait pas ce monument, découvert à la fin du

Exposition « Toutânkhamon » : récipient d'albâtre en forme du lotus de la renaissance.

Exposition « Toutânkhamon » : dans le marécage de papyrus, l'embryon de Toutânkhamon joue du sistre afin de renaître à l'éternité. (Cliché Chugeville)

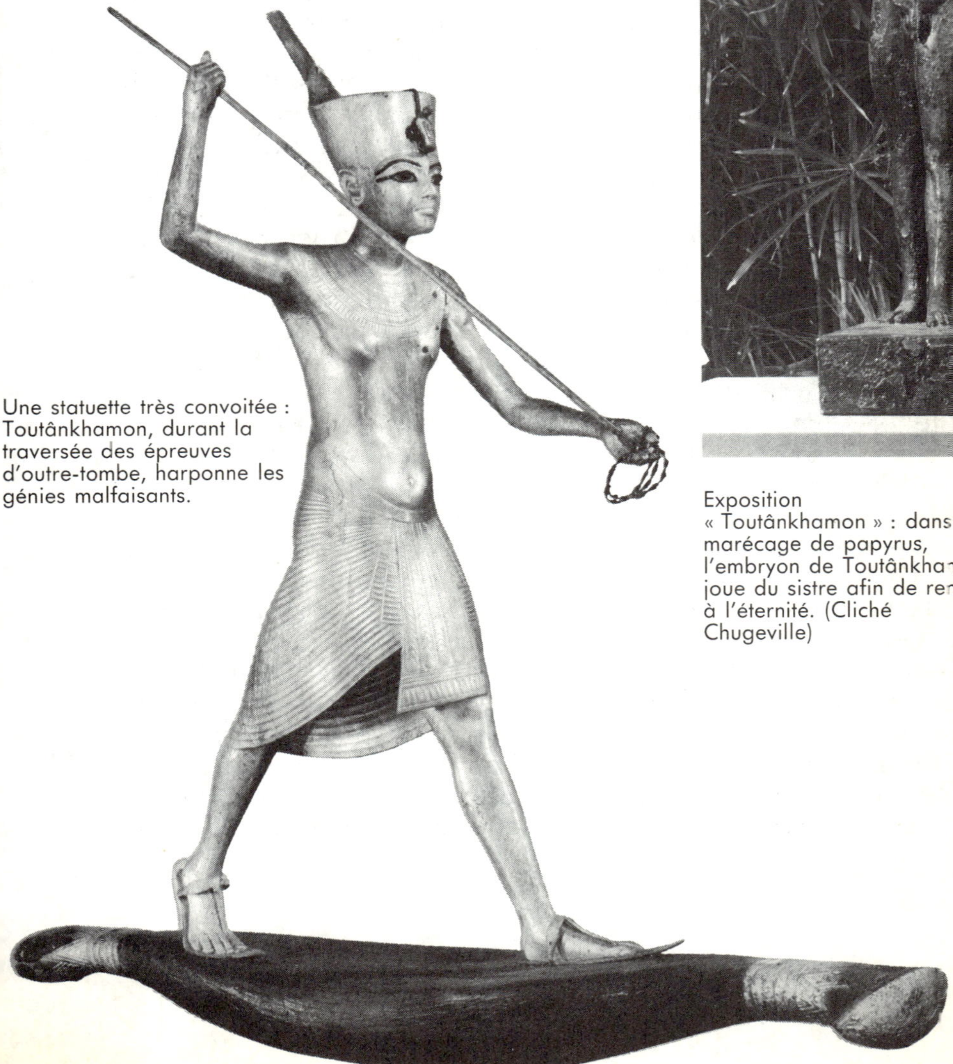

Une statuette très convoitée : Toutânkhamon, durant la traversée des épreuves d'outre-tombe, harponne les génies malfaisants.

XVIIIe siècle, comme il n'avait pas davantage pu admirer la plupart des trésors exposés au Louvre. Il me semblait qu'avant tout, la Pierre de Rosette, point de départ de sa prodigieuse découverte, devait figurer à Paris en tant qu'hommage exceptionnel à ce génial savant. Il ne l'avait jamais approchée : seuls les estampages avaient été mis à la disposition de notre compatriote. A plusieurs reprises, pareille demande avait été formulée au British Museum, mais la réponse, chaque fois, était demeurée négative.

Il fut donc décidé de s'adresser au département égyptien du musée londonien pour sonder à nouveau son conservateur en chef, afin d'obtenir son aval avant d'envoyer la demande officielle au gouvernement de Sa Très Gracieuse Majesté britannique. L'accueil de notre collègue fut aussi inattendu que chaleureux; mais il fallait connaître la réaction des Trustees du British Museum, nous prévint-il, avant de donner la réponse définitive : on ferait tout pour nous aider; certes, la Pierre n'avait jamais quitté le British Museum depuis l'époque où Hutchinson, le commandant britannique vainqueur des armées de Bonaparte, l'avait prélevée, en tant que « prise de guerre », avec l'ensemble des antiquités réunies par les savants français après la constitution du premier petit musée égyptien au Caire. Ce dernier avait été installé, avec l'Institut d'Égypte nouvellement créé, dans le palais de Hassan Khachef Pacha. Les semaines passèrent, et puis un jour une lettre arriva, nous exprimant la profonde déception éprouvée par notre collègue devant le refus unanime et catégorique des Trustees du British Museum. Insister paraissait alors impossible : la porte était, une fois de plus, fermée. Que craignaient-ils, à propos de cette pierre si solide : que nous la gardions... ou la rendions aux Égyptiens? Je n'arrivais pas à comprendre ni à me résigner, mais toutes les démarches parallèles entreprises à cette époque, y compris l'active intervention du directeur général de l'Unesco, René Maheu, demeurèrent vaines.

Je fus bien entendu invitée officiellement à l'inauguration de cette exposition Toutânkhamon à Londres. Sitôt achevé le discours de S.M. la reine Elizabeth II, je croisai Denis Hamilton (anobli en 1979, il devint sir Denis). Je ne pus m'empêcher de lui exprimer ma profonde déception à propos du refus opposé « à l'unanimité » par les membres des Trustees à notre demande de prêt de la Pierre. Interloqué, sa réponse fusa : « Jamais, madame, jamais on ne nous a présenté une demande concernant cette Pierre. » Puis, se dirigeant vers lord Homes, également membre des Trustees, il lui en demanda confirmation. « Alors, lui répondis-je, si vous tenez à vous souvenir du petit roi harponneur sur sa barque, qui malgré tant d'obstructions est venu flotter sur les rives de la Tamise, et si vous voulez atténuer cette provocation personnelle matérialisée par la présence de son image sur l'affiche de l'exposition, il faut m'aider... Allons demander à votre Souveraine le séjour de la Pierre de Rosette pendant un mois au Louvre. » Ultime mais positive démarche.

Ainsi, un nombre incalculable d'amateurs d'histoire et d'écoliers de France défilèrent-ils dans la galerie Henri-IV, au Louvre, devant la Pierre qui, grâce au geste prophylactique de Toutânkhamon harponneur, est venue, sur les rives de la Seine, rendre hommage à Champollion, son décrypteur.

La « Pierre de Rosette » découverte à Rachid du Delta, par un officier de Bonaparte pendant la campagne d'Égypte.

2

En Égypte : chantiers de fouilles avant guerre

Le chemin vers la Haute-Égypte

« *La Porte !* » C'est ainsi que l'abbé Drioton se plaisait à définir ma thèse sur l' « habitation civile égyptienne ». « *La clef* », poursuivait Charles Boreux, en qualifiant ainsi « la grammaire des inscriptions du tombeau de Pétosiris », que j'eus l'honneur de préparer sous la direction de Gustave Lefèbvre (École pratique des hautes études de la Sorbonne). Cela pouvait justifier mon entrée au musée du Louvre, en tant que chargée de mission au département des Antiquités égyptiennes.

Pour la première fois, le département allait bénéficier de ce genre de collaboration fort honorifique, très accaparante et parfaitement gratuite! Au reste, il avait un conservateur en chef, son adjoint, le chanoine Drioton – mais celui-ci venait d'être nommé directeur général du Service des Antiquités de l'Égypte. Un de mes aînés, Jacques Vandier, destiné à remplacer Étienne Drioton, se trouvait encore à l'École du Caire (l'Ifao). Je participai donc, avec Charles Boreux, à la modernisation du département, pendant les grands travaux dont l'objet était de présenter au public un Louvre rénové et électrifié. « Le Louvre la nuit » était une attraction fort courue et fut, entre autres, un grand succès du Front populaire. En 1937, on me remercia de ma collaboration bénévole par une mission de trois mois en Égypte, accordée par le CNRS. A l'époque, le départ s'effectuait de la gare de Lyon, dans le train le plus « ensoleillé » de France, à la fin d'une journée pour arriver le lendemain matin à Marseille et gagner les bureaux des Messageries maritimes, près du Vieux-Port, où l'on nous informerait de l'heure à laquelle le bateau choisi allait lever l'ancre pour l'Égypte. Le *Champollion* devait quitter le quai vers 4 heures de l'après-midi.

J'avais fait à mes parents deux promesses, pour la première fois que je les quittais vraiment en vue d'une longue absence. Tout d'abord, de voyager en première classe, afin d'éviter de « mauvaises rencontres », et puis de toujours porter, en Égypte, le casque colonial (selon l'usage, à cette époque), contre le risque d'une dangereuse insolation. Ainsi donc, me voici à bord du *Champollion* – installée par mon frère, officier de la Marine nationale venu tout exprès de Toulon afin de veiller sur sa petite sœur –, et enfin livrée à la « Grande Aventure ».

Le soir de l'embarquement on pouvait rester en costume de voyage, mais, pour les trois dîners suivants, la tenue de soirée était de rigueur. Au milieu de la salle à manger, un immense buffet ovale à trois étages offrait les mets les plus délectables, gigantesque pièce centrale entourée de tables rondes, autour desquelles les passagers allaient prendre place. Le commandant invitait, les uns après les autres, les plus marquants des passagers pour un déjeuner ou un dîner à ses côtés. Ces groupements étaient respectés par mer calme, mais, sitôt la houle venue, les petites vagues courtes de la Méditerranée ébranlant l'équilibre du navire, certains convives abandonnaient homards, caviar ou foie gras; ils parcouraient dignement la salle jusqu'au grand escalier, mais le montaient avec précipitation pour gagner l'air frais salutaire et le bastingage libérateur. Le meilleur moyen d'éviter le mal de mer est encore la recette indiquée par une de mes camarades de l'École du Louvre, devenue dessinatrice à Deir el-Médineh, Ginette Jourdain (plus tard Ginette Lamon), qui m'avait confié : « Cale-toi l'estomac avec un whisky-soda bien tassé et munis-toi d'un grand sandwich au jambon rempli de moutarde » – cela m'était resté en mémoire. Au premier symptôme de la nausée, je l'avais vue appliquer son traitement préventif avec succès alors que, perdue dans des écœurements dont je ne pouvais me débarrasser, j'avais cru bon de jeûner.

Comment oublier ce premier voyage sur le *Champollion*! Dès l'aube suivant l'embarquement, le hublot ouvert m'apporta les senteurs extraordinaires du maquis de l'Ile de Beauté. En regardant la mer, je vis les matelots corses du navire lancer des bouteilles à l'eau en direction de leur terre. Le deuxième soir, on passait à Messine, dont le rivage était piqué des lueurs des maisons. Le hasard voulut aussi que l'Etna fût en éruption.

Le matin suivant, c'était la découverte d'une Méditerranée orientale ensoleillée (nous étions au mois de novembre), à la luminosité toute différente de celle que nous venions de quitter. Après trois jours et demi de traversée, apparaissait Alexandrie, à la rade difficile d'accès, aux eaux souvent coléreuses d'où semblaient surgir une multitude de petites barques, remplies à chavirer par des porteurs gesticulants. Sitôt sur le pont, ces diables s'emparaient des bagages; après toutes les formalités de débarquement, dont le « pointage sanitaire », on récupérait miraculeusement les valises sur le quai de la gare, devant le train en partance pour Le Caire.

Les « mauvaises rencontres » redoutées ne se présentèrent naturellement pas. En revanche, je fus immédiatement prise en amitié par un couple d'hellénistes hollandais, les Van Groningen, que je devais retrouver, quelques jours après, à la table de Pierre Jouguet, directeur de l'École du Caire. Je pense aussi à la corpulente Mlle de Beaucorps, dont les ancêtres français étaient devenus bataves, charmante vieille demoiselle de grande prestance. Elle s'était décidée, sur le tard, à faire du tourisme en Égypte; constamment à l'écoute d'un petit poste de radio (la Couronne des Pays-Bas attendait à cette époque un héritier), elle se promettait au premier coup de canon de revêtir sa robe orange. Pauvre Mlle de Beaucorps, elle la perdit, sa robe orange, en allant visiter près du Caire la forêt pétrifiée. Des brigands l'assaillirent et elle revint vers la ville aux cent mosquées dans l'humble costume d'Ève...

Il y avait aussi des passagers princiers : durant cette traversée, je vis, réunis, l'Aga Khan et la fort distinguée princesse Andrée, ainsi que leur jeune fils Saddruddine. Je rencontrai enfin sur ce bateau le Négus, sa famille et sa suite, en exil après la conquête de l'Ethiopie par l'Italie. Ils se rendaient en pèlerinage à Jérusalem. Un de ses fils avait l'âge du prince Saddruddine. Les deux enfants étaient d'une beauté remarquable et faisaient, pour ma plus grande joie, les cent coups sur le bateau. Après des galops vertigineux dans les coursives, ils vinrent résolument s'asseoir sur chacun de mes genoux pour échapper à la punition de leur nurse respective.

Seul sur le pont, le Négus accomplissait tous les matins une très lente promenade. J'étais restée sur l'impression qu'un inconvénient physique le contraignait à ce rythme. Bien plus tard, Marcel Griaule m'apprit qu'il avait, malgré lui, fait souffrir l'empereur lorsqu'il l'avait aidé à échapper à ses envahisseurs, en le forçant à presser le pas pour prendre le dernier train vers Djibouti : Sa Majesté avait été obligée de rompre la noblesse de sa marche !

Pour ma première arrivée en Égypte, l'abbé Drioton, aux paternelles prévenances, était venu me chercher à la gare du Caire et m'avait installée à l'Institut français d'archéologie orientale, en qualité de « missionnaire ». Époque rêvée où, seule femme, j'étais entourée de beaucoup de gentillesse par les pensionnaires et des missionnaires de ce vénérable Institut. Je n'étais pas dangereuse, je ne convoitais aucun poste. L'abbé m'avait conseillé de me rendre le plus vite possible à Deir el-Médineh, sur la rive gauche de Thèbes, un des grands chantiers de l'Ifao, dirigé par un archéologue exemplaire à l'accueil bienveillant, Bernard Bruyère, dont l'action était complétée par celle de son épouse, providence de tous les malades, de tous les blessés de la région et aussi responsable du campement de fouilles au flanc de la montagne désertique.

Les membres de la mission logeaient dans des chapelles de tombes désaffectées, creusées dans la falaise de calcaire, réunies entre elles par une terrasse formant galerie pour aboutir à la salle à manger commune, après la cellule aménagée en bureau pour le *moudir* (directeur). En contrebas, apparaissaient les entrées des caveaux funéraires des antiques habitants de Deir el-Médineh. Au fond du thalweg de cet ancien ouadi, déblayées par Bernard Bruyère des décombres accumulés qui les remplissaient, avaient resurgi les ruines de l'antique village des ouvriers chargés de préparer les tombes de la Vallée des Rois et de la Vallée des Reines.

Cette mission de prospection ne me permettait pas de participer aux fouilles, mais me donnait l'occasion de me familiariser avec le travail, le terrain et les monuments. J'appris beaucoup en regardant les activités de Bruyère dans le dégagement du village antique, qu'il dirigeait encore. Je m'initiai à la vie des *fellahin* en accompagnant Françoise Bruyère, au coucher du soleil, dans l'agglomération moderne des ouvriers où je fus d'emblée mise en contact avec la réalité, et aussi en écoutant les collaborateurs du patron. En particulier, le docteur Jaroslav Černý, Tchèque d'origine et Français de cœur, déchiffrait avec un art consommé, au fur et à mesure de leur découverte, tous les écrits cursifs retrouvés dans les décombres du Nouvel Empire.

Par bribes, il faisait aussi revivre l'existence de leurs habi-

Françoise Bruyère, parmi les femmes et les enfants des ouvriers travaillant aux fouilles de Deir el-Médineh.

Au premier plan : ruines du village antique de Deir-el-Médineh ; *à l'arrière* : nécropole des ouvriers de Pharaon ; *au dernier plan* :
chapelles de tombes non décorées, servant de maison de fouilles.

tants au jour le jour, ou presque. Alors, les soirs de pleine lune où la nuit égyptienne est d'un bleu cendré, dans un halo on voyait presque surgir des ruines tel ou tel artisan de la « place de vérité » se rendant au travail, ou s'en dispensant car il allait nourrir le bœuf du contremaître, enterrer pour la troisième fois la même tante ou assouvir une vengeance contre son ennemi de l'heure.

Parfois la barque de l'Oracle, portée sur des brancards, semblait passer dans la rue centrale du village et rendre son verdict positif ou négatif, suivant qu'elle avançait ou reculait. Ailleurs, on imaginait ce carrier s'étant trouvé dans la vallée de l'Ouest pris sous une pluie d'orage diluvienne; il était revenu chercher sa femme et ses enfants afin de leur montrer un lac formé par l' « eau du ciel »; les oiseaux se pressaient, dans ce désert stérile, pour s'ébattre et boire. Et puis au fond de l'agglomération, près de l'enceinte du temple, dans des sièges aménagés à même le rocher, les membres de la *kenbet* (tribunal du village) se réunissaient pour juger de l'acte répréhensible d'un des leurs ou analyser le recours à présenter au vizir dont ils dépendaient tous. On imaginait aussi, facilement, tous les habitants de la bourgade, revêtus de leurs belles robes blanches et portant perruque, escortés des enfants tenant leurs animaux familiers, heureux de participer à la procession de la grande « fête de la Vallée ». Ils suivaient, « bouquets montés » en main, la châsse de leurs patrons Aménophis Ier et sa mère Ahmès Néfertari. Beaucoup de demeures antiques avaient été identifiées par le nom de leur propriétaire : ils avaient préparé leur tombe au flanc de la falaise.

Une de mes premières émotions dans le métier se situa le jour où j'accompagnai Bruyère, occupé à fouiller la cuisine d'une maison d'un de ces artisans, accusé d'avoir participé au pillage de la tombe de Ramsès III pendant une période de déclin, sans qu'on ait jamais pu trouver de preuve concluante contre lui. Pénétrant dans la petite cave aménagée sous la pierre du foyer, Bruyère mit la main sur un morceau de bois plaqué d'or, encore muni d'inscriptions révélant la réalité du larcin. Il s'agissait bien d'une épave provenant de la syringe du pharaon Ramsès III : le coupable était enfin confondu, trois mille ans après!

Lorsqu'une éclipse se produisait, toujours à la pleine lune, on entendait alors des bruits lointains venant du village moderne, au-delà des collines de Gournet Mourraï, où les enfants frappaient sur des casseroles afin de chasser le démon occultant la lumière.

Après dîner, Bernard Bruyère devenait un conteur inépuisable. Son village était la rive gauche de Thèbes. Il connaissait toutes les agglomérations : Gournah, Gournet Mourraï et Baïrat, commençant à Médinet Habou et s'arrêtant bien plus loin au sud. Les coutumes, les rites de ces anciens bédouins, leurs histoires de famille, les vendettas et la haute tenue morale gouvernant le comportement des filles lui étaient bien connus. Il respectait, tout comme les villageois, la sagesse des cheikhs et ne s'étonna même pas, à la mort de l'un d'eux, de constater que le corps, à enterrer nécessairement avant le coucher du soleil, « refusait » de quitter la demeure où il avait décidé d'être inhumé. Rien n'y fit, pas même l'intervention de quatre *chaouiches* (gendarmes) délégués par l'*omdah* (maire du village). Ils ne purent soulever le brancard sur lequel le cadavre, voilé d'un linceul, attendait sa sépulture. Bernard Bruyère, imperturbable, nous fit relation de cette scène non sans l'assortir du commentaire propre à nous éclairer sur un phénomène de magie, paraît-il courant à l'époque.

Histoires de serpents et de brigands

A son tour, Francette prenait la parole, pour nous instruire d'histoires de serpents.

Le plus étonnant récit que j'aie jamais entendu à ce sujet avait pour cadre la maison d'un des ouvriers de Gournet Mourraï. Ses lointains ancêtres travaillaient dans les vallées funéraires royales et vénéraient déjà le cobra Meretseger, une des formes féminines du principe divin, aux multiples facettes; elle résidait, pensaient-ils, dans la Sainte Cime thébaine. Comme son nom l'indique, cette émanation divine, vigilante à punir les mauvaises actions, aimait le silence.

Depuis cette lointaine époque, les habitants de la région désertique – mais cependant à la limite des cultures – acceptaient volontiers qu'un serpent, ou mieux un couple de cobras, puisse élire domicile dans un coin de leur logis. Françoise Bruyère se rendait souvent dans la demeure d'un ouvrier de son époux, où elle menait une véritable enquête ethnographique tout en soignant la famille entière. Leurs liens d'amitié étaient grands; aussi, mis en confiance, le *fellah* et sa femme lui livraient-ils des explications et commentaires échappant encore aux enquêteurs spécialisés, d'autant qu'elle maîtrisait le parler local comme rarement un Européen.

L'incident survint à la fin d'une journée déjà très chaude, dans la cour à ciel ouvert de la maison où Francette Bruyère venait de pénétrer avec son fidèle Ahmed Amer. Canards et poules, de même que le mouton – engraissé en prévision de la fête du *Baïram* –, s'y côtoyaient familièrement. Dans un angle, une coupe de terre cuite avait été déposée, remplie – comme toujours – du lait de *gamouse*. C'était l'usage pour assurer au couple de cobras familiers son breuvage de prédilection. Au moment où le soleil disparaissait à l'horizon, la femelle sortit gracieusement de son trou, aménagé dans un mur de briques crues, et vint tranquillement s'abreuver au lait de la jatte, puis se retira avec dignité dans son repaire. Quelques instants après, un des bambins qui jouaient dans la cour se dirigea vers la coupe pour y boire : alors on assista à une scène inouïe. Un majestueux cobra – le mâle – sortit à son tour du mur, s'élança sur le récipient et le renversa. Puis il rentra précipitamment dans son nid d'où l'on entendit des coups sourds, preuves évidentes d'une scène de ménage : il était tout bonnement en train de rosser sa compagne, l'intrépide buveuse de lait. Francette Bruyère fut surprise de voir le manque de réaction des *fellahin*. Pourtant, Ahmed Amer se baissa et ramassa le fond de la coupe contenant encore du liquide. « Laissons-les, dit-il, mais je dois montrer cela au *moudir*. Il y a une raison. »

Revenu à Deir el-Médineh après la « sacrée grimpette », comme disait Bruyère, qui menait à la colline vers nos cellules aménagées, Ahmed Amer déposa cérémonieusement sur le bureau du *moudir* l'objet du litige en l'assortissant d'un commentaire précipité. Bernard Bruyère, homme de terrain averti, ne semblait pas trop surpris. Il choisit dans sa pharmacie je ne sais quelle petite fiole, dont il versa quelques gouttes dans le restant du lait, et déclara posément : « Ahmed, tu as raison, le lait contient encore du venin de serpent. »

Peu de temps après, on eut l'explication. En effet, le vendredi suivant l'événement, jour du Seigneur et de congé, l'ouvrier nettoya la cour de sa maison pendant que les cobras étaient allés « aux champs ». En voulant débarrasser leur gîte des déchets qui l'encombraient, notre homme trouva un serpent mort. C'était une femelle. Il comprit alors la scène vécue quelques jours auparavant. « Ces serpents familiers, apprit-il à Francette, ne lâchent jamais leur venin dans le lait qu'ils boivent chez nous. La tradition se passe de serpent en serpent. La femelle dressée étant morte, comme je viens de le voir, le mâle est alors parti dans le *gebel* (montagne désertique) en quête d'une nouvelle compagne. Sans doute n'avait-elle pas encore reçu de son mâle l'interdit. » Comment expliquer l'attitude du cobra mâle ? Ahmed Amer parut très simplement trouver la réponse : « Le mâle, n'ayant pas encore dressé sa femelle, savait qu'elle lâcherait son venin, alors il n'a pas voulu que le petit en soit victime. » Le dressage que maître cobra imposa, immédiatement après, à sa nouvelle épousée fut sans doute exemplaire : plus jamais pareil incident ne se produisit dans la maison bédouine.

Je rapporte ici fidèlement les commentaires qui me furent donnés de cette scène extravagante sans me permettre de juger, car nous entrons dans un monde très à part. Des histoires de cobras circulaient, avant la dernière guerre, un peu partout parmi les habitants de la région (mais elles doivent courir dans tous les coins de l'Égypte), et personne n'oserait douter de leur véracité. Elles convergent certainement, chaque année, vers le cercle des « charmeurs », pendant la grande fête annuelle qui a lieu devant la mosquée d'El-Rifaï, à la citadelle du Caire. Les charmeurs pour touristes véhiculent dans leur panier, recouvert d'une toile de Perse, des reptiles bien inoffensifs auxquels ils ont arraché les crochets à venin. Mais, avec les serpents les plus dangereux, les maîtres charmeurs entretiennent un dialogue constant, tel cet illustre Moussa que l'on présenta au jeune roi Farouk lorsqu'il fit, en souvenir des temps pharaoniques, le tour de son royaume après la mort de son père, le roi Fouad. Le chanoine Drioton, encore lui – nouvellement promu directeur général des Antiquités –, l'accompagnait à ce titre pour la visite des prestigieux monuments de la Haute-Égypte. C'est de lui que je tiens le récit qui va suivre.

En quittant la Vallée des Rois, et pour délasser Sa Majesté, le Grand Chambellan lui proposa d'assister aux tours du charmeur de serpents, le cheikh Moussa el-Hawi, appartenant naturellement à la communauté des *Rifaï*. Célèbre dans toute l'Égypte, il semblait avoir dominé les reptiles les plus dangereux du pays. Il était connu pour être invulnérable aux morsures de serpents, à l'exception de la vipère à cornes – le céraste –, contre laquelle, à cette époque, il n'existait pas de sérum. Après les *salam* d'usage, Moussa demanda au souverain ce qu'il voulait voir de ses prodiges. « Sors-moi des trous de la montagne, et par ordre d'importance, tous les serpents que tu connais ! » Alors on vit Moussa flairer (le mot n'est pas exagéré) les parois rocheuses et s'arrêter devant tel ou tel trou, dont il sortit les reptiles suivant leur nocivité croissante. Cela commença par le charmant et inoffensif serpent-ficelle, pour aboutir au cobra qu'il fit danser devant lui. « Nous allons terminer avec la vipère à cornes. Un couple est dans ce trou. » (Moussa l'avait senti sans l'avoir vu.) Le charmeur fit alors face à l'ouverture et proféra des invocations en une mélopée lancinante, puis, brusquement, projeta sa main droite dans l'ouverture, les doigts écartés et légèrement repliés, pour attraper parallèlement le mâle et la femelle dont les têtes pointaient vers lui. Moussa les ramena rapidement à lui, mais en raison semble-t-il d'un faux mouvement, une des vipères réussit à le piquer à l'avant-bras, alors que les larges manches de sa *galabieh* avaient été retroussées pour lui permettre de mieux travailler. Sans un mot, il écrasa la tête des deux reptiles, puis déclara : « Je suis perdu, je vais mourir, mais cela prendra plus de temps que pour les autres hommes, car je suis le seigneur des serpents. Qu'on appelle mon fils, pour que je lui transmette le " maître-mot ". » On l'allongea sur une natte et, pendant un long moment – son héritier à son chevet –, au fur et à mesure que ses forces déclinaient et qu'il se raidissait, on entendit un langage incompréhensible même pour le plus éclairé des arabisants, par lequel apparemment étaient transmis à son successeur tous ses secrets. Cela se passait le 25 avril 1937.

J'ai souvent repensé à ce récit lorsque nous avons voulu, au début du mois de mai 1940, purger notre campement de Karnak-Nord des serpents qui l'infestaient. Durant le parcours, le fils de Moussa (Ibn Moussa), appelé en grande hâte sur les ruines du temple de Monthou, nous disait détecter par l'odeur – nous en étions déjà presque convaincus –, les différents serpents cachés.

Aussi bien, lorsque je retournai sur le chantier de Deir el-Médineh en 1949, j'assistai à la séance au cours de laquelle les Bruyère avaient fait venir Ibn Moussa en raison des ravages d'un couple de cobras, signalés au nord de nos cellules. Retroussant toujours ses manches, le charmeur se planta devant le repaire de ces serpents, haut placé sur la falaise du *gebel*. En cet instant, j'entendis à nouveau le langage de ces sorciers aux vibrations étrangement particulières. Ces abracadabras, c'est le cas de le dire, avaient un accent rauque et lancinant, dont je percevais un seul mot régulièrement répété : « *Suleïman, Suleïman, Suleïman...* » Au bout d'un assez long moment, apparut la tête avec son capuchon d'un magnifique cobra, commençant à cracher son mépris. Une sorte de balancement animait la partie antérieure de son corps, allant et venant hors du trou. Le charmeur se mit alors à l'insulter, ce que nous saisissions fort bien en entendant le ton coléreux et précipité employé dans ses vociférations. Après une petite période d'hésitation, le cobra se jeta brusquement à terre, dressé et agressif, devant notre homme. Celui-ci, par d'amples gestes de bras, entreprit de commander le reptile – lequel, imperceptiblement, commença à déployer son capuchon, agitant presque avec désespoir sa langue fourchue, les yeux fixés sur les mouvements du maître. Puis il s'immobilisa, jusqu'à ce que Ibn Moussa le saisisse par le cou et lui fasse mordre l'épaisseur de sa manche repliée, pour qu'il lâche son venin. Devenu docile, l'animal se tenait tranquille, en position verticale, animé d'une légère ondulation. Il se laissa pacifiquement déposer sur les épaules de Françoise Bruyère, puis autour de son cou. Une fois repris en main par le charmeur, ce dernier le tint par la queue et le caressa à « rebrousse-écailles », puis il s'en servit comme d'une canne et nous fûmes témoins, pour quelques instants, des tours que les magiciens de la Cour présentaient devant Pharaon.

« C'est un beau mâle, dit le charmeur, il me sera facile d'attraper la femelle maintenant, car elle le suivra. » Effectivement, il se tourna vers la falaise rocheuse et s'adressa au second serpent, qui tomba immédiatement sur le sol.

Ibn Moussa ajouta en guise de conclusion : « Si j'avais capturé la femelle en premier, je n'aurais jamais revu le mâle ! »

La verve intarissable de Francette Bruyère la conduisait souvent à nous faire revivre les histoires des habitants de Gournah, les Gournaouï, qu'elle chérissait, et de certains brigands du *gebel* moins redoutables – à l'entendre – que les hyènes dont on percevait parfois le galop de nuit sur le toit de nos cellules. Les « hors-la-loi » ressemblaient davantage à de grands loups du désert, à la noblesse sauvage.

Un jour, alors que j'interrogeais le *moudir* sur les modalités à respecter pour procéder à la paye des ouvriers, la dame de Deir el-Médineh en profita pour évoquer une de ses aventures personnelles. Vers les années 1932-1933, les fouilleurs américains du Metropolitan Museum de New York – à la tête desquels se trouvait Herbert Winlock, le conservateur en chef –, dégageaient, plus au nord, à Deir el-Bahari, les ruines du temple de la reine Hatshepsout et les tombeaux voisins. Tous les quinze jours, Herbert Winlock, fastueusement installé au creux de la falaise, sous des coupoles de briques de terre crue blanchies, envoyait voiture et chauffeur à Louxor chercher l'argent nécessaire à la rétribution de ses équipes. A l'occasion d'un de ces déplacements – pour lequel il devait traverser les zones cultivées de la rive gauche, prendre une felouque pour passer le fleuve et se rendre à la banque, près des grands hôtels pour touristes –, son messager fut assailli par des brigands cachés dans les champs de canne à sucre, le long de la digue menant au fleuve. Défendant les sacs de monnaie, il dut se servir de son revolver pour tirer sur ses agresseurs et crut avoir touché l'un d'eux. Il fut à son tour blessé, mais revint néanmoins au campement, rapportant une multitude de piastres pour une paye nécessairement « sonnante et trébuchante ». Alors qu'il informait Winlock de cette agression, il s'effondra. Le fouilleur américain reprit sans hésiter la voiture, chargea son chauffeur évanoui et fonça à travers la zone périlleuse pour gagner la rive orientale du Nil, où il put confier le blessé au médecin du Louxor Hotel. Puis il prévint la police locale et téléphona même au Caire pour requérir un bataillon de soldats, toutes forces qui cernèrent bientôt le champ de canne à sucre sur la rive gauche. En vain ! Le chef brigand et ses acolytes, terrés dans les cultures, étaient inaccessibles. Demande fut alors faite à la Direction des sucreries d'Égypte (le président de l'époque était le Belge Naus Bey), pour obtenir la permission d'incendier le champ afin d'en faire sortir les bandits. Permission refusée : il fallait sauver la récolte ; en revanche, on décida d'inonder les terres. C'était encore l'hiver. Cette cachette dans les cannes à sucre se prêtait fort bien à nourrir et abreuver ceux qui s'y dissimulaient. Cependant, les températures très froides de la nuit devenaient insupportables. Au bout de quelques jours, on vit les malandrins, les uns après les autres, sortir de leur repaire et se rendre ; mais le chef demeurait introuvable. Peu après, les habitants de Gournah prévinrent Bernard Bruyère qu'un blessé, retiré dans le *gebel*, devait être l'agresseur des Américains. Il rançonnait régulièrement les villageois en leur soutirant pains et volailles.

Françoise Bruyère et Christiane Desroches
devant la maison d'Ahmed, contremaître
des ouvriers de la fouille.

Champ de cannes à sucre,
près du Colosse nord de Memnon,
où les brigands purent se cacher. (Cliché Ware)

Un charmeur de cobra.
(Cliché Franco)

Francette Bruyère avait organisé, au pied des cellules qui servaient d'habitat, un local pompeusement baptisé « hôpital », où elle soignait les villageois venant demander de l'aide. Très tôt un certain matin, un homme au visage basané, à la *galabieh* déchirée, se présenta pour lui montrer une blessure au bras, quasiment gangrénée. Sans mot dire, Francette nettoya, cura, désinfecta fit l'extraction d'une balle, pansa et donna un remontant. Plusieurs jours durant, le même personnage se présenta à la même heure, soins et toniques furent prodigués, toujours dans le silence le plus complet. La constitution du blessé était d'une résistance extrême, la plaie guérit, il ne revint plus. On l'oublia.

Comme à l'habitude, les jours de *souk* (marché) – le mardi matin –, Francette se rendait à Louxor à dos d'âne avec Ahmed, le diligent *reïs* du chantier, pour rapporter les paniers pleins destinés à compléter le menu quotidien autant que spartiate. Elle en profitait également pour rendre visite, au Louxor Hotel, à l'éminent égyptologue russe Vladimir Golénischeff, grand seigneur devant l'Éternel, qui passait tous ses hivers à Louxor avec son épouse française : il portait gaillardement ses quatre-vingt-deux années, et avait jadis connu l'immédiat continuateur de Champollion en Allemagne, Richard Lepsius. Chaque quinzaine, pour la paye rituelle, Mme Bruyère transitait alors du jardin du Louxor Hotel à celui du Winter Palace, et se rendait ainsi, sans être remarquée, à la banque située à l'extrémité de l'établissement. Par ce subterfuge, elle pensait pouvoir protéger l'argent qu'elle rapportait au fond des paniers de victuailles flanquant les ânes... C'était pourtant sans compter avec les pillards de la région. A son retour, ayant de nouveau traversé le fleuve à la limite des cultures et du désert, exactement au niveau des Colosses de Memnon, nos deux voyageurs, montés sur leurs ânes, ne virent pas dans la pénombre un lourd cordage tendu en travers de la digue. Ils tombèrent et furent immédiatement paralysés par des ombres noires jaillissant des champs en contrebas. « Donne-nous l'argent », furent leurs seules paroles, ce qui incita l'intrépide Francette à emprunter un parler local très cru pour proférer toutes les malédictions d'usage sur la tête de ses assaillants.

Aussitôt une forme humaine se déplia devant elle, leva les bras au ciel, lança des ordres brefs. Les deux prisonniers furent immédiatement dégagés et le silence revint. Francette reconnut l'homme blessé du *gebel*, qui ne lui avait jamais adressé la parole. Elle l'entendit alors lui déclarer solennellement : « Tu es sacrée pour nous. On ne touchera jamais à ta tête. »

Chacun, dans la nuit, poursuivit son chemin.

Le sage de Deir el-Médineh

On n'insistera jamais assez sur le personnage attachant de Bernard Bruyère, si gentilhomme mais si discret que son souvenir a presque disparu du cercle des égyptologues à une époque où la vanité et la publicité sont souveraines. Pourtant, ses volumineux rapports de fouilles, très régulièrement publiés, donnent l'étendue de ses patientes recherches archéologiques, pendant les longues années durant lesquelles il dégagea totalement le village antique des ouvriers de Deir el-Médineh. Les résultats de ses investigations, complétés par ceux des épigraphistes, dont le premier était Jaroslav Černý, fournissent encore la matière à de nombreux chercheurs qui les utilisent amplement pour leurs articles, voire leurs thèses.

En fin de journée, dans sa petite cellule de Deir el-Médineh, d'où il pouvait englober d'un seul coup d'œil les ruines si évocatrices de la bourgade des artisans de Pharaon, il retraçait de son écriture régulière et si lisible le « journal de la fouille ». Objets ou fragments étaient minutieusement décrits et dessinés de sa propre main, très habile. Durant ses dernières années de travail sur le site, ce grand blessé de guerre, encore criblé d'éclats de grenade, avait cruellement souffert de la « crampe des écrivains ». Afin de tracer textes et dessins, il était obligé de pousser sa dextre avec sa main gauche. Les progrès des investigations, sur le chantier, étaient enregistrés au moindre détail près, et les recherches ébauchées sur certains sites voisins, durant le jour de congé hebdomadaire, faisaient aussi l'objet de minutieuses notes. A bien des reprises, les indications qu'il eut la générosité de communiquer aux jeunes membres de l'Ifao, soucieux de faire leurs premières armes en Haute-Égypte, aboutirent à de belles découvertes. Ainsi peut-on retrouver sur son précieux livre de fouilles la référence donnée un certain jour à de jeunes égyptologues concernant l'emplacement de tel vestige pharaonique. Un fragment d'inscription, sur un bloc de pierre, permettait d'envisager en cet endroit le dégagement du terrain pour aboutir, sous les décombres, aux ruines d'un temple perdu : la suite des événements lui donna ainsi parfaitement raison.

Sa grande expérience de la région l'incitait, également, à dispenser autour de lui de judicieux conseils. Un jour, Siegfried Schott, éminent spécialiste allemand de la religion, voulant dégager une inscription monumentale creusée dans la pierre et remplie par le ciment de guêpes maçonnes, au dos d'un des Colosses dits « de Memnon », reçut dans les yeux le venin d'un cobra dérangé dans son repaire. Bien que s'étant immédiatement baigné les yeux, notre éminent collègue fut alors frappé de cécité pendant quelques jours. Rapidement soigné et tranquillisé par Bernard Bruyère, fort de son expérience personnelle suivant laquelle le feu du reptile en colère s'éteindrait en quelques jours, Siegfried Schott découvrit en recouvrant la vue combien celle-ci avait gagné en acuité.

Dans cette zone sud-ouest de Thèbes strictement réservée aux Antiquités, s'étendant du début de la piste conduisant à la Vallée des Rois jusqu'au voisinage de Médinet Habou, les quelques rares fouilleurs habilités à résider à l'emplacement de leur chantier se rendaient parfois visite à la fin de la journée. Sir Robert Mond, marié à une dynamique Bretonne, brillait par le faste de ses accueils.

Presque quatre années après la découverte de la tombe de Toutânkhamon (1922), Georges Bénédite, à cette époque conservateur en chef du département des Antiquités égyptiennes au Louvre, s'était fait accompagner par le jeune abbé Drioton, qu'il venait de faire nommer à son département. L'intention de Bénédite était, avant tout, de sélectionner un site pour en faire le chantier des fouilles du musée du Louvre, et son choix s'arrêta sur les ruines de Médamoud, au nord de Karnak, alors que Robert Mond fouillait à Ermant, au sud, sur la rive gauche. Deux points essentiels du « Palladium de Thèbes », dont les deux autres sanctuaires, Tôd et Karnak-Nord, deviendraient plus tard les fiefs de l'Ifao et du Louvre.

Bénédite et Drioton avaient en projet de loger au Louxor Hotel, mais cet établissement et le Winter Palace étaient complets, non en raison de l'affluence des touristes, si nombreux de nos jours, mais à cause de l'envahissement des amateurs aisés et des journalistes, venus du monde entier à l'annonce de la découverte du tombeau de Toutânkhamon (il fallut presque dix ans pour vider complètement la sépulture de son Trésor). Cette situation se prolongea d'ailleurs durant plusieurs années. La vaste salle à manger avait été réquisitionnée pour un dîner de gala, et le directeur de l'hôtel, compatissant devant la déception de Georges Bénédite, un de ses vieux clients, lui offrit, en guise de chambre à coucher pour lui et son assistant Drioton, un petit office, séparé du lieu des festivités par une seule porte vitrée, masquée de rideaux de macramé. Qu'importe! Il s'agissait de dormir sur deux lits de camp jusqu'au très matinal réveil des archéologues. La journée avait été chaude et, dans la pénombre, Bénédite, qui ne pouvait dormir, pria l'abbé Drioton de sonner un domestique pour lui demander d'apporter de l'eau. Ne connaissant pas les lieux, Drioton pointa vers un bouton mural : ce n'était pas celui d'une sonnette, mais celui de l'illumination du local! Rires fusant de l'autre côté de la porte, des derniers consommateurs de whisky dans la grande salle, éclairée aux chandelles, qui virent brusquement apparaître à travers la dentelle des rideaux des égyptologues réputés, sous l'aspect d'un vieux monsieur à la barbe ébouriffée, coiffé d'un bonnet de nuit à pompon, et d'un jeune curé en chemise de nuit rayée fendue sur les côtés! L'abbé Drioton était irrésistible lorsqu'il évoquait ses souvenirs de l'égyptologie militante. Il n'avait pas d'égal pour les émailler des détails les plus cocasses.

Après le retour à Paris de notre abbé, le printemps venait de se terminer (fin mars 1926) et, près du Nil thébain, la température était rapidement montée. Georges Bénédite rendit une dernière visite au tombeau de Toutânkhamon. Comme il remontait l'escalier, la chaleur étouffante l'incita à souscrire avec empressement à l'invitation de lady Mond de venir se désaltérer dans leur maison de chantier. Le whisky-soda était bien frappé et le soleil brûlant du milieu de la journée fit le reste. Sur le chemin vers Louxor, Georges Bénédite fut victime d'une attaque qui l'emporta quelques heures plus tard. La circonstance était trop dramatique pour ne pas être exploitée par les adeptes de la « merveilleuse légende » : Bénédite fut, dès lors, considéré comme ayant été poursuivi par la vindicte de Toutânkhamon.

En fait, chacune des supposées victimes du jeune roi, mortes peu après la découverte de la tombe, disparut dans des circonstances très explicables, et d'abord, pour certains, en raison de leur santé vacillante. Pourtant les Davies, ce couple de dessinateurs anglais auteurs des superbes relevés de chapelles thébaines, fréquentèrent assidûment la tombe en cours de déblaiement; de même Émile Baraize, l'architecte des Antiquités sur la rive gauche de Thèbes. Ils demeurèrent bien vivants longtemps après la découverte. Harry Burton, le plus proche voisin des Bruyère à Deir el-Bahari, qui réalisa les superbes photographies de la trouvaille, encore utilisées de nos jours avec bonheur, nous quitta seulement après la guerre, victime de la maladie du bronze, contractée de longues années auparavant. Enfin, Carter lui-même fut très largement épargné, puisqu'il disparut une vingtaine d'années plus tard... sans doute parce qu'il ne savait pas assez résister à la bonne chère!

Quant à Bernard Bruyère, un des témoins de la découverte, j'eus la joie en 1967 de lui montrer, à Paris, l'exposition Toutânkhamon. Il atteignait sa quatre-vingtième année. Ce contemporain de l'exhumation du célèbre Trésor apparut même à la télévision, pour expliquer les circonstances ultimes ayant précédé l'événement. Au cours de l'été 1922, lord Carnarvon, subventionnant déjà depuis de longues années les recherches de Howard Carter, avait décidé de cesser ses versements dès le mois de janvier suivant. Carter, désappointé et très découragé, était venu au début de cette dernière saison d'automne rendre visite à Bruyère à Deir el-Médineh pour lui apprendre tristement ce verdict. A cette occasion encore, Bruyère avait judicieusement conseillé : « Vous avez travaillé avec une patience inouïe, un acharnement sans défaillance dans cette profonde Vallée des Rois. Vous l'avez littéralement déblayée des gravats accumulés pendant toute la période où les tombes royales ont été aménagées, puis occupées. Il ne reste plus rien à dégager, à l'exception des vestiges de huttes du hameau construit par les ouvriers de la nécropole pour y déposer leurs instruments. Vous désiriez le préserver et, surtout, ne pas créer de complications pour la visite du tombeau de Ramsès VI, devant lequel subsistent ces ruines. » S'opposant aux dernières hésitations de Carter, Bruyère avait poursuivi : « Votre devoir est de ne négliger aucun indice – même infime. » Carter en convint, reprit courage et s'attaqua à ce secteur.

Quelques semaines après, au mois de novembre 1922, il arriva au petit matin sur son chantier où, pour la première fois depuis la reprise des fouilles, il n'entendit pas le bruit de ses ouvriers au travail. Il fut accueilli par un silence impressionnant : la première marche d'un escalier venait d'être mise au jour, sous les maigres vestiges qu'il avait voulu respecter.

La malédiction du cheikh Abbas

Découvrir l'archéologie sur le terrain, où se confondent encore coutumes antiques et contemporaines, constitue un enseignement irremplaçable : ce fut en effet, pour moi, une bien grande chance d'avoir pu vivre sur ce chantier de Deir el-Médineh, sitôt arrivée pour la première fois en Égypte, et d'avoir cotôyé ce tandem parfait, constitué par Bernard Bruyère et Jaroslav Černý. Le premier dégageait le village et la nécropole de ses chers artisans et livrait au second une moisson abondante – et incomparable – d'*ostraca* (un *ostracon* est un tesson de poterie ou un fragment de calcaire), couverts d'inscriptions hiératiques dont la lecture, si talentueusement déchiffrée, faisait revivre la vie quotidienne des habitants de la *Set Maât* (un des noms anciens de Deir el-Médineh).

A Médamoud, puis à Tôd, Fernand Bisson de la Roque vivait sous la tente avec sa famille au nord-est, puis au sud de Karnak. Il avait mis au jour les ruines du temple de Monthou, dont proviennent les reliefs et les statues de Sésostris III, conservées depuis lors dans notre musée national. A Tôd, il venait d'exhumer un trésor d'or, d'argent et de lapis-lazuli, contenu dans quatre coffres de bronze : le Louvre en avait reçu un lot en partage.

A cette époque, les directeurs des fouilles demeuraient toute l'année universitaire sur le site de leurs recherches.

Un jour de février 1937, j'avais été conviée par Charles Boreux et Etienne Drioton à les accompagner dans le domaine du Vautour de Nekhabit, à Elkab, au sud, entre Esna et Edfou. La mission belge de la fondation Reine-Elisabeth y dégageait les vestiges du temple.

Après avoir quitté Louxor, au petit matin, nous arrivâmes dans l'enceinte sacrée d'Elkab, où l'équipe du maître belge vivait depuis la veille en état de fébrilité : une crypte venait d'y être découverte. L'émoi de la compagnie était encore plus grand, après le déchiffrage, sur les murs intérieurs de cette pièce secrète, d'un texte inédit révélant les « Sept Paroles de Nekhabit ».

Charles Boreux avait tenu à introduire, dans l'étroite ouverture ménagée au niveau du sol, sa grande et filiforme silhouette, en lui imposant des ondulations semblables à celles d'un soufflet d'accordéon. Le chanoine, plus petit mais plus corpulent, s'y engouffra à son tour sans trop de désagrément.

Pour Jean Capart, aux proportions imposantes, la manœuvre nous paraissait a priori sans espoir; et pourtant il avait déjà réalisé cet exploit, paraît-il, quelques heures avant notre arrivée. Agile comme un chat, il réussit, par contorsions et reptations successives, à répéter ce tour de force, désirant nous commenter sur place, à la lumière d'une bougie, ce texte où les flèches lancées par le vautour divin apparaissaient aussi redoutables que prophylactiques.

Jean Capart se proposait de développer pour nous, une fois de plus et pendant le déjeuner, la puissance significative du chiffre sept, si souvent indiquée dans les textes magiques.

L'extraction du professeur hors de la crypte présenta des difficultés bien supérieures à celles rencontrées durant l'introduction : il y perdit une des manches de sa veste de toile et brisa le liège de son casque colonial, mais sa belle barbe, tout en broussaille, en ressortit relativement indemne.

La maison de fouilles occupée par la mission belge était vaste et avait jadis été édifiée, non loin du Nil, par l'architecte anglais Somers Clark. Amoureux de l'Égypte et de cette région d'Elkab, ce dernier avait décidé d'y terminer ses jours et de s'y faire enterrer. Sa tombe avait, sur ses ordres, été maçonnée contre un des murs extérieurs de sa demeure : elle s'y trouve encore.

Le moment semblait venu de gagner le lieu des agapes promises. Ce fut une véritable file indienne, suivant Capart étonamment rapide et accompagné de son architecte Stiénon, occupé, tout en pressant le pas, à rattacher avec deux épingles la manche accidentée à la veste du « patron ». A l'arrivée, nous comprîmes les raisons de cette précipitation : Marcelle Werbrouk, sa fidèle adjointe, mais redoutable intendante de la mission, attendait de pied ferme son vénérable patron pour le réprimander de son retard.

« Vous verrez, avait déclaré Étienne Drioton, en quittant Louxor, nous aurons droit, pour le déjeuner, au *tarbouche*, suivi de la dinde *baladi* (villageoise). » Prophétie vérifiée. J'appris, en le dégustant, que le *tarbouche* était une macédoine de légumes, enrobée de betteraves rouges : moulée et une fois renversée sur un plat, elle prenait tout à fait l'allure de la coiffure masculine nationale, portée jusqu'à la Révolution dans toute l'Égypte. Le plat de résistance fut effectivement une dinde rôtie, noyée dans une montagne de riz, parsemée de pignons et de raisins secs.

Elkab. Chantier de fouilles belge. *De gauche à droite* : Jean Capart, Etienne Drioton et Charles Boreux.

Jean Capart, créateur de la « Fondation Reine-Elisabeth », commentant sa découverte à l'abbé Drioton.

Copie d'un hymne au soleil levant dans le couloir du caveau d'Imennakht, à Deir el-Médineh.

Capart, amphytrion talentueux, nous entraînait dans le cercle magique des sept flèches vengeresses et des prouesses des mages locaux : ainsi évoquait-il, pour finir, le pouvoir surnaturel du cheikh Abbas, faiseur de miracles. Il était né muni de six doigts à chacune de ses mains (comme le pape de la chapelle Sixtine), marque de sa nature supra-terrestre. Après sa mort prématurée, les habitants de la région venaient présenter leurs suppliques au pied de sa tombe : il les exauçait.

« Nous sommes, en ce qui le concerne, précisément confrontés à un problème délicat, ajoutait notre hôte. Hier, nous avons reçu des membres de sa famille, nous demandant de contribuer largement à l'achat d'un tapis précieux pour couvrir sa tombe. » Marcelle Werbrouk, consultée, avait déclaré, après une étude serrée des « finances », que cette participation devait être refusée. En effet, il fallait choisir entre sacrifier à cette prodigalité ou pouvoir terminer la saison de fouilles. « Or, ajoutait Capart, c'est ou bien satisfaire le cheikh, ou ne plus prendre de repas jusqu'à la fermeture du chantier ! Espérons que le cheikh comprendra ! »

Il avait à peine terminé son récit qu'à ce moment précis le contremaître, tout ému, vint lui apprendre le vol du petit canot à moteur acquis après bien des économies et indispensable à leur traversée quotidienne du fleuve. Était-ce un premier avertissement du cheikh Abbas ? Cela pouvait paraître peu vraisemblable, et pourtant l'histoire ne faisait que commencer.

Lorsque je revins au Caire, le chanoine, toujours friand de bonnes histoires, me rapporta ce que Jean Capart, arrivé à Bruxelles, venait de lui écrire, faisant le bilan de leurs mésaventures.

En quittant Elkab, l'abbé Joseph Janssen, attaché hollandais à la mission, s'était arrêté à Béni Hassan pour revoir les scènes de la vie journalière peintes aux murs des chapelles creusées dans la falaise surplombant le Nil majestueux. Tombé dans un puits funéraire en reculant pour prendre une photographie, il s'était cassé une jambe : la deuxième malédiction du cheikh semblait se réaliser.

Arpag Mekhitarian, un de ses très proches collaborateurs de passage au Soudan, avait, toujours d'après le chanoine, échappé de justesse à la mâchoire d'un crocodile ayant tenté de lui happer un pied. Troisième effet de la vindicte du cheikh.

Le chantier d'Elkab une fois fermé pour la saison, la mission avait regagné Le Caire. Jean Capart et Marcelle Werbrouk retrouvèrent leurs chambres, dans la pension de famille des archéologues, le Cecil House. Le feu s'y déclara dès la première nuit : nos deux Belges durent s'enfuir par les terrasses, abandonnant tout ce qu'ils possédaient. Le double du manuscrit sur la visite du temple de Deir el-Bahari rédigé par Marcelle Werbrouk, emporté pour révision sur place, avait disparu dans les flammes... Quatrième malédiction du saint homme.

A peine les deux hommes étaient-ils installés dans d'autres locaux, affairés à se procurer de nouveaux vêtements, qu'une lettre de Bruxelles parvint au célèbre patriarche belge : la réserve des livres édités par la fondation Reine-Élisabeth, au parc du Cinquantenaire, avait été la proie d'un incendie ! Cinquième effet du mécontentement de l'enfant-aux-douze-doigts.

C'en était trop. On pouvait craindre la sixième et la septième flèche d'Elkab. Avant de s'embarquer pour l'Europe, Jean Capart fit immédiatement un emprunt à son ambassadeur pour adresser dès le lendemain un messager vers Elkab, porteur de son obole destinée au tombeau du cheikh : il fallait, sans plus tarder, conjurer le mauvais sort jeté, il n'en doutait plus, par l'irascible jeune prodige.

Edfou : les fouilles franco-polonaises

Tout en demeurant chargée de mission au Louvre, je fus nommée membre de l'Institut français d'archéologie orientale du Caire (c'est-à-dire pensionnaire de l'Ifao) en 1938.

Cette introduction dans un milieu si jalousement fermé où seuls de jeunes hommes – trois égyptologues, un arabisant, un helléniste papyrologue – voyaient leur formation scientifique hautement couronnée par un séjour de trois années sur le terrain, fit scandale parmi mes anciens et futurs confrères. Il était impossible qu'une femme puisse vivre sur un chantier de fouilles où les conditions d'existence seraient trop dures pour son frêle organisme – mais, surtout, puisse appartenir à leur cénacle. Ils vinrent en délégation demander tout bonnement au directeur de l'Ifao d'annuler ma nomination auprès de la Direction de l'enseignement supérieur ! La réponse de cet honnête homme et grand savant qu'était Pierre Jouguet fut immédiate : il m'installa naturellement à l'Institut (l'ancien palais Mounira), au Caire, puis m'affecta aux fouilles franco-polonaises d'Edfou, organisées par l'Institut français et l'Université de Varsovie – choix très judicieux car le site était réellement rude, mais l'atmosphère fraternelle au sein d'une équipe où Polonais et Français s'entendaient à merveille. Les universitaires de Varsovie avaient pris la responsabilité d'exploiter le sommet du *kôm* de la ville antique, dont les arasements successifs, constitués par les habitats séculaires, s'étageaient depuis l'Ancien Empire jusqu'à l'époque arabe. On devait successivement y retrouver les vestiges des plus hautes époques, en passant par le Moyen et le Nouvel Empire. Les établissements saïtes et ptolémaïques s'étaient étoffés, recouverts ensuite par les ruines romaines et byzantines. Au pied de ce *kôm,* ou tell, on décelait la nécropole de la VIe dynastie, du temps où les gouverneurs des provinces de Haute-Égypte s'affranchissaient de la tutelle royale pour gagner encore en puissance et en indépendance.

Je fus dirigée vers ce secteur, alors que Joseph de Linage, mon confrère et ancien dans la carrière, dirigeait celui du Moyen Empire où j'avais fouillé les premiers jours en dégageant des caveaux funéraires, imbriqués les uns dans les autres. Ceux-ci m'avaient livré une série de petites statuettes de femmes nues de style primitif, mais ornées de coiffures extravagantes et qui faisaient partie de ce que l'on appelait alors les « concubines du mort », dont je devais percer l'identité réelle d'images hathoriques seulement en 1948.

A cette époque, 1938-1939, l'Égypte était parcourue de très rares touristes.

L'arrière du temple était formé par une grande cour, assez régulièrement plantée de caroubiers. Cette enceinte, limitée par un mur de brique, recevait notre logis. Tout était différent de Deir el-Médineh. Là-haut, à l'ouest de Thèbes, on vivait quasiment dans le rocher, dans des chapelles de tombes non décorées, et la fouille y contraignait les archéologues à faire évacuer cette matière azotée, provenant des déchets organiques millénaires, appelée *sebbakh,* qui recouvrait le site formé du village et de ses tombes.

A Edfou, nous disposions tous de tentes militaires individuelles à double paroi. Des cupules remplies d'eau, où étaient posés les pieds de notre lit de fer, nous garantissaient de la montée de la vermine. Une grande moustiquaire nous protégeait des insectes. Une table et une chaise en bois nous servaient de bureau. Un trépied supportait une bassine, dans laquelle on versait l'eau d'un broc, un grand tub galvanisé nous permettant, au retour de la fouille, de prendre une douche. Les serviteurs nous apportaient la provision d'eau du puits voisin, filtrée uniquement pour les repas, la cuisine et le développement des photos. Aux points cardinaux du campement, quatre petites guérites de toile constituaient nos toilettes. Au centre, une maison de bois démontable abritait une salle à manger, un bureau de travail, la pièce de l'architecte et du dessinateur, et une réserve pour les antiquités trouvées. A l'extérieur, une tente-cuisine logeait le réchaud à alcool et tous les ustensiles nécessaires à la préparation des repas. La maison de bois abritait aussi des coffres, contenant toutes les provisions séchées et conserves que nous avions apportées du Caire pour les quatre mois de notre séjour en mission. Toutes les semaines, le jour de congé des ouvriers, on envoyait le cuisinier acheter les tomates, les oranges, les citrons et les pamplemousses dans les vergers d'Esna, ainsi que les fameuses lentilles rouges, spécialité de cette ville. Quant à notre équipe, réunie ce jour-là, elle allait visiter les sites antiques voisins de la rive droite.

La fouille se présentait aussi d'une tout autre façon qu'à Deir el-Médineh. Sur le *kôm* où travaillaient les Polonais, les ruines des maisons étaient toutes en briques de terre crue. Au sol, les vestiges des nécropoles, à la limite des cultures, régulièrement imprégnés par les eaux de l'inondation, et les briques des arasements, agglomérées entre elles, étaient très difficiles à différencier. Le seul point commun avec Deir el-Médineh était que le *sebbakh* avait recouvert les ruines de tout le *kôm*. Sitôt que les *touri* (pioches) des ouvriers commençaient leur travail, une fine poussière s'élevait qui montait quelquefois à plus de deux mètres de hauteur.

Dès le premier jour, le professeur Michałovski, responsable de la partie polonaise, m'avait naturellement sacrée « popotière » (une corvée de moins pour ces messieurs!). Ainsi, le jour où nous avons déplié les tentes et installé nos pénates, j'avais dû faire en quelques heures l'inventaire complet du matériel mis à notre disposition par l'Ifao, avant de le ventiler dans le campement. J'étais aussi responsable des réserves de nourriture et de l'approvisionnement, qu'il fallait distribuer chaque jour au cuistot si l'on ne voulait pas se retrouver devant des coffres vides; de moi dépendaient aussi les menus. J'exerçais, de plus, les fonctions d'infirmière et le soir, après

Edfou, rive est : excursion vers les tombes rupestres.

Visite à Edfou du directeur des fouilles du Louvre à Tôd, F. Bisson de la Roque, accompagné de son épouse, de K. Michalovski et de J. de Linage (membre de l'Ifao).

Campement à l'arrière du temple.

Edfou. Christiane Desroches dirigeant la fouille du secteur de l'Ancien Empire dans la nécropole antique.

Difficile sortie, hors d'une tombe, pour un membre de la mission.

La cérémonie de la paye.

avoir rédigé le catalogue des objets trouvés dans la journée et mon propre rapport de fouilles, j'avais encore à développer les photographies. En supplément, j'étais bien membre à part entière de l'Ifao, ne fus jamais malade, mais dus soigner tous mes camarades, à l'évidence de plus faible constitution que moi ! L'année précédente, Jean Sainte-Fare Garnot avait quitté la fouille sous le coup d'une sérieuse hépatite virale.

Mes débuts sur le chantier ne manquèrent pas de saveur. Lorsque je m'efforçais de démêler l'enchevêtrement des caveaux du Moyen Empire, se chevauchant littéralement dans la nécropole, il me fallait utiliser des piquets de bois pour indiquer les points clefs. Un outil m'était nécessaire pour entailler le sommet de ces piquets, afin d'y introduire des fiches portant des numéros. Je me tournai donc vers mon *reïs* de chantier pour lui demander, dans le mauvais sabir que je commençais à utiliser, de me donner un couteau. Le mot français « canif » me vint naturellement sur la langue. Il eut l'air de comprendre, cependant me regarda, éminemment surpris. Ne constatant aucune réaction de sa part, je répétai avec insistance ma demande. En définitive, j'entendis « *hader!* », ce qui veut dire « bien ! », et je le vis se retourner pour donner un ordre à quatre ouvriers qui se précipitèrent vers le campement. Le *kôm* d'Edfou était à cinq cents mètres de nos tentes ! Je commençai à trépigner, me demandant si mon *reïs* n'avait pas perdu la tête pour envoyer quatre hommes chercher un tel instrument. Devant mon impatience, il me rassura, presque avec compassion, m'affirmant du geste et de la voix que cela allait venir très vite. Enfin, je vis reparaître la troupe, activée par les hurlements du *reïs* lui criant de se dépêcher. Je compris alors à quel point mon vocabulaire arabe m'avait trahie. En égyptien le mot *canif* signifie « vespasienne » ; les quatre lascars étaient en train de déménager, sans hésitation et de toute urgence, une de nos quatre guitounes sanitaires et ils la déposèrent respectueusement devant moi : je ne savais plus où me mettre ! A voir ma confusion, puis mon hilarité, ils comprirent que quelque chose avait été mal interprété. Ils rirent autant que moi, car le paysan de Haute-Égypte a le sens de l'humour. Je me décidai à utiliser le vieux système hiéroglyphique pour dessiner ce que désignait un canif en français. « Ah ! répliqua mon *reïs,* c'est *sekkini* que tu voulais dire. » C'est ainsi que j'enrichis mon vocabulaire arabe de deux nouveaux mots !

Le site d'Edfou était réputé pour être le plus riche en cobras de la meilleure qualité. Leur venin produisait les sérums les plus efficaces en Égypte. Aussi est-ce sur ce chantier de fouilles que j'ai acquis une solide expérience en matière d'injections contre leurs morsures.

Comme sur de nombreux terrains archéologiques anciens, les cimetières modernes jouxtent les nécropoles millénaires. Lorsque, à chaque aube, nous nous rendions sur le chantier, à 6 heures en hiver et 5 heures et demie au printemps, deux membres de chacune des équipes (la polonaise au sommet du *kôm*, la française au pied de la cité antique) prenaient, seuls, pendant une heure au début de la matinée, la responsabilité du terrain avant que le reste de la troupe ne rejoigne la fouille. Kazimierz Michałovski appelait cela « faire le héros »! Lorsque le sort tombait sur moi, je quittais le campement sous un ciel encore sombre, longeais le grand mur du temple tout tapissé d'images royales et divines, avant de me diriger à la limite du désert, là où les tombes modernes rejoignaient les vestiges des mastabas antiques. J'avais toujours alors, dans la lumière blafarde naissante, un pincement de cœur, car je passais près d'une sorte de « gîte » d'anachorète, aménagé avec quelques pierres et des briques antiques, où vivait seule une jeune *fellaha*, très belle, muette, que les villageois considéraient comme une *cheikha* et qui, disaient-ils, se nourrissait de serpents. On l'appelait Orétybia. J'étais plus rassurée en arrivant vers les ruines où m'attendaient les ouvriers.

Et le travail commençait, scandé par le chant des équipes reprenant en chœur ce que leur meneur avait fredonné. Après quelques pauses, un autre ouvrier entonnait un air différent. Au début, je n'y comprenais naturellement rien. Puis je discernais parfois des mélodies populaires entendues à Deir el-Médineh et, enfin, je pus percevoir le grand intérêt de ces chansons; non seulement elles scandaient un rythme meilleur pour le travail, mais elles constituaient de surcroît un moyen pour les différentes équipes de communiquer entre elles. Toutes les nouvelles du village y passaient, et même celles de la ville. Le souvenir de certains événements, les projets des lendemains et puis aussi ce qui pouvait se produire sur le chantier : « Tiens, regarde, l'inspecteur arrive! Ne cesse pas de manier la *touri*! N'abandonne pas ton couffin! » (Sur les murs des mastabas de l'Ancien Empire, étaient déjà inscrites des phrases analogues devant les travaux des champs.) Ou encore :

« Le *moudir* va monter voir le travail en haut du *kôm*, on peut donc ralentir le nôtre ! » « Tiens, voilà le cuistot, il arrive du campement vers la *mazemoizelle* : il a oublié ce qu'il faut faire pour le déjeuner? »

Un jour, cependant, je ne fus pas prévenue d'un événement survenu assez loin, mais je vis que tout le monde s'était arrêté, brusquement, de travailler : on regardait vers le nord, où une sorte de procession accompagnait une forme allongée, portée par plusieurs hommes. Le cortège s'était arrêté cinq bonnes minutes, puis il revint dans notre direction; ceci prit approximativement le même temps. A son approche, je vis qu'il s'agissait d'un homme, véhiculé horizontalement, quasiment inerte, alors qu'un *fellah* brandissait devant moi un cobra de plus de deux mètres à la tête complètement écrasée. L'Égyptien avait été mordu par la bête dangereusement venimeuse et ses camarades l'avaient emmené chez le sorcier du village, hélas absent ce jour-là. En désespoir de cause, on me l'amenait pantelant. Il restait à peu près cinq à six minutes avant le moment fatal où le venin allait achever son œuvre. Je devais prendre le risque de le soigner in extremis – un peu inconsciemment du reste –, et toute la troupe, portant le moribond, me suivit dans une galopade effrénée jusqu'à ma tente où se trouvait le sérum. Je lui en injectai en trois endroits différents du corps, mais il demeura sans réaction. En désespoir de cause, je me souvins alors d'un récit de mon père relatant comment son aïeul, au siège de Sébastopol, avait sauvé un mourant du scorbut en lui faisant avaler une demi-bouteille d'alcool et en chargeant deux de ses camarades de le forcer à courir. Je fis de même avec mon moribond, mais avec du whisky! Deux de ses camarades le traînèrent pour le forcer à ébaucher un vague mouvement des jambes, puis il s'effondra. Je le mis à l'abri, entouré de deux énormes couvertures. Attiré par l'attroupement, Michałovski avait quitté son *kôm* et me rejoignait. A la vue de ce spectacle inusité, il éclata d'une sainte colère, me traita d'insensée : il était trop tard, j'aurais dû laisser mourir en paix cet homme condamné, car je risquais de voir tout le village me reprocher son trépas. Je passai quarante-huit heures atroces à veiller la victime, empêchant à grand-peine toutes les femmes de la famille, venues l'entourer, de pousser des cris de deuil prématurés. Et puis, ô miracle, il revint à lui et, révélant ainsi qu'il était resté presque conscient dans sa léthargie, me dit en me prenant les mains de reconnaissance : « Quel beau jour!

Allah me pardonnera, mais pour reboire du whisky, je me ferais mordre à nouveau! » Après cet événement, jamais l'atmosphère au campement ne fut aussi gaie et les camarades, bavards.

Le professeur Manteuffel, de l'Université de Lvov, fameux épigraphiste chargé des écrits grecs trouvés sur son chantier au fur et à mesure qu'ils sortaient des décombres, se mit à nous commenter avec fièvre la découverte du matin. Dans la ville gréco-romaine du sommet du *kôm*, où les fouilleurs étaient parvenus, on avait localisé une zone entourée d'une sorte de clôture percée naturellement de portes. Les *ostraca* provenant de ce secteur lui avaient révélé que c'était le quartier juif. Il nous apportait même plusieurs recettes de médicaments, exhumées de l'officine effondrée de l'apothicaire. A l'autre extrémité du terrain, les déchets criblés lui avaient livré les bribes d'une lettre sur papyrus émanant d'un *kleroukh* (« renté » militaire), écrivant à son stratège pour l'informer qu'il avait trouvé un nouveau moyen d'irriguer la région.

L'intervention de Manteuffel fit sortir de sa réserve Zejmo-Zejmis, notre anthropologue, chargé d'une enquête dans le village moderne sur les types ethniques. La découverte de Manteuffel rejoignait la sienne, faite au cours des mensurations crâniennes sur les habitants voisins : il avait incontestablement repéré, parmi eux, un groupe de Sémites, survivance qui prolongeait ainsi l'implantation des Juifs à Edfou, comme il s'en était trouvé une très importante colonie à Éléphantine, plus au sud. Les Edfaoui l'ignoraient : ils étaient tous devenus musulmans.

C'était l'époque, à Deir el-Médineh comme à Edfou, où le travail de chantier s'arrêtait l'après-midi à 5 heures. Ce jour-là fut particulièrement faste. Sitôt la reprise du travail après le déjeuner, j'avais attaqué un secteur où, plusieurs années auparavant, Maurice Alliot, de la grande École égyptologique de Lyon, avait dégagé les vestiges de la chapelle funéraire du vizir Izi, lequel, quelques centaines d'années après, était encore vénéré dans la région comme saint homme. Sa chapelle funéraire avait été transformée en lieu de culte. La fouille d'Alliot n'avait pu être continuée plus avant, car le flanc du *kôm* contre lequel les bâtiments avaient été mis au jour demeurait encore en surplomb. Des dégagements successifs m'avaient permis de mener la recherche en profondeur. Ainsi, je pus atteindre un caveau souterrain, dans lequel gisait encore un ensemble funéraire intact : je venais de découvrir la chambre sépulcrale de l'épouse du vizir, la dame Sèchséchèt. Le fouilleur chanceux qui a pu pénétrer dans un local inviolé ne peut oublier l'émotion ressentie : les réactions sont toujours les mêmes quand l'œil tombe sur la trace antique du dernier homme ayant posé le pied sur le sol avant de refermer la porte du sanctuaire. Les objets entourant la dépouille de Sèchséchèt étaient d'or, de cuivre et de calcite d'une extrême pureté. Un des vases au col en forme de coupe et à panse globulaire était gravé de deux *uraeus* dressés, au long corps ondulé et flanquant un immense signe de vie, décor incrusté de poudre de lapis-lazuli. Des lames de rasoir, à peine plus grandes que celles utilisées de nos jours, des lampes à huile, à cupule en cuivre sur de petits pieds, des godets à onguents et à parfums, une très importante vaisselle de terre cuite vernissée couleur corail, des jarres à provisions et à vin – tout ce matériel fut immédiatement photographié, dessiné et mesuré sur place, puis enveloppé et déposé dans des couffins. A la fin du travail, chaque lot fut véhiculé par un porteur jusqu'à notre maison de bois. Dès le soir le « catalogue raisonné » était entrepris.

Comme on peut le supposer, une première trouvaille est exaltante : l'événement n'est pas aussi fréquent que peut le croire le grand public. Après la « résurrection » de mon miraculé, le matin même, et la découverte de l'après-midi m'ayant obligée à travailler à un rythme accéléré, pour « vider » le caveau avant le coucher du soleil, j'étais, il faut le dire, dans un état d'euphorie incitant aux plaisanteries les plus faciles. Tournant le dos à la porte et accroupie au sol, en train de placer en équilibre les grosses jarres à provisions de la dame Sèchséchèt, j'étais aussi à bout de nerfs et couverte de poussière, aspirant seulement à prendre une douche. J'entendis alors Michałovski, remarquable spécialiste de canulars, dont il avait pris le goût au contact de ses camarades de l'École d'Athènes, ouvrir la porte et dire sur un ton compassé : « Je vous en prie, Sire, Votre Majesté peut entrer. » Sans me retourner, croyant à une nouvelle plaisanterie, je redevins une véritable potache moi-même et lui répliquai : « Si Votre Majesté court aussi vite que je l'em... elle sera vite à Pékin ! » J'entends alors des paroles de réprobation exprimant une confusion extrême. Je me retourne et que vois-je ? Un charmant petit homme au teint mat, aux yeux bridés, qui souriait, accompagné de délicates Asiatiques : c'était le roi de Siam, escorté de

Christiane Desroches entrant dans la tombe inviolée de la dame Sèchséchèt.

Une partie du « trésor » de Sèchséchèt attribuée au Louvre.

Visite du roi de Siam et de sa famille, sur le chantier d'Edfou (1938).

sa famille, du gouverneur de la province et de la police. Il venait voir notre chantier, comptant parmi les rares attractions entre Thèbes et Assouan !

Les visites étaient en effet très rares dans cette Égypte provinciale. Le temps se passait strictement entre nous et nos ouvriers, pendant des semaines. Une seule fois, nos collègues de Deir el-Médineh et de Tôd vinrent ensemble nous voir, le jour du *souk*. Un autre événement fut l'arrivée des membres de l'Université de Chicago résidant à Louxor. Nelson, Dick Parker et Charles Nims nous apportaient, en offrande, quelques bouteilles d'eau minérale, dont nous fîmes à notre tour cadeau au docteur de la région, Sélim Makar, pour les soins aux nouveau-nés, dont il avait la charge. Enfin, trois membres de l'École d'Athènes nous furent adressés par Pierre Jouguet et devinrent nos agréables commensaux pendant quelques journées.

Nous eûmes naturellement l'inspection de notre directeur, Pierre Jouguet, toujours si attentif à nous aider, et celle du directeur général Drioton, à la jovialité communicative. A cette occasion, nous fûmes tous invités à de fastueuses agapes paysannes par l'*omdah* (le très opulent maire), dîner provoqué par le grand patron pour nous inciter à mieux pénétrer le milieu local. « Vous serez à l'épreuve, m'avait-il dit, il faudra vous en tirer avec les usages du pays. » Je compris vite à l'apparition du premier plat de résistance : une tête de veau bouillie. L'abbé incita l'*omdah* à me faire l' « honneur » de l'œil du veau. L'horreur était devant moi ! Pour me récuser sans l'offenser, il me fallait trouver l'excuse valable. Je sortis de l'impasse en excipant des exigences de ma religion m'interdisant une pareille gourmandise. L'abbé fut bien puni, car l'hommage lui revenait d'office : il dut s'exécuter...

Il y eut des rebondissements à cette visite, car l'*omdah*, si j'en crois les commentaires de mes facétieux camarades, semblait avoir jeté son dévolu sur ma personne pour rajeunir son « environnement ». Tous les matins, il se mit à m'envoyer, à la bordure du chantier, un magnifique coursier luxueusement harnaché. Lui-même se présentait, chaque fois vêtu d'une nouvelle *galabieh* aux couleurs choisies. J'ai encore souvenir du long manteau vert amande dont il se couvrait parfois. C'était l'invite à une galopade dans le désert et à une charmante (!) conclusion dans son domaine. Aucun refus ne semblait le convaincre, il s'obstinait. Je mis des semaines à me défaire d'un admirateur aussi tenace, en inventant chaque jour des excuses de plus en plus mensongères... mais diplomatiques, du moins je le croyais.

Puisque j'avoue ici toutes mes fautes de jeunesse, je me souviens aussi du jour où nous reçûmes, sur le même chantier d'Edfou, la visite du célèbre archéologue allemand Ludwig Borchardt. Il avait, en 1913, fouillé à Tell el-Amarna les ruines de la capitale du roi hérétique et retrouvé l'atelier de son chef sculpteur Thoutmès. Le chef-d'œuvre en était la tête de Néfertiti, maintenant à Berlin : elle ne fut jamais présentée au « partage » du Service des Antiquités de l'Égypte, après la fouille, comme la loi l'exige. Or c'est la coutume, lorsque vient un confrère sur le chantier, de lui montrer les découvertes faites durant la fouille. Parmi celles-ci j'avais exhumé, des retombées du *kôm*, une délicieuse esquisse de sculpteur montrant la partie supérieure d'une déesse du début de l'époque ptolémaïque, presque mutine, à la perruque d'une rare élégance, au buste recouvert de ciselures soulignant un magnifique collier d'orfèvrerie et tous les détails brodés de sa robe d'apparat. Le relief mesurait à peine dix centimètres de haut sur douze de large. Borchardt, qui l'avait pris en main, l'admirait sincèrement et me dit : « Vous n'allez pas le présenter au partage lorsque vous l'apporterez au Caire. Il tiendra facilement dans votre poche ! » J'étais outrée et lui répondis très irrévérencieusement : « Il est pourtant bien plus petit que le buste de Néfertiti, mais je n'utiliserai jamais pareil procédé ! »

L'objet parvint cependant jusqu'au Louvre. Pour suivre la règle, à la fin de la mission, tout ce qui valait la peine d'être transporté au musée égyptien était expédié au Caire puis, en présence des conservateurs, les caisses étaient ouvertes et – liste des objets en main –, les fonctionnaires du gouvernement égyptien décidaient de ce qui pouvait être donné au musée national des fouilleurs ou gardé comme *unica* pour l'Égypte. Les vitrines du Louvre reçurent quelques mois après – arrivés au moment où commençait la guerre de 1939 – certains récipients d'albâtre, de bronze et de terre cuite « corail » ayant appartenu à la dame Sèchsèchèt et, surtout, le charmant petit relief ptolémaïque. J'avais plaidé la cause de ce dernier auprès de nos deux collègues du Caire, le docteur Abbas Bayoumi et le docteur Guy Brunton. Mais il faut ajouter qu'après le partage entre Égyptiens et fouilleurs, il y eut aussi, entre Polonais et Français, la division du lot concédé. Mon petit bas-relief avait aussi franchi cette dernière barrière, grâce à l'amicale compréhension de Michałovski.

Je le lui rendis bien. Cinq ans après, il sortait de son camp de prisonniers du Schleswig-Holstein pour retrouver, à Varsovie, un musée bombardé et des antiquités fracassées ou disparues. Aussi, pour que revive sa section égyptienne, je pus la faire profiter d'une très importante mise en dépôt d'antiquités de mon département égyptien du Louvre, pour un bail renouvelable de quatre-vingt-dix-neuf ans.

Edfou : déesse, petit modèle de sculpture ptolémaïque (entré au Louvre).

3

Période de guerre en France et en Égypte

La fin d'une époque

Les événements de l'été 1939 nous empêchèrent de réaliser les projets que nous avions faits en nous rendant au Soudan après la fouille d'Edfou, au mois d'avril de la même année. Nous voulions entreprendre des recherches au nord de la troisième cataracte, dans les ruines de Sesebi près d'Amara, un moment siège des vice-rois de Nubie. Notre visite au responsable des Antiquités du Soudan, un certain Grabham, auquel allait succéder le préhistorien Arkell, n'eut donc pas de suite, mais elle me permit d'apercevoir, de la fenêtre du Blue Nile Hotel de Khartoum, le mariage du Nil blanc et du Nil bleu et d'entendre le rugissement des lions du jardin zoologique, sur l'autre rive. Un autre rugissement, au reste, avait bercé mes quelques nuits soudanaises. La serrure de la porte de ma chambre d'hôtel ne fermait pas. Cela avait paru d'ailleurs tout naturel au directeur de l'établissement – lequel, pour répondre à ma réclamation, m'avait conseillé de louer un garde du corps affecté à la surveillance extérieure de ma chambre. Couché sur le sol et ronflant comme une machine, il se retournait fréquemment, faisant rebondir la porte à chacun de ses gestes : j'étais réellement en sécurité !

Khartoum était alors une ville aux larges avenues vides, bordées de grandes propriétés au style parfaitement britannique, dont les légères clôtures étaient munies d'un loquet portant, à chacune de ses extrémités, les mots *in* et *out*. Ce loquet était enfoncé dans un des deux réceptacles qui le limitaient, suivant que l'habitant était hors de sa demeure ou rentré chez lui. Le cœur de la cité était occupé par des bâtiments, places et rues ayant reçu, répétées d'une façon il faut bien l'avouer monotone, les appellations de Gordon et Kitchener. Quant aux agents de la circulation, ils portaient short et veste kaki, assortis d'un turban drapé sur les côtés, orné d'un blaireau : je m'imaginais les cipayes habillés de la sorte aux Indes, du temps de Kipling.

Le village indigène d'Omdurman, au sud, où le souvenir du Mahdi était encore présent, démontrait qu'on était bien entré en Afrique noire. On y voyait de multiples paillotes contre lesquelles étaient dressés d'immenses fûts d'acajou mal équarris – cet acajou dont les constructeurs des wagons du Train Blanc, qui nous avait amenés à Khartoum, avaient plaqué couloirs et cabines.

En effet, pour nous rendre dans la capitale soudanaise, nous avions pris depuis Edfou la seule voie possible, dont la première partie était le Nil, par le bateau destiné une fois par semaine aux rares voyageurs partant de Shellal, port d'Assouan, vers Ouadi Halfa. A tribord, était accrochée une péniche de longueur analogue, dans laquelle s'entassaient des paysans soudanais et leurs animaux, dromadaires, *gamouses* (bufflesses) et ânes. Grâce à une grande roue à aubes, le voyage prenait, cahin-caha, trois jours et demi. La veille de l'arrivée à la deuxième cataracte, l'équipage s'arrêtait pendant quarante minutes dans la crique bénie d'Abou Simbel, devant la coulée de sable d'or séparant les deux temples de Ramsès et de Nofrétari. Vision que l'on ne pouvait oublier, malgré le court laps de temps imparti, mais ce n'était qu'un soupir ! Les minutes manquaient même pour entrer dans le petit temple de la reine. Mais on ne manquait pas de vous montrer dans la niche extérieure sud, le tombeau du major Tidswell, mort du choléra, en route pour aider Kitchener et enterré dans le temple d'Abou Simbel. Au moment de la « sauvegarde », ses restes furent transférés en Angleterre.

Arrivés à Ouadi Halfa, première agglomération soudanaise rencontrée, nous étions conviés à prendre le Train Blanc. Ses wagons aux flancs bombés, aux doubles vitres fumées, réalisaient pour l'époque le prodige de nous retremper brusquement – après une existence monacale de quatre mois sous la tente – dans l'atmosphère d'une luxueuse vie anglaise. Le brillant de l'acajou qui plaquait toutes les parois était constamment astiqué par des « barbarins » (domestiques nubiens et soudanais) en magnifique robe brodée, ne cessant

Départ vers le Soudan : le bateau des « passagers », flanqué (à *gauche*) de la péniche remorquée, pour les villageois nubiens, soudanais et leur bétail.

Abou Hamid : poste numéro 6, dans le désert, entre la deuxième cataracte et Khartoum.

de les lustrer du matin au soir. Nos compartiments étaient des salons roulants individuels, où nous avions l'espace et le loisir de revêtir robe du soir ou smoking pour le dîner. Les rares arrêts n'étaient pas appelés des « bidons », comme au Sahara (je pense ici au charmant livre *Bidon 5,* de Marthe Oullier), mais des « postes » également tous numérotés. Le premier de ces postes, après que le train eut laissé une grande courbe du Nil, était Abou Hamid. Nous y sommes arrivés un soir de *souk*. Pour les initiés à l'atmosphère des marchés égyptiens, gais, bruyants, désordonnés et souvent poussiéreux, quel contraste ! Chaque vendeur était accroupi derrière son étal, à terre, éclairé par une lampe à essence : partout le silence. Robes et turbans étaient d'un blanc immaculé. On était sur le sable pur et non plus dans le *sebbakh* qui, sur les rives du Nil égyptien, recouvre tout d'un voile grisâtre.

Ce fut ensuite le retour au Caire et la rédaction des rapports de fouilles à remettre à l'imprimerie de notre Ifao.

Je rentrai à Paris début juin, après une étape en Grèce. Trois des membres de l'École d'Athènes étaient venus sur notre chantier d'Edfou durant l'hiver : Ernest Will, André Amandry et Jacques Roger. Les deux premiers sont aujourd'hui membres de l'Académie des Inscriptions et Belles-Lettres. Ils voulaient nous rendre la pareille et nous avaient invités à visiter certains de leurs chantiers de fouilles. Nous avions donc décidé, Ginette Jourdain et moi-même, de venir retrouver Mlle Perrichon (une voyageuse intrépide !), l'agent comptable de l'École d'Athènes, pour nous joindre à la joyeuse troupe de nos trois lascars, ayant projeté, notamment, de nous emmener vers Épidaure et Delphes. Je passerai sous silence notre chahut de collégiens dans la baie de Nauplie, lorsque nous sommes allés déguster l'omelette cuite dans l'âtre, accompagnée du petit vin résiné, au château de Vourzie, ancien domaine de l'antique bourreau. Nous avons même tenté d'effrayer en pleine nuit de bien pacifiques touristes anglais, trop compassés, en jouant aux fantômes avec nos draps de lit : d'ailleurs, comment dormir puisque, à la mode grecque de l'époque, on nous avait proposé un dortoir où rêvaient déjà ces neuf Britanniques ?

Delphes ! Il faut avoir eu l'opportunité et l'honneur d'être reçu et piloté, dans le domaine de la Pythie, par le maître de céans, le marquis de La Coste Messelière, un guide éblouissant, pour ne plus oublier l'aurige aux yeux ourlés de longs cils

– impassible devant la course invisible qu'il conduit –, la splendeur du grand stade, ou encore la silhouette évoquée d'une des statues chryséléphantines d'un des trésors jalonnant le chemin des processions, et dont on venait de découvrir les vestiges.

Le bateau repartit du Pirée avec de nouveaux passagers parmi lesquels le chartiste Michel de Bouard, venant d'un stage d'enseignement à Athènes. On était loin de prévoir que, trois années après, ce brillant médiéviste serait déporté dans un camp de concentration. Le navire accosta à Naples pour permettre une furtive visite de Pompéi où je retrouvai les traces des prêtres d'Isis. Au retour dans le port, la présence d'une inquiétante accumulation de vaisseaux de guerre italiens nous rappela les craintes, ressenties l'année précédente, au moment des accords de Munich. C'était presque la fin du mois de juin 1939.

Je rejoignis alors les miens et mon musée du Louvre. Le premier des travaux que mon conservateur en chef me demanda fut de traduire les inscriptions ptolémaïques entourant la scène de naissance de l'enfant de Cléopâtre, gravée dans le temple d'Esna, disparue depuis, mais enregistrée dans la *Description de l'Égypte*. C'était à l'intention du grand archéologue Jérôme Carcopino, affairé à retrouver toutes les traces se rapportant à Césarion. Je ne pouvais me douter qu'en 1942 le même Carcopino me sauverait d'un désastre...

Au moment le plus agréable des belles vacances familiales, passées en Savoie, les craintes de conflit se précisèrent, à telle enseigne qu'un télégramme de Jacques Jaujard, alors directeur du musée du Louvre, me demanda de regagner d'urgence mon poste au musée. Dès le lendemain, j'étais de retour au vieux palais; collègues et bénévoles, dans chaque département, avaient repris les séances d'empaquetage de nos antiquités dont les pièces les plus exceptionnelles avaient déjà été retirées des vitrines depuis les événements de Munich l'année précédente. La déclaration de guerre survint les jours suivants.

Le retour en Égypte

Début octobre, le directeur de l'École du Caire me fit savoir que mes quatre camarades, mobilisés (Roger Demonts, Joseph de Linage, Gilbert Boris et Jean Scherer), ne reviendraient pas à l'Ifao. Il me fallait donc rejoindre l'Institut au plus tôt. A l'époque, pour mes parents, si proches de leurs enfants, avoir un fils officier de marine prêt au combat et une fille en partance pour le sud de l'Égypte était une épreuve supplémentaire. Je repris le chemin de Marseille pour embarquer, cette fois sur le *Mariette-Pacha*, dans des conditions moins heureuses que celles de mes premiers départs, mais j'étais en compagnie de Bernard et Francette Bruyère, de Ginette Jourdain et de Jaroslav Černý, dont j'ai déjà parlé. Ce Tchèque, très proche de Masaryk, bloqué en France pendant les vacances, avait voulu s'engager dans notre armée. Son âge et sa myopie extrême l'avaient fait refuser pour le moment. Comme il ne pouvait évidemment plus regagner son pays envahi, une mission lui avait été donnée par notre ministère, afin de prolonger son irremplaçable collaboration avec Bruyère à Deir el-Médineh.

La traversée vers Alexandrie fut bien étrange. Comme l'année précédente, le navire leva l'ancre vers la fin de l'après-midi mais, en guise du parfum de la Corse, à l'aube suivante, nous respirâmes à nouveau les odeurs caractéristiques du port de Marseille. Un sous-marin « ennemi » avait, paraît-il, été repéré. C'était déjà l'époque de la psychose. Nous repartîmes l'après-midi et le voyage se fit en zigzag. Quatre jours après, nous étions loin d'avoir atteint Alexandrie. Le navire était bondé de soldats français qui se rendaient au Liban et de chevaux de l'armée. De jeunes cadets des forces anglaises, également à bord, achevèrent leur voyage aux arrêts, ayant trop sacrifié au whisky. Ils avaient, de plus, risqué de nous faire repérer parce qu'ils fumaient sur le pont (chacun sait qu'une cigarette allumée se voit de très loin, sur mer).

Dix-huit jours après nous arrivions enfin, non à Alexandrie, mais à Beyrouth, où soldats et officiers devaient descendre. Le débarquement des chevaux était – erreur impardonnable –, prévu pour le lendemain matin. Lorsqu'on ouvrit les portes des écuries, on constata malheureusement que certaines de ces magnifiques bêtes étaient mortes asphyxiées pendant la nuit. Trois jours à quai : il nous restait alors à prendre contact avec notre camarade arabisant, Roger Demonts, mobilisé à Beyrouth mais qui, n'ayant pas encore reçu d'affectation, travaillait en attendant à la bibliothèque de l'université Saint-Joseph. Nous avions aussi projeté d'aller visiter Baalbek, en traversant la plaine de la Bekaa. Jamais je n'ai eu aussi peur en voiture que durant ce voyage, où tous les véhicules empruntaient l'allure des projectiles les plus sophistiqués.

Enfin arrivée au Caire, Pierre Jouguet m'affecta en Haute-Égypte, où il me demanda d'abord d'aller fermer le chantier de fouilles de Médamoud, où l'Ifao avait pris la suite du Louvre, pour achever l'exploitation du sanctuaire de Monthou. Le campement de Médamoud fut déménagé. L'inventaire des objets déposés dans les réserves fut remis à l'inspecteur du Service des Antiquités et les scellés furent apposés sur les portes de ces locaux.

A Deir el-Médineh, je retrouvai les recherches qui s'y poursuivaient, mais il avait été décidé que je collaborerais avec un ancien membre de l'École (Ifao), en vue d'ouvrir un nouveau chantier de fouilles de l'Ifao. Il s'agissait du quatrième sanctuaire de Monthou gardien du Palladium de Thèbes, au nord de Karnak. Nos tentes furent plantées au sud du *téménos* contre le mur d'enceinte du grand temple. On était entré dans la saison du *khamsin*, dont le nom évoque la période de cinquante jours pendant lesquels ce vent souffle violemment, dès le mois de mars.

Mon coéquipier était un personnage original et brillant, dont la plus belle qualité était d'être viscéralement fidèle à son vieux maître. Ce dernier, un savant exceptionnel et d'une générosité sans limite, avait pris l'habitude d'ouvrir ses portes à ses étudiants à la fin de la journée. Ceux-ci le quittaient au milieu de la nuit, le maître continuant ses recherches jusqu'à l'aube pour aller ensuite s'assoupir. Néanmoins, il laissait sa bibliothèque et ses fiches à la disposition des étudiants voulant revenir travailler pendant la journée : c'est ainsi qu'on a retrouvé une grande partie de ses découvertes dans les écrits de certains de ses disciples ! A l'inverse, Charles Kuentz fut un des seuls disciples à ne pas piller ce « trésor ».

Le grand savant abordait tous les sujets. Il enseignait non seulement l'épigraphie, l'archéologie et l'histoire des religions, l'histoire et la vie journalière, mais il avait entrepris de très fructueuses recherches en botanique, en zoologie, en médecine et en pharmacologie. Musicien dans l'âme, il jouait de plusieurs instruments et possédait même un orgue. Il incitait ses élèves à faire de même.

Ainsi, après chaque séjour en Égypte, ses étudiants allaient le consulter et ce dernier, bien souvent, rectifiait leurs positions, certes très astucieuses mais parfois trop aventurées. Pour suivre le rythme de son maître, mon collègue avait, lui aussi, pris l'habitude de travailler la nuit. Nous constituions ainsi une équipe ressemblant fort à celle du veilleur de nuit et de la femme de ménage. J'étais toute la journée occupée à faire dégager le temple d'Aménophis III et lui surgissait en fin de journée pour discuter du travail.

C'était, à Karnak-Nord, au-delà de l'enceinte du Grand Temple, un troisième type de fouilles : le dégagement d'un temple en partie effondré dont les fondations recouvraient une aire sur laquelle avait été étendue une quantité d'éléments architecturaux du temps d'Aménophis II. Mon expérience s'enrichit beaucoup au spectacle des ouvriers spécialisés dans le maniement des blocs colossaux, qu'ils semblaient véhiculer sans peine. Là aussi, il me fallait soigner les blessés. Un jour j'eus à arrêter une grave hémorragie : un *fellah*, affecté à la manœuvre faisant glisser une architrave, fut victime d'un mouvement inattendu et son pouce gauche écrasé. Je fis de mon mieux mais, après les premiers soins, il refusa obstinément d'être conduit à l'hôpital. Je l'emmenai donc à l'infirmerie des Franciscaines de Louxor.

Je devais le retrouver plus tard. Lorsqu'en 1949 je revins à Karnak-Nord pour continuer la copie que j'avais commencée des inscriptions de la grande porte de Monthou, Clément Robichon, à cette époque encore architecte de l'Ifao, avait fait dresser des échafaudages nécessaires sur toute la hauteur du monument (une vingtaine de mètres). J'y accédais par des échelles successives, de palier en palier. L'ascension était chaque jour assez périlleuse – par le froid et le vent du mois de janvier – jusqu'au sommet de l'édifice. Dès le premier soir, un *ghafir* (gardien) devait monter la garde au pied de la construction de bois, afin d'éviter que ce matériau très précieux ne soit volé ; en arrivant, le lendemain matin, je ne retrouvai pas le même vigile et m'en étonnai auprès du nouveau : « Aurais-tu voulu que je te laisse te casser le cou ? répliqua le *fellah*. Tu avais affecté un voleur et j'ai pris sa place en le chassant. – Mais pourquoi as-tu fait cela ? » lui dis-je. Il me répondit alors simplement, en montrant sa main gauche : « Tu ne te souviens pas de ma main privée du pouce ? Pour moi, tes soins resteront toujours dans ma tête et dans mon cœur ! » Telle est la réaction que peuvent avoir les Saïdiens (le Saïd, c'est la Haute-Égypte).

La fin de cette première saison de fouilles à Karnak-Nord faillit s'achever dans un véritable drame. Il faisait très chaud.

Mi-mai, une pluie d'orage de quelques minutes fut si violente et spectaculaire que je vis de jeunes enfants s'accroupir en prière devant l'eau miraculeuse tombant du ciel pour la première fois à leurs yeux ; des maisons paysannes, en terre crue, s'étaient effondrées. Les nouvelles d'Europe, reçues via Le Caire, étaient très mauvaises. La guerre éclair avait vraiment commencé et les fonds pour les fouilles s'amenuisaient sensiblement. Mon « ancien » décida de licencier tous les ouvriers et vint à l'aube, exceptionnellement, à l'ouverture du chantier, le leur annoncer. Ce fut une réelle consternation. On les conviait à venir se faire payer le lendemain matin. A l'heure dite, en arrivant sur le terrain, nous fûmes accueillis par de véritables hurlements semblant surgir d'une sorte de muraille, discrètement construite pendant la nuit avec les blocs de calcaire récemment dégagés. Les hommes sortirent de derrière ce rempart et vinrent vers nous en criant : « Nous voulons manger du pain ! », ce qui est l'expression égyptienne pour demander du travail. Au bref refus opposé à leur requête par le responsable, certains ouvriers commencèrent à lui lancer des pierres. Il s'esquiva pour gagner sa voiture, à l'arrière du chantier, et roula vers Louxor afin d'appeler la police. Une heure après je le vis revenir accompagné d'un très élégant officier, costume noir de drap satin aux ornements dorés et, sur la tête, le *tarbouche* rouge à gland noir. Il portait à son visage une odorante tubéreuse, qu'il respirait avec délices ; on aurait dit un des invités de Ramosé venant assister au banquet funéraire, fleur de lotus dirigée vers le visage. Chacun était resté sur ses positions et, le dialogue ayant été renoué, j'avais parlementé avec les ouvriers. Mais, à la vue de l'officier de police, la rage éclata de nouveau et les cailloux volèrent dans sa direction. Il n'avait plus qu'à disparaître.

Le lendemain matin, les autorités nous envoyèrent les gardes-frontière nubiens, montés les uns à dromadaire, les autres à cheval (la *hagganah*), et la fermeture du chantier put se faire paisiblement, au bout de quelques jours.

Je quittai Karnak pour demander au nouveau directeur de l'Ifao, Charles Kuentz, de bien vouloir me laisser rentrer en France, tant les nouvelles étaient mauvaises ; ce qu'il accepta avec une grande compréhension. J'appris quelques jours après au Caire, en attendant l'arrivée à Port-Saïd du *Jean-Laborde* susceptible de nous rapatrier en France, qu'une enquête très sérieuse avait été menée immédiatement pour comprendre le subit renversement d'attitude, en tout état de cause incompréhensible, de nos ouvriers tels qu'on les connaissait. Cela s'expliqua fort bien. Après la visite de Goebbels au Caire, l'hiver précédent, des sept jeunes adjoints de son entourage, deux seulement l'avaient raccompagné en Europe, plusieurs s'étaient « évanouis » dans le pays : on venait d'en retrouver un, marié avec une *fellaha* des environs de Karnak, qui lui avait déjà donné un enfant : c'était le meneur de jeu de notre rébellion.

Le dernier bateau français de passagers qui traversa la Méditerranée avant l'entrée en guerre de l'Italie était le *Jean-Laborde*, armé de canons antiaériens, jusqu'alors cachés sous leurs housses. Il venait d'Extrême-Orient et faisait escale à Port-Saïd où je pus monter à bord. Où était donc l'atmosphère si détendue, si insouciante que j'avais rencontrée sur le *Champollion* et le *Mariette-Pacha* ? Les passagers étaient d'emblée plongés dans la mentalité d' « évacués », inquiets de ce qu'ils trouveraient à l'arrivée, et la grande question du moment était de savoir si l'on pourrait traverser par Messine ou bien s'il faudrait contourner le sud de l'Italie. Le calme régnait encore. On passa par le détroit. Pourtant, housses retirées, les canons avaient été pointés : nous étions en fait survolés par des avions italiens, filant bien bas au-dessus de nous. Mais c'est seulement en arrivant à Marseille que le danger devint réel.

La guerre en métropole

J'avais donc décidé, dans cette période si pénible, de rejoindre mon pays et ma famille. Je voulais aussi me remettre à la disposition du Louvre. A peine arrivée à la Direction, dans le bureau de Jacques Jaujard, je fus retrempée dans la réalité quotidienne : il n'était question, encore une fois, que d'évacuation des collections de nos musées.

Avant mon départ, au mois de septembre précédent, les trois cent quatre-vingt-neuf caisses contenant les pièces les plus précieuses de mon département (numéro 1 : le Scribe accroupi, numéro 2 : les bijoux, etc.) avaient été transportées, avec toutes celles des autres départements des Musées nationaux, au château de Chambord. Puis, durant l'automne, chaque collection avait été dirigée vers un château différent des environs. A tour de rôle, les conservateurs en prenaient la responsabilité, vivant bien souvent à côté des châtelains, et des gardiens de musée avaient été préposés dans ces domaines où

La garde nubienne assure la sécurité du travail après les incidents.

1940 : fouilles à Karnak-Nord. Les soubassements du temple d'Aménophis II étaient constitués par les assises d'un sanctuaire d'Aménophis II.

La révolte « organisée » des ouvriers de Karnak-Nord : charge contre la police locale.

la vie coulait, tranquille, jusqu'à cette fin du mois de mai 1940. La drôle de guerre venait de s'achever.

J'entrai dans le bureau de Jacques Jaujard au moment où je ne sais quel illustre conservateur refusait catégoriquement de partir pour Saint-Quentin, en vue d'aller chercher les pastels de La Tour, arguant que « la place allait être investie ». Jean Cassou, plus âgé pourtant, avait assisté à la conversation et se proposa alors, tout simplement, pour monter sur le camion préparé, faisant fi des périls éventuels : quelques jours après, il apporta tous les pastels à bon port, intacts.

« Vous tombez bien, me dit Jacques Jaujard, sans s'étonner de mon retour, votre conservateur en chef, Charles Boreux, est au chevet de son épouse gravement malade, et son adjoint (Jacques Vandier, nommé à mon départ pour l'Ifao) est à l'hôpital pour l'ablation d'un rein. Votre retour est donc providentiel. Il faut évacuer vos caisses du château de Courtalain, car l'Eure-et-Loir va bientôt être envahi. » Le lendemain, je partis de Paris avec deux camions semi-bâchés, qui allaient me permettre d'évacuer, en un premier convoi, une partie de nos caisses vers un autre château des Gontaut-Biron, celui de Saint-Blancard dans le Gers. J'y laissai quelques gardiens pour remonter immédiatement à Courtalain.

Le second convoi se déroula à peu près normalement, bien que les routes, jusqu'aux environs de Limoges, fussent très encombrées par les masses de l'exode commençant à affluer. Je repartis alors pour un troisième voyage mais, l'itinéraire habituel devenu impraticable, je dus me diriger vers le château de Valençay où avait été réuni l'état-major de la Direction des Musées sous la lucide responsabilité de Jaujard.

Sur la terrasse du château, où le duc recevait ses amis qui affluaient, on entendait le cri perçant des paons, dont la magnifique roue ponctuait les taillis du parc, peuplé de biches et d'écureuils. Une foule compacte d'intellectuels et d'administrateurs désemparés, à la recherche de leurs bagages, attendait passivement les directives de Jaujard. Des conflits couvaient même entre les tenants de deux causes qui devaient, quelques mois après, opposer gaullistes et pétainistes. « Nous sommes des savants, nous ne sommes pas des soldats ! clamait un helléniste. – Peut-être, répliqua Jaujard, mais aujourd'hui nous sommes, avant tout, des citoyens. »

Toujours à ses ordres, je lui demandai ses instructions : « Allez rechercher à Courtalain le reste des gardiens, leurs familles – des grand-mères jusqu'aux jeunes enfants. Je vais ventiler tout le monde ici et je repars immédiatement à Paris pour attendre les Allemands, à mon poste. »

Le chemin entre Valençay et Courtalain fut pour moi celui d'un véritable labyrinthe. Les routes barrées, encombrées, les embûches de tous ordres à éviter ne m'empêchèrent cependant pas, à la fin, d'atteindre le château de Courtalain, mais j'avais perdu au départ un de mes deux camions, le chauffeur refusant de remonter vers le nord. Je chargeai, dans le seul véhicule disponible, trente-deux gardiens, épouses, enfants, une grand-mère de quatre-vingt-deux ans et un bébé de trois semaines : le plus dur était à venir. Le chemin vers le sud devenait un cauchemar : le passage était quasiment impraticable entre les charrettes, les bicyclettes, les voitures, où des familles entassées croyaient être protégées des attaques aériennes par des matelas fixés sur le toit. Tout s'enchevêtrait. La panique devenait alors terreur lorsque les avions italiens saupoudraient la route de projectiles qui laissaient, morts ou gravement blessés, une partie des réfugiés. Mes talents d'infirmière, acquis récemment en Égypte, me furent bien utiles, mais pour la première fois je prenais dans mes bras des enfants morts. Par une chance presque inexplicable, aucun de mes passagers ne fut touché. Un peu avant Limoges, les voies d'accès devinrent plus praticables. Les épiciers, fermant boutique, refusèrent presque tous de nous vendre des victuailles. J'avais été obligée de prendre beaucoup d'initiatives durant cette équipée et souvent de jouer le rôle d'agent de la circulation dans les agglomérations traversées. Mais il me fallait nourrir ma troupe. Le mieux était encore de prendre les récipients à portée de ma main et d'aller traire les vaches car, sur le bord des champs que nous longions, elles meuglaient de douleur à cause de leurs pis trop gonflés (mes vacances au contact des paysans savoyards s'avérèrent, alors, d'une grande utilité !). Mon équipe arriva saine et sauve à Saint-Blancard d'où, après avoir installé toutes ces familles et organisé la vie au « dépôt », je remontai à Paris dès que Jaujard put envoyer, pour me remplacer, un responsable des musées.

Voici donc, après mon retour d'Égypte, ma seconde évacuation achevée !

Revenue au Louvre, dans un Paris dont on ne reconnaissait plus le visage, je m'apprêtai à reprendre, autant que faire se pouvait, mes occupations à la Conservation. Le musée avait reçu l'ordre impératif d'ouvrir ses portes et d'exposer ce qui restait des monuments non évacués. J'avais aussi à préparer la reprise de mon enseignement d'épigraphie égyptienne à l'École du Louvre. Coûte que coûte nous devions continuer nos activités et faire face.

Création du mouvement « Résistance »

Peu de semaines après l'appel du général de Gaulle, le 18 juin, en sortant de la Direction du Louvre par le Carrousel, je passai devant la statue de Gambetta, que les autorités d'occupation n'avaient pas encore prélevée pour la fondre (c'est à peu près l'endroit où l'on a érigé, aujourd'hui, la statue de Louis XIV, devant la pyramide du Louvre). Je me trouvai nez à nez avec Jean Cassou – lui aussi avait regagné son poste de conservateur du musée d'Art moderne. Après un bref échange de vues, il sentit bien que nous étions « du même bord » et me dit alors : « Nous venons de fonder, avec quelques amis sûrs, un mouvement que nous appelons " Résistance ". Nous allons d'abord publier des tracts et nous réunir pour lutter, par tous les moyens, et communiquer avec le Général en Angleterre. Voulez-vous être des nôtres ? » Je lui demandai vingt-quatre heures pour réfléchir, voyant bien où cet engagement pouvait me conduire. Le lendemain, les dés étaient jetés.

Nos premières réunions se tenaient chez les éditeurs Émile-Paul, rue de l'Abbaye. Une coïncidence veut que les locaux devinrent plus tard, par le plus grand des hasards, le siège des services commerciaux de la Réunion des Musées nationaux. J'y retrouvai Claude Aveline, dont j'avais fait la connaissance au moment du Front populaire, quand il venait parler dans des groupes culturels de la jeunesse organisés par le ministre Suzanne Lacore et son chef de cabinet Alice Jouenne. J'y rencontrai également Marcel Abraham, chef de cabinet de Jean Zay. Il l'avait accompagné en Égypte pour l'inauguration du nouveau lycée français du Caire et, l'année suivante, en sa qualité d'inspecteur général de l'Enseignement supérieur, avait accompli une mission à l'École du Caire (Ifao) où je venais d'être nommée. S'étaient joints à nous : Louis Martin-Chauffier, ce grand polémiste chrétien, et sa femme Simone, Agnès Imbert, adjointe de Cassou au musée d'Art moderne, Jean Aubier – dont le grand-père, Groussier, notabilité du Grand-Orient de France, possédait, entre autres, les éditions Montaigne –, les époux Duval, tous deux agrégés d'histoire et enseignants, et plusieurs autres encore, dont les frères Émile-Paul et Jean Cassou, naturellement. C'était le petit noyau initial du groupe « Résistance », qui publiait un journal portant le même nom.

Sporadiquement des visiteurs – sans nom – se joignaient à nous pour des causes précises. Chacun de nous avait, par ailleurs, ses propres contacts qui ne se rencontraient naturellement jamais. Les messages composés en commun étaient ensuite rédigés par Claude Aveline avec un humour inégalable, et revenaient de Londres sur les ondes dans l'émission « Les Français parlent aux Français ». Très vite, la surveillance des autorités d'occupation redoubla de vigilance et les groupements de plus de trois personnes furent interdits.

Un jour, Claude Aveline, tout en distillant les nombreuses idées qui l'animaient constamment, nous déclara aussi : « Il est indispensable de nous organiser au plus vite pour éviter une descente de la Gestapo. Nous n'avons aucune raison valable d'être réunis ici. » Agnès Imbert mit alors en avant une proposition acceptée d'emblée : « Puisque nous nous rencontrons en ce moment chez des éditeurs, devenons le " Cercle des Amis d'Alain-Fournier ", pour préparer l'édition de luxe illustrée du *Grand Meaulnes.* » Et c'est ainsi que, lorsque mon fils vint au monde en 1946 – je m'étais mariée avec un ami d'enfance, André Noblecourt, en 1942 –, les sept survivants de notre groupe proposèrent de l'appeler Alain en souvenir de notre lutte commune, souhaitant devenir ainsi ses « parrains » de Résistance. En fait, le vrai parrain était l'abbé Drioton.

Nos réunions changèrent naturellement plusieurs fois de lieu. Se rendant à l'une de nos rencontres, Agnès Imbert n'arriva jamais jusqu'à l'appartement des Duval, rue Monsieur-le-Prince, où nous l'attendions. Elle avait été arrêtée à trois maisons de là, mais ne révéla jamais sa véritable destination. C'était début novembre 1940. Elle fut rapidement déportée dans une usine de produits chimiques. Dès lors les arrestations se précipitèrent. On connaît celles du musée de l'Homme, avec lequel nous étions en étroits rapports, et de l'organisation des pompiers de Paris. Peu de temps auparavant, Jean Cassou avait perdu son poste. M. de Lequeriqua, ambassadeur de Franco à Paris, était venu demander sa tête au maréchal Pétain : « Un haut fonctionnaire français ne peut pas avoir été en contact avec les républicains espagnols et même avoir participé au sauvetage des chefs-d'œuvre du Prado. » Sans ressources, Cassou avait passé la ligne de démarcation dans des conditions invraisemblables, avec femme et fille, entraînant dans leur exil ses beaux-parents, M. et Mme Jankélévitch, qui allaient rejoindre à Toulouse leur fils, le philosophe, sous la protection de Mgr Liénard.

Certains membres de nos premiers réseaux passèrent en jugement au cours du procès des résistants à Paris, au début de 1941 ; dix-sept furent fusillés au Mont-Valérien. Abraham avait pu partir à Marseille. Louis Martin-Chauffier et son fils à Lyon, Claude Aveline circulait. J'assurais la liaison entre eux. Les *Ausweis*, signés par le comte de Metternich, chargé de la protection des œuvres d'art en France, me permettaient, avec la protection de Jaujard, de me rendre en premier dans mon dépôt de Saint-Blancard qui devint une plaque tournante. Au cours d'un de ces voyages, je fus arrêtée à Moulins, à la ligne de démarcation, où deux agents de la Gestapo me firent descendre du train et m'encadrèrent, sous le regard compatissant des voyageurs, pour m'emmener vers un interrogatoire et une incarcération des plus pénibles. Claude Aveline a raconté cette épreuve dans la première partie du *Temps mort* aux Éditions Mercure de France. Mais ce n'était pas mon heure. Je fus relâchée quelques jours après, faute de preuves. Je ne suis pas persuadée que mes réponses à leur interrogatoire avaient totalement convaincu les officiers de la Gestapo que j'avais devant moi. Mais c'était le moment où l'occupant prêchait la « collaboration » et je leur avais vertement fait remarquer que leurs manières étaient peu compatibles avec leurs objectifs présents. J'arrivai à Vichy, où je transmis les messages à Gilbert Boris, récemment évadé, en partance pour rejoindre le général Leclerc, puis j'aboutis enfin à Toulouse, où je devais voir Jean Cassou. Il était encore troublé par la visite de la milice, reçue l'avant-veille. Venant de récupérer lui-même des explosifs parachutés, il les avait dissimulés à la hâte dans le lit de sa fille, atteinte d'une grippe sévère : seul endroit qui ne fut pas fouillé ! Quant à la lettre pour Jankélévitch, cachée dans le train où l'on m'arrêta, elle ne lui parvint jamais.

Après avoir transmis les autres instructions dont j'étais chargée, je pus, par la route, prendre la direction de Saint-Blancard. A son tour Cassou m'avait donné des commissions.

Je devais, à mon retour, contacter aussi Jean Aubier, un des seuls de notre groupe à n'avoir pas encore été inquiété, et me rendre avec lui – car il fallait bien être deux pour transmettre des directives à un homme qui ne me connaissait pas – chez un certain Pierre Brossolette. Ce dernier, professeur au lycée Janson-de-Sailly, ayant été jugé trop « républicain » par le gouvernement de Vichy, avait été limogé. Pour gagner sa vie, il s'était installé libraire rue de la Pompe, en face de son ancien lycée. Ma mission était tout bonnement de le faire partir pour Londres. En arrivant dans la librairie, Jean Aubier et moi tombâmes sur une scène bien pénible. Un vieux monsieur chevronné, les larmes aux yeux, suppliait Brossolette de « faire quelque chose » pour que son petit-fils, ancien élève du professeur, ne soit pas fusillé par l'occupant le lendemain matin.

Après le départ du pauvre homme, c'est donc un Brossolette effondré et impuissant devant ce nouveau drame que nous trouvâmes. Ma proposition de la part de l'« oncle Jean » (ainsi appelait-on Cassou) sembla le ressusciter. Il s'agissait tout simplement pour lui de nous représenter tous auprès du général de Gaulle, à Londres. Il devait prendre le premier avion clandestin, une « aérienne » prévu à cet effet. Il me dit simplement : « Je dois préparer ma femme, pouvez-vous attendre deux jours ? », ce que nous acceptâmes, naturellement. On le fit partir rapidement. Il accomplit de nombreuses missions entre l'Angleterre et la France. On l'entendit parfois à la radio. Un jour, en Bretagne, sur le point de regagner Londres, il rata son aérienne et prit alors une barque de pêcheurs, mais fut appréhendé non loin des côtes par la milice française. Arrêté, non identifié, il fut reconnu après son transfert à Paris en raison de la mèche de cheveux blancs illuminant sa tête brune et réapparue sur son front au cours de son incarcération (pendant ses missions en France, il la teignait). Interrogé, torturé, il échappa aux dénonciations auxquelles on voulait l'acculer : lorsqu'on le conduisit d'une séance de supplices à une autre, dans l'ancien hôtel Majestic devenu le fief de la Gestapo, il se jeta dans la cage de l'ascenseur. Ainsi, grâce à son sacrifice, avons-nous assurément échappé à une nouvelle, et sans doute fatale, arrestation.

Je ne m'attarderai pas ici sur l'action qui a pu être menée par notre groupe lors des quatre ans d'occupation. Je ne peux pourtant pas m'empêcher de dire pour l'histoire du Louvre que, dans une crypte de mon département, face à Saint-Germain-l'Auxerrois, résida quelque temps un parachutiste anglais : de nombreuses fois, des mains secourables furent tendues ainsi à des fugitifs.

Il est aussi une anecdote bien caractéristique de l'époque : je ne peux davantage la passer sous silence car, si elle me touche personnellement, j'en dois l'heureuse conclusion à des hommes de cœur, lucides autant que courageux, et je tiens à leur rendre hommage. C'était en 1942, quelques semaines avant mon mariage. Jacques Jaujard, toujours directeur des Musées, continuait à tenir, contre vents et marées – c'est le cas de le dire –, la barre sur tous les plans où son efficacité pouvait être mise en œuvre. Il bataillait contre les positions abusives d'Abel Bonnard et aussi, avec René Huyghe, contre la mégalomanie de Louis Hautecœur, alors directeur des Beaux-Arts, qui s'imaginait pouvoir gravir tous les degrés d'une brillante carrière en allant au-devant des désirs des maîtres du moment. Ce fut une lutte ouverte contre les exigences du gouvernement espagnol nous réclamant la *Dame d'Elsche,* ce chef-d'œuvre jadis acheté légalement par le Louvre aux Espagnols, ou encore les couronnes des Rois lombards, propriété du Louvre. C'était, de même, un combat pour la réforme des musées de France où, enfin, cinq postes d'assistants allaient être créés. Jacques Jaujard m'avait proposé de bénéficier du premier.

Le jour où je fus nommée, Jaujard me convoqua « pour me mettre au courant, me dit-il, de ce qui s'était passé » ; non pour me confier le secret des délibérations, mais pour me permettre, plus tard, assurait-il, de « témoigner ». En effet, lorsqu'on proposa ma candidature, aucune objection ne fut soulevée en ce qui concernait les mérites scientifiques que je pouvais avoir acquis, mais un point fut alors souligné, incontournable pour l'époque : « Une faute très grave est à relever contre Mlle Desroches : elle a refusé de signer le serment de fidélité au Maréchal. » Qui pouvait être averti de ces papiers confidentiels, retournés à notre directeur sous enveloppe fermée dès le début de l'Occupation ? En réponse, Hautecœur, présidant le comité, déclara que mon cas était jugé ; il était donc impensable de me nommer. Ma carrière dans les musées se serait trouvée définitivement barrée si Jaujard n'avait pris la parole, déclarant qu'il entendait expliquer l'affaire au ministre au moment de la signature des nominations. Ainsi fit-il, auprès de Jérôme Carcopino, avec toute la finesse dont il était coutumier. « Donc, conclut Carcopino, Christiane Desroches a refusé de signer le serment de fidélité au Maréchal ? Et vous me dites, d'autre part, d'après ce que vous savez, qu'elle regarderait plutôt du côté de Londres ? Eh bien, je la nomme. Elle est franche et logique avec elle-même! » Voilà pourquoi, à la fin de la guerre, j'apportai mon témoignage en faveur de ce savant et de cet homme exceptionnel, coutumier d'interventions de ce genre tant qu'il resta ministre de l'Éducation nationale, mais qui fut, néanmoins, si bassement vilipendé à la Libération.

Cette Libération, pour nous, commença par celle de Paris où, pendant une semaine, le Louvre, malgré sa position de terrain neutre, se comporta littéralement en « camp retranché ». L'extrême confusion régnant à ce moment fit que des FFI excités confondirent Jacques Jaujard et Robert Rey, un de ses adjoints, avec des collaborateurs : ils risquèrent tous deux d'être fusillés devant Saint-Germain-l'Auxerrois.

La même semaine, je découvris une bien jolie forfaiture lorsque Jaujard demanda, autour de lui, de réunir toutes les armes éventuellement accessibles afin de défendre notre *no man's land* du Louvre, sévèrement menacé, où nous étions retranchés. Un de mes camarades, ayant quelque temps partagé mon bureau, y avait caché – à mon insu naturellement – un pistolet et une boîte de balles; il n'en fallait pas davantage, pendant la guerre, pour être déporté ou fusillé. Si les perquisitions effectuées dans mon bureau par les autorités d'occupation, après mon arrestation, avaient permis de déceler ce « dépôt » (armes et munitions demeurèrent pendant deux années sous les grands folios des *Lepsius Denkmaeler*!), mon poste, à la Conservation, serait certainement devenu vacant... Quelques jours après, le bourdon de Notre-Dame couvrait Paris d'une immense émotion, notre capitale était libérée. Déjà, la veille, Jaujard avait fait hisser le drapeau tricolore au sommet de la tour de l'Horloge dominant la Cour carrée, pendant que les chars Tigre tiraient contre les fenêtres de nos bureaux.

Le Conseil supérieur d'enquête des Beaux-Arts

Aux comités d'épuration se substituèrent, heureusement pour les institutions publiques, telle la Direction des Beaux-Arts dont nous dépendions, des Conseils supérieurs d'enquête. J'y figurais comme représentante de la Résistance dans les musées. Nous siégions dans les bureaux de la rue de Valois et le président de notre assemblée, le juge Sibert, nous rendit les plus éminents services par sa lucide équité. Les dossiers qui nous étaient confiés concernaient uniquement les fonctionnaires du ministère auxquels étaient reprochées quelques graves fautes. On étudiait, on enquêtait, on interrogeait et, la plupart du temps, on blanchissait. Les ministres, les professeurs aux conservatoires, aux Beaux-Arts, étaient aussi sous notre juridiction. Je fus ainsi amenée à poser quelques questions à Alfred Cortot, que je renvoyai à son piano. Il avait lui-même proposé sa punition : « Porter ouvertement la francisque à son revers pour se faire insulter dans la rue. » Je cite textuellement ses paroles !

Nous fûmes aussi confrontés à cette malheureuse Madeleine Croizat, ayant pourtant propagé la chanson française dans le monde entier, mais atteinte d' « hitléromanie » aiguë jusqu'à exhiber le portrait du Führer sur son piano. Plus grave : elle avait incité son fils à s'engager dans la légion Charlemagne pour se battre à l'Est sous l'uniforme allemand. Le jour où son dossier allait être refermé, un très élégant monsieur demanda à être reçu comme témoin. Il n'avait pas été convoqué. Sibert refusa de le voir et me demanda d'aller aux nouvelles. Dans le hall je vis un être extrêmement impatient, arpentant la pièce et qui me dit être venu spécialement de Suisse pour révéler des faits très graves contre la célèbre chanteuse car il reconnaissait (un peu tard) être le père du malheureux jeune homme. Je fus réellement stupéfiée d'apprendre l'identité de ce compositeur connu, plus encore écœurée de l'entendre confier l'objet de sa démarche. Je le fis éconduire par l'huissier.

Le cas le plus grave sur lequel nous avons dû statuer était, sans conteste, celui du rapt du *Bain de Diane*, de Boucher, propriété du Louvre, et du polyptyque des Van Eyck, que les Belges nous avaient confié peu avant l'envahissement de leur pays. Ces œuvres avaient été mises en sécurité au château de Pau ; seul un protocole signé du comte de Metternich et de Jacques Jaujard pouvait les en faire sortir légalement. Ces trésors étaient fort convoités et Goering rêvait de posséder personnellement la pulpeuse baigneuse. Peu de jours avant le débarquement, avec le consentement de Vichy une troupe armée s'empara des deux chefs-d'œuvre. En conséquence, tous les fonctionnaires de Vichy affectés à la Direction générale des Beaux-Arts, compromis dans l'histoire, passèrent devant nous. Le dernier était Allirol, adjoint de Louis Hautecœur, accablé par son supérieur hiérarchique. Nos conclusions furent telles que le président fut contraint de demander au ministre de se saisir du dossier Hautecœur, car à l'évidence, tout aboutissait à sa responsabilité. Sa prestation fut digne de l'action qu'il mena pendant la guerre. Je n'en donnerai pas de détails pour ne pas accabler un disparu. Il fut taxé d'« indignité nationale » pendant dix ans.

Les sanctions de notre comité furent donc, comme on le voit, parcimonieusement distribuées. Il était avant tout question d'apaiser les conflits et d'oublier bien des choses. Cependant, la leçon fut profitable - bien que pénible - pour nous, dont le métier n'était pas d'instruire des dossiers et de découvrir, à chaque moment, les bassesses de l'être humain. Une anecdote m'est restée présente à la mémoire : un de mes vénérables confrères, conservateur en chef d'un musée historique, demanda par téléphone à la jeune assistante que j'étais encore de faire passer devant le Conseil supérieur d'enquête (comme si cela pouvait dépendre de moi!) un de ses collaborateurs... dont il voulait simplement se débarrasser.

Quelque temps après la clôture de ces travaux qui nous oppressèrent pendant plus d'une année, je pus enfin partir en vacances avec mon mari. Nous habitions alors le square Henry-Paté. En notre absence, notre appartement fut cambriolé, mais, à notre étonnement, rien n'avait disparu. Dans le remue-ménage, je retrouvai l'amoncellement des dossiers du Conseil supérieur d'enquête littéralement saccagé...

Agnès Imbert était revenue de l'usine allemande d'acides, les mains presque rongées; les Martin-Chauffier, père et fils, furent sauvés par les Alliés de leur camp d'extermination, quelques heures avant l'instant prévu pour leur exécution; quant à l'« oncle Jean » (J. Cassou), après avoir été en définitive arrêté par la milice française, mis au secret dans l'obscurité pendant des mois, il composa dans son cachot ses poèmes, publiés également aux Éditions de Minuit, sous le pseudonyme de Jean Noir. Il fut enfin relâché et désigné par le général de Gaulle, peu de temps avant la Libération, aux fonctions de commissaire de la République dans la région de Toulouse. En allant rejoindre les résistants du maquis, il fut assailli avec ces derniers par la division *Das Reich* en déroute. Laissé pour mort au milieu des cadavres, il en fut retiré quelques jours après par des sauveteurs qui remarquèrent la souplesse de ses membres. Il resta dans le coma pendant quarante jours, avec une grave fracture du rocher. On le vit pendant des mois rasé comme un bonze, enfin revenu à Paris, reprendre son poste à la tête de son musée d'Art moderne, en refusant les honneurs et les importantes charges politiques que le général de Gaulle lui proposait.

Les tribulations du Chanoine

Il existe, à Villers-lès-Nancy, une rue Chanoine-Étienne-Drioton, car cet enfant du pays était devenu célèbre. Son père, éditeur d'ouvrages religieux, possédait de famille une des maisons Louis XV, place Stanislas à Nancy. Deux des filles étaient devenues religieuses. Son fils Étienne avait pris le chemin du petit séminaire, puis de Rome. Seul, le cadet était marié.

Bien jeune encore, Étienne Drioton utilisa la maison d'édition de son père pour publier une petite grammaire de l'égyptien ancien, preuve de l'attrait puissant exercé très tôt sur lui par la civilisation des pharaons. Au Louvre, il commença sa carrière comme conférencier des Musées nationaux. Sa vivacité d'esprit, sa personnalité spirituelle et avenante, ses dons exceptionnels pour l'égyptologie lui valurent très vite l'amitié, puis l'affection de Georges Bénédite destiné à devenir son conservateur en chef.

Sous la IIIe République, l'entrée d'un prêtre dans l'administration française n'était pas aisée. Comme pour marquer ce destin assez exceptionnel, ce fut Bénédite, cette grande personnalité israélite, neveu de Salomon Reinach, qui plaida la cause du jeune abbé auprès d'Édouard Herriot, afin de lui ouvrir le chemin, très jalousement gardé, des musées.

Conservateur, professeur, chercheur scientifique, l'abbé Drioton, devenu très vite chanoine honoraire de la cathédrale de Nancy, se distingua à la fois par ses dons remarquables d'enseignant, le charme et l'humour de ses exposés publics et l'originalité de ses découvertes scientifiques.

En 1934, au moment où le gouvernement égyptien le choisissait pour lui confier la succession de Pierre Lacau à la Direction générale du Service des Antiquités de l'Égypte, il venait de déchiffrer les textes cryptographiques. Le poste avait toujours été, depuis la création de cette institution – déjà voulue par Champollion et fondée par Auguste Mariette –, occupé par des égyptologues français.

La découverte du système cryptographique était capitale, car les savants, jusqu'alors, avaient buté devant certains textes écrits d'hiéroglyphes, c'était sûr, mais présentant aussi des obstacles insurmontables à leur prononciation et encore plus à leur compréhension. Au reste, ces écrits introduisaient souvent aussi des signes nouveaux, dont l'aspect devenait de plus en plus compliqué sitôt qu'ils s'éloignaient de l'époque de leur apparition, l'Ancien Empire. Dans la plupart des cas, les passages encore indéchiffrables étaient contenus dans des écrits tracés en hiéroglyphes courants. Rien de tel, pour les sujets de Pharaon passant près des tombeaux, blasés par la classique prière funéraire à lire, que d'aviver leur curiosité en leur présentant de véritables rébus! Il y avait aussi une autre raison, pensait le chanoine. Pour s'assurer une protection efficace, enregistrée dans les textes des tombeaux ou même sur des amulettes, il fallait les prémunir contre la destruction du Malin ou même des vengeances des mortels. Drioton avait trouvé, mais c'était vraiment trop beau : les critiques fusèrent çà et là.

Mon autre cher maître, Gustave Lefebvre – un pur Lorrain (Drioton l'était à moitié) –, avait coutume de résumer la personnalité du chanoine par cette phrase : « Ce garçon est génial. Il est parfois audacieux, mais il a cinquante ans d'avance sur nous. »

Ce fut donc un prêtre français que le gouvernement égyptien choisit, à l'époque du roi Fouad, pour diriger le Service des Antiquités de son pays. Il fallut alors que l'abbé reçût de Rome l'autorisation de porter le costume civil et même l'habit de cour et, en tant que fonctionnaire d'un pays musulman, le problème le plus ardu était qu'on lui permît de porter le *tarbouche* : la Révolution, qui proscrivit ce couvre-chef, n'avait pas encore éclaté en Égypte. Tout lui fut accordé, mais on oublia de lui préciser la couleur de ses cravates : détail anachronique pour un homme de si grand goût, capable de faire vibrer au cours de ses conférences le sens esthétique de l'auditeur le moins sensible. Il faut l'avouer, il ne sut jamais refuser les cravates que les deux femmes de sa famille lui offraient.

Lorrain par son père et Bourguignon par sa mère, c'était un gourmet raffiné. Les deux maîtresses de maison qui l'entouraient dans sa demeure, en l'occurrence sa mère et une de ses sœurs, religieuse sécularisée, avaient fait de sa table une des meilleures du Caire. Dès sa prise de fonctions, une autre grande figure française de l'Égypte à cette époque, Gaston Wiet, directeur général du musée d'Art islamique du Caire, s'était chargé de l'initier aux coutumes locales : « Ne choisissez pas votre *tarbouche* n'importe comment, il vous en coûterait. Vous devez vous montrer apolitique, ainsi donc prendre une coiffe ni trop haute ni trop basse; le feutre rouge recouvrant la paille ne doit être ni trop clair ni trop foncé. Quant au pompon noir en fils de soie torsadés au sommet pour retomber sur le côté, il ne doit être ni trop court ni trop long, et toujours maintenu à droite. »

Lorsque le prince Farouk succéda à son père le roi Fouad, à la mort subite de ce dernier, Drioton devint très rapidement un familier du palais. Il bénéficia de cet avantage car le roi Farouk s'intéressait aux antiquités de son pays : sitôt couronné, il avait désiré faire le tour de son royaume, à l'exemple des pharaons. Étant donné la richesse de l'Égypte en monuments prestigieux, le Grand Chambellan avait convoqué Étienne Drioton pour faire partie de la suite. Les commentaires du chanoine, pleins de verve et si percutants, avaient déjà commencé à captiver le jeune souverain, si bien qu'à l'arrivée à Louxor des liens de sympathie s'étaient noués entre eux.

Dès son installation à Louxor, Farouk reçut les hommages des notabilités. Nous sommes en Orient : les présents succédaient aux présents et, parmi eux, un collier gorgerin avait été glissé par un fonctionnaire ambitieux, ayant assorti le don d'un commentaire visant à l'identifier au bijou d'une princesse du Moyen Empire. Le soir même, Farouk convoquait le chanoine dans ses appartements et lui montrait la précieuse antiquité. La réaction fut immédiate : « Sire, Votre Majesté a été abusée. Ce collier est une vulgaire copie de la parure de la princesse Ita de Dahchour exposée au musée du Caire ; c'est, au plus, du métal doré. Les deux fermoirs à tête de faucon sont de pâles reflets des originaux, et les petites perles tubulaires de corail rose et de terre cuite bleue sont les seuls éléments un peu antiques qui proviennent de résilles funéraires de basse époque. Vous pouvez vous procurer des exemplaires analogues pour douze livres chez les bijoutiers du Caire ! » Le souverain se montra sceptique devant ce verdict et très froissé de la franchise de Drioton. Avant de se séparer de l'abbé, il le somma de lui apporter la preuve de ce qu'il venait d'avancer.

Comme à son habitude, le chanoine ne se laissa pas démonter et envoya immédiatement un messager au Caire auprès de l'antiquaire Mansour, propriétaire d'un magasin de bijouterie dans le hall de l'ancien Sémiramis, avant sa destruction par un incendie. Vingt-quatre heures après, Mansour était à Louxor, porteur de colliers analogues qu'il présenta au souverain en présence de Drioton, auquel le roi Farouk tint à présenter des excuses en l'assurant de son amicale reconnaissance, spécialement pour la franchise courageuse dont il avait fait preuve.

Visite des sucreries d'Ermant : P. Jouguet, directeur de l'Ifao, M. de Witasse, ministre de France, le chanoine Drioton.

Etienne Drioton, un guide savant pour Jean Zay ; *au second plan*, Henri Guillemin.

Le chanoine Drioton, directeur général du Service des Antiquités, accompagne le jeune roi Farouk dans découverte des monuments du Saïd.

Le fonctionnaire égyptologue reçut très probablement au visage son cadeau ridicule, et Drioton devint l'égyptologue conseiller du souverain. Ce dernier faisait appel à lui très fréquemment et n'achetait jamais une antiquité pour sa collection privée sans prendre son avis. Il suffisait que l'abbé lui demande de subventionner telle entreprise, impossible à faire porter sur le budget du Service des Antiquités, pour que Farouk payât tous les frais sur sa cassette personnelle : c'est ainsi que Zaki Saâd put fouiller une nécropole archaïque à Hélouan avant que les pelleteuses des promoteurs ne la défoncent pour y construire des lotissements modernes. Le souverain avait ainsi permis de retrouver le chaînon manquant entre les sépultures de la fin du néolithique et les premières tombes de l'ère historique, où la pierre commençait à apparaître. Des « dalles-lucarnes » funéraires, ornées de l'essentielle figuration du défunt devant sa table d'offrandes, fermaient la « cheminée » du caveau.

Autre exemple : le souverain avait aussi compris l'intérêt de relever toutes les inscriptions, les graffiti laissés par les pèlerins et voyageurs sur la grande pyramide. Encore une fois, sur la demande judicieuse de Drioton, la cassette royale rétribua la mission de Georges Goyon. Ce dernier me confia avoir fait plus d'une centaine d'ascensions pour mener à bien cette recherche. Au passage, il me raconta comment il avait, entre autres, sauvé la vie de deux jeunes touristes américains : ils avaient atteint, à mi-chemin de l'ascension, le centre d'une des faces du monument mais, pris de vertige, ne pouvaient plus monter ni descendre et se trouvaient sur le point de lâcher prise. Avec une grande psychologie, Georges Goyon apaisa leur angoisse et parvint à leur faire retrouver lentement le chemin d'une des arêtes de la pyramide. Ce fil d'Ariane atteint, il guida leur descente avec une étonnante et nécessaire force de persuasion.

L'amitié du souverain protégea, durant le début de son règne, et pendant la période de la guerre 1939-1945, l'action du chanoine Drioton, dans toutes les directions où celui-ci œuvrait pour l'Égypte. Mais l' « affaire du Collier » devait lui attirer la haine, aussi tenace qu'agressive, du fonctionnaire bafoué. Ce dernier agissait par tous les moyens pour saper tant la réputation que l'autorité du chanoine, lequel s'évertuait à lui opposer un bouclier aussi lucide que pacifique (une influence étrangère, m'a-t-on assuré, aurait été infiltrée dans le jeu). Les occasions de s'en apercevoir furent nombreuses ; une des histoires les plus « croustillantes » de toute l'épopée est restée célèbre. La lutte entre les deux « belligérants » était à son paroxysme et Drioton devait réellement se défendre sur tous les fronts.

Ainsi fut-il, un jour, prévenu par son très fidèle et lucide inspecteur des Antiquités qu'un complot était réellement ourdi contre lui. En voici la trame. Dès le début de la matinée du lendemain, une visiteuse demanderait à être introduite et profiterait de sa seule présence dans le bureau de l'abbé pour créer un scandale. Elle s'efforcerait par les moyens les plus vils de le déshonorer et, du bureau fermé, appellerait au secours. Des témoins, instruits à l'avance, devraient être postés dans la salle d'attente. A considérer le contexte du moment, notre chanoine prit très au sérieux l'avertissement. Dès avant l'aube, il fit cacher deux inspecteurs de police dans l'armoire-vestiaire de son bureau. A 8 heures précises, il s'asseyait à sa table et allumait une de ses chères bouffardes. L'instant suivant, la visiteuse prévue fut annoncée, on la fit entrer. Quelques minutes après que la porte eut été refermée sur elle, parvenaient jusque dans la salle d'attente des glapissements aigus et des appels au secours en provenance du bureau directorial. Les « témoins », postés en prévision, enfoncèrent alors la porte du bureau du chanoine, ce qui permit aux huissiers de contempler un spectacle peu ordinaire. Une maigre femme, les yeux lançant des flammes, échevelée, quasiment dépoitraillée, criait au viol en présence d'un chanoine placide et souriant, pipe au bec. Le bureau fut immédiatement envahi par une foule surgissant de partout pendant que – coup de théâtre – les deux inspecteurs sortaient gravement eux-mêmes, à leur tour, de leur cachette et dénonçaient le stratagème. La provocatrice si bien manipulée avait, dans sa jeunesse, travaillé au British Museum, puis suivi, au Caire, un étudiant égyptien. Elle finit son existence dans le temple d'Abydos, où on la connaissait sous le nom, qu'elle s'était donné, d'*Om Seti*, disant avoir été la mère du pharaon Séthi Ier ; cela attirait certains touristes, en quête de révélations occultes et dûment monnayées.

Cette dernière histoire se passait peu de temps avant la déclaration de guerre. Puis arriva le temps où l'Égypte fut en grande partie repliée sur elle-même, la présence militaire anglaise luttant contre les influences allemandes dans le pays.

Le Caire et son *mouski* étaient devenus l'une des plaques tournantes de l'espionnage international. Français résidents gaullistes opposés aux Français résidents vichystes ne se parlaient plus, tout en ne se cachant pas pour étaler aux yeux des Égyptiens leurs dissensions profondes.

Drioton, ce fier Lorrain, restait fonctionnaire égyptien et ne prenait pas ouvertement partie, mais usait de son influence au palais pour rendre les plus grands services à tous. Dans le domaine de l'égyptologie, il continua à travailler avec acharnement, poussant à fond ses recherches sur la cryptographie, que son collègue anglais Fairman critiquait allégrement. Son système de déchiffrement, ainsi décrié, connut pourtant un nouveau jour de gloire lorsque Alan Rowe découvrit, durant ses fouilles au Serapeum d'Alexandrie, les dépôts de fondation dans lesquels se trouvaient deux plaquettes d'or gravées d'hiéroglyphes : sur l'une, en caractères hiéroglyphiques usuels, on pouvait lire le nom et le protocole du pharaon Ptolémée Ier Sôter, Fondateur. Sur l'autre, le même texte, mot à mot, avait été retranscrit en cryptographie. Les détracteurs étaient confondus, d'où la boutade du truculent patriarche Jean Capart apprenant cette nouvelle : « Si l'abbé n'était pas un prêtre, je dirais qu'il a une veine de c...! »

La « querelle des égyptologues »

Mais un autre genre d'électricité ébranlait l'atmosphère autour de l'abbé. Un couple fervent d'ésotérisme, formé d'un nommé Schwaller (qui avait ajouté à son patronyme le nom du poète Miloš von Lubicz) et de sa compagne, une Française, s'était établi en Égypte, dès le début de la guerre et avait loué l'annexe du Louxor Hotel pour y poursuivre ses « recherches ». Ils étaient tous deux, naturellement, de ceux qui éprouvent passion pour la « science mystérieuse des pharaons ». Bien sûr, on n'a pas tout compris; bien sûr, une science empirique était matérialisée par certaines réalisations remontant à des milliers d'années; bien sûr, les Égyptiens avaient atteint un très haut degré d'évolution morale; bien sûr, dans le secret des Maisons de Vie, les savants ne vénéraient pas les animaux; bien sûr, ils s'exprimaient par une symbolique qui obéissait, cependant, à des lois très strictes et avec laquelle on ne peut jouer impunément. Cela, naturellement, l'abbé n'en avait jamais douté. Mais c'était dans ce dernier domaine que la nouvelle école « mystique » voulait agir et innover encore. Les démonstrations faussées, mais très spectaculaires, qu'ils « manipulaient », étaient, il faut l'avouer, fort attrayantes pour un public parfois mystique ne demandant qu'à croire au merveilleux.

Schwaller avait beaucoup lu et, semble-t-il, connu bien des aventures. C'est du moins ce que j'appris d'un homme fort sage, Lionel Hauser – cousin d'Henri Bergson –, qui, dans sa jeunesse, avait été un très opulent banquier. A cette époque, très sensible aux mystères du monde, il avait été attiré par la Kabbale et en recherchant des livres sur ce thème avant la Première Guerre mondiale, il avait été mis en rapport avec un homme, se disant réfugié alsacien, connaissant fort bien, c'est un fait, la bibliographie relative à ce sujet : c'était Schwaller. D'autre part, beau parleur, Schwaller était arrivé à convaincre Lionel Hauser que, s'il en avait les moyens, ses recherches sur la pierre philosophale aboutiraient très probablement.

Ainsi, il reçut une pension alimentaire – à cette époque versée en francs-or –, et travailla dans le laboratoire installé au cœur des locaux désaffectés de la banque Hauser, rue des Petits-Champs. Un point est certain : Schwaller semble avoir donné d'excellents conseils à Hauser pour la constitution de sa bibliothèque kabbaliste, fort précieuse. Elle fut vendue à Londres, peu avant la Seconde Guerre mondiale. A la suite d'un désaccord survenu entre les deux hommes (les assiduités repoussées du monsieur auprès de l'épouse de son bienfaiteur !), Hauser se sépara de Schwaller qui, en guise d'adieu, lui lança ces mots incisifs : « Vous, vous êtes étouffé par le mental ! »

Lionel Hauser retrouva par la suite les traces de son ex-protégé, fastueusement installé dans un grand appartement face au cimetière Montparnasse. Il avait créé une secte : ses riches adhérents y étaient reçus à la lumière de candélabres tenus par des laquais, avant d'assister à des rites initiatiques. On a même laissé courir le bruit que certains héritiers de vieilles dames conquises par la nouvelle religion auraient porté plainte. Mais que croire de ces histoires rapportées ? C'est semble-t-il à cette époque que Schwaller fit la connaissance du diplomate balte Miloš von Lubicz, alors retiré sans sa Lettonie natale en raison d'un lupus de la face. Poète, comme on le sait, et mystique, meurtri par sa maladie, il écouta favorablement les théories de Schwaller et ce dernier prétendit qu'en vertu d'un pacte du sang, passé entre lui et le poète, il avait été autorisé à porter le nom de Lubicz. En fait, personne ne peut en témoigner. Le seul point de contact connu entre le diplomate-écrivain et l'Égypte fut ce poème à la « reine » Karomama, en hommage à la merveilleuse statuette, rapportée d'Égypte par Champollion et maintenant conservée au Louvre. Ce chef-d'œuvre fut prêté à la Bibliothèque nationale lorsque Jean Cassou y organisa une exposition dédiée au poète.

Schwaller, toujours selon la rumeur, réapparut çà et là en Afrique du Nord, puis, disait-on, disparut un jour en Engadine lors d'une promenade à cheval. Une chose est sûre : on le retrouva en Égypte, en 1939, sur un yacht qui, disait-on encore, avait appartenu à sa compagne.

Sans doute la crédibilité prêtée aux interprétations données par Schwaller aux monuments et aux faits religieux de l'Égypte serait-elle restée mesurée, s'il n'avait reçu l'adhésion d'un ancien membre de l'Ifao, fort intelligent, mais cultivant à l'extrême le paradoxe. Resté bloqué au Caire, depuis que la France était occupée, notre égyptologue avait violemment pris partie pour les vichystes les plus agressifs et ses différends avec le directeur de l'Ifao de l'époque, Charles Kuentz, avaient contraint ce dernier à demander au gouvernement français provisoire d'Alger de le licencier de ses fonctions d'attaché à l'Ifao. Ainsi, les querelles entre gaullistes et vichystes avaient radicalement opposés les Français d'Égypte, lesquels – au demeurant – ne furent jamais en danger, à l'exception de la courte période de Bir-Hakim, où l'on avait pu craindre la prise du Caire par les armées de Rommel.

Toujours aussi généreusement charitable, l'abbé Drioton l'avait fait engager au Service des Antiquités, pour le sauver du dénuement qui le guettait; mais il s'était aigri et supportait mal son rejet de l'Ifao. N'acceptant pas de rester dans l'ombre il rencontra Schwaller, et lui apporta sa caution d'égyptologue.

Les hypothèses de Schwaller, que notre égyptologue nourrissait de ses connaissances, prenaient malheureusement une tournure emphatique autant qu'étrange, et les constatations archéologiques en arrivaient à nourrir des théories échevelées. Mais nos gourous faisaient école dans le cercle des pseudo-intellectuels de la capitale égyptienne, flattés d'avoir accès au cénacle des initiés... instruits des grands secrets de l'univers ! Tous les soirs, à 5 heures, l'annexe du Louxor Hotel recevait la réunion des élus. Ils se reconnaissaient à l'anneau plat, ouvert, porté à la main gauche. Ces recherches occultes étaient paradoxalement accompagnées d'une très grande publicité dans les journaux de langue française du Caire, cherchant ainsi, manifestement, la polémique.

Lorsque l'affaire prit trop d'importance, Drioton se vit obligé, à son poste, de réfuter les énormités les plus criantes paraissant dans la presse ; elles continuaient à séduire nombre de crédules. Oubliant alors malheureusement la main qui lui avait été si généreusement tendue, notre égyptologue, suivi de son nouveau maître, attaqua le chanoine. Cela faisait, d'autre part, si bien le jeu de l'irréductible « homme du Collier » : une série de nouvelles diffamatoires prit alors corps. Le bruit courait que Drioton niait le bien-fondé de la « nouvelle école » égyptologique car, séide de Rome, il ne voulait pas reconnaître la science secrète des pharaons ! Il n'en fallait pas davantage pour réveiller le nationalisme de quelques médiocres convoitant le poste prestigieux de directeur général des Antiquités.

Toute cette agitation ne détournait pas le chanoine de sa riche production scientifique. Il écrivit pendant la guerre plus d'une centaine d'articles, mais il se pencha aussi, tout spécialement, sur la seconde de ses grandes découvertes, concernant l'existence du théâtre égyptien antique. On en était resté, pour les sources classiques, aux thesmophories grecques : voilà que Drioton, en se livrant à l'exégèse de certains textes religieux, y avait repéré des passages profanes, auxquels manquaient seulement les guillemets pour les faire apparaître comme des citations. En quelque sorte, il s'agissait de gloses, dont avaient pu se servir les rédacteurs des formules religieuses pour expliquer et commenter certains passages, devenus quasiment incompréhensibles dans les textes rituels. On avait alors fait appel à telle tirade de tel acteur, évoquant naturellement une légende religieuse, et dont le fond éclairait les phrases obscures du texte. Il avait même retrouvé, dans ces citations, les indications scéniques, ou « didascalies », et en était arrivé à reconstituer l'identité de plusieurs genres de livrets de théâtre. C'étaient des fragments de tragédie, de comédie, d'opéra bouffe et même de pièces de propagande politique. Là encore, il avait ouvert un chemin à peine entrevu par Kurt Sethe : en effet, ce dernier avait limité la portée du théâtre égyptien au fameux papyrus du Ramesseum, en quoi il voyait l'aide-mémoire d'un mystagogue chargé de diriger le déroulement d'une cérémonie religieuse dans le secret des temples.

Lorsque les contacts furent rétablis avec l'Égypte, à la fin de la guerre, la « querelle des égyptologues » – ainsi qu'une certaine presse locale la nommait – battait son plein. L'école de Louxor ne désarmait pas. Ses membres se rendaient même sur le quai de la gare de Louxor pour intercepter, dès leur descente du train, des personnalités françaises en voyage et les attirer dans leur cénacle. André Gide, Cocteau, des journalistes comme André Rousseau, habilement chapitrés par ces propagandistes, étaient séduits par les théories très attrayantes, entrevues sans pouvoir contrôler leur fond réel. Il est bien évident que, comparées à la plate description de monuments, coutumières à certains archéologues d'un positivisme sclérosant, les interprétations de l' « école de Louxor » devenaient captivantes. Ainsi même, une certaine presse parisienne se fit un moment l'écho de la « querelle des égyptologues ». Cette campagne fut magistralement pulvérisée par un article retentissant, écrit dans *Le Monde* sous la signature de ce grand savant qu'était Gustave Lefèvre.

Tous ces combats ne semblaient en rien avoir atténué la bonne humeur du chanoine : en bon sportif, il encaissait les coups sans rien montrer, mais les blessures accumulées l'avaient profondément meurtri. Ceux qui enviaient son poste et leurs alliés n'avaient cessé de le harceler pendant des années. Son meilleur soutien dans le pays, le roi Farouk, ayant à lutter contre les remous annonciateurs de la Révolution, était aussi coupé de ses amitiés les plus sûres. Lors de son abdication (juillet 1952), Drioton était en vacances en France. Il ne revint plus jamais en Égypte, et dès que la chaire, créée pour Champollion au Collège de France, fut libérée au départ de Pierre Montet, l'abbé y fut élu. L'Académie des Inscriptions et Belles-Lettres ne saisit pas l'occasion de l'admettre parmi ses membres avant sa disparition.

Il mourut à soixante-dix ans du diabète contracté en Égypte et que ses tribulations avaient fortement contribué à provoquer.

4

Avant et après guerre (1936-1955)

Jean Zay au Louvre et en Égypte

Si fermement attaché à sa fonction nationale que puisse être un égyptologue, il laisse toujours une partie de lui-même dans le pays des pharaons. Une histoire commence souvent dans son bureau ou son musée et se poursuit sur les rives du Nil pour revenir, en conclusion, à son point de départ. Je n'étais naturellement pas encore partie pour l'Égypte lorsqu'en 1936 je secondais Charles Boreux comme chargée de mission pour achever la nouvelle présentation de notre département, intégré dans « Le Louvre la nuit », prêt à être inauguré par Jean Zay, ministre de l'Éducation nationale du Front populaire. Comme je l'ai déjà expliqué, l'atmosphère dans les bureaux de la Conservation du Louvre, n'était pas propice au nouvel ordre politique. « Pensez », disait à Charles Boreux l'aimable Carl Dreyfus, conservateur en chef du département des Objets d'art – tous deux maurrassiens convaincus –, « les agents du Quai d'Orsay viennent même de fonder leur syndicat ! » Aussi, lorsque Henri Verne nous convia à recevoir, pour l'inauguration des nouvelles salles, notre ministre de tutelle, celui de l'Éducation nationale (le ministère de la Culture, dont dépendent maintenant les musées, n'avait pas encore été créé), un vent de panique et de réprobation souffla sur tout le Louvre et les défections furent quasiment unanimes. Seul le doyen des conservateurs, Jean Charbonneaux, ne pouvait y échapper. « Vous présenterez le département toute seule » (je n'avais encore que vingt-deux ans!), me déclara Charles Boreux. « Je ne me montrerai certainement pas! »

Durant l'inauguration nocturne, rien n'échappa au ministre Jean Zay. Il porta une grande attention aux vénérables reliques dont je m'efforçais de commenter le mieux possible l'intérêt sans pouvoir combler le vide laissé par l'abstention très regrettable des hauts fonctionnaires. L'effort de modernisation du musée, coiffé par l'autorité agissante d'Henri Verne, était pourtant magnifique. Pour se diriger vers les salles du premier étage, la voie était devenue triomphale. La galerie Denon se présentait comme un véritable *dromos*, flanqué de volumineux sarcophages romains. Elle donnait accès à l'escalier primitivement étroit, bordé de statues et de moulages antiques. Alors débarrassée de ces encombrements, la montée avait été amplement élargie. Dans sa majestueuse nudité, elle conduisait vers la glorieuse « Victoire de Samothrace » aux deux ailes éployées. L'éclairage électrique, pour la première fois installé dans le Louvre, avait remarquablement mis en relief l'œuvre du sculpteur. C'était la meilleure démonstration d'une muséologie naissante que cette visite dans les départements antiques où, pourtant, planait un malaise ambiant.

A la fin de sa visite, ironique, Jean Zay me demanda à haute voix depuis quand j'avais été promue conservateur en chef pour lui présenter ainsi mon département! Puis il me posa de multiples questions, aussi bien sur ma formation que sur la composition de nos collections, et termina en me convoquant le lendemain au ministère.

« Voici votre fortune faite! » s'exclama Charbonneaux. A partir de ce moment, au contraire, je passai aux yeux de la plupart des conservateurs de l'époque pour une brebis dangereuse, suppôt des sulfureux membres du Front populaire, en un mot une sanguinaire communiste, un couteau entre les dents!

En fait, ma rencontre avec le ministre – seulement membre des Jeunesses radicales –, dont Marcel Abraham était le chef de cabinet (ce fut ma première rencontre avec lui), se limita à confirmer à Jean Zay les raisons réelles – ou apparentes – de tant d'absences la veille au soir. Il s'en montra fort attristé mais à la longue, pensait-il, les « irréductibles » commenceraient à se calmer. C'était bien ainsi que j'avais compris le sens de la convocation.

Un an plus tard, je devais rencontrer de nouveau Jean Zay en Égypte même. Il avait été décidé qu'il inaugurerait le Lycée français du Caire, à l'époque où j'accomplissais ma première

Marcel Abraham, inspecteur général de l'Enseignement supérieur, pendant la récolte des cannes à sucre.

Galerie de la maison de fouilles de Deir el-Médineh. *De gauche à droite* : G. Jourdain (Lamon), Ch. Desroches, Mme J. Zay et le ministre, *au fond*, E. Drioton.

Temple de Tôd : Charles Boreux commente le site pour Marcel Abraham.

mission sur les rives du Nil ; je vécus ainsi, sur place, les préliminaires enfiévrés de sa visite. La colonie française était en ces temps très importante, principalement à Alexandrie et au Caire. Dans les campagnes, on rencontrait aussi, çà et là, des directeurs de sucrerie, des instituteurs devenus professeurs de français dans les bourgades opulentes, à l'initiative du ministre Taha Hussein. On découvrait aussi des religieuses, infirmières et enseignantes, dans les endroits les plus perdus, sans parler de quelques égyptologues. Le français était la langue étrangère dominante et le tourisme – sous sa forme actuelle – n'existait pas encore ; seuls quelques privilégiés venaient admirer les monuments et côtoyer les voyageurs anglais qui « prenaient le soleil » pendant plusieurs mois dans les jardins des grands hôtels d'Assouan et de Louxor. Au Caire, nous n'avions pas encore d'ambassadeur, mais un ministre plénipotentiaire, M. de Witasse, homme de grande qualité (ses deux enfants devaient, quelques années après, périr dans les camps de concentration). Seule l'Angleterre possédait une importante représentation diplomatique, à la tête de laquelle se trouvait sir Miles Lampson. Plus tard, son rôle pour précipiter la chute du roi Farouk demeura, de l'avis des initiés, particulièrement actif.

Lorsque fut annoncée l'arrivée de Jean Zay, une sorte de fièvre parcourut immédiatement les deux branches de la colonie française : d'un côté, les hauts fonctionnaires du Canal, aussi bien à Ismaïlia qu'au Caire, de l'autre, les banquiers et industriels. Seuls les enseignants (tels Jean-Marie Carré qui dirigeait la section d'histoire à l'université du Caire, Henri Guillemin, professeur dans la même université) et les intellectuels (parmi eux naturellement le directeur de l'Ifao, Pierre Jouguet, et son adjoint Charles Kuentz, Gaston Wiet le très brillant directeur du musée d'Art islamique, M. Raymond directeur des Beaux-Arts, l'illustre Louis Massignon et, cela va de soi, Étienne Drioton, etc.) se tinrent à l'écart de cette rébellion. De nombreuses pressions se manifestèrent sur tous les plans, si bien que, lorsque le programme de son séjour fut présenté, dès son arrivée, au ministre, il constata entre autres chausse-trapes préparées à son intention l'omission de visites aux établissements français religieux, dont le rôle était pourtant éminent dans l'instruction et l'éducation des enfants de la haute bourgeoisie musulmane égyptienne : collège des Jésuites, Frères des Écoles chrétiennes, Institution du Sacré-

Cœur, Couvent de la Mère de Dieu... Écoutant les conseils de Marcel Fort, ancien proviseur du Lycée français d'Alexandrie, sur le point de devenir le secrétaire général de la Mission laïque française, Jean Zay compléta le programme : son passage dans ces institutions religieuses fut un succès et très apprécié des Égyptiens. Sa courtoisie évidente, l'habileté de ses interventions et son humour percutant rallièrent de nombreux boudeurs.

Moi qui ne connaissais pas encore la région, j'eus la grande chance, grâce à l'abbé Drioton, de faire partie du groupe accompagnant le ministre et sa suite en Haute-Égypte, dans le wagon spécial que le roi Farouk avait mis à sa disposition. Ce n'étaient pas encore les temps « modernes », où l'on s'arrêtait à Assiout, puis à Minieh, pour aborder les ruines de Tell el-Amarna. De Louxor, on rayonnait, en voiture, vers les différents sites de Haute-Égypte dans lesquels les postes de radio, récemment installés, déversaient la plupart du temps les « Trompettes d'*Aïda* ». Sur le quai de la gare, je fus cependant bien surprise de retrouver l'un des plus virulents adversaires de la présence de Jean Zay : il venait faire sa cour, espérant recevoir enfin ce petit ruban rouge qu'il guignait depuis si longtemps...

Le chemin vers le temple d'Abydos fut un enchantement. Un arrêt permit de contempler avec surprise les maisons de Ballas, bourgade où l'on fabriquait les jarres, utilisées par les villageois, notamment pour édifier les murs des maisons : meilleur moyen de se procurer des placards en cassant le flanc d'une cruche et en y emmagasinant provisions et vêtements ! Peu avant le temple d'Abydos, près de Balliana – immortalisée par la remarquable *Promenade égyptienne* de Claude Aveline –, le cortège s'arrêta pour visiter les sucreries de Nag Hammadi ; le directeur et son épouse, M. et Mme Roche, s'étaient surpassés pour offrir au ministre un fastueux déjeuner dans le sanctuaire d'Osiris.

Après la studieuse traversée du temple qui contient les plus beaux reliefs d'Égypte, la descente dans l'*Osireion* et sa remontée, nous revînmes dans la salle hypostyle où nous attendait un spectacle féerique : une table faisant rêver les plus difficiles des gourmets apparaissait au milieu des colonnes, autour desquelles les Roche avaient fait enrouler d'innombrables lianes de bougainvillées en fleur, prélevées dans les jardins de la sucrerie.

De retour à Louxor avant le dîner, je me retrouvai au fond du grand hall du Winter Palace, où Jean Zay et son épouse devisaient avec Marcel Abraham. Ils m'appelèrent. « Nous nous retrouvons depuis notre visite au Louvre, me dit le ministre. Or, après la réception si chaleureuse que vos vénérables confrères m'avaient réservée là-bas, j'ai rencontré ici, en arrivant au Caire, une obstruction analogue et je sais trop bien que partout on me reproche encore ma " chanson au drapeau ". Vous-même ne m'avez pas boudé et je tiens à ce que vous connaissiez l'histoire. Lorsque j'étais à l'École normale supérieure, un de nos canulars avait consisté à prendre comme sujet le drapeau français et à le traiter " à la manière de ", Hugo, Lamartine, Déroulède... Céline y passèrent. Mes ennemis politiques ont retenu seulement mon pastiche de Céline et le diffusèrent largement. Cela me poursuit encore. » Il en était sincèrement attristé.

On sait comment la vie de Jean Zay se termina : il fut, au début de l'Occupation, fusillé par les nazis au fond d'un bois et mourut en criant : « Vive la France ! »

Découverte des sites archéologiques

La visite ministérielle s'acheva au temple d'Edfou car, pour nos autorités attendues au Caire, le temps pressait.

Quittant le cortège, je me rendis alors pour la première fois à l'île de Philae, tout auréolée de la légende d'un temple englouti. Les deux surélévations successives du premier barrage d'Assouan provoquaient, pendant neuf mois chaque année, la submersion des monuments de l'île. En dépit des efforts de Maspero et des écrits de Loti, la « mort de Philae » devenait réalité. Pourtant, bien que impuissant à sauver les monuments de l'inondation annuelle, Maspero avait fait consolider toutes les assises de pierre. Lorsque, à la pointe de l'été, les vannes du barrage étaient ouvertes pour permettre aux eaux de l'inondation, venant des entrailles de l'Afrique, de recouvrir les terres assoiffées de l'Égypte, les murs sculptés d'images divines et royales ressortaient de l'onde, reliefs intacts mais privés désormais de leur chatoyante polychromie. Je louai une petite barque à Shellal – le port d'Assouan, en amont de la première cataracte – et me dirigeai vers ce qui seulement émergeait des eaux : les deux corniches du premier pylône, sur une hauteur d'à peine cinquante centimètres. Un *ghafir* était accroupi sur un angle et, pour m'autoriser à monter près de lui, il me demanda solennellement de produire la carte me permettant de visiter les monuments.

Au retour, je devais rencontrer à nouveau Sami Gabra, auquel le chanoine Drioton m'avait présentée. Très sérieux égyptologue, issu d'une vénérable famille de la terre d'Égypte, il avait commencé ses études supérieures en faisant son droit à Bordeaux, puis épousé la fille de son professeur. Revenu au Caire, il s'était inscrit à l'université, aux cours du légendaire épigraphiste Vladimir Golénischeff, où sa vocation s'était révélée. Il devait me faire visiter son chantier de fouilles à Tounah el-Gebel, sur la rive gauche du Nil. A la limite du désert, après avoir traversé les ruines de l'antique Khemenou, l'Hermopolis des Sages, on accédait à la nécropole, où d'innombrables galeries souterraines avaient reçu la sépulture des ibis et des cynocéphales sacrés de Thot. Tardivement, une véritable ville de chapelles funéraires de style hellénistique avait surgi des sables blancs, non loin du magnifique tombeau de Pétosiris, dont la chapelle était un véritable petit temple. Cette si précieuse fondation funéraire avait été découverte par mon autre cher et vénéré maître, Gustave Lefèbvre.

Je tenais avant tout à connaître *de visu* ce monument dont j'avais travaillé, mot après mot, toutes les inscriptions, pour établir la grammaire de la langue égyptienne de cette époque. L'originalité de cet ensemble provenait de deux facteurs essentiels : en premier lieu, sa construction se situait très peu de temps après l'arrivée d'Alexandre en Égypte et le départ des derniers Perses, à l'issue de leur seconde domination sur le pays. La langue et l'écriture utilisées semblaient encore classiques, quoique pénétrées de tournures grammaticales et d'expressions graphiques annonçant l'apparition de ce que les grammairiens appellent le ptolémaïque. Ma thèse de l'École pratique des hautes études de la Sorbonne avait porté sur les innombrables inscriptions qui fourmillaient dans la chapelle. Le second facteur, enrichissant encore le remarquable intérêt de ce monument, était son aspect de bâtiment quasiment royal, érigé en l'honneur d'un sage, Pétosiris, grand prêtre de Thot, ayant rétabli l'ordre et relevé les ruines de cette région après le départ des envahisseurs. Sage entre les sages, Pétosiris avait mené une vie exemplaire en suivant, se plaisait-il à répéter, « le chemin qui mène, par la voie droite, vers Dieu ».

Parmi les inscriptions de la chapelle, Gustave Lefèbvre avait repéré de longs passages donnant, avant la lettre, des textes que l'on retrouvait intégralement reproduits dans certains Psaumes (version d'après la Vulgate). Ce brillant agrégé, dont la carrière avait commencé par l'École d'Athènes, était venu fouiller en Égypte, sur les sites où l'on retrouvait encore des papyrus grecs. Il exhuma, ainsi, d'une jarre enfouie dans les sables, le premier manuscrit original connu des comédies de Ménandre. Venu à l'égyptologie sur les conseils de Maspero, qui l'initia à la vieille langue pharaonique. Lefèbvre devint bientôt inspecteur en chef de Moyenne-Égypte, où il découvrit le tombeau du grand prêtre de Thot : c'était le temps où des universitaires exerçaient ces fonctions d'inspectorat. Vivant sous la tente avec sa femme et ses trois premiers enfants, après avoir sorti des sables cet ensemble unique, Gustave Lefèbvre en rédigea la publication en deux années seulement, à une époque, je le rappelle, où les magnifiques grammaires et les grands dictionnaires dont on bénéficie actuellement n'étaient pas encore édités. Il avait non seulement, avec un rare talent, sacrifié aux textes en les traduisant magistralement en leur presque totalité, mais il avait su, de surcroît, analyser et commenter avec une finesse extrême les reliefs religieux et profanes illustrant, en un recueil d'exemplaires uniques, des sculptures procédant de l'héritage pharaonique et du style hellénistique apporté par les artistes d'Alexandre. Sur ce seul monument, on peut voir encore la procession d'orants et de femmes grecs, marchant vers l'autel du sacrifice, voisinant avec la lustration que le prêtre égyptien projette sur la momie du défunt dressée devant sa chapelle. Des porteuses et des porteurs d'offrandes, dans un paysage bucolique, préfigurent les scènes retrouvées plus tard sur les arasements des temples ptolémaïques. Et, comme pour commenter l'attrait de cet art nouveau ayant captivé le ciseau des sculpteurs égyptiens, les paysans des scènes artisanales et champêtres, vêtus à la grecque, s'affairaient, cependant, à des occupations bien locales. De nombreuses couleurs encore conservées – tons pastels utilisés par la suite dans les temples érigés sous les Lagides – rompaient aussi avec la tradition pharaonique.

Ce séjour à Tounah el-Gebel, dans la maison de fouilles où l'helléniste Perdrizet – à l'esprit si mordant – résidait lorsqu'il venait étudier les maisons funéraires hellénistiques de la nécropole, me permit de rencontrer, aux côtés du professeur et de Mme Gabra, un des Égyptiens les plus brillants de l'époque : Taha Hussein, devenu ministre de l'Éducation nationale. Aveugle dès sa septième année, il avait poursuivi des études universitaires à Paris, épousé lui aussi une Française qui s'était transformée en la meilleure des Antigones. Doué d'une mémoire extraordinaire, il retenait intégralement ce qu'on lui lisait, il savait tout et avait aussi su prendre des positions politiques combatives. Un échange de vues en sa compagnie était une véritable délectation, car il abordait tous les sujets et donnait des avis compétents, nourris de son incomparable expérience. Son fils Moenes (Claude), ancien normalien et agrégé, fit une carrière parisienne à l'Unesco. La petite-fille de Taha Hussein, devenue japonologue, fut reçue major de sa promotion au concours des conservateurs des Musées nationaux. Elle est actuellement un des membres les plus brillants de l'équipe du musée Guimet, à Paris.

Après Tounah el-Gebel, Sami Gabra tint à me faire connaître quelques membres de sa famille, dont le berceau était Assiout. Ces opulents pachas coptes, très francophiles, avaient coutume, comme la plupart des Égyptiens fortunés, de passer leurs vacances d'été à Vichy. Au cœur d'Assiout, le palais d'Alexane Pacha, où je fus invitée dès le premier soir, était vraiment très inattendu, surtout au sortir du désert de Tounah, après un parcours d'une soixantaine de kilomètres au cœur de la campagne de Moyenne-Égypte. Dans le grand salon, une forêt de colonnes de marbre, cannelées, à chapiteau ionique, soutenait un plafond décoré de petits nuages roses et d'oiseaux voletant dans un ciel céruléen. Les tapisseries, aux murs et sur les sièges, reproduisaient gentilshommes et dames du XVIIIe siècle dansant le menuet. Plus imposants encore étaient les larges fauteuils sculptés de rocailles et de profonds rinceaux, entièrement dorés. Le dîner fut à la hauteur du décor. Le lendemain matin, nous prenions le chemin de la sucrerie d'Abou Kourkas, où le directeur, M. Demuling, et son épouse nous reçurent, puis nous procurèrent les ânes pour nous rendre sur le site d'Antinoë.

Je terminai mon voyage en Moyenne-Égypte par la visite d'une carderie de coton à Mellaoui, pour aboutir au Caire. Me croyant atteinte à la fois d'un sévère torticolis et d'une angine non moins tenace, j'essayai d'en sortir par moi-même, mais, lorsque je devins incapable de proférer une parole, mes camarades de l'Ifao, où j'étais revenue, appelèrent à l'aide l'épouse de notre directeur, laquelle, effarée, fit venir d'urgence le docteur Abbas, médecin-chef de l'hôpital français d'Abassiya au

Caire, qui, ayant diagnostiqué une magnifique diphtérie, m'expédia immédiatement dans son établissement : il était temps, j'étouffais. Les religieuses de Saint-Vincent-de-Paul y régnaient ; sœur Henriette fut certainement l'élément le plus actif de ma guérison... au temps où il n'existait pas encore vraiment d'antibiotiques très agissants. Tout allait bien dans la journée : je recevais la visite des amis. Eiddon Edwards, futur conservateur du British Museum, me couvrait chaque jour de fleurs cueillies dans le jardin du collectionneur Chester Beatty, propriétaire d'une fastueuse résidence à Guizeh. Gaston Wiet me remit sa récente traduction française du *Journal d'un substitut de campagne*, de Tewfik el-Hakim. On y retrouvait la verve courtelinesque d'un vieil habitué du café des Deux-Magots, à Paris. Sergio Donadoni, un camarade de la Sorbonne, de retour de son chantier de fouilles à Cheikh Abada, venait me divertir en me racontant les canulars dont il avait illustré son passage à l'École normale supérieure de Pise. L'abbé Drioton me submergeait de boîtes de chocolats et de bonbons fondants (spécialité du célèbre confiseur Groppi du Caire), dont il était continuellement gratifié et que Mme Drioton mère lui interdisait en raison de son diabète naissant. L'égyptologue Ludwig Keimer, toujours curieux de ce qui se passait, ne sachant pas s'il pouvait vraiment ouvrir complètement la porte de ma chambre, était tiraillé entre la crainte d'être contaminé et l'envie tenace de goûter à toutes les friandises de Drioton. Georges Posener, enfin, un « ancien » de l'Ifao, accompagné de Černý, venait m'offrir des romans policiers.

Le dîner servi à 5 heures – faisant déjà bien comprendre à tous les malades hospitalisés qu'ils participent d'un monde à part –, cela devenait beaucoup moins gai, lorsque quotidiennement l'aumônier de l'hôpital venait me démontrer comment je devais me préparer au trépas et faisait (finement) allusion, avec force détails, à tous ceux qui, s'étant succédé dans le lit que j'occupais, y étaient morts. Je finis par m'en plaindre au docteur Abbas. Après enquête, il jugea préférable d'accorder d'urgence quelque repos à cet esprit défaillant, afin d'éviter le pire.

Le Caire après la guerre

Venant d'être nommée conservateur à mon département, je revins en Égypte à deux reprises, en 1948 et 1949, pour de courtes missions de recherches personnelles. Désormais,

1938 : Christiane Desroches devant le temple de Pétosiris à Tounah el-Gebel.

Cheikh Abada-Antinoë. Sergio Donadoni, responsable des fouilles italiennes, reçoit l'inspecteur des Antiquités et Mme Demuling (sucreries d'Abou Kourkas).

Le professeur Sami Gabra et Christiane Desroches à Tounah el-Gebel.

notre pays était représenté par un ambassadeur : M. Arvengas fut le premier titulaire du poste. Le Caire commençait à changer d'aspect; le tramway qui menait, à travers le village de Guizeh, vers les pyramides avait été supprimé; on ne voyait plus passer le wagon baptisé « Harem », où il m'avait été conseillé de monter. Des villas et des établissements de plaisir apparaissaient à la place des jardins et des champs qui bordaient la route. On construisait des immeubles modernes, sans style. Des signes avant-coureurs laissaient percevoir un malaise latent.

Le retour de ce court voyage d'études, en 1949, se fit pour la dernière fois par mer; et fut d'autant plus agréable que mon mari avait pu m'accompagner pour faire connaissance avec l'Égypte. Le bateau, *La Providence*, arrivait à Beyrouth : à bord, nous eûmes la joie de retrouver l'abbé Jean Starcky, ancien condisciple de mon époux au collège des Jésuites de Reims. Devenu un sémitisant de grande classe, professeur d'araméen – la langue du Christ –, il était aussi le spécialiste de Palmyre. Depuis deux années déjà (1947), un berger avait découvert les premiers manuscrits de la mer Morte dans une grotte de Qūmran. Jean Starcky, de surcroît l'un des plus brillants collaborateurs de l'École biblique de Jérusalem aux côtés du père de Vaux, avait été chargé d'assumer la traduction de certains écrits. Je devais le retrouver plus tard, siégeant avec lui aux sessions de langues et civilisations orientales de la commission nationale du Centre de la recherche scientifique (CNRS), au destin de laquelle veillait la si efficace et combative Geneviève Nieva. Jean Starcky assumait durant toutes nos réunions un rôle pondérateur et bienfaisant, au cours de discussions souvent pénibles, lorsque certains dossiers de candidats présentaient problème. Son verdict hautement scientifique se doublait toujours d'équitables considérations humaines. En définitive, les cas les plus « épineux » lui revenaient toujours, car l'unanimité se faisait sur son indiscutable jugement.

Il était, au vrai, la « lumière à l'horizon » vers laquelle on pouvait toujours se tourner pour reprendre courage, en toute occasion. Il ne pouvait en être autrement de cet être exceptionnel dont la santé, apparemment si fragile (il était très grand et très maigre), lui avait valu d'être réformé. Il n'avait pourtant pas hésité, en bon Alsacien qu'il était, à s'engager dans les Forces françaises libres, en Afrique, dont il revint Compagnon de la Libération.

Durant la traversée de la Méditerranée, nous avions demandé à l'abbé Starcky de venir à la table que nous partagions avec l'amiral et Mme Durand-Viel. Montés à bord comme nous à Alexandrie, ils revenaient d'Ismaïlia, où s'était tenu un des conseils d'administration de la Compagnie du canal de Suez. Ce fut une opportunité exceptionnelle de bénéficier des échanges de vues entre le marin et le prêtre.

Le premier, dont le nom demeure attaché à l'épopée des Dardanelles, et le second, rescapé miraculeux de Bir-Hakeim, s'entretenaient paisiblement et uniquement d'archéologie et d'histoire. Nous eûmes la primeur des enseignements donnés par notre combatif sémitisant, relatifs aux écrits araméens de Qūmran, émanant de la secte des Esséniens : la question posée sur l'identité du « Maître de Lumière » prenait corps.

De son côté, l'amiral nous entraînait sur les traces d'Ulysse durant son « Odyssée », dans les eaux grecques de la Méditerranée. Son ami, l'helléniste Léon Bérard, convaincu des origines phéniciennes des instructions nautiques – encore utilisées par les marins, de nos jours –, était persuadé de pouvoir retrouver les lieux vers lesquels l'époux de Pénélope avait été dirigé, en suivant à la lettre les directions des vents et des courants, fruits de ces antiques observations.

En bateau à voile, Léon Bérard et Durand-Viel avaient appliqué cette théorie et finirent par aborder un jour vers Ithaque, semblable aux indications d'Homère : la configuration de la baie était reconnaissable, un chemin conduisait à la source décrite – un berger était encore là, faisant paître son éternel troupeau de chèvres. « Nous n'attendions plus que l'apparition de Nausicaa au tournant du chemin ! » conclut Durand-Viel, en rappelant l'origine de certains éléments du vocabulaire maritime, comme les termes « câble », « coulisse », « calfater » et, pour tout résumer, son propre grade d'amiral : *Amir el Bahr*, le « prince de la mer ».

En compagnie de tels interlocuteurs, les heures passèrent trop vite.

La vie active de mon département, de mon enseignement et le temps que je désirais consacrer aux miens ne m'incitaient pas à continuer des recherches sur le terrain. Je me réjouissais qu'un de mes anciens étudiants, Paul Barguet – pendant quelque temps précieux adjoint au Louvre avant d'enseigner à Lyon –, se rende à son tour en Égypte, nommé membre de l'Ifao, et y entreprenne sa thèse de doctorat d'État sur le prestigieux temple de Karnak. A son premier retour, il me fit une description aussi mesurée qu'imagée de l'incendie du Caire. On sentait venir de graves événements dont l'aboutissement fut, pendant l'été 1952, la Révolution.

La Révolution égyptienne et ses conséquences

En octobre de la même année, il n'était plus question que des étrangers, affectés à des postes clefs de l'Administration égyptienne, reprennent leurs fonctions. Étienne Drioton fut nommé à Paris directeur de recherches au CNRS, en attendant d'être élu professeur au Collège de France. L'Égypte mit en place ses propres hauts fonctionnaires. Gaston Wiet, loin de son musée d'Art islamique, fut également élu au Collège de France, où ses cours d'archéologie musulmane connurent un succès aussi retentissant que ceux du chanoine.

Survint alors, en 1954, une requête du gouvernement égyptien, transmise au conseil exécutif de l'Unesco par l'intermédiaire de la délégation égyptienne auprès de cet organisme. Elle concernait l'éventualité du détachement d'un chef de mission d'études égyptologiques auprès du nouveau directeur général du Service des Antiquités – un éminent préhistorien, le professeur Mustafa Amer –, afin d'étudier certains problèmes urgents, relatifs à l'administration des Antiquités. Le directeur général des Relations culturelles de l'Unesco, à l'époque Jean Thomas, suivant le statut de cette organisation, demanda en retour aux Égyptiens de signaler les archéologues *persona grata* auprès de leur gouvernement, susceptibles d'être sollicités. En retour, le gouvernement adressa une liste de trois noms; le mien figurait en premier. Je fus immédiatement pressentie par l'Unesco et déclinai tout net cette offre pour raisons de famille, ne désirant pas m'éloigner de Paris durant cette période. Contactée une seconde fois, j'opposai le même refus.

Durant les vacances de Pâques, mon mari avait, dans une réception, rencontré Marcel Abraham, échappé de la tourmente et devenu directeur des Relations culturelles du ministère de l'Éducation nationale. Ce dernier lui avait immédiatement demandé de m'inciter à venir le voir à son bureau, le lundi suivant. En sa qualité de chef de la Commission nationale française de l'Unesco, il avait été informé de la demande renouvelée des Égyptiens, et était entré dans une de ses colères légendaires en apprenant mes refus répétés. Le jour dit, je me dirigeai vers l'ancien hôtel de Beauharnais de style... retour d'Égypte, ancienne ambassade d'Allemagne, et qui n'avait pas encore été remis à la disposition des diplomates de ce pays. « Ah! Vous voilà, commença-t-il par me dire. On ne vous voit plus depuis quelque temps! Je vous croyais pleine d'enthousiasme et d'énergie, comme vous l'avez toujours montré. Je ne comprends pas que vous refusiez un devoir scientifique auprès d'amis égyptiens, à exécuter dans un esprit de coopération internationale correspondant bien à votre idéal. Mon point de vue est que vous ne pouvez refuser cette mission de trois mois. Votre mari et votre mère ont promis de vous remplacer auprès de votre fils, il ne manquera d'aucune présence. »

Impossible de résister plus avant à cette véritable conspiration, menée contre moi avec la bénédiction des Affaires étrangères, car il me fallait leur aval, demeurant fonctionnaire française. Je partis donc au Caire, pour ces trois mois qui m'entraînèrent, pendant plus de trente années, à accomplir une bonne centaine de missions Unesco en Égypte.

J'arrivai dans un pays que je ne reconnaissais plus. Le général Néguib venait d'être remplacé par le colonel Gamal Abdel Nasser. Une première chose me frappa : je ne vis plus aucun *tarbouche* dans les rues; la police punissait ceux des Égyptiens du petit peuple qui continuaient à marcher pieds nus. Il fallait porter des sandales pour éviter bien des infections. On parlait de plus en plus anglais en raison d'une présence américaine fort importante. Oum Kalsoum était devenue la grande diva de la chanson arabe, et les ondes diffusaient partout sa voix chaleureuse; en revanche, la musique classique de la radio nationale était un peu moins écoutée.

En raison de l'application de la loi agraire, les grandes fortunes égyptiennes étaient considérablement diminuées. Certains puissants possédants, souvent d'origine étrangère, avaient pu néanmoins s'éloigner du pays avec une partie de leurs avoirs. De nouvelles fortunes semblaient sur le point d'apparaître, mais les cotonniers célèbres de Moyenne-Égypte se lamentaient sur la réapparition du ver maléfique contre lequel aucun produit chimique ne pouvait plus être importé. Cependant le pur Égyptien, si viscéralement attaché à sa terre, ne s'était pas encore décidé à quitter son pays. Aussi, jusqu'aux « événements de Suez » (novembre 1956), je pus retrouver certains des membres de l'ancienne « intelligentsia ». On rencontrait encore ces types devenus anachroniques de pachas illustrant, de manière si particulière, la vieille société cairote : les titres de bey et de pacha avaient été abolis.

J'évoquerai ici la figure la plus étonnante qu'il m'a été donné de rencontrer dans ce milieu : une sorte de *cheikha*, chef d'une des nombreuses sectes musulmanes, celle des Demerdaches. Elle s'appelait « Out el-Kouloub » (c'est-à-dire « Nourriture des cœurs ») el-Demerdache. Entourée de ses fidèles, elle régnait, en maîtresse à poigne, sur nombre de domaines ruraux et d'entreprises commerciales, environnée d'une très importante domesticité, dans son palais du Caire, près du ministère des Affaires étrangères. Son époux, voyageur volage, lui avait donné quelques enfants, mais l'intérêt « affectif » de sa vie se reportait sur l'art du conteur et son attirance pour la langue française.

Avant la guerre, lorsque j'étais membre de l'Ifao, l'épouse du directeur avait tenu à présenter à cette grande dame la nouvelle promotion des cinq « pensionnaires ». J'avais été avertie : « Ne tenez pas compte de ses réactions. Elle considère seuls les hommes comme des interlocuteurs valables. » J'en fis l'expérience.

Après avoir attendu dans le hall d'accueil, où était exposé bien en vue, dans une vitrine carrée, le turban de son père, le grand cheikh el-Demerdache, nous fûmes introduits dans un de ses salons. Les uns après les autres, mes quatre camarades s'inclinèrent. Les regardant de ses yeux de braise, son long visage très régulier, encadré de nattes enroulées, noir de jais, elle leur tendit nonchalamment sa main à baiser et prononça quelques aimables mots d'accueil. J'avais le temps de contempler ce spectacle mi-oriental, mi-européen, dans lequel cette femme, assise sur une sorte de trône, était entourée de voiles masquant une silhouette très corpulente, dominée par un visage d'une rare beauté posé sur un cou de cygne. Je voyais un mélange incroyable de Reine de Pount et de Shéhérazade. Lorsque vint mon tour, le rituel fut très écourté. D'une de ses manches, j'aperçus, sortie comme une flèche dans ma direction, sa dextre tendue pour un simulacre de poignée de main, en même temps qu'elle détournait le torse et la tête. C'était tout le cas qu'elle faisait du sexe dit faible.

Elle était pardonnée d'avance : en effet, son extrême originalité était compensée par l'attrait que la culture de notre pays produisait sur elle et la générosité dont elle faisait preuve envers les jeunes universitaires français, enseignant à la faculté des lettres du Caire et appelés auprès d'elle pour redonner forme aux récits écrits dans notre langue et publiés à Paris.

Je devais la revoir au Caire, et même dans notre capitale, durant les premiers temps de ma mission Unesco en Égypte. Introduite à nouveau auprès d'elle par un de ses commensaux attitrés, Mahmoud el-Nahas, elle daigna me porter intérêt, considération même, puis amitié. « Vous ! Je ne vous considère pas comme une femme », m'avait-elle dit dès les premiers jours (on aurait cru entendre parler Marie-Laure de Noailles !), « vous êtes une égyptologue, et j'ai plaisir à converser avec vous ! » Le fait était indéniable, elle possédait une culture vaste et déconcertante. Elle achevait alors un des nombreux récits rapportant la vie dans les harems turco-égyptiens de la fin du XIXe siècle qu'elle avait, petite fille, bien connus autour d'elle. Toutes les légendes, les habitudes, les lois de ces grandes familles musulmanes y étaient décrites, avec sa verve propre..., confiées aux soins diligents de nos jeunes professeurs. Il s'agissait du livre publié sous le titre *Leïlet el Kadr* (« La Nuit de la destinée »), nuit, choisie entre toutes, pendant laquelle la jeune fille voit se refléter dans l'eau du puits le visage du futur élu de son cœur. A Paris, pendant l'été, lorsque la NRF avait sorti le nouveau livre, Out el-Kouloub avait donné un « thé », fastueuse réception à la Grande Mosquée où se côtoyaient les personnalités les plus en vue de la littérature et de la politique.

Rentrée en Égypte, elle respectait scrupuleusement le mois de ramadan et se mettait à vivre complètement la nuit. Je lui ai souvent rendu visite, pendant ces périodes, dans le bureau de son parc aux palmiers royaux. Allongée sur une méridienne, elle recevait ses amis, leur faisait servir les sirops d'orgeat traditionnels et leur récitait ses vers, empreints de la plus profonde mélancolie.

Lorsque le canon du ramadan tonnait sur la ville, au moment du coucher du soleil, c'était l'*iftar* (petit déjeuner, correspondant au premier repas de la journée de jeûne). Out el-Kouloub offrait des agapes à tout ce que Le Caire pouvait compter de plus en vue et de plus disparate. Les plats, choisis et contrôlés par elle-même dans ses cuisines, se succédaient sans fin pour ses invités. Présidant son immense table en fer à cheval, parée de ses rivières d'émeraudes, ou de diamants et turquoises, elle se contentait de croquer quelques légumes crus et se levait pour donner par téléphone des instructions à ses intendants provinciaux.

Ces célèbres *iftars* de notre *cheikha*, tant qu'elle put les organiser avant la séquestration de ses biens, permettaient d'y rencontrer souvent le brillant internonce apostolique, Mgr Silvio Oddi, au verbe romain et incisif, le journaliste Zézos, rédacteur en chef du quotidien *La Bourse égyptienne*, toujours à l'affût des nouvelles politiques de tous les coins du monde, ou encore Cecile Kahil Mommessin, Égyptienne de naissance et aussi Française de cœur et par mariage. Cette charmante femme, dont l'aspect extérieur évoquait, avant tout, une Parisienne élégante et raffinée, était une authentique femme de tête, réunissant (elle réunit encore) en ses demeures cairote et mâconnaise tous ceux susceptibles d'œuvrer pour le rapprochement entre nos deux pays, auxquels elle tient par toutes ses fibres.

Mais c'était (et c'est encore) une femme d'affaires avisée : possédant d'importantes terres dans le delta, elle y a implanté des cultures de jasmin, d'oranges, de géraniums et de bien d'autres fleurs, et – sur place près de Mendès – une usine là où déjà, dans l'Antiquité, on fabriquait le parfum du même nom, réputé dans tout le bassin méditerranéen. Elle y pratique encore la distillation des huiles et graisses essentielles utilisées par les meilleurs chimistes pour servir de base aux grands parfums actuels d'Europe, d'Amérique... et même du Japon.

Pendant les périodes difficiles, elle était pratiquement la seule, ainsi, à introduire en Égypte des devises fortes... tour de force assez inimaginable et très apprécié des autorités locales.

Le festin devenait plus culturel à l'occasion de la visite d'un homme de lettres français passant au Caire. Immédiatement, les informateurs de la *cheikha* l'avertissaient. Au cas où sa bibliothèque n'aurait pas détenu le dernier livre de cet auteur, elle remuait la ville entière pour se le procurer, afin de le faire dédicacer à l'issue d'un repas donné en l'honneur de l'écrivain. Un des derniers hôtes reçus dans sa demeure avant le séquestre, puis le pillage, fut Roger Caillois. Elle avait fait composer un menu dont chacun des plats portait le nom d'un de ses livres. Le dessert, fait d'un amoncellement d'amandes, de nougats et autres douceurs typiquement orientales, s'appelait ainsi *Le Rocher de Sisyphe*. Caillois n'en croyait pas ses yeux.

Mais revenons à l'objet de cette première mission dont l'Unesco m'avait chargée.

Un Centre d'étude et de documentation au Caire

Je fis la connaissance du professeur Mustafa Amer, dont la courtoisie et l'intelligence me séduisirent. Ce préhistorien, qui avait remplacé Étienne Drioton à la tête du Service des Antiquités, demandait la coopération d'un égyptologue pour réformer le service et lui insuffler un sang neuf, inspiré par les expériences les plus modernes. Je ne pensais pas pouvoir y parvenir aussi facilement : il y avait trop à bousculer dans cette inertie appelée par les Égyptiens eux-mêmes la « routine administrative », et pas seulement propre à leur pays... Il fallait choisir un secteur nouveau.

J'envisageai alors, de concert avec lui, la création d'un *Centre de documentation et d'étude sur l'histoire de l'art et la civilisation de l'Égypte ancienne*, à l'administration non pléthorique, le CEDAE, où les équipes principales seraient constituées par des égyptologues (philologues et archéologues), des architectes des monuments (qu'il faudrait initier à cette discipline), des dessinateurs spécialisés dans le relevé des reliefs et dessins égyptiens de toute époque et de tout style (où la main demeure parfaitement objective) et des photographes sortant de leur école spécialisée, qui apprendraient à saisir les sujets les plus divers, avec un œil scientifique, refusant tout effet factice. A cette occasion, je projetais d'introduire de nouvelles techniques, comme la photogrammétrie.

Il fallait donc, pour le secteur scientifique du Centre prévu, engager de jeunes égyptologues diplômés de la Faculté, dont l'enseignement théorique nécessiterait ensuite de sérieux travaux pratiques sur le terrain. Savoir comment appréhender l'étude archéologique d'un monument, faire parler ses reliefs, comment indiquer au mieux l'emplacement des scènes et des textes avant de relever ces derniers et les collationner à plusieurs reprises, avec des yeux différents. L'enregistrement de toute la matière ainsi récoltée devait être organisé au mieux, classé dans de nouveaux locaux prévus à cet effet. Il fallait également enseigner aux aspirants égyptologues comment exploiter cette accumulation de base et la transformer en documents de la plus grande précision, accessibles rapidement pour les collègues, au moyen des recueils de fiches techniques et de planches commentées, éditées sur place. Tel était l'objet de la

« collection scientifique du CEDAE ». Quant aux études approfondies, elles devaient ultérieurement faire l'objet de *Mémoires* (ainsi : deux grands volumes consacrés au Petit Temple d'Abou Simbel).

Chacune des sections de ce Centre devait être encadrée par des collègues étrangers de divers pays, « triés sur le volet », les plus grands spécialistes en la matière, animés du meilleur esprit de coopération et devant se succéder, tous les trois mois, auprès des jeunes équipes égyptiennes. Ces instructeurs, experts de l'Unesco, devaient ainsi collaborer très étroitement avec les Égyptiens.

Durant ma mission, le Centre fut créé « sur le papier ». Chaque semaine, je me rendais avec Mustafa Amer dans le bureau du ministre de l'Éducation nationale, dont dépendait le Service des Antiquités. Il s'appelait Kamal Eddin Hussein et était un des officiers libres de la Révolution. Il n'entendait pas grand-chose à l'archéologie, il faut bien l'admettre, mais nous faisait confiance en voyant que, même pour fonder un organisme sortant de la routine, je m'étais appuyée sur le *canoûn* égyptien. Nous lui faisions accepter, chapitre par chapitre, cet organisme en cours d'élaboration, mais il se félicitait surtout d'apprendre que l'Unesco (section des Musées et des Monuments) avait pris en charge les missions et avait accepté d'équiper complètement tous les bureaux techniques. Je m'inspirais des statuts du CNRS français, dont les membres bénéficiaient d'un traitement supérieur à celui des fonctionnaires de l'Éducation nationale. Ces statuts pourraient encore faire le bonheur des membres du CEDAE, s'ils n'avaient pas été plus tard transformés par un ignorant buté, à la faveur d'un désordre survenu après l'intervention de 1956. Tous les membres du CEDAE furent alors ramenés au régime général des fonctionnaires du Service des Antiquités... et à la célèbre « routine » administrative.

Le local prévu pour abriter le nouvel organisme égyptien fut construit suivant le programme que j'avais tracé, et soumis aux autorités concernées. L'architecte Aziz Yassin le réalisa sur un terrain situé derrière le Service des Antiquités. Après la transformation de tout le terrain, maintenant occupé par le grand échangeur facilitant l'accès vers l'aérodrome d'Héliopolis, le CEDAE, très agrandi, a été reconstruit par les soins de l'architecte italien Albini, et situé désormais dans le quartier de Zamalek.

Le désir initial des autorités égyptiennes avait été que les relevés scientifiques et les recherches du Centre, sitôt créé, puissent porter sur les monuments de Thèbes. Cependant, au cours de cette mission Unesco en Égypte, j'entendis parler pour la première fois de la construction projetée du Grand Barrage, le *Sadd el-Aali*. C'est justement à son propos que commencent les prolégomènes de la Grande Nubiade...!

5

Le début de l'aventure

Un danger menace les monuments de Nubie

Les autorités égyptiennes étaient profondément convaincues de l'extrême nécessité du futur Grand Barrage, elles redoutaient en effet d'éventuelles et imprévisibles périodes de sécheresse (le cas du Sahel en est une démonstration) et, connaissaient trop bien la démographie galopante qui accablait le pays, en dépit des efforts visant à la limitation des naissances.

Le gouvernement de Gamal Abdel Nasser ne cessait, depuis la Révolution, de prêcher cet impératif. Des exposés commençaient à apparaître à la télévision, animés par des médecins chargés d'expliquer, avec une grande dignité, ce problème crucial à des Égyptiennes de diverses classes sociales ; d'autant que les années de « mauvais Nil » ne procuraient pas l'inondation nécessaire pour fertiliser la totalité du terrain arable.

Quant aux étrangers résidant en Égypte ou la traversant, et en dépit du fait que les études préliminaires à la réalisation de ce nouveau barrage avaient été menées par des ingénieurs conseils de plusieurs grandes nations, ils s'en gaussaient souvent, ne partageant pas le véritable drame menaçant le pays. On parlait de solutions « meilleures », mais on se gardait bien de les définir !

En vrai responsable, Mustafa Amer demeurait très inquiet et avait organisé une petite expédition de membres du Service des Antiquités pour faire établir, une fois de plus, la liste des temples menacés de la Nubie, s'inspirant de l'action menée par Maspero au moment de la construction du premier barrage d'Assouan.

Il paraissait évidemment monstrueux, au regard de l'art et de l'histoire, que ces majestueuses fondations de Nubie soient définitivement englouties, et l'on sentait cruellement son impuissance devant le seul remède envisagé : une relevé minutieux de ces sanctuaires avant leur disparition! Maspero avait déjà fait publier à la hâte les plus immédiatement menacés. L'étude complète de ceux, situés au-dessus de la cote dominant de cent vingt mètres le niveau de la mer, qui n'avaient pas encore été mis en péril par le premier barrage et ses deux surélévations, restait presque entièrement à faire. En accord avec Mustafa Amer, un télégramme fut alors adressé à la conférence générale de l'Unesco, en cours à Montevideo – en cette fin d'automne 1954 –, afin de demander qu'aux relevés scientifiques envisagés pour certains monuments de la région thébaine, confiés aux soins du CEDAE, soit substituée une étude intégrale du problème de la Nubie.

Je sentais qu'il fallait aller encore plus loin et encourager les Égyptiens à ne pas se résigner à l'inévitable disparition des monuments, car le nouveau barrage prévu – en terre et enrochement, devant former comme un isthme – ne disposerait plus de vannes d'ouverture qui pourraient, chaque année, dégager des eaux la terre de Nubie, promise alors à devenir le berceau de l'immense lac Nasser.

Entre-temps – début janvier 1955 –, j'apprenais que le directeur général de l'Unesco (à l'époque Luther Evans), était sur le point d'arriver au Caire en vue d'une importante réunion au Centre d'éducation pour les pays arabes, fondé par l'Unesco à Sirs el-Layan (où Jacques Berque enseignait). Luther Evans était un bien sympathique et truculent Texan, ancien patron de la Bibliothèque du Congrès à Washington.

J'avais convaincu Mustafa Amer, Soliman Huzzaÿen, président de la délégation égyptienne à l'Unesco (qui allait devenir ministre de l'Éducation nationale) et Mahmoud el-Nahas, un déjà vieil ami de l'ambassade à Paris et présentement directeur des Relations culturelles au même ministère, qu'il fallait à tout prix attirer l'attention de Luther Evans sur les magnifiques temples d'Abou Simbel, si représentatifs de l'ensemble des sanctuaires nubiens et, en quelque sorte, leur symbole.

Je pris donc sur moi d'envoyer personnellement un message au directeur général de l'Unesco pour lui demander, tout bonnement, de réserver pendant son court séjour en Égypte, au programme si minuté, au moins une journée entière à consacrer aux temples d'Abou Simbel en Nubie.

Je n'avais pas encore réalisé mon incongruité vis-à-vis du maître tout-puissant de cet organisme international, ni les difficultés quasiment insurmontables que j'allais rencontrer. Il fallait d'abord régler ces dernières. Comment organiser entre Le Caire et les confins de la Nubie égyptienne – près de la deuxième cataracte –, un aller et retour d'une journée ? Pour un tel déplacement, le voyageur devait d'abord prendre le train du Caire jusqu'à Shellal, le petit port au sud du premier barrage, d'où l'on embarquait pour un voyage de trois jours et demi sur le bateau soudanais en direction de Ouadi Halfa. De là aucun autre moyen de locomotion pour rejoindre Abou Simbel, si ce n'est la piste du désert remontant vers le nord, sur la rive gauche, jusqu'à Feraïg, face aux temples d'Abou Simbel : chemin sur lequel la voiture de louage soudanaise s'ensablait régulièrement. Alors une barque à voile (felouque) pouvait faire traverser le large fleuve.

Une seule solution s'imposa finalement à Mustafa Amer et à Mahmoud el-Nahas : obtenir du ministre un avion militaire. Autre difficulté, il n'existait évidemment pas encore même une ébauche d'aérodrome sur les dunes rocheuses d'Abou Simbel et, pas davantage, de ligne aérienne qui aurait pu relier l'Égypte à Ouadi Halfa, de la seconde cataracte à la frontière soudanaise. On connaissait seulement une petite piste militaire, au sud de cette dernière agglomération. Il était donc nécessaire de contacter le gouvernement soudanais pour y obtenir éventuellement l'escale technique d'un avion de l'armée égyptienne.

Le sous-secrétaire d'État Naguib Hachem, auquel nous nous en étions ouverts, nous assurait que le moment n'était pas propice pour formuler une pareille demande au gouvernement soudanais ; à l'époque, ce dernier était en vive discussion avec l'Égypte à propos du niveau auquel le futur barrage élèverait les eaux au Soudan entre Ouadi Halfa et la troisième cataracte de Dal. Je proposai, alors, d'aller moi-même présenter la demande à l'ambassadeur du Soudan au Caire, au nom de ma mission Unesco. Ma demande fut très aimablement reçue et j'obtins même la permission écrite que l'avion militaire égyptien stationne la nuit à Ouadi Halfa, et que le groupe devant accompagner le directeur général soit logé au Nile Hotel de la petite ville.

Cet accord assuré, nous avions encore une semaine devant nous. D'Assouan, Mustafa Amer expédia son inspecteur des

Antiquités, par le petit bateau à moteur du service, vers Ouadi Halfa. Il s'agissait d'assurer avec cette embarcation notre transport, tôt le matin, de la frontière soudanaise pour redescendre le Nil en direction d'Abou Simbel et, après la visite, remonter le courant jusqu'à l'aérodrome militaire soudanais, de façon qu'à la fin de la même journée, Luther Evans ait pu regagner la capitale égyptienne.

Il faut se représenter qu'à cette époque aucun tourisme n'avait été organisé dans ces endroits reculés (à la hauteur du Hoggar). C'était agir avec les seuls moyens du bord : le manque de toute communication rendrait la tâche encore plus difficile. A la veille de l'arrivée du DG, comme on l'appelait, tout semblait cependant paré.

J'avais naturellement, entre-temps, rendu visite au ministre Kamal Eddin Hussein pour essayer de lui suggérer cette visite vers les majestueux temples menacés. Après s'être informé de l'importance des sanctuaires, il me demanda si le vrai but de mon intervention n'était pas mon désir de voir, sur place, ces temples qui m'intéressaient. Je pense être armée de la plus grande patience, mais je ne pouvais supporter que l'on puisse douter de ma parole ni de l'honnêteté de mes sentiments; aussi lui ai-je répondu très cavalièrement (mais il était militaire!) : « Monsieur le Ministre, vous n'avez pas, je crois, mesuré l'étendue du problème. Je ne suis pas venue ici m'amuser et je n'ai pas besoin d'une excuse pour visiter un monument susceptible de m'intéresser. Abou Simbel, j'y suis déjà allée en 1939, et à mes frais! » J'étais très gênée de ce que je venais de dire, mais il le prit bien et me dit d'un ton bon enfant : « *Malesh, malesh!* Ne prenez pas cela mal, j'ai voulu vous taquiner! » Cependant, il ne me répondit pas pour autant affirmativement sur l'éventuelle équipée du DG vers ces temples.

Ainsi était-il nécessaire que la nuit suivante, pendant laquelle le DG devait arriver par TWA à l'aérodrome d'Héliopolis vers 3 heures du matin, je puisse lui demander immédiatement de donner son accord au projet que nous venions de mettre au point. J'accompagnai donc, en pleine nuit, la délégation officielle chargée de le recevoir. Je ne l'avais jamais encore rencontré. Après les *salam* d'usage, les présentations furent faites. « Ah! C'est vous, me dit-il, qui m'avez envoyé ce télégramme comminatoire. Il faut que nous en reparlions, vous monterez dans ma voiture! » C'est ainsi qu'entre Héliopolis et Le Caire, à la fin de la nuit, entourée de ministres qui avaient recommencé à somnoler, j'expliquai à Luther Evans le projet de l'expédition : il fallait, en bref, partir du Caire un soir pour Ouadi Halfa au Soudan, et revenir le lendemain, vers 5 heures de l'après-midi, à la capitale. Je n'attendais de lui qu'une seule chose : qu'il déclare bien haut, durant son entrevue avec le ministre Kamal Eddin Hussein, le matin même à 8 heures, le grand intérêt qu'il portait aux *monuments en péril* (... depuis, cette expression a fait fureur). Tout était prêt et, s'il était d'accord, durant cet entretien exprimer le désir de se rendre sur place, à Abou Simbel.

Il était bien vrai qu'avec ma réelle bande de conspirateurs nous avions tout prévu. Soliman Huzzaÿen, en sa qualité de président de la délégation égyptienne à l'Unesco, assistait à l'audience. Mustafa Amer, Mahmoud el-Nahas (que Mustafa Amer appelait notre « Soldat inconnu! ») et moi-même nous tenions dans l'antichambre, en attendant le moment propice. On fit, en effet, appeler notre groupe car le ministre voulait savoir s'il était vraiment possible d'entraîner le DG dans une telle aventure. Il se montra évidemment très surpris de savoir que tout était préparé : nous attendions seulement son ordre pour la mise à notre disposition de cet avion militaire... sollicité par ailleurs. Luther Evans semblait s'amuser beaucoup; mes compagnons restaient impassibles et le ministre me lança de côté un œil noir : nous avions gagné.

Ainsi donc, l'avant-veille du retour de Luther Evans à Paris, en fin d'après-midi, l'escorte de notabilités qui devait entourer le DG était réunie. On avait aussi sollicité le photographe Diradour pour éterniser ces moments exceptionnels. Cependant, Mustafa Amer, apprenant le nom du pilote désigné pour notre avion, m'avertit de ses doutes sur le caractère et l'habileté de l'officier choisi : on pouvait risquer des mésaventures. La Providence veillait encore. La vigilante épouse de Mustafa lui rappela que le mari de sa propre sœur était un des pilotes du président Nasser. La chance voulut qu'elle pût le joindre et qu'il fût disponible. La substitution fut immédiatement faite par ses soins. Il prit donc en main le manche à balai... et notre destin.

Le survol du Nil égyptien bordé des « deux lèvres cultivées de l'Égypte » nous permettait de mieux réaliser encore le prodige de l'inondation et le drame de l'annuelle perte du surplus des eaux, dont Bonaparte regrettait déjà qu'il soit possible qu'« une seule goutte puisse se perdre dans la mer ». Puis ce fut le passage au-dessus de la Nubie égyptienne aux sables d'or d'où surgissaient çà et là des rochers noircis par l'érosion. Trois zones bien différentes caractérisaient ces régions et, en passant au-dessus d'Aniba, qui s'étirait dans le désert avec ses quelques bâtisses géométriques gouvernementales contrastant avec la beauté des maisons nubiennes aux toits bombés et aux façades peintes au pochoir, on aperçut l'immense rocher d'Ibrim.

Je fis alors remarquer au DG que, dès l'époque des pyramides, des forteresses de briques de terre crue jalonnaient, en le surveillant, ce chemin de communication du cœur de l'Afrique noire avec la Méditerranée. Du haut de Kasr Ibrîm, son gouverneur avait dû voir passer les bateaux rapportant vers l'Égypte les énormes blocs de diorite, extraits des carrières à l'occident d'Abou Simbel et destinés aux magnifiques statues de Chéphren. Jamais ce rocher ne fut abandonné et, du temps des mamelouks, une garnison de Bosniens y fut envoyée. Elle y fit souche : on voyait encore dans la région des petits Nubiens à la peau à peine ambrée et au regard clair.

En survolant les deux sanctuaires d'Abou Simbel, creusés dans des mamelons voisins, le DG fut très vivement impressionné, car, risquant même des trous d'air, le pilote vola assez bas pour qu'on puisse voir nettement les colosses aux visages sereins.

A Ouadi Halfa, une camionnette nous attendait pour nous emmener au Nile Hotel. Son gérant, empressé, nous apprit que l'équipage d'un avion anglais était attendu dans la soirée et qu'il serait, en conséquence, « obligé » de loger tous les Égyptiens dans l'annexe, réservant les deux seules chambres demeurées libres pour les deux étrangers considérés comme ses hôtes. Très tôt le lendemain matin, le DG et moi-même vîmes arriver la délégation égyptienne et l'équipage de notre avion, la mine assez défaite. Ils avaient fort mal dormi, sans moustiquaire, et lorsqu'ils passèrent dans le couloir du bâtiment central, ils purent constater, par toutes les portes ostensiblement ouvertes, que les chambres n'avaient manifestement pas été occupées de toute la nuit. Pendant le petit déjeuner, Mahmoud el-Nahas s'éclipsa pour aller aux provisions dans l'agglomération, afin de nous permettre de déjeuner en route. Charge de confiance revenant au directeur des Relations culturelles, fin gourmet devant Allah !

Sur le pont du bateau, l'air vif du matin, qui fouettait le

Guizeh, décembre 1954 ; extraction de la première barque de Chéops, au pied de sa pyramide. *De gauche à droite* : Osman Rostom, architecte en chef, le Pr Abou Bakr, Christiane Desroches Noblecourt, M. el-Nahas, directeur des Relations culturelles et le Pr Ahmed Fakry.

Janvier 1955 : Luther Evans, directeur général de l'Unesco déclare, devant les autorités égyptiennes, son intérêt pour Abou Simbel. *Troisième à partir de la gauche* : Mustafa Amer, Administrateur général du CEDAE.

visage des membres de la délégation égyptienne devisant avec nous, leur avait rendu toute leur verve. Le DG visita les deux temples avec un réel plaisir. Il était, lui aussi, sous l'emprise de ces sanctuaires, encore entourés du silence : site béni menacé d'un destin inacceptable. Luther Evans était à la fois impressionné par cette œuvre de géants, analogue à celle de nos bâtisseurs de cathédrales, restés anonymes, et par l'harmonieuse coulée de sable d'or, travail d'une nature aveugle et créatrice d'un environnement prestigieux. Alors, du haut de la terrasse, ponctuée par les images d'Osiris dressé et du faucon d'Horus, le docteur Luther Evans fit la déclaration que j'attendais : « *Ces œuvres sont impérissables et doivent être protégées : il faut agir dans ce sens. Je remercie le gouvernement égyptien d'avoir pu me les faire admirer.* »

Retour en bateau à Ouadi Halfa, pendant lequel le piquenique fut fort apprécié, arrosé du chianti qui avait été miraculeusement trouvé dans l'épicerie grecque *(bakal)* de la petite agglomération soudanaise. Avant de reprendre l'avion, le ministre Awad, dont le père était un Nubien de la frontière, tint à nous faire visiter l'école du village qu'il avait fréquentée dans sa première jeunesse : on aurait pu se croire au Moyen Age. Puis ce fut l'avion et le retour au Caire où avant son départ pour Paris, le lendemain matin, Luther Evans tint une conférence de presse, au cours de laquelle il ne manqua pas de faire allusion à la beauté d'Abou Simbel et aux soins dont on devait l'entourer.

Le CEDAE du Caire est créé

A la fin du même mois, je rentrai à Paris après avoir rempli ma première mission, et je remis à la division des Musées et des Monuments de l'Unesco, mon rapport complet concernant la création du Centre égyptien de documentation et d'étude, que le ministre Kamal Eddin Hussein avait visé en acceptant les uns après les autres tous les chapitres s'y rapportant.

Après avoir fait étudier mon texte par les bureaux compétents, l'Unesco, à son tour, allait signer cet accord de création au Caire, le 13 mai 1955. L'organisation s'engageait à prendre en charge un certain nombre d'experts par an, qui encadreraient les différentes sections de l'organisme pour en former les membres égyptiens, et à doter ce dernier de l'équipement des laboratoires photographiques, de l'agence d'architecture antique et des bureaux d'enregistrement et de recherches.

Cela allait des simples meubles métalliques à fichiers, que l'on ne trouvait pas encore au Caire, en passant par des machines à tirer les plans, des appareils photographiques à boîtier 13 × 18 Linhauf et Plaubel, des théodolites pour les architectes et topographes, jusqu'à même un imposant groupe électrogène de vingt-quatre kilowatts, qui allait permettre, à l'aide de centaines de mètres de câbles gainés, de fournir l'électricité depuis les bateaux de la mission jusqu'à l'intérieur des temples, où les relevés devaient être effectués. Ce groupe fut spécialement fabriqué pour le CEDAE par les usines Diesel-Moes, en Belgique. On avait aussi prévu, pour les missions de l'été surtout, des réfrigérateurs à alcool, afin de préserver les pellicules et produits de développement photographique, sans oublier les indispensables bougies de filtres, introuvables en Égypte, et sans lesquels l'eau de l'inondation, épaissie par les lourdes alluvions africaines chaque été, aurait été inutilisable.

De son côté, le gouvernement égyptien s'engageait à sélectionner ses spécialistes de la section scientifique (archéologues et philologues), des ateliers techniques (architectes des monuments et dessinateurs archéologiques) et des bureaux administratifs. Une petite imprimerie et une salle de vente devaient compléter cet ensemble pour le rendre vraiment opérationnel. De plus, l'accord avait été donné pour qu'il prenne en charge la construction du bâtiment propre à recevoir toutes ces activités, suivant le programme dont il a été question plus haut. Enfin, une grande péniche-laboratoire allait être construite, encore aux frais du ministère égyptien, comprenant les laboratoires photographiques avec citernes, filtres et climatisation, pour que même les photos en couleurs puissent être exécutées en Nubie où, pendant l'été, nous subissions jusqu'à cinquante-huit degrés Celsius à l'ombre. L'Unesco se chargeait de l'équipement technique de cette véritable arche de Noé devant également loger les missions, été comme hiver, sur les rives de la Nubie.

Cette péniche fut achevée en deux années. Elle était tirée par un puissant remorqueur. En attendant, il faudrait encore avoir recours aux petites *awana* (péniches) utilisées par les ingénieurs des irrigations et que j'allais régulièrement, pour chaque campagne de relevés, emprunter au nom de l'Unesco, auprès du directeur du service des Irrigations, l'ingénieur Moussa Arafa, très impliqué dans le projet du *Sadd el-Aali*.

Plus tard, on mit à la disposition du CEDAE une sorte de

ponton à trois moteurs encore vigoureux, qui avait servi de bateau-hôpital pour rapatrier certains habitants de la Nubie, malades, qu'il fallait soigner à Assouan. Je le fis transformer en un petit yacht à trois étroites cabines au niveau de l'eau, munies d'une douche commune et auxquelles on accédait par un escalier à vis partant de la salle à manger, aménagée sur le pont supérieur et qui servait aussi de bureau. Au même étage, deux non moins minuscules cabines pouvaient encore loger un quatrième et un cinquième occupant, peu exigeant. J'avais également fait aménager une petite cuisine, deux salles de douche et, à l'avant, sous le pont, un local réservé aux trois matelots et à notre cuisinier.

Cette embarcation fine et rapide, qui fut baptisée *Horus*, me servit pendant des années à pouvoir joindre, sans perdre de temps, les différentes missions implantées devant les temples. Le bateau-laboratoire, si utile pour nos travaux et même pour épauler plus tard certains foyers de sauvegarde, avait pour nom *Hathor*, cette entité divine que la légende avait fait remonter jusqu'en Nubie.

Une dernière embarcation enfin était prévue, péniche plate sur le pont de laquelle avaient été édifiés des logements pour un contremaître et certains ouvriers spécialisés, alors que, à l'intérieur de la coque, différentes cloisons contenaient tout l'équipement technique des missions lointaines. C'était le *Hâpy*, ventru comme l'était l'image de l'inondation, symbolisée par un personnage aux formes opulentes.

Projet de « sauvegarde » présenté à Paris

Peu après la signature des accords de création du CEDAE, devait se dérouler à l'Unesco une réunion du Conseil international des musées (Icom), à laquelle Mustafa Amer avait été invité. Je lui conseillai vivement d'y venir, de façon que nous puissions exposer ensemble, devant tous ces spécialistes des musées et des monuments, le problème de la Nubie. Nous allions participer à une rencontre entre certaines personnalités du monde culturel, enregistrant des bilans d'activité, évoquant des projets éventuels assortis aux possibilités de l'époque, mais rien de « saillant ». Après la présentation que fit Mustafa Amer de la grande menace pesant sur ces monuments, suivie des commentaires les plus vibrants que je m'efforçai d'ajouter, nous rencontrâmes seulement une très sympathique et courtoise compréhension, exprimée en des

Deux des quatre bateaux du Centre, construits pour les missions en Nubie : le *Hathor*, bateau-laboratoire, et le *Horus*, petit yacht rapide pour relier les missions.

Le premier bâtiment construit pour abriter le CEDAE, derrière le musée du Caire.

termes ne nous laissant aucun espoir quant à une réaction positive. L'assistance admettait que « l'idée était généreuse, certes, mais insensée, au-dessus des possibilités humaines. Il fallait l'abandonner, comme Maspero avait dû le faire lorsqu'il criait, dans le silence du début du siècle, qu'il était criminel de laisser disparaître Philae ». Mustafa Amer était atterré et moi outrée!

« A quoi servent les bons sentiments exposés, les résolutions généreuses, prises solennellement sur le plan international, dans les nouvelles instances, animées par l'idéal le plus élevé? Ce dialogue Orient-Occident, récemment créé à grand bruit et que l'on veut entretenir, en s'accrochant à quoi? à du vent? à rien de positif. En fait, vous vous limitez à d'aimables parlotes... »

Poussée par l'indignation, je venais de prononcer ces paroles et restais face à des interlocuteurs éberlués. Alors, d'un seul élan, Julien Cain, l'inoubliable administrateur général de la Bibliothèque nationale, grand blessé de guerre en 1914-1918, et qu'un camp de concentration nazi n'avait pas épargné plus tard, se leva et déclara posément devant une assistance médusée : « C'est elle qui a raison! Nous devrions nous réveiller et suivre son exemple; tout au moins, l'aider par nos propos, suivis des actes qui sont à notre portée. » Dès lors, j'avais gagné un allié très puissant; par la suite, il se révéla être le moteur de certaines prises de position à l'Unesco. De surcroît, Jan Van der Haagen, directeur des Beaux-Arts aux Pays-Bas et, à l'époque, chef de la division des Musées et des Monuments à l'Unesco, ne restait pas davantage indifférent.

Mustafa Amer rentra en Égypte, rasséréné sur le moment, mais les choses en restèrent là pendant une longue période, bien que je me sois mise sans retard – et sans répit –, partout où cela m'était possible, à donner des conférences sur le sujet d'un sauvetage éventuel des monuments du Nubie. Mes élèves et auditeurs de l'École du Louvre en ont bien gardé le souvenir.

A l'époque, on me prenait parfois pour une naïve, dénuée du sens des réalités. « Elle veut soulever des montagnes! C'est insensé! »

Cependant, peu après la réunion de l'Icom (fin du printemps 1955), je m'entretenais avec le très brillant conseiller juridique de l'Unesco, l'Égyptien Hanna Sabba. Il avait été frappé par les arguments que j'utilisais pour souligner à quel point les créations artistiques, partout dans le monde, n'étaient pas simplement le bien propre des pays qui les avaient conçues, mais constituaient le patrimoine culturel de toute l'humanité, car ces témoins participaient de nos racines profondes.

« Je sais qui peut être convaincu par votre argumentation et incité à agir. C'est un homme animé d'autant d'idéalisme que doué de capacités intellectuelles; de surcroît, il possède le génie de l'action, il est capable de mener à terme un projet des plus audacieux s'il est fondé : c'est René Maheu. Il vient d'être nommé adjoint de Luther Evans, mais je crois qu'il doit partir aux États-Unis sous peu. Je vais m'arranger pour que vous le rencontriez. »

Le samedi suivant, nous déjeunions, mon mari et moi, dans la charmante demeure des Sabba à Neuilly, avec René Maheu et son épouse. « Racontez-moi votre histoire », me dit ce dernier. Puis, après m'avoir posé quelques questions très précises et pertinentes, il me déclara : « Je suis votre homme, mais je ne peux rien faire en ce moment. Je viens d'être nommé délégué de l'Unesco auprès des Nations unies à New York. Lorsque j'en reviendrai, reprenez contact avec moi. Je n'aurai pas oublié. »

Je dus effectivement attendre plusieurs années avant de le voir revenir à l'Unesco, comme directeur général adjoint, puis directeur général. L'heure avait vraiment sonné, une coïncidence – ou le destin – bénissait enfin le projet. Saroïte Okacha venait d'être désigné en Égypte comme ministre de la Culture : il était, lui aussi, de l'inaltérable trempe des réalisateurs.

6

Les premières missions du CEDAE

Le chemin vers Abou Simbel

Pendant tout l'été 1955, je fus en correspondance avec un certain nombre de mes collègues étrangers, fort réputés pour leur savoir, mais dont j'avais pu aussi juger des qualités humaines requises, je ne le soulignerai jamais assez, pour remplir avec bonheur une mission Unesco. Je pouvais alors profiter de la fin des grandes vacances, moment où les universitaires étaient libres, pour installer sur place les premiers travaux de relevés à Abou Simbel. Mustafa Amer venait d'être nommé administrateur général du CEDAE (et moi-même, son conseiller). Le manque de personnel spécialisé ne lui permettait pas de recruter les photographes égyptiens rompus aux relevés archéologiques, bien différents des clichés « artistiques », appréciés à l'époque, qui faussent la plupart du temps les angles de prises de vues. Je demandai à John Wilson, directeur de l'Oriental Institute de l'université de Chicago, s'il pouvait mettre à notre disposition Charles Nims, un des membres de sa mission épigraphique en Égypte, mais auteur également des plus beaux clichés photographiques du temple de Médinet Habou, au cours des relevés que James Henry Breasted avait entrepris jadis dans le sanctuaire de Ramsès III.

Nous avions installé une petite cabine où l'on pouvait développer les premières prises de vues, dans le bateau que nous avions emprunté au Service des Antiquités, pour travailler en Nubie. C'était le *Cheikh el-beled* (c'est-à-dire le « Maire du village ») d'illustre mémoire. De tout le matériel commandé par l'Unesco, nous avions seulement reçu l'appareil photographique Plaubel, confié à Charles Nims. Aucun des projecteurs n'étant encore arrivé, des éléments d'un lourd échafaudage métallique nous servirent de base pour fixer des projecteurs empruntés à la mission américaine. Et pourtant, avec ce montage de fortune, la longue paroi nord de la première salle souterraine du Grand Temple d'Abou Simbel, couverte de sculptures évoquant les différents épisodes de la bataille de Kadesh, fut photographiée sans défaut. Cet enregistrement permit d'établir plus tard l'immense dessin où les détails les plus ténus sont fidèlement reproduits. Charles Nims eut grand mérite, tout en manipulant les encombrants éléments soutenant ces projecteurs, à pouvoir diffuser un jour frisant constant pour que l'objectif saisisse, avec cet éclairage maintenu régulier, les centaines de petits personnages fourmillant à la surface du grès attaqué par les millénaires, presque entièrement privé de ses enluminures, subsistant encore en partie lorsque Champollion pénétra dans le *spéos*.

Tous ceux que j'avais sollicités en qualité d'experts de l'Unesco pour venir composer les cadres des équipes avaient répondu positivement. Au Caire, naturellement, j'avais acquis la complète collaboration de mon collègue Louis Christophe, résidant en Égypte. Depuis il ne quitta jamais plus l' « affaire nubienne ». En Italie, l'un des plus savants et sensibles philologues et archéologues à la fois, Sergio Donadoni – à l'époque professeur à l'université de Milan avant de gagner celle de Rome –, accepta d'enthousiasme. Nous avions jadis suivi ensemble les cours de Gustave Lefèbvre et je savais que je pouvais compter en toute occasion non seulement sur sa science, mais aussi sur son généreux esprit de coopération et la fidélité de son amitié. Un ancien membre de l'Ifao, helléniste, André Bernand, s'était proposé pour réunir et publier les graffiti grecs tracés sur une partie de la façade d'Abou Simbel. Il bénéficia d'une mission Unesco pour accomplir le travail de relevés, en collaboration avec son collègue de l'université du Caire, le professeur Abdel Latif.

Au mois de septembre 1955, le *Cheikh el-beled* partit d'Assouan, emmenant notre petit groupe accompagné, pour quelques jours, de Mustafa Amer et de Mohammed Mahdi, l'architecte en chef du Service des Antiquités. Je passai les premiers jours à mettre au point, avec Donadoni, les meilleurs principes qui devaient présider à nos relevés pour être remis à chaque expert et publiés à l'usage des membres du Centre.

En tout premier lieu, il fallait fixer la façon dont le « plan clef » de chaque édifice à étudier serait dressé, pour que les références soient facilement repérables, et préciser par quel endroit de ces sanctuaires, et dans quel ordre, il fallait toujours entreprendre le travail. Un exemple : pour édifier un temple par assises, les Égyptiens commençaient à le construire à partir du saint des saints et, successivement, les travaux se développaient jusqu'au pylône. Cela valait surtout pour la Basse Époque : la plus belle démonstration en est donnée par le grand sanctuaire de Philae, dont les salles du fond remontent aux derniers pharaons égyptiens, alors que le pylône porte la marque des Ptolémées macédoniens. En revanche, et cela va de soi, les temples *spéos* étaient d'abord creusés par la façade. Une numérotation cohérente des salles et de la position des scènes devait donc suivre les étapes de la construction du monument et, en même temps, permettre la localisation logique de toutes ses parties constitutives.

On avait souvent tendance à rédiger les descriptions en commençant par le haut du mur et à main droite. En fait, la connaissance du décor égyptien et de son message imposent à l'archéologue de commencer l'interrogation des murs imagés par ceux qui se trouvent à main gauche, lorsque l'on pénètre dans chaque pièce, et en s'intéressant d'abord aux registres situés en bas des murs : la signification du décor devant être décryptée dans cet ordre.

De même, les conventions des descriptions, ou des relevés des textes, étaient mises au point minutieusement : ne pas confondre la signification des parenthèses ou des crochets dans l'établissement d'une inscription copiée ; l'indication de la direction donnée aux hiéroglyphes (on peut les écrire de droite à gauche ou vice versa et de haut en bas, mais évidemment jamais de bas en haut). Dans une copie, toujours respecter la direction initiale des hiéroglyphes et ne pas les reproduire en les inversant, dans le sens plus accessible à nos habitudes occidentales, c'est-à-dire ne pas automatiquement les retracer en commençant par la gauche. On devait aussi fixer l'utilisation des hachures pour indiquer la dégradation d'un texte, celle de pointillés pour la coupure éventuelle des lignes que l'on copiait lorsque la place manquait sur le papier. Il a même été question de la taille et du poids des cahiers quadrillés utilisés pour nos copies. Cela sera facilement compris par ceux qui, en haut d'une échelle, en équilibre, tenant crayon d'une main, ne peuvent résister longtemps à un poids trop lourd dans l'autre main qui supporte la surface sur laquelle ils écrivent.

Ce petit manuel devait aussi contenir des instructions à l'intention des dessinateurs en archéologie à « initier ». Pour la reproduction des reliefs, il était nécessaire de toujours opérer sur les photographies agrandies, prises avec une lumière égale ; seules, les parties volontairement ombrées devaient être soulignées d'une ligne de force. La formation de ces spécialistes demandait un très grand soin, car aucune interprétation ne devait entrer dans les copies exécutées sur photos, tirées très clair, dont on faisait disparaître les images par un lavage spécial après l'exécution des dessins, suivant la technique déjà utilisée par l'Oriental Institute de Chicago. En trois mille ans, le style des figurations était profondément marqué par leur époque et le dessinateur devait non seulement être très spécialement familiarisé avec ses particularités, mais aussi pouvoir reconnaître les hiéroglyphes, souvent difficiles à lire parce que détériorés. Il nous revenait ensuite, naturellement, de collationner les dessins avec nos copies et de rectifier certaines erreurs sur les reproductions confiées à leurs soins.

Au cours de cette première mission (été 1955), nous avons exécuté les relevés des salles du « Trésor » du grand temple. Charles Nims développait régulièrement ses prises de vues : nous étions à plus de treize cents kilomètres du Caire, au bout d'un voyage qu'il n'était pas facile de recommencer souvent, après les trois jours et demi de bateau depuis Assouan, qui nous amenaient dans ce coin perdu. Rien ne devait être laissé à l'imprévu. Le minutieux filtrage des eaux de l'inondation, gorgées des alluvions traversées depuis les grands lacs, fut notre permanent souci.

Sur les jambes du premier colosse de la façade, le hasard voulait que la plus ancienne inscription lapidaire grecque connue fût conservée. Elle concernait le général Potasimto, chef de la légion étrangère envoyée par Psammétique II pour repousser l'agression redoutable des Soudanais, dans la plaine de Napata. Ces « mercenaires » allaient guerroyer parallèlement aux armées égyptiennes métropolitaines, commandées par le général Amasis. Le Grec Potasimto avait été enterré en Égypte, dans le delta, et son très beau sarcophage, retrouvé au hasard des pillages, est de nos jours exposé au musée du Caire. Par une de ces coïncidences, – telles que les égyptologues en rencontrent parfois dans leurs recherches –, le docteur

L'architecte en chef Hassan el-Acherie, exécutant des relevés dans le sanctuaire du Grand Temple d'Abou Simbel.

Spécimen d'une fiche de relevés épigraphiques du CEDAE : début du texte de la Stèle du Mariage de Ramsès II.

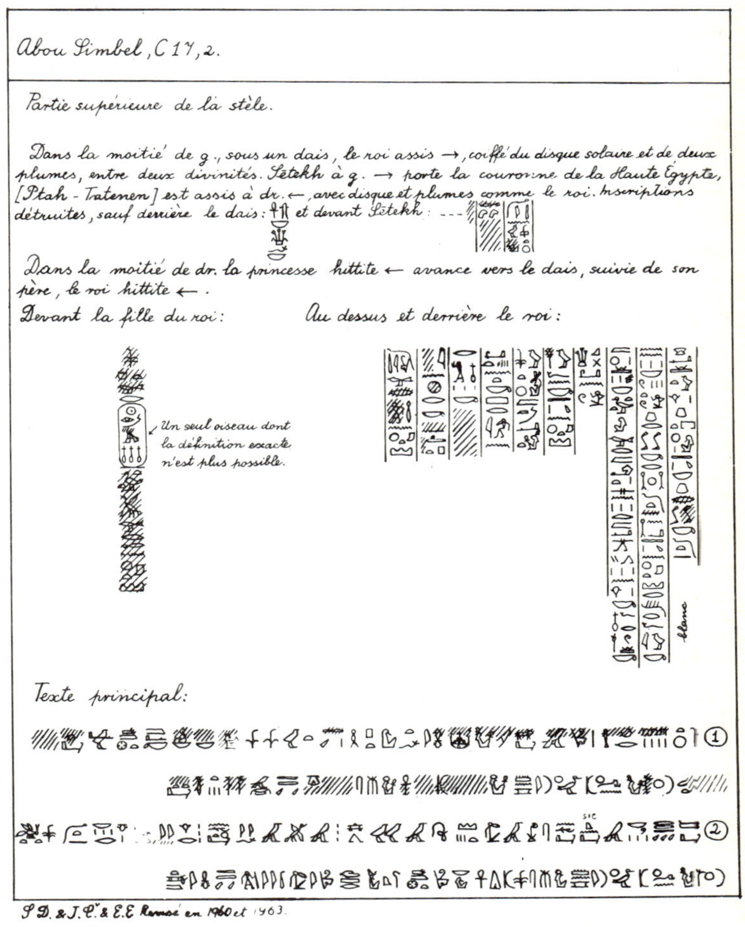

Abou Simbel, C 17, 2.

Partie supérieure de la stèle.

Dans la moitié de g., sous un dais, le roi assis →, coiffé du disque solaire et de deux plumes, entre deux divinités. Sêtekh à g. → porte la couronne de la Haute Egypte, [Ptah - Tatenen] est assis à dr. ←, avec disque et plumes comme le roi. Inscriptions détruites, sauf derrière le dais: et devant Sêtekh: ---

Dans la moitié de dr. la princesse hittite ← avance vers le dais, suivie de son père, le roi hittite ←.

Devant la fille du roi:

Un seul oiseau dont la définition exacte n'est plus possible.

Au dessus et derrière le roi:

blanc

Texte principal:

sic

S.D. & J.Č. & E.E. Revisé en 1960 et 1963.

Suzanne Ratié, étudiante de François Daumas, habitant Annecy, venait quelques mois auparavant de découvrir au musée de la charmante ville savoyarde une statuette funéraire *(shaouabti)* du général Potasimto. Sa publication nous apprenait que le petit objet avait été exhumé au cours d'une fouille inattendue, provoquée par le creusement des fondations d'une maison. Les ouvriers avaient atteint les ruines d'un *vicus* gallo-romain contenant la relique. Cette dernière avait dû être rapportée par un légionnaire de César, qui l'avait sans doute acquise en Égypte avant de quitter ce « grenier de Rome ». Quelque temps après, nous sauvions de la destruction la magnifique stèle, retrouvée dans la région d'Assouan et relatant la campagne victorieuse organisée par Psammétique II au Soudan...

La première mission de relevés en Nubie m'avait appris que, en dépit de leur bonne volonté et de leur compétence, nos architectes ne pourraient exécuter avec la minutie nécessaire le relevé des façades ornées de colosses et de nombreuses autres statues, sans y consacrer de très longs mois. J'envisageai donc l'opportunité de faire venir jusqu'en Nubie une mission d'enregistrement photogrammétrique à terre, pour les monuments. J'avais déjà suivi les premiers essais, quelques années auparavant, lors d'une expérience effectuée à Paris sur la Sainte-Chapelle.

Les premiers essais de relevés photogrammétriques

A mon retour en France, je sollicitai une entrevue du directeur général des Relations culturelles du ministère des Affaires étrangères, à l'époque Jacques de Bourbon-Busset, pour lui expliquer mes intentions, en lui demandant de bien vouloir faire prendre en charge l'éventuelle mission d'essai des ingénieurs de l'Institut géographique national que j'avais l'intention de saisir du problème. Il me donna d'emblée son accord. Je pouvais alors tenter d'obtenir du directeur général de l'IGN, le général Hurault, l'aide pour l'exécution de ce projet un peu téméraire (sa bonne réalisation permit, par la suite, d'entreprendre les relevés photogrammétriques de monuments et de sites, un peu partout dans le monde, y compris pour la prestigieuse Acropole d'Athènes). Je trouvai un homme extrêmement accueillant, à l'aspect pourtant sévère, qui avait su faire de l'ancien service photographique des armées une entreprise extraordinairement performante, dont le programme principal était d'exécuter les couvertures aériennes des différents pays et régions pour en restituer des cartes minutieuses, en courbes de niveau. L'appareil de restitution avait été mis au point par Georges Poivilliers, son camarade aérostier durant la guerre de 1914, avec lequel, d'un ballon captif, il prenait des photographies des champs de bataille. L'un, polytechnicien devenu général, dirigeait l'IGN à Vincennes, peuplé de trois cents ingénieurs et techniciens, et à Creil une escadrille d'avions Hurel-Dubois, appelés à survoler une partie du monde. Quant à Georges Poivilliers, ingénieur de Centrale, génial inventeur, il était devenu directeur de cette école et brillait parmi les membres de l'Académie des sciences.

Le général Hurault accueillit ma demande avec une vive attention. Je lui fis part des bonnes intentions du directeur Jacques de Bourbon-Busset. Mais, jugeant que l'expérience dont je venais lui parler allait servir à des buts culturels, pour l'enregistrement – donc la préservation d'un antique patrimoine –, il estimait du devoir de l'IGN d'exécuter les relevés à ses propres frais. C'était gagné, et la date choisie pour l'expédition, en raison du calendrier si chargé de chacun de nous, ne pouvait se faire que pendant les vacances de Noël 1955 et du jour de l'an 1956.

J'avais déjà commencé à poser quelques jalons à l'issue de la précédente mission d'automne, au cours de laquelle je m'étais efforcée de convaincre le ministre égyptien, Kamal Eddin Hussein, de l'importance du projet. Ayant reçu tous les accords de Paris, j'en informai naturellement Mustafa Amer et lui demandai de bien vouloir prévoir ces essais aux dates indiquées. Il nous fallait évidemment un bateau pour la Nubie, à partir d'Assouan et des échafaudages. Le général Hurault, de son côté, avait bien fait les choses. Tout le matériel, comprenant notamment les photo-théodolites pour les prises de vues à terre après l'exécution des triangulations nécessaires, serait, naturellement, apporté par les photogrammètres.

Arrivée au Caire quelques jours avant l'équipe de l'IGN, j'avais encore à accomplir certaines démarches. Je devais aussi réunir l'approvisionnement qui, pendant les dix jours, nous permettrait de vivre en Nubie loin de tout. Notre expédition allait avoir grande allure, car l'embarcation trouvée devant partir de Shellal, au sud de la première cataracte, évoquait les voyages sur le Mississippi : c'était un bateau à aubes, immense.

Mustafa Amer avait rassemblé le groupe égyptien, qui devait constituer la contrepartie des « experts » français, suivant la règle des missions mixtes. L'architecte en chef Mohammed Mahdi était accompagné du Directeur des inspecteurs des Antiquités, Zaki Saâd, puis de deux ingénieurs égyptiens qui s'étaient penchés sur les problèmes de photogrammétrie : le professeur Toulba, de l'identité judiciaire, et le professeur Hassan Mustafa; ce dernier devait, quelques mois après, être nommé ministre des Travaux publics. Du côté français, je bénéficiais de compagnons exceptionnels : Georges Poivilliers lui-même, l'ingénieur général Janicot, adjoint du général Hurault, et le propre fils du général, également polytechnicien. Ce dernier n'en était pas à sa première expérience de terrain, revenant d'Amazonie où il s'était fait parachuter dans la forêt vierge pour contrôler, à terre, certains niveaux de la carte exécutée par l'IGN.

Le jour de Noël se passa à la hauteur du temple d'Ouadi es-Séboua : je fis déguster au groupe – et à sa surprise – la bûche de circonstance; je l'avais façonnée avec une boîte de crème de marrons, des biscuits à la cuiller et de la poudre de cacao. Les dernières inquiétudes de celui que nous appelions le « fils Hurault » venaient de s'estomper. En effet, le jour où il avait embarqué avec nous, il s'était immédiatement enquis auprès de moi des provisions prévues pour l'expédition, non par gourmandise, mais parce que ce très sérieux ingénieur devait imaginer une égyptologue comme strictement et uniquement soucieuse de ses hiéroglyphes : une femme pouvait-elle songer à tout ce dont on pourrait avoir besoin, dans les coins désertiques où nous nous rendions et sans espérer aucun secours immédiat? Je lui ouvris les coffres dans lesquels était emmagasinée une épicerie confortable. Je lui donnai la clef d'une grande armoire à pharmacie; ses premiers doutes s'estompèrent lorsqu'il put constater, *de visu*, la présence des boîtes de sérum contre les scorpions, vipères et cobras. Sa sérénité revint complètement à la vision de la petite chambre frigorifique pleine de blocs de glace, où volailles et quartiers de viande attendaient au garde-à-vous.

Après les trois jours et demi de remontée du Nil pendant lesquels, malgré l'impatience de nos hôtes à atteindre le but du voyage, je leur fis visiter quelques-uns des sanctuaires perdus jalonnant notre route entre le fleuve et le désert, et sitôt l'arrivée dans la crique bénie d'Abou Simbel, la fiévreuse activité de

Jean Hurault se déchaîna. Il mit lui-même la main à l'édification des échafaudages de bois nécessaires aux mesures prises dans l'axe exact de la façade du Grand Temple (haute de vingt mètres), et sans déformation. On vit bientôt cet ouvrage atteindre les dix mètres de hauteur désirés, son plateau central, indépendant, ressemblant *mutatis mutandis* au dernier étage de la tour Eiffel, pour poser les appareils de prise de vues. Afin de protéger ces derniers de toute secousse et assurer la circulation des opérateurs, un second échafaudage entourant complètement ce bloc central fut également édifié. Toutes les mesures de triangulation furent exécutées parallèlement à ces préparatifs, pour que les prises de vues puissent être faites le lendemain matin, à la lumière propice du soleil balayant de son doux éclat doré tous les détails de la façade, une heure après l'aube.

Une violente tempête de vent et de sable se déchaîna pendant la nuit et j'entendis à grand fracas, sur le bateau, la cavalcade de Jean Hurault allant escalader l'échafaudage pour sauver ses appareils de prise de vues. Les poutres de bois ligaturées les unes aux autres par les savants nœuds de nos matelots se balançaient dans le vide et notre polytechnicien oscillait dans l'espace. Il ramena cependant les appareils au sol, on ne sait par quel miracle, et passa le reste de la nuit à les nettoyer du sable qui y avait pénétré.

Le lendemain matin tout était redevenu calme. Les photographies furent faites par nos trois ingénieurs, auxquels s'était joint le jeune docteur Hassan Mustafa. Quant au professeur Toulba, gagné par l'âge de la retraite, il était assis sur la grève, tournant radicalement le dos à l'admirable façade du Grand Temple : il contemplait l'étendue du fleuve mesurant à cet endroit plus de deux kilomètres de large. A côté de lui, de la même taille, avec la même courbure de dos, on apercevait Zaki Saâd ; ce dernier lui lisait le manuscrit d'un roman égyptologique dont il était l'auteur. Cela se passait à la Ve dynastie, du temps de la reine Nebet, dont la tombe existe bien réellement à Saqqarah. Lorsque j'arrivai près d'eux, je constatai l'immense tristesse qui marquait leur visage. « Nous sommes bouleversés, dit Zaki Saâd, je viens de faire mourir la souveraine. » Ma réaction fut, je dois l'avouer, d'abord un peu ironique, au fin fond de la Nubie égyptienne toute de sérénité et de splendeur, bien loin d'une Europe perdue dans la grisaille. Puis je me remémorai brusquement cette histoire, aussi inattendue qu'attendrissante, rapportée sur une réaction d'Alexandre Dumas : un de ses amis lui rendant visite le trouva en pleurs. Dumas lui expliqua combien il était triste, car il venait de faire mourir Porthos dans son roman *Vingt ans après* : « L'animal, avait-il ajouté, je l'aimais pourtant bien ! »

Une fois le travail accompli, il fallait songer au retour. Nous nous arrêtâmes cependant devant le temple de Gerf Hussein, durant le dernier tiers du voyage, pour enregistrer certains détails de sa façade afin que les essais soient faits sur différents types de sculpture.

Avant même de voir les résultats, qui s'avérèrent exceptionnels et très concluants, j'avais déjà retenu quelques enseignements. En étudiant ces éclairages sur place, j'ai pu, naturellement, me rendre compte une fois de plus que les façades des temples avaient été prévues pour connaître leur véritable heure de gloire, au moment où Rê-Horakhty devait leur rendre une inégalable splendeur.

Mais il me fut encore donné de constater combien il est peu aisé, lorsque l'on décrit un monument à partir du sol, de juger de la réelle proportion de ses lignes. Lorsque j'étais montée sur la plate-forme centrale, indépendante de l'échafaudage circulaire, j'avais été frappée par l'aspect étonnant des statues colossales de Ramsès, bien différent de celui que l'on découvrait lorsqu'on les apercevait du sol. La réelle suavité, en dépit des proportions gigantesques, des énormes visages tout en douceur, regardant les « Terriens », avait disparu. Les faces étaient larges, les traits rudes et épais, l'expression dure, figée. Les sculptures avaient été conçues et exécutées en tenant compte des déformations que la vision à terre imposerait. Vu du sol, le résultat était un chef-d'œuvre contrastant d'une façon violente avec l'analyse photogrammétrique. En revanche, les mesures prises allaient être d'une exactitude sans faille et la restitution en courbes de niveau pourrait donner une documentation permettant même une restitution par pantographe de tout le sujet. Depuis déjà très longtemps, les architectes et les sculpteurs égyptiens avaient su jouer avec les déformations apparentes des plans et des volumes architecturaux.

Début des missions CEDAE/Unesco

La mission d'hiver, encadrée principalement par les professeurs Černý et Donadoni, allait commencer en janvier 1956,

Abou Simbel, Grand Temple : profil du colosse sud.

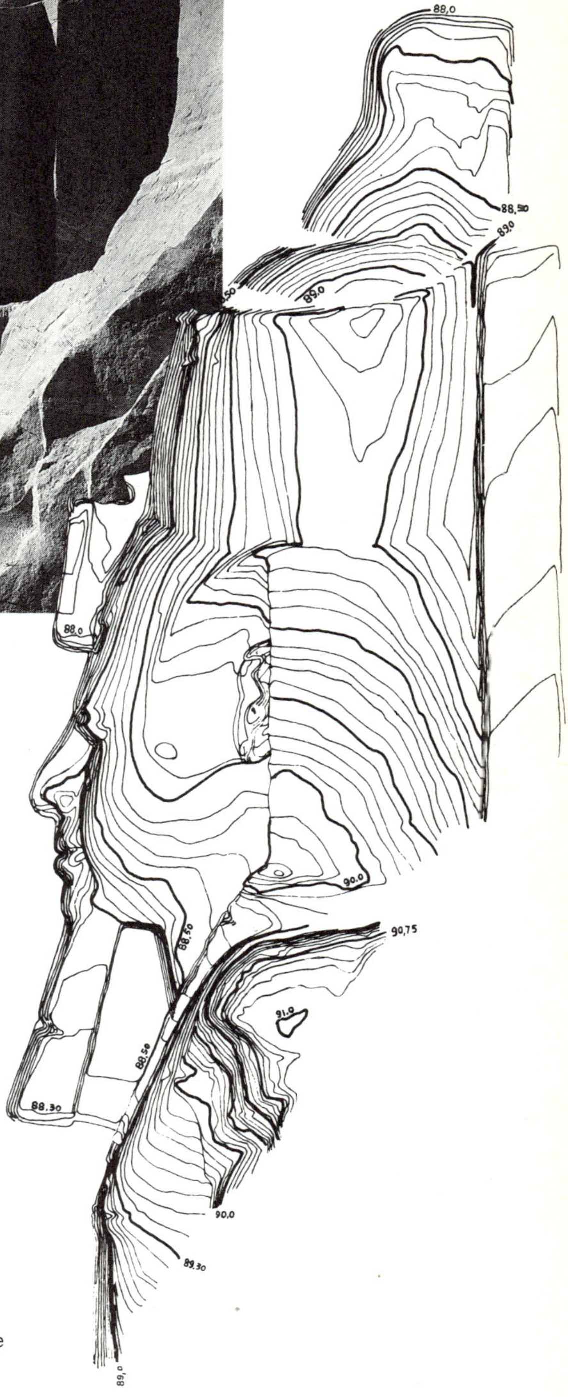

Relevé photogrammétrique du même sujet, par l'IGN, le profil royal restitué en courbes de niveau.

pour les équipes égyptiennes, par les relevés du Grand Temple d'Abou Simbel. Photographes et dessinateurs, diplômés de l'École des beaux-arts et de l'École cinématographique du Caire, se préparaient à faire leurs premières armes sur un site archéologique. Louis Christophe, à la formation confirmée par ses séjours sur les chantiers de l'Ifao, installerait la mission, aidé de l'équipe du CEDAE constituée, notamment, de l'architecte Hassan el-Acherie et des égyptologues Loutfi Tambouli et Mounir Megally. Ne pouvant rester plus d'une semaine sur le terrain, je devais arriver avec les experts étrangers pour distribuer à chacun son programme. Avant tout Jaroslav Černý avait pour objectif les nouveaux relevés de la grande Stèle du Mariage, au sud de la terrasse, devant laquelle, à jour frisant, dispensé par le soleil et le soir par les projecteurs, il passa plus de deux cents heures d'étude : la surface de grès était, depuis des millénaires, criblée par les vents de sable. Donadoni présidait à l'étude de la bataille de Kadesh.

La mission suivante des relevés du Centre était prévue pour l'automne 1956, pendant la période d'inondation. Le rythme des séjours en Nubie devait toujours se conformer à la vie du fleuve. L'hiver, j'affectais auprès des Égyptiens des experts nordiques qui pouvaient aisément travailler dans une fraîcheur relative. Ils revenaient au Caire à la fin du mois d'avril, limite de leur résistance physique, lorsque les eaux du Nil baissaient et découvraient des bancs de sable. Ils mettaient au net les copies des textes ou les commentaires archéologiques ; j'avais organisé un système de publications rapides dans la petite imprimerie du CEDAE, où tout pouvait être tiré sans retard sur grandes fiches indépendantes et mis à la disposition des collègues comme documents de travail. Ainsi devaient sortir, chapitre par chapitre, tous nos relevés, dont la réunion constituerait la documentation complète relative à chaque monument.

Ces expéditions concernaient les temples creusés ou édifiés sur les hauteurs. Ils n'avaient encore jamais été gagnés par les eaux. En revanche, les sanctuaires construits beaucoup plus bas sur les rives du fleuve étaient seulement accessibles l'été, lorsque l'inondation imposait l'ouverture des vannes de l'ancien barrage pour se répandre sur l'Égypte et l'irriguer. Alors, les monuments que Maspero avait fait consolider, au début du siècle, en raison d'une submersion inévitable après l'édification du premier barrage, ressortaient littéralement de l'onde, privés malheureusement de leurs couleurs antiques, mais lavés du salpêtre.

Restitution en courbes de niveau, exécutée dans les laboratoires de l'IGN, d'après les prises de vues photogrammétriques de la façade du Petit Temple.

Façade du Petit Temple d'Abou Simbel.

Italiens, Français et Polonais acceptaient de braver, pendant les périodes de canicule, une fournaise continue. C'est dans le temple de Kalabsha que l'intervention armée de 1956 contre l'Égypte surprit égyptologues et photogrammètres.

7

Être évacuée par la Sixième Flotte américaine

Dès septembre 1956, les relations politiques entre l'Égypte d'une part, l'Angleterre et la France d'autre part, s'étaient progressivement détériorées. La guerre d'Algérie, puis plus tard la nationalisation du canal de Suez, entretenaient un climat à la merci d'une sorte de *casus belli*, dont les rumeurs étaient, jour après jour, amplifiées par une presse en mal de sensation. Dans le petit domaine de l'égyptologie, le directeur de l'École du Caire de l'époque avait hésité à regagner son poste et prêchait la patience aux membres de l'Ifao.

Les missions d'experts égyptologues et des premiers photogrammètres de l'IGN que j'avais sollicités, au nom de l'Unesco, pour les chantiers de relevés à Abou Simbel et à Kalabsha en Nubie, étaient prêtes à partir, munies de laissez-passer des Nations unies, ce qui leur garantissait l'immunité en cas de conflit. Après une vaine attente de plus d'un mois, je décidai le départ, ayant pris conseil des personnalités compétentes. Les relevés les plus importants devaient être exécutés dans le temple de Kalabsha, voué au dieu Mandoulis, forme locale d'Horus aux multiples aspects. François Daumas, professeur à l'université de Montpellier, devait reprendre les copies épigraphiques, pendant que le temple de Kalabsha était l'objet des triangulations et de la couverture photographique systématique des photo-théodolites de l'IGN. Ces travaux devaient être exécutés par l'ingénieur en chef Bonneval, auquel était adjoint J. Poivilliers, dont le père, l'inventeur de l'appareil de restitution en courbes de niveau, était lui-même venu au début de la même année, avec la direction de l'IGN, faire les premiers essais d'enregistrement à Abou Simbel.

L'intervention militaire en Égypte

J'étais arrivée à mon tour en Égypte au mois d'octobre et, après un séjour à Kalabsha, je retrouvai au Caire Jan Van der Haagen, directeur de la division des Monuments et Musées à l'Unesco. Fasciné par l'égyptologie, il brûlait de visiter nos travaux et avait tenu à s'arrêter au bord du Nil, sur son chemin en direction de New Delhi où devait se tenir la nouvelle Conférence générale de l'Unesco. Les événements allaient en décider autrement. Ce début du mois de novembre connut la tragédie de l'attaque franco-anglaise en Égypte et nous fûmes assignés à résidence sans pouvoir bouger du Caire pendant quelques jours. Je pus au moins, grâce à d'excellents collègues égyptiens, faire rapatrier François Daumas de Nubie vers Le Caire et diriger vers la Libye, puis Tunis, nos deux photogrammètres.

Cette intervention avait anéanti en quelques heures tous les acquis bénéfiques de la présence française en Égypte depuis plus de cent cinquante années!

Le couvre-feu imposé au Caire répandait sur la ville une atmosphère inusitée. La plupart des Égyptiens restaient enfermés chez eux. Dans les rues, les visages n'étaient plus souriants et la bonhomie coutumière à ce peuple si accueillant semblait s'être évanouie. Les étrangers restaient groupés, dans les hôtels surtout, ne sachant quoi faire; les nouvelles les plus extravagantes circulaient parmi eux : on attendait un débarquement. Les pronostics envisageaient une conquête éclair de l'Égypte, qui mènerait les troupes « alliées » jusqu'à Assouan. « C'est le moment de foncer, affirmait un beau parleur dans le hall du Sémiramis. Les Russes, trop occupés avec leurs voisins, ne bougeront pas. » Mes confrères et moi étions consternés, étant toujours restés en rapport avec nombre d'Égyptiens de longue date habités d'un réel courage (car il faut avoir connu la période), lesquels n'avaient pas cessé de nous entourer, bien que tout contact avec les étrangers fût interdit. On ne peut oublier la fidélité que nous témoignèrent, en ces moments douloureux, Mahmoud el-Nahas, Mustafa Amer, Sami Gabra et Taha Hussein.

Les représentants de l'Unesco et, surtout, des Nations unies au Caire étaient, de leur côté, affairés à préparer l'évacuation hors d'Égypte des agents en mission, porteurs de laissez-passer internationaux. Le directeur du bureau local de l'Onu, Perez Guerero, un Vénézuélien si j'ai bonne mémoire, montra à ce propos de remarquables dons d'organisateur.

Nous pûmes, Jan Van der Haagen et moi-même, pendant cette très courte période où l'Égypte était en état de conflit armé – avec l'aide de Perez Guerero demeurant en étroit contact avec les autorités du pays –, faire mettre notre Institut français d'archéologie orientale, centre de haute culture orientaliste et égyptologique s'il en fut, sous la bannière des Nations unies. Comme on le sait, notre École du Caire est le lieu de prédilection pour les études égyptologiques, et de plus hébergeait les pensionnaires et certains orientalistes.

Une admirable bibliothèque comprenant non seulement les livres permet aux égyptologues de poursuivre leurs recherches, mais aussi aux hellénistes, surtout papyrologues, aux arabisants, aux sémitisants en général, sans oublier naturellement les coptisants. Une imprimerie, correspondant à toutes ces spécialités, est au service de ces chercheurs. Rien n'aurait pu remplacer cet Institut s'il avait été pillé. Il fallait donc parer au plus pressé.

Pendant ce temps, Louis Christophe, ancien pensionnaire de notre Institut (demeuré en Égypte comme professeur au Lycée français pour continuer ses recherches sur place), suivant une impulsion touchante mais périlleuse, s'était rendu à l'Ifao pour subtiliser notre drapeau national, destiné aux grandes occasions, et l'avait religieusement caché chez lui... Il n'était pourtant pas facile de circuler au Caire pendant ces tragiques événements !

La « caravane des Nations unies » quitta Le Caire, composée de deux autobus chargés des spécialistes en mission, accompagnés de leur famille ; de nombreux pays étaient représentés. Les Français et Anglais étaient très peu nombreux à posséder le « passeport-miracle ». Ceux qui n'en étaient pas bénéficiaires demeurèrent bloqués, puis séquestrés – parfois spoliés –, et enfin expulsés d'Égypte. Les véhicules partirent à la fin de la journée, tous phares éteints, car le couvre-feu était total. La séparation d'avec ceux qu'on laissait était poignante, quelques courageux amis égyptiens étaient venus nous serrer la main, sachant pertinemment, et nous aussi malheureusement, que les avions alliés, dont les nôtres, venaient de bombarder les entrepôts de carburants – en feu tout autour du

Caire. On ne voulut jamais, à Paris, prêter oreille aux objurgations de notre ambassadeur, Armand du Chayla, et de son prédécesseur au Caire, Couve de Murville, qui n'avaient cessé de prêcher une autre attitude, celle-là empreinte de la meilleure diplomatie.

Dans l'autobus où je me trouvais, et dont Perez Guerero m'avait donné la responsabilité, j'étais décontenancée. Pour « entretenir le moral », notre cher Jan Van der Haagen avait eu l'idée de faire chanter *a capella* « Frère Jacques », et ne comprenait absolument pas pourquoi je lui demandais d'y renoncer et, surtout, de se taire ! J'ai beaucoup admiré en l'occurrence le chauffeur et le mécanicien du car, égyptiens tous deux, qui ne bronchèrent pas, mais dont on apercevait le jeu des mâchoires serrées par la colère. Entre Le Caire et Alexandrie, où nous sommes arrivés en pleine nuit, nous avons quitté des incendies pour en retrouver d'autres autour de la grande ville méditerranéenne. Campés dans les vastes salles du Grand Hôtel, nous étions informés que, dès l'aube suivante, notre évacuation se ferait par la nouvelle et plus belle unité de la Sixième Flotte américaine, le L. S. *Fort Snelling*. Nous devions être, à partir de midi, à la disposition des cars destinés à nous véhiculer au port. « Bonne occasion, déclara immédiatement Van der Haagen qui, étant hollandais, ne se sentait pas en guerre, je vais pouvoir visiter la ville. Vous êtes très savant, professeur Daumas, accompagnez-moi ! » Sa candeur était irrésistible. François Daumas y succomba. Nous devions nous retrouver pour le transfert à midi ; à ce moment, nous apprîmes les mésaventures de nos touristes improvisés. Au cours de leurs pérégrinations dans les artères, où circulait une foule hétéroclite et assez paniquée, Van der Haagen s'était fait voler son portefeuille et ses papiers d'identité. Avec la même innocence, il avait obtenu que Daumas l'accompagne à la police, sans se rendre compte le moins du monde qu'il allait s'exhiber avec un ressortissant d'un pays présentement agresseur de l'Égypte, et ce pendant une réelle période de panique. Miracle, Daumas s'en sortit, parlant couramment l'arabe de Haute-Égypte. Mais ils avaient tous deux déjà de quoi se faire mettre en prison, vu leur étrange allure : le grand Hollandais aux jambes étiques, vêtu d'un short très court, et, à côté de ce don Quichotte, un Sancho Pança en vêtements de fouilles, la poitrine barrée des sangles croisées de deux musettes contenant tout un matériel de survie (Daumas se rappelait qu'il avait été scout !).

Lorsque nous avons quitté le quai d'Alexandrie sur de petites « navettes » pour rejoindre, à l'extrémité de la rade, le *Fort Snelling* qui avait jeté l'ancre à côté d'une importante unité de la flotte soviétique, des bombes tombaient dans l'eau tout autour de nous. Puis ce fut la montée à bord. Ayant charge d'âmes, je passai la première et fus reçue sur la passerelle par un fringant officier, qui se présenta : « Commandant Dubois, pour vous accueillir. Puis-je voir votre laissez-passer ? » A la découverte de mon nom et de ma nationalité, son visage se durcit brusquement et il me dit : « Je suis un descendant des Français huguenots, chassés par la révocation de l'édit de Nantes. Je n'accepte pas de Français à bord ! » Pourtant il fut bien obligé de me laisser embarquer : j'étais, de même que les rares Français du groupe, sous la protection des Nations unies.

Peu après, il nous réunit sur le pont supérieur, nous expliquant que nous étions chez des militaires et que nous devions nous conformer à leurs règles très précises. C'est ainsi que je fis connaissance avec la marine de guerre américaine. Depuis la veille, nous n'avions pas eu l'occasion de prendre un repas. Dans un coin du pont étaient entassées des centaines de rations alimentaires sous carton, dont l'apparence me rappelait étrangement les empaquetages de nourriture qu'avaient apportés les premiers Américains suivant les troupes de la division Leclerc à la Libération de Paris, en 1944. Tout marchait à coups de sifflet : le réveil, le petit déjeuner, les exercices de sauvetage, le déjeuner, le dîner : je retrouvais un horaire d'hôpital : à 5 heures de l'après-midi, tout était terminé.

On nous fit descendre dans la « carrée » des marins où nous devions nous installer, sans oublier de nous présenter les toilettes... : sursaut général pour les non-initiés. C'était une immense galerie « ornée », sur ses deux longs côtés, de sièges hygiéniques, sans aucune séparation. Le seul moyen d'échapper à cette exhibition était certainement de jeûner avec rigueur et de mourir de soif ! Eh bien non ! Il en serait autrement ! Les épouses des « experts » Unesco et Nations unies, sortant de l'émoi et de l'apathie qui les avaient étreintes depuis plusieurs jours, révélèrent des ressources inattendues d'imagination. Une demi-heure plus tard, tous les draps des couchettes avaient été réquisitionnés, coupés ou pliés, cloués, fixés aux parois, composant ainsi de petites cellules immaculées.

Imperturbable, Jan Van der Haagen, accroupi comme un fakir sur le pont, s'était mis à écrire son journal de bord. Me voyant provisoirement inoccupée, il me confia le soin de lui traduire en français ses émotions du premier jour, cependant que Daumas relisait, une fois de plus, son Virgile.

Le bâtiment semblait louvoyer, mais ne quittait pas vraiment la rade pour la bonne raison que les pilotes égyptiens montés officiellement à bord ne parvenaient pas à repérer l'endroit où les mines égyptiennes avaient été mouillées. Il fallut plus de douze heures pour prendre le large, pendant que les derniers bombardements formaient comme un véritable écran de flammes et de fumée autour de la ville.

Le lendemain matin, Van der Haagen se sentit de nouveau investi de ses responsabilités au sein de l'organisation internationale. Il convoqua tous les experts porteurs de laissez-passer, de façon à en établir la liste et faire câbler aux familles les nouvelles qu'elles devaient attendre avec impatience. La vie s'organisa à bord, vaille que vaille. On vit à l'horizon passer le *Jean-Bart*, filant vers le nord-est, et j'envoyai une pensée à mon frère, embarqué sans doute à bord. J'en parlai au commandant Dubois, lequel, quoique victime de Louis XIV et de la Maintenon, était un homme fort plaisant, comme on peut en juger : « Le *Jean-Bart*, me dit-il, en route vers le Liban ? Mais non, il est maintenant au fond de l'eau : nous avons pris avec les Égyptiens un film sur le naufrage. » Jusqu'où pouvait aller la propagande... Le *Jean-Bart* ne fut jamais coulé !

Sortis de la rade, nous mîmes treize jours pour arriver en Crète : c'est dire l'étendue des obstacles que le *Fort Snelling* dut rencontrer. De là, ce fut le réembarquement sur un transport de troupes, toujours américain, pour arriver trois jours après à Naples. Sans doute y avait-il d'importantes formalités douanières ou autres à remplir, puisque nous restâmes à quai toute la matinée sans pouvoir débarquer. Toujours dans le style de la marine américaine, probablement pour nous faire paraître moins longue l'attente, la musique de la flotte joua pour nous toute cette matinée un jazz endiablé. Comme paralysés par la longue attente, conditionnés par un rythme inusuel à bord, nous avons pris la mentalité de l'univers carcéral. Nous étions devenus un troupeau d'émigrants amorphes. Jan Van der Haagen lui-même avait cessé de réclamer qu'on le débarque... on ne sait où, pour qu'il puisse reprendre le chemin de New Delhi !

Lorsque enfin les passagers furent autorisés à descendre à terre et à se diriger en une longue file vers les bureaux de contrôle, nous nous sentions tous incapables de sortir des rangs. Je n'osai même pas m'échapper pour expédier un télégramme chez moi! Je mis un certain temps à me rendre compte que j'étais libre.

Nous avions dépassé la mi-novembre. Naples était encore très belle et la petite friture que nous allâmes déguster sur le port, Van der Haagen, Daumas et moi, nous parut être vraiment l'image parfaite du bonheur.

Des cars nous emmenèrent à Rome où nous apprîmes, à la gare, qu'il y avait une grève générale des transports en France! Van der Haagen avait enfin trouvé sa correspondance pour New Delhi où il arriva, naturellement, après le début de la Conférence générale. Je restai à Rome toute la journée avec Daumas. On nous avait annoncé la fin de la grève des chemins de fer pour le soir. Durant cette dernière étape, la Ville éternelle nous accueillit sous une pluie tenace. « Je vais visiter tous les libraires, me dit François Daumas, c'est en découvrant le genre de lecture des habitants qu'on se fait une idée de leur mentalité. – Vous avez bien raison, lui répondis-je, mais regardez un peu vos pieds. Depuis dix-sept jours, vous et moi traînons des espadrilles! Profitons donc du talent des artisans italiens pour acquérir des chaussures de marche et puis choisissez donc un cadeau pour votre femme. Nous allons y aller ensemble. » Je connaissais mon Daumas, il était de ceux qui offraient toujours un livre, en toute occasion. Cette fois-ci, Daumas acquit pour sa Françoise un sac de cuir fort élégant... qu'elle possède encore.

Comme François Daumas était un de ces esprits les plus cultivés qui soient, nous avons passé le reste de cette pluvieuse journée, dignement armés pour la marche, à parcourir le Forum et ses entours : jamais je ne l'ai si savamment visité.

Enfin arrivée à Paris, j'ai pu constater, une fois de plus, à quel point les informations, si vite déformées, pouvaient être néfastes. J'eus même du mal (les miens mis à part, car ils connaissaient bien l'Égypte) à faire comprendre autour de moi, même à des amis pourtant avertis, ce qui s'était réellement passé là-bas. Je dus commenter à nouveau la grande gentillesse de la majorité des Égyptiens, blessés dans leur patriotisme, dans leur légendaire amitié pour les Français, leur dignité, enfin la fidélité non seulement des gens de la ville, mais des paysans de Haute-Égypte – ceux que nous connaissions bien – qui nous avaient tous proposé de nous recevoir, et même de nous cacher si nous avions été en danger.

J'ai du reste tenu à exprimer très nettement mon opinion sur cette « intervention », à l'occasion d'une communication faite peu après à la Société française d'égyptologie, réunie au Collège de France.

Le télégramme égyptien

Fin décembre, l'Unesco recevait un télégramme des autorités égyptiennes, l'informant qu'elles n'accueilleraient plus d'experts émanant des pays avec lesquels ils avaient rompu les relations diplomatiques (Angleterre, Belgique, France) – « à l'exception de Mme Desroches Noblecourt, si elle le voulait bien ».

Après de longs conciliabules à l'état-major de l'Unesco, entre le directeur général, Luther Evans, Jan Van der Haagen, son adjoint, et Giorgio Rosi, architecte de talent, ancien conservateur du palais Borghese, et, naturellement, Jean Thomas, directeur des Activités culturelles de l'Unesco, on avait décidé de m'informer du message égyptien, signé du ministre de l'Éducation nationale, Kamal Eddin Hussein, chef des armées de Libération...

Il était tentant, malgré les difficultés prévisibles, de continuer à faire fonctionner une institution qui avait encore besoin d'aide et je voulais prouver, par mon acceptation, le désaccord total de certains d'entre nous avec les événements de cette fin d'année 1956. Fonctionnaire du gouvernement français en rupture de relations diplomatiques avec l'Égypte, il me fallait, plus que jamais, en référer au ministre des Affaires étrangères afin d'obtenir une éventuelle autorisation.

« N'hésitez pas, c'est même notre désir, me fut-il répondu. Maintenir des liens sur le plan culturel est un gage pour l'avenir. Pourtant, que cela reste entre nous, sinon vous rencontrerez trop d'obstacles. »

Je terminai ma visite au cinquième étage – celui des Relations culturelles –, dans le bureau de Philippe Rebeyrol. Il avait été conseiller culturel près de notre ambassade, au Caire, pendant toute la période où j'avais fondé le CEDAE, et connaissait bien le problème. L'année précédente, d'ailleurs, son rapport sur l'importance de cette collaboration avec l'Égypte, à travers l'Unesco, demandait à son ministre de contacter le directeur des Musées nationaux afin de m'accorder toutes facilités auprès du gouvernement français concernant mes missions. La réaction de Philippe Rebeyrol fut positive et il me pria de répondre affirmativement à la requête égyptienne, confirmant ainsi la position adoptée à l'échelon supérieur.

Ma décision de continuer était donc prise. Il était seulement question, à ce moment, de veiller au bon développement du CEDAE et d'achever au plus vite l'enregistrement des monuments de Nubie.

Je ne pouvais imaginer alors l'ampleur des développements qui allaient en résulter.

[illegible]

[illegible]

[illegible]

8

Les années tristes et le sort de l'Ifao

Retour au Caire

Peu avant mon évacuation d'Égypte, au début de novembre 1956, j'avais donc pu faire placer sous la bannière des Nations unies notre palais de Mounira, dans lequel l'Ifao avait été installé dès sa création en 1880. Cette garantie pouvait seulement s'exercer durant un conflit armé. La cessation des hostilités nous privait désormais de cette protection.

Pour éviter tout pillage comme celui dont, à deux reprises, l'Institut allemand d'archéologie avait été victime – en 1914 et en 1939 –, les autorités de tutelle égyptiennes avaient nommé un séquestre de la bibliothèque de l'Ifao, le docteur Kamel Moursi, doyen de la faculté de droit. Ce très brillant homme de loi avait donc pris sous sa protection ce foyer de nos études orientalistes en Égypte.

Mais il subsistait tout le reste. L'inquiétude ne concernait pas le palais lui-même et ses annexes, les salles de réception, les appartements de la direction, les locaux réservés au logement et au travail des pensionnaires et missionnaires ; il y avait les archives, le matériel d'étude, l'imprimerie aux fontes d'hiéroglyphes reproduisant des milliers de signes, suivant les époques, en trois corps différents, selon la hauteur des lignes que l'on voulait éditer.

Durant les mois suivants, on demeura dans le *statu quo*. Cependant, des convoitises de tout genre étaient à redouter. Vint un jour où les cartes furent, une fois de plus, brouillées. Un livre de deux journalistes français venait de sortir : il concernait l'« opération de Suez ». Il ne devait, malheureusement, pas rester dans les mains des seuls lecteurs français. Les services d'information égyptiens étaient fort bien organisés et la traduction en arabe de l'ouvrage fut, un beau matin, posée sur le bureau du *Reïs*, Gamal Abdel Nasser. Il y avait trouvé une preuve clairement avouée et diffusée, donc exploitable, du « complot » armé anglo-franco-israélien contre l'Égypte. Les faits étaient donc ouvertement établis, contredisant ainsi tous les efforts mis en œuvre pour atténuer la rupture entre nos deux pays. On venait du même coup, de faire disparaître les ultimes scrupules protégeant nos derniers biens culturels en Égypte. Toutes les entreprises françaises dans ce pays avaient été fermées : les banques si prospères, les filatures de coton, la Compagnie du gaz Lebon, les commerces, etc. En quelques heures de vaine agression, on avait gommé cent cinquante années d'amitié et de fructueuse coopération. Nos lycées français d'Alexandrie, de Maâdi, du Caire, d'Héliopolis furent confiés à des gestionnaires égyptiens. Quant aux enseignants, tous avaient regagné la France, sauf quelques femmes professeurs ayant épousé des Égyptiens, et quelques Grecs et Libanais manipulant avec aisance notre langue. Une cinquantaine à peine de Français avait été tolérée en Égypte, dont les enseignants des établissements religieux et le professeur Bounoure grand ami de l'islam égyptien, et son épouse. En témoignage de respect et d'amitié, l'Université du Caire lui avait conservé sa chaire. Naturellement Louis Christophe était aussi présent.

Je me trouvais au Caire le 14 juillet 1957, étant descendue comme toujours dans le vieil hôtel Sémiramis. Vers 5 heures du matin, je fus réveillée par des chants joyeux semblant surgir de toutes les artères de la ville. M'informant auprès du « *barbarin* » d'étage, j'appris que la Révolution irakienne venait d'éclater. Une heure après, les chants d'allégresse avaient été remplacés par des sortes de cantiques : les nouvelles détaillées parvenaient. L'enfant-roi avait été assassiné.

A 8 heures du matin, c'était le silence et les banderoles, suspendues à la hâte, avaient disparu des rues. Dans sa fuite le Premier ministre, Nouri Saïd, déguisé en vieille femme, avait été reconnu et littéralement coupé en morceaux.

Les Égyptiens, si révolutionnaires qu'ils aient été, ne pouvaient supporter cette cruauté. Toute les manifestations cessèrent.

Pendant l'année 1957 et les suivantes, il n'était pas question d'accomplir de longs déplacements. Mon travail au Département, mon enseignement hebdomadaire à l'École du Louvre et les miens ne devaient pas trop en souffrir. Je pris donc l'habitude, dès cette époque, de partir pour de très courtes durées, afin de régler des problèmes urgents; cela par les avions de nuit de la TWA, car les lignes d'Air France avaient bien sûr été supprimées vers Le Caire. A cela s'ajoutait le fait que l'Égypte et la Syrie s'étaient organisées en « République Arabe Unie ». Il me fallait souvent repartir du Caire vers Damas pour rejoindre le ministre égyptien de la Culture, tenu d'y séjourner tous les quinze jours.

Ces missions, au rythme exténuant, se prolongèrent plusieurs années de suite. Les moments les plus propices se situaient pendant les vacances d'été, où il m'était possible de demeurer en Égypte des semaines successives. Les vannes de l'ancien barrage d'Assouan étaient alors ouvertes, et ceux des temples déjà submergés pendant trois trimestres de l'année ressortaient des eaux. A ce moment, je pouvais participer en Nubie aux travaux de relevés des monuments voués à la disparition une fois le Grand Barrage construit.

Durant l'hiver, tout le programme des travaux en Nubie organisé pour le CEDAE se déroulait en plusieurs missions, logées sur des bateaux. Les égyptologues égyptiens fraîchement sortis de leurs universités travaillaient, comme je l'ai indiqué, sous le contrôle de collègues étrangers chevronnés, les experts que je faisais prendre en charge par l'Unesco se relayant tous les trois mois.

Je repartis en Égypte, ce mois de janvier 1957, pour une semaine vécue quasiment sans interruption, nuit et jour, du vendredi soir après mon cours d'archéologie au Louvre jusqu'au jeudi soir suivant.

Cette grande ville du Caire, quittée à peine deux mois auparavant, présentait encore un nouvel aspect : peu de voitures circulaient dans les artères de la cité, habituellement si fréquentées et si bruyamment sonorisées par des klaxons ininterrompus. Sur les trottoirs, des vendeurs ambulants étalaient, sur de vieux journaux dépliés, de magnifiques revues de propagande en langue arabe, illustrées de vignettes aux couleurs pastel... imprimées en Chine. Des interdictions très strictes limitaient aux seules séances de travail les rencontres avec des ressortissants étrangers. Le représentant des Nations unies, Perez Guerero, et des amis égyptiens m'avaient néanmoins attendue durant la nuit à l'aérodrome, craignant de me voir refoulée – au mieux, mais au pire arrêtée –, et ils m'informèrent de la situation. L'administrateur général du CEDAE, qui avait dirigé le Centre dès sa fondation, le professeur Mustafa Amer, avait été mis à la retraite et remplacé par le professeur Ahmed Badawi. Recteur de l'université du Caire à Guizeh, Ahmed Badawi était le meilleur égyptologue égyptien de l'époque.

J'allai au plus pressé et fis d'abord connaissance avec ce nouvel administrateur général. Il fallait alors remettre en ordre le programme des travaux d'enregistrement, de classement et d'études du Centre, et choisir les experts *persona grata* pouvant encadrer le travail de ses jeunes collaborateurs, à l'exclusion des étrangers mis à l'index. Je sollicitai donc à nouveau, en tout premier lieu, Jaroslav Černý, de l'université d'Oxford (mais qui, resté Tchèque dans l'âme, n'avait jamais pris la nationalité britannique) ; il devait continuer à entraîner les épigraphistes ; de même, le professeur Edel, de l'université de Bonn, puis le professeur Donadoni plus spécialement chargé de l'étude archéologique des temples, enfin Hermann Kees, le doyen, maître des études sur la religion égyptienne à l'université de Göttingen. Tels étaient les experts égyptologues pour cette première année qui suivit le conflit.

Ces quelques jours de travail intense et de démarches auprès de tous les organismes gouvernementaux que je devais joindre, et où il fallait me rendre à des heures défiant nos horaires occidentaux, me furent toujours facilités par des amis égyptiens de longue date, à la vigilante fidélité, le professeur Sami Gabra, Mina Saroufim, à la très efficace amitié, qui avait possédé de grandes plantations de coton en Moyenne-Égypte et frère de Diane, première Égyptienne qui devint membre de notre département au Louvre – plus tard Diane Harlé –, Shafik Khorbal, ancien secrétaire d'État à l'Éducation nationale, historien disciple des Cambon, l'ancien ministre Mirit Boutros Ghali, qui présidait aux études coptes, et Mahmoud el-Nahas, déjà cité, à l'indéfectible dévouement, dirigeant à l'époque le service des Relations culturelles au ministère égyptien de l'Éducation nationale.

Parmi les membres de l'intelligentsia musulmane du Caire, il m'a été donné d'approcher et d'apprécier une femme très exceptionnelle : la propre épouse du recteur Badawi. Cette universitaire, ayant parfait ses études d'histoire contemporaine en France et en Angleterre, reçut la mission, dès l'arrivée du *Reïs* Nasser au pouvoir de fonder – c'était un événement – l'université féminine d'el-Azhar commençant avec un noyau d'une trentaine de jeunes musulmanes, elle dirigeait, avec une efficacité peu commune, trois ans après, un monde de plusieurs milliers d'Égyptiennes, jeunes filles sérieuses et cultivées, qui ne cessèrent de briller, depuis, dans de nombreuses disciplines.

Encore une fois, durant le différend entre nos deux pays, elle tint à instituer une section d'interprétariat en langue française. Je pus obtenir des Relations culturelles du Quai d'Orsay la première cabine de traduction simultanée, qui lui fut ainsi offerte.

Tous les pays musulmans, de nos jours, délèguent dans cette université leurs meilleurs éléments.

Cependant, au cours de mes différents entretiens avec le recteur Badawi, je sentis certaines réticences risquant de freiner la conclusion attendue, très importantes pour le travail, parfois même essentielles. Je compris qu'elles avaient toutes été provoquées par l'ancien et tenace adversaire du chanoine Drioton. Le grave conflit ayant opposé l'Égypte et la France constituait, pour cet irréductible, un réel jour de gloire. Je rentrai à Paris assez anxieuse, car on m'avait fait comprendre, avant que je reprenne l'avion, qu'il me faudrait ostensiblement et en public serrer la main de ce personnage pour éviter encore quantité d'obstacles au bon fonctionnement du Centre, dont je voulais assurer un harmonieux développement.

Dès mon retour, je me confiai au chanoine : il jugea l'enjeu scientifique trop important pour que je sacrifie à des considérations personnelles le concernant, mais il se déclarait, naturellement, très touché de mes scrupules. Je n'étais ni satisfaite ni convaincue et restais hantée par mon intention de ne me prêter à aucune bassesse pour sauver une réalisation, si utile qu'elle soit : position que mon mari me conseillait également d'adopter. Je pris, alors, la décision de m'en ouvrir, ultime recours, à Louis Massignon, arabisant connu de tous, ami sans restriction de l'Égypte. Grand mystique, il était aussi réaliste et n'avait jamais cessé de donner des exemples de son sens civique et de son extrême loyauté.

Obtenir un rendez-vous d'une telle personnalité paraissait très difficile : il m'était déjà arrivé, afin de pouvoir échanger avec lui d'utiles propos, de choisir son chemin de retour entre le Collège de France, où il enseignait, et son domicile, rue

Madame, pour l'accompagner et profiter ainsi d'une de ses moments de liberté. Ce jour-là, il put me recevoir dans son propre bureau, où circuler relevait de l'exploit, tant les livres étaient entassés sur tous les endroits du parquet laissés libres par les meubles : ils débordaient même généreusement sur sa table, les sièges et la cheminée. Son long visage d'ascète – un Greco – reflétait une habituelle bienveillance, toujours inquiète néanmoins. Il connaissait son Égypte et tous ses confrères orientalistes, et n'ignorait rien des graves difficultés surmontées par le chanoine Drioton tout au long de son action à la Direction du Service des Antiquités de l'Égypte. Il comprenait aussi mon point de vue, le partageait même, cependant n'entrevoyait aucune solution immédiate à m'indiquer. Aussi, à la manière très orientale, il termina notre entretien par le récit d'une aventure qui lui était survenue, et dont il pensait me voir tirer profit.

« Je me suis trouvé dans une situation analogue à la vôtre et fus contraint, en raison de ma position et des circonstances, de céder, en dépit de mes sentiments profonds. Des tiers avaient tant insisté que j'en vins à fixer un rendez-vous à l'indésirable mais puissant personnage. On avait choisi le lendemain, à une heure très précise, et je donnai toutes indications permettant de se rendre sans difficultés à mon appartement. Je me morfondais dans mon bureau un peu avant l'heure fixée qui fut dépassée... J'attendis en vain. Le personnage n'apparut point. J'appris le lendemain qu'il s'était trompé d'étage, après avoir vainement sonné devant une porte close. Le personnage ayant été rappelé le soir même hors de France pour un long déplacement, notre affaire se résolut d'elle-même. Faites comme moi, ajouta-t-il, j'avais beaucoup prié. »

Je lui répliquai qu'il avait sûrement, par la sainteté de sa vie et son mysticisme si profond, les moyens d'accès aux sphères supérieures, dont je ne bénéficiais certainement pas. « Priez, répéta-t-il, priez comme vous le pouvez. Il y a tant de moyens et tant de chemins vers la Lumière ! »

Je partis songeuse, en me disant que, s'il y avait réellement cet équilibre, traduit dans l'Égypte ancienne par l'image si gracieuse de Maât, l'aspect divin appelé à régler la bonne marche du monde, c'était pour elle l'occasion de se manifester et de favoriser un peu mon action.

Deux mois après, je dus à nouveau, profitant des vacances de Pâques, me rendre au Caire pour de multiples contacts concernant les travaux engagés. Je n'avais pu envisager d'autre solution que de renoncer à la rencontre proposée avec tant d'insistance et j'avais décidé, en dépit de tout ce qui était en jeu, de donner ma démission de conseiller de l'Unesco auprès du CEDAE. A la descente de l'avion, je vis Mahmoud el-Nahas – par ses fonctions, il avait pu pénétrer sur la piste – m'accueillir par ces mots : « Vous voyez cet avion qui décolle : il emmène à Londres le personnage que vous refusiez de rencontrer! C'est déjà un obstacle en moins dans votre tâche présente. »

D'autres problèmes allaient malheureusement surgir.

Les dangers courus par l'Ifao

Les révélations contenues dans le livre sur l'opération de Suez avaient contribué à alimenter la propagande, véhiculée par une certaine partie de l'entourage du président Nasser. On faisait pression pour qu'il se montre beaucoup plus ferme encore à l'égard des Français. Un jour, un de mes excellents amis musulmans vint m'avertir, au Centre, qu'une mainmise complète sur l'Institut français d'archéologie se préparait, pour y installer soit une école, soit un hôpital militaire; le premier local déménagé serait naturellement notre imprimerie. Cela avait été programmé sans en avertir Kamel Moursi, le séquestre de la bibliothèque. Par la même occasion, mon informateur et son groupe d'amis vigilants me conseillaient d'avertir le gouvernement français pour qu'il charge un avocat du Caire de faire opposition à toutes ces manœuvres : solution couramment utilisée, m'affirmait-on, et en l'occurrence de nature à s'avérer très efficace.

Je n'avais alors aucun moyen de joindre directement, et dans les vingt-quatre heures, le Quai d'Orsay. Il ne m'était pas davantage possible de rendre visite à l'ambassadeur de Suisse, représentant les intérêts français en Égypte depuis notre intervention militaire, puisque j'étais sous l'étiquette des Nations unies. Je demandai donc à un des attachés étrangers de l'Ifao, un citoyen helvétique demeuré en Égypte, Henri Wild, d'aller informer son ambassadeur du danger qui pesait sur l'Ifao, afin qu'il prévienne d'urgence nos autorités. La réponse fut catégoriquement négative de la part de l'ambassadeur Pahud représentant les intérêts français, lequel étant neutre, insista-t-il, ne pouvait se mêler d'incidents dont il n'avait pas été officiellement chargé ni averti.

Le temps pressait. Une sorte d'inventaire avait déjà été fait dans les locaux de l'imprimerie de l'Ifao par les autorités militaires : le déménagement allait commencer. Je me souvins alors de mes excellents rapports avec l'ambassade de Pologne, au moment où je participais aux fouilles franco-polonaises d'Edfou, et à toutes les déclarations de fraternité qui nous étaient dispensées à chaque visite. L'ambassadeur voulut bien me recevoir. C'était un nouveau diplomate – naturellement, je ne le connaissais pas –, l'accueil fut froid et rapide. Il ne fallait pas compter sur son intervention, car les amitiés de son gouvernement étaient, on s'en doutait, très ouvertement dirigées vers l'Est; il ne voulait en rien se compromettre.

Après ces deux démarches si mal terminées, la situation semblait désespérée. Il me revint alors à l'esprit le dernier dîner donné par l'ambassadeur de France au Caire, Armand du Chayla, quelques mois auparavant dans les jardins de la résidence, la veille du jour où il avait été rappelé à Paris, peu de temps avant les événements dont nous subissions les contrecoups. Il m'avait placée à la table de l'ambassadeur du Canada, M. Norman : « Il pourra vous être très utile, avait-il ajouté, de connaître un homme aussi éminent et aussi rayonnant. » Poète aux idées libérales, ce grand diplomate était né d'un pasteur, missionnaire canadien anglais au Japon, où il avait résidé : il écrivait même des poèmes dans la langue de ce pays.

Il fallait aller très vite. Sans même prendre de rendez-vous, je me rendis à son ambassade et eus la chance d'être presque immédiatement reçue. Ayant encore en tête deux refus si déprimants, je me risquai timidement à lui présenter ma requête. Mes appréhensions tombèrent d'un seul coup lorsqu'il me répondit d'emblée et solennellement : « Madame, ce sera toujours pour moi un honneur d'avoir pu contribuer, pour ma faible part, à la défense de la culture française. Vous êtes venue au bon moment. Au cours de la nuit prochaine, je dois me rendre à l'aérodrome d'Héliopolis, accueillir un de mes bons amis, l'ambassadeur itinérant hindou Krishna Menon. Rédigez-moi vite une note en langue anglaise, qui ne dépassera pas une page. Je la lui donnerai en la commentant. Il doit demain matin, à 8 heures, être reçu en audience par le Reïs, et s'il peut le convaincre avec des arguments logiques, au-delà de toute contingence politique, cela vous permettra sans doute d'obtenir un délai. Puisque vous rentrez à Paris à la fin de la semaine, vous pourrez alors informer qui de droit. »

Dans la matinée suivante, vers 10 heures, Norman me téléphonait à mon bureau du Centre : « Venez donc déjeuner à la résidence. Nous avons quelques amis. » Lorsque j'arrivai, il me reçut par ces mots, levant d'un seul coup le poids qui m'oppressait : « Mission accomplie, chère madame, et gagnée ! » Il ne voulait même pas écouter mes remerciements, mais me priait de transmettre au ministre Couve de Murville la satisfaction qu'il avait d'avoir rendu ce « petit service » à la France. « Nous nous reverrons ces jours-ci, puisque je dois venir dans votre capitale pour rencontrer mon ministre des Affaires extérieures à Paris. »

Nous choisîmes la soirée où il pourrait venir dîner à la maison. La veille de ce jour tant attendu, en rentrant, mon mari bouleversé me tendit *Le Monde* : il venait de lire l'annonce du décès subit de l'ambassadeur Norman « qui s'était suicidé ». Je ne pouvais y croire, d'autant qu'il avait évité de justesse, quelques semaines auparavant, pour lui et sa femme, un empoisonnement inexplicable, à la suite d'un repas dans une ambassade... amie.

Tout cela finissait par composer une atmosphère aussi trouble que pesante, durant cette période si délicate à laquelle, par la force des choses, j'étais mêlée en défendant des intérêts strictement culturels.

Avant mon retour en France, j'étais encore allée dîner chez les Norman et, pour m'y rendre, le diplomate m'avait proposé de m'envoyer sa voiture, en me précisant bien : « Mais ne suivez mon chauffeur *que* s'il vous présente ma carte de visite. » Ce soir-là, au reste, comme souvent lors de mes brèves missions en Égypte, je fus retardée dans diverses entrevues et séances de travail et j'arrivai à l'hôtel très tard, me promettant de me changer le plus rapidement possible pour me rendre à cette invitation. Le portier de l'hôtel me désigna un homme assis dans le hall : « C'est le chauffeur qui vous est envoyé ; il vous attend depuis déjà un moment. » Je le priai de le faire patienter quelques instants et fut encore retardée dans ma chambre par des coups de téléphone. Lorsque je sortis de l'ascenseur, près de la réception, le portier assez perplexe, me désigna alors un autre chauffeur qui, cette fois, me présenta la carte de Norman. Interloquée, je dirigeai alors mon regard vers celui qui m'attendait, au fond de la salle, pour le voir se lever précipitamment et s'enfuir, puis s'engouffrer, alors que je le suivais, dans une sorte de break qu'un homme déjà au volant fit démarrer en trombe. Je racontai l'aventure aux Norman en arrivant à la résidence. L'ambassadeur me recommanda simplement, sans aucun commentaire, de faire très attention à moi.

Suicidé ? L'ambassadeur Norman ? Peu d'Égyptiens le crurent. On ne vit, paraît-il, jamais une foule aussi importante à la cérémonie funèbre d'un étranger au Caire. Nombre de ses amis égyptiens et étrangers avaient été choqués par les écrits nauséabonds parus, dans une certaine presse étrangère du Caire, à son propos et dans laquelle cet élégant libéral, opposé à toute politique d'emprise étrangère sur le pays, était traité de suppôt des Soviétiques.

Les menaces sont levées

Nos autorités diplomatiques eurent enfin le temps de réagir pour sauver l'Ifao. L'avocat indiqué par les Égyptiens eux-mêmes fut pressenti et se montra remarquablement efficace. Pour le moment, le danger était écarté ; cependant l'alerte avait été très chaude.

J'avertis alors la Direction des Relations culturelles du Quai d'Orsay du projet que le recteur Ahmed Badawi m'avait suggéré. Les locaux pour lesquels j'avais fait le programme et voter les crédits par le ministère égyptien de l'Éducation nationale, devant abriter le Centre nouvellement fondé, étaient en voie de construction. L'administrateur général avait été, au préalable, naturellement obligé de louer une villa inoccupée dans l'île de Rodah, le petit palais Ziba Hassan, dont les charges étaient assez lourdes. Voyant les dangers qui menaçaient l'intégrité de notre Ifao, Ahmed Badawi m'avait proposé de faire occuper les autres locaux de l'Ifao par les services du CEDAE, ce qui aurait pour avantage d'éviter toute intrusion dangereuse. J'avais accepté de grand cœur tout en demandant l'avis et l'accord de nos autorités parisiennes.

Philippe Rebeyrol me donna une fois de plus de bons conseils : « Faites savoir à vos amis égyptiens que cette " occupation " nous convient parfaitement, car elle est une sauvegarde, mais surtout que personne ne sache rien de nos accords. Laissez croire que le Centre a réquisitionné l'Ifao, mais obtenez de vos amis des garanties. »

Cela fut fait de la manière la plus élégante. Seuls les bureaux culturels de l'Unesco furent informés de l'acquiescement de la France. Vittorino Veronese, venant de remplacer Luther

Evans à la tête de cet organisme, de passage au Caire, sanctionna par une visite officielle l'installation des équipes égyptiennes aidées par l'Unesco et coopérant avec ses experts. L'Ifao ne connut plus jamais, jusqu'à la normalisation des rapports entre nos deux pays, une menace, quelle qu'elle soit.

Les menaces furent pour moi, et surtout là où je m'y attendais le moins. De Paris, le directeur de l'Ifao en titre à l'époque qui, jusque-là, me témoignait une amitié indéfectible, continuait à administrer un organisme fantôme. Sans doute, à l'instigation de certains « conseillers » – vraisemblablement de bonne foi –, il multiplia alors les démarches insolites tendant à contrecarrer mon action en Égypte, au motif « ubuesque » : entre autres calomnies, que je trahissais mon pays en « collaborant avec l'ennemi ». Sans doute, ses « conseillers » et lui-même avaient-ils oublié mon engagement dans la Résistance dès 1940.

Parmi les principales tentatives, j'en citerai deux, très caractéristiques du « climat ». D'abord, une démarche auprès du directeur général de l'Unesco, Luther Evans, pour lui « exprimer sa surprise de voir, dans les circonstances actuelles, que la responsabilité d'une mission archéologique en Égypte ait été confiée à une Française ». Le DG le fit courtoisement reconduire et m'en avisa aussitôt. Il y eut ensuite intervention auprès de Georges Salles, directeur des Musées nationaux, pour lui « demander de me clouer à mon poste au Louvre, afin de me priver de la honte de collaborer avec l'ennemi *(sic!)* ». La réaction de Georges Salles fut instantanée : il le pria de prendre la porte et me prévint immédiatement.

Suivirent encore des menaces non mises à exécution. Le reste fut à la mesure de ce qui serait, maintenant, qualifié de « gesticulations », frôlant même par moments le vaudeville.

Quelques mots en conclusion : tous les efforts accumulés dont il va être question pour sauver les monuments de Nubie trouvèrent leur première consécration, au moment de l'inauguration des deux temples d'Abou Simbel, dans leur nouveau site. A Paris, l'Unesco organisa une grande réception en l'honneur de cet événement sans précédent. Une des premières personnes qui se présenta à Jean Thomas, recevant les invités à l'entrée de la salle, fut notre spécialiste en démarches; il n'avait, bien entendu, pas été convié, mais, sans doute de très courte mémoire, tenait-il à apporter ses félicitations. La responsabilité de l'Ifao lui avait été retirée et le professeur Henri

Massé, un des derniers amis vivants de Maspero, très ancien membre de l'Ifao mais encore en pleine forme, fut chargé par le ministère français des Affaires étrangères de déséquestrer, au nom de la France, notre École du Caire au moment où les deux pays reprirent leurs relations diplomatiques. Cette institution connut à nouveau son activité sous l'impulsion de deux brillants égyptologues, agrégés de grande classe, eux-mêmes anciens membres de l'École, François Daumas d'abord, puis son successseur, Serge Sauneron, et elle retrouva rapidement son rayonnement traditionnel.

9

Préparation à la sauvegarde de la Nubie

Pendant les deux années qui suivirent notre malencontreuse intervention militaire, l'Égypte semblait tourner presque complètement le dos à l'Occident. L'absence de touristes et de résidents étrangers redonnait parfois à certaines vieilles rues du Caire un aspect presque médiéval, alors que la subite affluence chinoise avait disparu. Le pays paraissait somnoler et, plus que jamais, vouloir reprendre son rythme millénaire. Cette suppression presque complète de contacts et d'échanges commerciaux, les réquisitions des grandes propriétés devant permettre l'application de la loi agraire, le départ des grandes fortunes d'Égypte avaient considérablement réduit le pouvoir d'achat. En contrepartie, les denrées essentielles à la vie quotidienne restaient accessibles aux bourses les plus modestes. On sentait un grand espoir dans la population. Un seul regret unanime dans toute l'Égypte : l'abandon du beau drapeau vert émeraude comme les champs, cher au cœur de l'Égyptien qui s'est toujours honoré d'être un homme de la terre. Il n'éprouvait aucune émotion devant les trois nouvelles couleurs frappées de deux étoiles, évoquant les accords symbolisant la République Arabe Unie (Égypte-Syrie).

Mais les efforts n'étaient pas vains. Ainsi, pour rendre plus accessibles les médicaments nécessaires à la population, le gouvernement avait-il cessé les importations des produits d'Occident, trop onéreux, pour l'achat desquels les devises fortes manquaient, c'est sûr. Il était normal que ce pays, dont le nom *(kêmi)* est attaché à celui de la chimie – et dont les médecins étaient consultés dans toute l'Antiquité –, en arrive à fabriquer localement d'excellents remèdes capables de supporter facilement la concurrence avec l'étranger. Mais d'autres produits manquaient : pour traiter le ver du coton, par exemple. La circulation automobile diminuait lentement. Jusqu'au moment où l'Égypte put importer de nouveaux wagons pour la ligne unique de chemin de fer, menant en Haute-Égypte, le passage d'une voiture du train à l'autre devenait une traversée dangereuse, par des soufflets démantibulés.

Courageuse à son habitude, toujours maîtresse de sa souriante philosophie et de son humour légendaire – rempart contre tant d'épreuves dont elle est sortie vainqueur –, l'Égypte survivait, cependant que les réformes continuaient, ce dont je pouvais m'apercevoir à chacune de mes courtes missions. Une des plus heureuses dans le domaine de mes occupations propres fut la création du ministère de la Culture, auquel furent immédiatement rattachés tous les services concernant les antiquités (1er juillet 1958).

Création du ministère de la Culture en Égypte

Quelques mois après la naissance de ce nouveau ministère, conçu avant même la fondation du nôtre, le docteur Saroïte Okacha fut nommé à sa tête. Cet événement devait marquer la vie culturelle du pays d'un rocher, que dis-je, d'une montagne blanche ! En effet, Saroïte Okacha joua un rôle de premier plan pour les arts et lettres durant son passage au ministère. Son action, considérable, s'exerça dans de nombreux secteurs. Ce grand patriote, lettré, passionné de musique classique, soucieux d'enrichir constamment ses déjà vastes connaissances, était un militaire de carrière, fils d'un général et compagnon de Nasser, dont il fut le « pilier culturel ». Cet officier de la Révolution avait aussi le courage de s'opposer aux décisions du *Reïs*, parfois réticent à ses judicieux conseils.

Ainsi n'hésita-t-il pas, à deux reprises, à lui présenter sa démission : la première fois, à l'occasion de l'arrestation de nos diplomates, mais tout fut réglé à temps ; la seconde fois, n'ayant pas obtenu gain de cause pour le projet qu'il défendait, il se retira. Cependant, le président Nasser, reconnaissant le bien-fondé de son avis, le rappela au pouvoir quelques mois après (ce fut pendant cette courte période que les cinq objets du Trésor de Toutânkhamon furent retirés de la liste qui m'avait été primitivement accordée pour l'exposition destinée à Paris).

J'avais eu l'occasion de rencontrer Saroïte Okacha dans

notre pays immédiatement après la Révolution. Il avait été nommé attaché militaire près son ambassade à Paris. Durant cette affectation de peu de durée, il avait laissé la réputation d'un homme efficace et extrêmement loyal. Puis, bien que devenu ministre, il préparait à la Sorbonne une thèse de doctorat sur le poète libanais Khalil Gibran, avec Régis Blachère, et était déjà en rapport avec André Miquel.

Saroïte Okacha était aussi ulcéré que moi des rapports encore officiellement tendus entre nos deux pays : rien, professait-il, ne devait en tout cas ternir les liens essentiels et profonds, si fermement établis entre nos deux cultures complémentaires et entretenus depuis tant d'années.

Le ministre voulait, entre autres manifestations artistiques, servir l'intérêt que les Égyptiens avaient toujours porté à la danse et à la musique de tous les pays.

Ainsi, au hasard de mes missions, je pus assister dans le charmant petit opéra du Caire, construit pour les premières représentations d'*Aïda* et qui brûla par la suite, aux ballets de l'Opéra de Pékin et à plusieurs représentations des troupes formées par Moïsseiev, et de la danseuse étoile Maïa Plissetskaïa qui devint aussi la coqueluche du Caire. Dans cette période, où son gouvernement était tourné vers l'Est, Saroïte Okacha avait eu l'audace, peu après, de faire venir au Caire une ancienne cantatrice de l'Opéra de Paris, pour y former les élèves du futur conservatoire prévu par ses soins. De Russie, il appela aussi des maîtres de ballet comme professeurs, pour l'école de danse envisagée. Il déploya des efforts analogues afin d'améliorer et d'enrichir l'orchestre de la Radiodiffusion nationale : les concerts atteignirent un niveau remarquable.

Un jour, Okacha m'invita à l'Opéra du Caire pour une soirée peu ordinaire. Son propos était d'initier son président à la musique occidentale, jusqu'à ce moment parfaitement étrangère à ce pur Saïdien (homme de Haute-Égypte), écrasé de tant de lourdes préoccupations. Saroïte Okacha était néanmoins arrivé à le convaincre de s'y prêter. En guise de transition, une symphonie, écrite par Abou Bakr Khaïrat, un architecte égyptien, musicologue dans l'âme ayant étudié à Paris, avait été choisie. Ce dernier joua lui-même un solo de piano que cet admirateur de Beethoven avait introduit dans sa composition. Le ministre de la Culture venait de gagner la première manche de son pari.

Il s'inquiétait beaucoup, également, du sort des antiquités, de l'état du grand musée du Caire, du manque d'un musée d'Art international. A notre première rencontre au Caire, d'emblée il me demanda s'il pouvait compter sur ma collaboration dans mon domaine : il savait que j'allais souscrire de grand cœur à son souhait. Ce furent d'abord de nombreuses améliorations apportées aux différentes activités du CEDAE.

La « naissance » de la sauvegarde

J'avais souvent évoqué, avec Saroïte Okacha, la question du Grand Barrage et la disparition de la Nubie égyptienne qui en découlerait irrévocablement. Il en était lui-même ulcéré, mais ne pouvait encore trouver la parade possible. J'avais déjà poussé certains pions vers une solution, qui lui paraissait encore irréalisable, lorsqu'un jour, en arrivant à son bureau, je le trouvai dans un véritable état de choc. Il venait de recevoir la visite de l'ambassadeur d'un très puissant État étranger, lequel, croyant probablement être fort efficace, avait employé des termes dénués de toute psychologie pour lui faire comprendre que, puisque l'Égypte était incapable de protéger ses propres monuments, elle n'avait plus alors qu'à s'en défaire et à les vendre à l'étranger!

« Songez, Christiane, à l'insulte qui nous est faite. Brader nos temples! Mieux vaut les laisser s'engloutir sous les eaux, à l'image de Philae, mais pour toujours. » Son émoi, très réel, témoignait autant de tristesse que d'écœurement. Il mesurait l'infinie distance entre ce pragmatisme déconcertant, cette mentalité si différente de leur sensibilité nationale et de leurs préoccupations présentes. « Alors, lui dis-je, il ne vous reste plus qu'une seule direction à prendre », et je répétai le plaidoyer utilisé devant les membres de l'Icom, à Paris : « Vos monuments sont nos monuments à nous tous. Ils constituent l'essence même de votre civilisation, mais aussi nos racines propres. Tout ce legs immense, véhiculé à travers les frontières et les siècles, ce message, nous ne voulons pas non plus qu'il disparaisse. Nous ne l'avons pas encore entièrement décrypté et nous ne pouvons pas priver nos contemporains et, à plus forte raison, nos héritiers de ce patrimoine universel. »

Ce genre d'arguments était propre à toucher un homme comme Saroïte Okacha. « Mais que faire? me dit-il. Je repris : « Ne pas agir comme nos prédécesseurs. L'Occident a été insensible à la " mort de Philae ", malgré le cri d'alarme lancé par Maspero relayé par Pierre Loti, au début du siècle. Nous-mêmes sommes restés indifférents devant les destructions infligées par un maquignon à l'abbaye de Cluny... Je ne veux pas remonter à l'incendie de la bibliothèque d'Alexandrie ou à celui, beaucoup plus récent, d'Hermopolis. Voici l'occasion unique maintenant de mettre un terme à ces drames successifs. L'Égypte est membre de l'Unesco comme d'autres pays. Vous ne voulez pas vous engager dans une aliénation " bilatérale ", quelle qu'elle soit? Je le comprends! Mais l'Unesco, c'est aussi bien vous que nous tous. Adressez-vous à cette organisation qui, au nom des nations membres, s'adressera au monde entier pour une œuvre commune de sauvegarde. Ce sera la plus belle croisade culturelle qui soit, comme il n'en a pas encore existé, et vous ferez école. »

Je sentais que je rencontrais le sentiment profond de Saroïte Okacha; il n'avait pas osé l'exprimer lui-même, par la plus respectable des discrétions, attendant très probablement de voir ma réaction.

« Il faudrait donc que nous formulions cette demande, me dit-il d'emblée. Je suis persuadé que j'obtiendrai l'accord du Président. Mais vous rentrez à Paris après-demain, il faut que nous réglions cela tout de suite. » Saroïte Okacha menait ainsi toutes choses à ce rythme accéléré. On était loin de la célèbre routine de l'administration! En militaire lucide et responsable, lorsque Saroïte Okacha avait pris une décision, il entendait la mener jusqu'au bout, balayant les résistances les plus tenaces et toujours fidèle aux décisions qui lui paraissaient sages ou aux promesses faites. Le ministre continua : « Il nous faut donc préparer la lettre que le Président devra signer : je vous demanderai de la remettre au directeur général de l'Unesco, mais le temps presse. Je n'ai pas encore sous la main un secrétariat de langue française et je ne tiens surtout pas à ébruiter cette affaire avant qu'elle n'ait entièrement pris corps. En conséquence, voulez-vous que nous rédigions en français, tous les deux, cette lettre, mais qui la tapera?

– Moi-même!

– Vous feriez cela pour moi! Est-ce possible? Vous savez utiliser une machine à écrire?

– Ne vous inquiétez pas, mon cher Saroïte, tout le monde tape à la machine chez nous. Cela ne me gêne aucunement. »

Je me trouvais très amusée d'être momentanément transformée en dactylo, rédactrice du ministre! Car je me souviens qu'en Égypte, à cette époque encore, j'avais eu toutes les peines du monde à inciter les jeunes universitaires égyptiens, enrôlés au CEDAE, à taper eux-mêmes à la machine leurs fiches archéologiques d'enregistrement. Cela ne paraissait pas compatible avec leurs diplômes!

Comment trouver une machine à écrire, dans ce palais? Effectivement, le ministère de la Culture était encore implanté dans l'ancien palais royal d'Abdine et les bureaux étaient très dispersés. Celui du ministre, naturellement aménagé dans les pièces de réception, se trouvait assez éloigné de l'administration, et les lettres se faisaient encore souvent à la main. Saroïte Okacha se souvint, étant encore l'année précédente ambassadeur de son pays en Italie, d'avoir rapporté une petite Olivetti portative. Il la sortit de son placard et l'installa sur la grande table, utilisée jadis par le roi Farouk, en me disant avec prévenance : « Je vous laisse composer dans la belle langue de Voltaire les termes de notre demande, et ne veux pas vous troubler pendant la rédaction. Je me retire dans le petit salon voisin, appelez-moi si vous avez besoin de quoi que ce soit. »

Je me mis au travail et, peu d'instants après, je commençai à entendre de suaves harmonies semblant provenir de la pièce voisine. Discrètement la porte s'ouvrit et je vis apparaître le visage souriant du ministre : « Je me suis permis de mettre cette musique que j'aime tant. J'espère qu'elle vous inspirera et adoucira votre tâche. »

Ainsi, la première étape positive concernant la sauvegarde des monuments de la Nubie fut franchie au son des *Quatre Saisons* de Vivaldi. C'était le 4 avril 1959.

La conjoncture se présentait d'une façon quasi miraculeuse. René Maheu, en poste aux Nations unies, venait d'être rappelé à l'Unesco à Paris, pour occuper le poste de sous-directeur général, aux côtés de Vittorino Veronese, le nouveau DG. En remettant la lettre aux autorités supérieures de l'organisme, j'abordai vraiment un terrain préparé à l'avance et le message fut accueilli avec la plus extrême bienveillance. René Maheu, je l'ai écrit plus haut, avait été mis par moi au courant de ce projet depuis plusieurs années; de plus, la généreuse envergure de Vittorino Veronese fut d'emblée conquise. Les plans de la bataille à venir, car il fallait convaincre la lourde machine internationale, devaient être immédiatement dressés. Une réponse de principe d'abord, portant sur les arguments à présenter aux diverses nations susceptibles d'adhérer à l'œuvre commune, devait être donnée. Aucune sujétion ne devait peser sur l'État membre sollicitant une coopération internationale, il lui suffirait seulement d'exprimer sa reconnaissance par un geste culturel. Ce serait, n'en doutons pas, dans le domaine de l'archéologie : nouvelles concessions de fouilles après l'opération nubienne, partage à cinquante pour cent des objets trouvés sur les chantiers pour les nations encouragées à venir fouiller sur le terrain menacé ; enfin les témoignages de reconnaissance envers les pays ayant accordé leur aide seraient constitués par le don d'œuvres maîtresses prélevées des grandes réserves des sites archéologiques et, même, par la cession de quatre petites chapelles nubiennes dont l'Égypte voulait bien se défaire : Dendour, Debod, Taffé et Ellessiya. L'aide matérielle qui serait demandée consistait d'abord en financement des travaux de déménagement des temples, puis en dons de matériels et fournitures de toutes sortes, nécessités par l'œuvre gigantesque que l'on voulait entreprendre. Pour finir, un appel pressant à fouiller, en Nubie, les terrains condamnés à disparaître, serait également lancé.

Le mécanisme de toute l'opération serait mis en œuvre par l'Unesco en collaboration avec le ministère égyptien de la Culture et les autorités du Soudan, si ce pays voulait se joindre à l'appel. Les fonds rassemblés seraient gérés, à l'Unesco, par un comité international. L'Égypte et le Soudan, éventuellement, participeraient dans la mesure de leurs moyens au financement de ces opérations, régies et contrôlées par d'autres comités internationaux, réunis périodiquement : comités financiers de gestion, comités de contrôle archéologique, comités d'affectation des témoignages de reconnaissance.

Avant tout, il fallait que les instances de l'Unesco, réunies périodiquement en conseil exécutif – composé, à tour de rôle, par des membres représentatifs –, prennent conscience de l'ampleur du projet et des possibilités de réalisation. Cette étape franchie, en espérant que les résultats soient pleinement satisfaisants, il importait que les décisions de ce conseil, présentées à la Conférence générale qui devait se tenir peu après à Paris, soient acceptées. L'urgente tâche était donc de planifier l'immense action se profilant déjà devant nous. En coopération avec le ministère égyptien de la Culture, l'Unesco organisa, en septembre 1959, une première mission de deux spécialistes. Le premier était chargé d'établir un rapport sur la qualité du terrain encore hors des inondations et sur l'état des monuments, depuis tant d'années régulièrement submergés. Ces analyses furent confiées à un géologue allemand, le professeur Knecht. En revanche, le second devait fournir une appréciation préliminaire des moyens de sauvetage affectés aux différents types de monuments. Le professeur Piero Gazzola, inspecteur général des Monuments de Vénétie, dont le talent s'était illustré après la guerre dans la restauration du pont de Vérone, fut sollicité à cet effet.

Les rapports de ces experts seraient, parallèlement, présentés au Conseil exécutif de l'Unesco (novembre-décembre 1959, en sa cinquante-cinquième session), en même temps que celui d'un comité international, appelé à se rendre en Nubie au début d'octobre pour juger sur place, rapports en main, de l'étendue du problème. Mais, pour que les travaux soient profitables, ses membres devaient être instruits des différentes phases de submersion subies par la Nubie, depuis la construction du premier barrage, et être informés, par la même occasion, de l'importance historique de temples quasiment inconnus, éventuellement voués à une totale disparition. Il fut donc décidé de mettre au point des *working papers* appropriés, comme il est d'usage pour toutes les réunions de travail organisées par l'Unesco. J'en étais naturellement chargée.

Ce qu'était la vie nubienne

Ces documents furent rédigés durant le mois d'août, au Caire, avec la collaboration de Louis Christophe, ancien élève du professeur Alliot de l'université de Lyon, fidèle au même idéal que le mien. Il nous fallut reprendre toute l'aventure de la Nubie, depuis les projets du premier barrage d'Assouan, édifié par les Anglais au début du siècle (1898-1902), prévu pour retenir une grande partie de l'inondation annuelle qui gonflait le Nil au début de l'été, pour recouvrir toute l'Égypte pendant quatre mois. Le but poursuivi était d'éviter que les eaux se répandent ensuite dans la Méditerranée, au lieu de demeurer sur le continent africain pour être distribuées, sitôt l'apparition de la sécheresse, dans cette Égypte quasiment privée de pluie et sans autre ressource pour l'irrigation.

Ce barrage avait progressivement obligé les Nubiens à quitter leurs demeures pour les reconstruire plus haut ; ainsi, du niveau de cent mètres au-dessus de la mer, furent-ils contraints, après les deux surélévations successives du barrage

Pêcheurs nubiens ancrant leur bateau
contre un groupe de palmiers en partie submergés.

Moyenne Nubie en voie de submersion.

Paysage bucolique nubien sorti des eaux,
en été, entre Ellessiya et Korosko.

(1907-1912, puis 1929-1934), de remonter leurs maisons à la cote cent vingt mètres. Mais ceux des temples ainsi submergés, bien que noyés neuf mois de l'année, n'étaient pas complètement perdus. Ils resurgissaient de l'onde dès l'ouverture des vannes de la grande muraille en granite rose pour permettre à l'eau, enrichie des alluvions – depuis les grands lacs et sur tout son parcours –, de se répandre entièrement sur la terre d'Égypte.

Alors la Nubie reprenait un peu de son aspect antique. On voyait réapparaître les palmiers, aux trois quarts noyés durant neuf mois, mais qui résistaient aussi, annuellement, en dressant leurs seules têtes touffues au-dessus de l'eau pendant l'inondation. Sur les rives, une végétation vert émeraude, poussée par miracle, donnait des récoltes riches et rapides, en même temps la population paraissait brusquement décuplée, avec le retour des hommes valides, en congé d'été, venus faire connaissance avec leurs rejetons procréés à leur dernier passage. En effet, ce pays, progressivement privé d'une grande partie de son territoire – limité, il faut le dire, à deux très minces bandes fertiles, servant d'intermédiaires entre le fleuve et le désert –, avait été abandonné presque toute l'année par les hommes en âge de travailler, appelés dans les villes égyptiennes de la métropole pour fournir une grande partie de l'active et très honnête domesticité. Seuls les vieillards, les femmes et les enfants en bas âge restaient dans ces grandes demeures, toutes blanchies et si joliment décorées, qui formaient de charmants villages s'étirant tout le long du Nil. Aucune monotonie dans ces bâtisses, assez différentes les unes des autres et dominant, toutes à des hauteurs diverses, le fleuve, pivot de leur vie ; çà et là quelques sycomores et très souvent des bosquets d'arbres *ṣont* (l'acacia épineux, dont on sentait les effluves longtemps avant d'en approcher).

Les trois cent quatre-vingts kilomètres de la seule Nubie égyptienne étaient jalonnés de quelques forteresses en briques de terre crue, dont certaines remontaient à l'Ancien Empire, mais surtout de sanctuaires, érigés par assises ou creusés dans le grès, et dont les vestiges les plus importants dataient des XVIIIe et XIXe dynasties. La quantité de ces temples pouvait poser problème au regard d'une population antique, dont le nombre avait dû être assez restreint.

En contrepartie de ces vénérables fondations religieuses, l'Égypte contemporaine avait créé, à des distances régulières mais très espacées, des stations de pompage autour desquelles une agglomération, un peu plus importante que le hameau, s'était constituée. Ce dispositif permit l'élargissement des cultures, formant de petites oasis.

La vie s'écoulait en Nubie comme en un paradis entre ciel et eau où, en contraste avec l'Égypte, recouverte des poussières de l'humus fertilisateur, le vent ne véhiculait aucune pollution susceptible de se mélanger aux grains de sable et n'attaquant ni la teinte claire des *galabieh* ni la blancheur des turbans qui restaient immaculés.

Chaque été, en dépit de ces avatars successifs, le pays reprenait alors son aspect immuable, pendant des semaines tant attendues, mais tout cela risquait de disparaître définitivement lorsque le *Sadd el-Aali* aurait été mis en eau : plus de vannes ouvertes régulièrement chaque année permettant de redécouvrir la Nubie d'antan, plus même cette écluse, grâce à laquelle les bateaux pouvaient passer à travers cette porte de l'Afrique.

La Nubie archéologique et ses temples principaux

Le moment vint où rapports des techniciens et exposés des égyptologues furent remis aux experts internationaux, alors appelés, ce mois de septembre 1959, à parcourir l'entière Nubie égyptienne et à juger sur place du problème, avant que tout un mécanisme ne soit mis en marche. Le ministre Okacha avait pu faire réquisitionner un grand bateau, sur lequel Van der Haagen, Louis Christophe et moi-même devions recevoir, puis accompagner et informer archéologues, responsables de musées, historiens de l'art, architectes des monuments historiques. Parmi eux, le Russe Piotr Piotrovski, fouilleur d'Erevan, De Angelis d'Ossa, directeur des Beaux-Arts d'Italie, Gysin, directeur du Musée de Zurich, Jo Brew, président du Comité de protection des sites aux USA, William Hayes, le si brillant égyptologue américain du Metropolitan Museum, Piero Gazzola déjà cité, Walter Emery, le très sympathique archéologue anglais de Saqqarah, un des seuls qui avaient fouillé en Nubie, au moment de la seconde surélévation du barrage, et qui avait trouvé le trésor des chefs blemnyes de Ballana et Qoustoul, au nord d'Abou Simbel, etc.

Pendant trois semaines, on ne leur fit grâce d'aucun site. D'Assouan à Kalabsha, nous traversions la Basse-Nubie, hérissée çà et là de rochers de granite ; puis, juste avant le goulet du Nil dominé par les hauteurs de Kalabsha, la plaine de Taffé formait sur la rive gauche une immense crique bordée de grès rose. Deux petites chapelles gréco-romaines rappelaient que ce lieu, abrité et charmant, constituait pour les armées romaines d'occupation un lieu où les légionnaires des Césars étaient envoyés au repos.

Quelle impression de grâce en passant devant le kiosque de Kertassi, dont quelques colonnes s'étaient effondrées, par les remous des eaux et le frôlement de la coque des barques, depuis le début du siècle! Les chapiteaux composites de l'époque tardive révélaient un art décoratif consommé. Le plissement des feuilles de palmier évoquait un véritable jaillissement solaire entre les boutons de lotus, et les feuilles de papyrus, entrelacées de pampres, semblaient s'être infiltrées en une délicate broderie. On sentait que les artistes métropolitains appelés à composer ces merveilles avaient mis toute leur poésie créatrice au service de la déesse Isis, à laquelle la chapelle était dédiée. En fait, le monument était l'œuvre de certains architectes du temple de la déesse à Philae. On était venu dans les carrières de grès, très proches, prélever les pierres pour la construction de son sanctuaire. Carriers, contremaîtres et maîtres d'œuvre y avaient laissé leur trace au fond des parois, encore marquées par l'extraction des blocs. Des inscriptions exprimaient avec ferveur des suppliques à la déesse, quelques détails généalogiques d'une famille d'artisans et, même, la protestation d'un entrepreneur demandant à la déesse d'être enfin payé pour son travail!

On avait accès à toutes ces demeures divines, car l'expédition se déroulait pendant que les eaux d'inondation s'écoulaient en aval du barrage. On pouvait pénétrer dans la cour du grand temple de Kalabsha, dédié à Mandoulis, aux trois aspects et au faucon sacré. Çà et là, les reliefs gréco-romains de la cour portaient les traces des habitants de la Nubie sur le chemin de la christianisation, témoins de la lutte entre les Blemnyes, encore zélateurs des vieux cultes, et les Nobades, adeptes fervents de la nouvelle foi. On découvrait sur les murs le rappel d'une bataille qui s'était engagée dans la région, ou encore l'interdiction, plus prosaïque, d'un chef, prohibant l'accès des porcs dans la cour du temple!

Sur la hauteur, et creusé dans le rocher, le petit temple rupestre de Beit el-Ouali, remontant à la jeunesse de Ramsès II, portait encore aux murs de la cour en plein air le souvenir des combats menés par le jeune souverain dans les

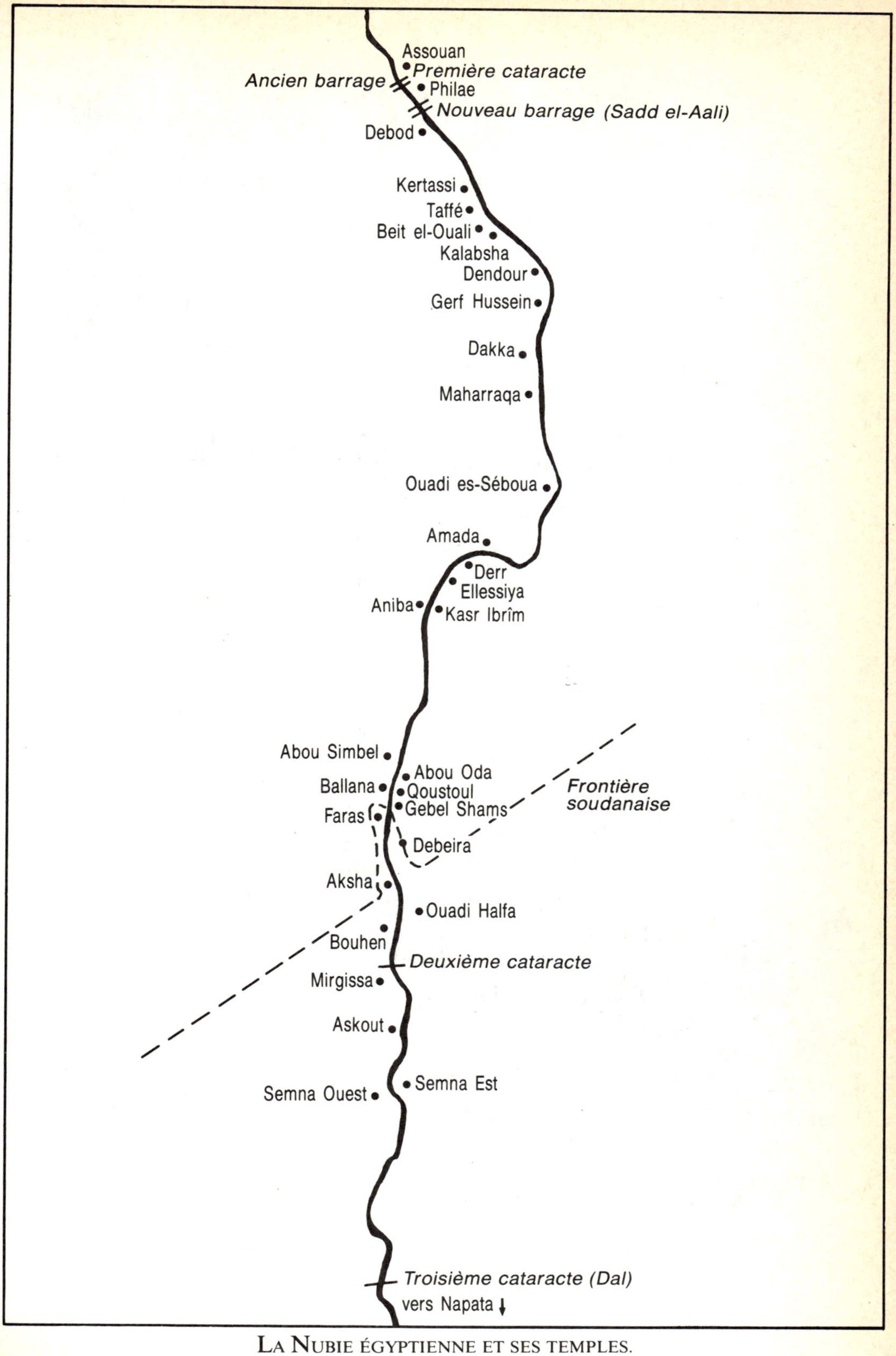

LA NUBIE ÉGYPTIENNE ET SES TEMPLES.

Sur le bateau de la commission préparatoire d'experts, entretien entre le ministre Okacha et Christiane Desroches Noblecourt.

Le kiosque de Kertassi effondré, après trois quarts de siècle de submersion.

Quelques membres de la commission devant les carrières de Kertassi.

Le kiosque de Kertassi réédifié près du temple de Kalabsha.

zones asiatiques bordant l'Égypte et aux entours de sa frontière méridionale. La très poétique évocation d'un village nubien, par le charme et l'originalité de sa composition, retint l'attention de toute la commission. Une fois entrée dans le *spéos*, elle admira l'assemblée des formes divines poursuivant, depuis des millénaires, le dialogue avec Pharaon. Afin d'affirmer son droit à ce voisinage, le jeune Ramsès s'était fait représenter enlacé par la déesse, penchée vers lui et l'allaitant : une façon de symboliser sa sortie du sein de son exceptionnelle génitrice.

Plus au sud, l'hémi-*spéos* de Gerf Hussein était l'œuvre d'artistes locaux. Les massifs colosses du *pronaos* semblaient faits pour effrayer les visiteurs osant affronter leur rencontre. A l'intérieur, les murs noircis par les Bisharin en transhumance qui, du Soudan, allaient vendre leurs troupeaux au marché d'Assouan, avaient rendu l'exploration du temple encore plus pénible.

Le paysage nubien changeait, la forme des maisons qui, dans la région septentrionale de la Nubie, étaient couvertes de longues voûtes en berceau, prenait un aspect différent. Aux environs de Ouadi es-Séboua apparaissaient des terrasses, bordées de festons de briques; toutes les façades présentaient des décors de frises animales et végétales, peintes au pochoir, où la couleur jaune-or dominait. Des pergolas, sortes de répliques civiles des narthex, constituaient l'élément intermédiaire entre la berge du fleuve et l'intimité des demeures.

Mais, que ce soit une petite chapelle ptolémaïque, comme celle de Debod ou de Dendour, à la triple enceinte (dont il restait seulement les portes) ou le majestueux temple de Ouadi es-Séboua-Nord – ayant encore conservé, presque intacts, son *dromos* de sphinx, les images fugitives des Grandes Épouses Royales de Ramsès et les listes impressionnantes des enfants du puissant Roi –, tous ces sanctuaires portaient la marque de leur christianisation. Ainsi, une inscription à Dendour nous apprenait que le prêtre, chargé de cette « conversion », l'avait matérialisée en plantant une croix au-dessus de la chapelle. A Ouadi es-Séboua, la grande salle hypostyle avait dû subir, sur ses reliefs, la présence d'une couche de plâtre, ornée de peintures, évoquant la Nativité et la Cène. Ces pratiques de « conversion » ne manquaient pas de piquant, puisque dans le fond du sanctuaire les prosélytes avaient fait disparaître les statues, réservées dans la pierre, pour les remplacer par l'image colorée d'un majestueux saint Pierre barbu, tenant une clef d'or. Flanquant la niche sacrée, subsistaient deux silhouettes royales de Ramsès II, à la haute coiffe, continuant inlassablement à présenter en direction de l'Apôtre le bouquet monté, jadis préparé pour Amon, le *Caché*. En revanche, dans la grotte d'Ellessiya, creusée sur l'ordre de Thoutmosis III, les reliefs pharaoniques avaient été exorcisés par des croix chrétiennes, dont la forme variait suivant qu'elles étaient gravées sur le côté sud ou le côté nord du lieu de culte. Cela devait correspondre à l'emplacement réservé aux hommes ou aux femmes venant y prier.

On le constatait, ces rives nubiennes étaient jalonnées, sur tout le parcours, par les fondations de Ramsès II : Gerf Hussein, au nord, voué principalement à la forme divine appelée Ptah, Beit el-Ouali, Ouadi es-Séboua pour Amon, Derr plus au sud, un des seuls temples de la rive droite de Nubie, pour Rê-Horakhty; à Abou Simbel ces trois déités, réservées dans le grès du saint des saints, s'étaient rassemblées pour entourer le souverain triomphant. Plus au sud encore subsistaient les reliques du temple d'Aksha, de même, fondé par Ramsès.

En revanche, les lieux de culte érigés du temps de la domination gréco-romaine étaient rassemblés dans la zone septentrionale de la Nubie sur une longueur de cent vingt kilomètres, limitée par le grand temple de Dakka et la fondation religieuse de Maharraqa – un peu plus au sud, la Hiéracycaminos de la Basse Époque : en fait, limite du Dodécaschoene (ou douze fois dix kilomètres). Cet immense terrain, concédé par les Ptolémées au domaine d'Isis, à Philae, constituait également la frontière de la pénétration romaine, ponctuée de forteresses, et qui, par un hasard providentiel... aboutissait au Ouadi Allaki, riche en mines d'or.

A la Basse Époque, les prêtres avaient précisément localisé, en ces lieux, la limite des exploits de la Déesse lointaine, dont la réconciliation avec son Divin Créateur se fit à Philae. Mais, du temps des grands pharaons qui avaient su repousser les invasions africaines, la dangereuse et folâtre jouvencelle, désirable puis apaisée, s'était enfuie bien plus loin, dans la région de Bougen, vers Napata au Soudan. Chaque année, les Colosses d'Abou Simbel devaient contempler son retour, avec l'inondation, vers le pays d'Égypte.

La visite du temple d'Amada érigé aussi sur la rive gauche, non loin de l'endroit où le Nil coule d'ouest en est, fut égale-

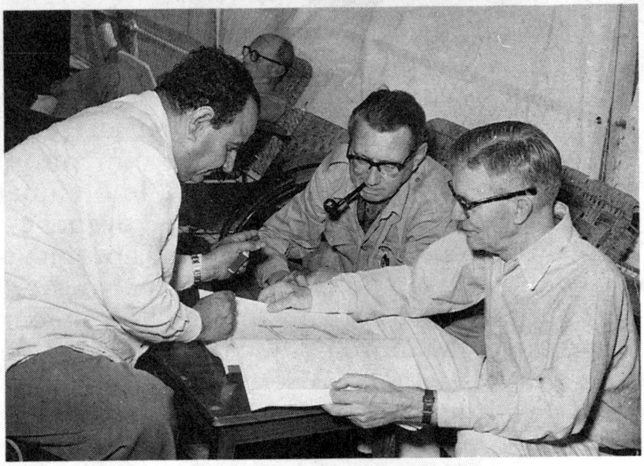

Sur le bateau, échanges de vues entre les Prs Ahmed Fakry (Egypte), Walter Emery (Grande-Bretagne) et William Hayes (USA).

La commission à dos d'âne : Jo Brew présidant, aux USA, les organismes de protection des monuments et sites.

Temple de Beit el-Ouali : déesse mère allaitant le jeune Ramsès (allusion à l'essence divine de Pharaon).

Cathédrale nubienne dominant le rocher de Kasr Ibrîm.

Vestiges dégagés de la citadelle militaire de Bouhen (Ouadi Halfa).

ment un moment de prédilection où notre compagnie put à la fois évoquer le *pronaos* rappelant un temple périptère et la chapelle où Thoutmosis III, puis Aménophis II avaient fait sculpter une immense stèle, gravée d'hiéroglyphes majestueux, incrustés de pâte bleue. A l'extérieur, une inscription, du plus haut intérêt historique, racontait la terrible punition infligée par Aménophis II, le Roi-Athlète, à ceux qui avaient menacé la frontière orientale de l'Égypte. Il tenait à en pérenniser le souvenir jusque dans ces régions méridionales, parfois envahies de peuplades turbulentes. Une des plus touchantes figurines, gravée à l'entrée de l'édifice, représentait la petite reine Taousert devenue, sous le vocable de Taôser, l'héroïne du *Roman de la Momie* de Théophile Gautier. Sur les murs, on voyait l'image d'Amon, et de Pharaon affairé à fonder le temple en son honneur et à l'orienter par rapport à l'Étoile polaire, avec l'aide de la charmante et divine Séchat. Les silhouettes d'Amon furent certainement martelées au moment où la réforme d'Aménophis IV atteignit son paroxysme. Lorsque Ramsès, fin politique, voulut donner des gages aux prêtres du Grand Dieu de Thèbes, il envoya des restaurateurs – probablement des artistes locaux – chargés de remodeler à la hâte, sur la surface blessée, les profils disparus : travail assez grossièrement exécuté.

Les grottes, aménagées à la base de l'impressionnante falaise de Kasr Ibrîm, portaient encore une partie des statues réservées dans le rocher du fond : ces lieux saints avaient été conçus comme des cénotaphes. Ils remontent à la XVIIIe dynastie comme le *spéos* d'Ellessiya, un peu plus au nord, lui aussi christianisé.

Près d'Aniba – durant une période capitale de la Nubie –, subsistaient quelques vestiges laissés par les vice-rois. Ce pays de « Ouaouat », depuis la pacification, puis l'association de cette région à la couronne de Pharaon, semblait bien être demeuré sous la protection de la forme quadruplée d'Horus : Horus de Bouhen (Ouadi Halfa), Horus de Méha (Abou Simbel), Horus de Miâm (Aniba) et Horus de Baki (Kouban). On retrouvait ces images à la proue de la *dahabiyah* du vice-roi de Nubie, Houÿ, ami d'enfance de Toutânkhamon. Un autre de ces « gouverneurs », Ousirsatet, avait fait représenter, sur un mur de la grotte creusée dans la falaise d'Ibrîm, le défilé des animaux ramenés du Sud pour peupler le jardin zoologique de son maître, Aménophis le Deuxième.

Cette immense falaise rocheuse, à l'histoire millénaire, aux successives couches d'occupation, fut, au moins jusqu'au XVIe siècle de notre ère, coiffée d'une cathédrale, en fervente activité. Elle domine encore de nos jours la Nubie noyée, du haut de son orgueilleuse crête, et les fouilles anglaises des coptisants de l'université de Cambridge s'y poursuivent. Du temps de sa splendeur, la cathédrale avait abrité les tombeaux de ses évêques et, peu après le début des prospections organisées par la sauvegarde, la sépulture de Timothée le Nubien y fut retrouvée, d'où l'on exhuma un immense papyrus enluminé par une splendide image de l'Arbre de Vie ; son texte remarquablement conservé racontait, entre autres choses, l'intronisation du patriarche.

Les petites grottes d'Ibrîm étaient de moindres dimensions que celle d'Abou Oda, également située à l'orient du fleuve, un peu au sud d'Abou Simbel. Comme pour les précédents *spéos*, l'entrée du local creusé dans le rocher ne payait pas de mine. Une simple et étroite ouverture donnait dans une petite hypostyle, taillée à même le grès, dont l'allée centrale, aux colonnes lotiformes fasciculées, était flanquée de deux ailes plus basses. Le saint des saints n'avait pas davantage été respecté par les premiers chrétiens mais, en revanche, il portait les vestiges précieux des premières inscriptions en vieux nubien. Les parois de l'hypostyle, de l'époque d'Horemheb, étaient riches en enseignements dans le traité et les détails de la montée royale où Pharaon, pris en main par Horus et Seth, allait être introduit vers son dieu.

Abou Simbel et ses sanctuaires

L'arrivée à Abou Simbel ne déçut pas l'attente du comité. Elle fut, comme pour de nombreux sites – passé le Dodécaschoene –, annoncée par la senteur prenante des mimosas sauvages épineux. Sur un banc de sable, émergeant loin de la rive, une famille de crocodiles familiers – nous les connaissions bien – fut dérangée par le bruit de notre bateau et plongea devant nous sans tarder.

La visite des temples retint notre groupe de longs moments : les délégués étaient, sans conteste, subjugués. Les deux mamelons rocheux, appelés jadis Méha et Ibchek, choisis par Ramsès pour y faire creuser ces immenses grottes aux façades ouvragées, semblaient avoir été créés pour abriter ces demeures divines. L'ensemble paraissait naturel, tant l'harmonie existait entre la montagne et les sanctuaires auxquels elle avait donné naissance.

Le moment essentiel de la visite était assurément focalisé sur l'avènement de l'aube. Face aux deux masses de grès, dans lesquelles le temple consacré à Ramsès-Soleil et celui de sa Grande Épouse Royale, Nofrétari – divine Sothis – avaient été aménagés, se détachait, sur l'autre rive du Nil, la falaise orientale lointaine. Le soleil levant surgissait de l'échancrure de la montagne et brillait de ses premiers feux pour venir frapper les colosses de grès. Jaillissant de la pénombre, les statues étaient littéralement réanimées et semblaient respirer au chant des oiseaux. En raison de la course apparente de l'astre, deux fois l'an – le 20 octobre et le 20 février –, le premier rayon traversait l'étroite porte d'entrée, l'allée centrale bordée de piliers osiriaques, dans la première salle, l'hypostyle et l'antichambre, pour frapper dans son mouvement continu les images d'Amon, du roi et de Rê-Horakhty. Ainsi, à la fin de l'été, l'apparition venait du nord et touchait naturellement, d'abord, la forme d'Amon. Au cours de l'hiver, venant du sud, celle de Rê-Horakhty recevait la première illumination : le centre du balayage lumineux était le souverain. Quant à Ptah, au sud, la force chthonienne d'où surgissait toute sève, seule son épaule gauche, près d'Amon, pouvait être frôlée par une pâle lumière.

Ce phénomène, propre au Grand Temple d'Abou Simbel, a déjà fait couler beaucoup d'encre. On a même voulu y reconnaître, au moyen de savants calculs astronomiques, la date exacte du premier grand jubilé de Pharaon, après sa trentième année de règne. La suggestion est séduisante, cependant peu certaine, mais il est un point sur lequel le doute n'est pas permis. Ces temples de Nubie avaient été creusés en ces lieux suivant des intentions très précises, et leur rituel très particulier, intimement lié à l'image des deux souverains, était en rapport étroit avec la renaissance régulière et perpétuelle du monde.

En effet, l'étude des sanctuaires nubiens nous a révélé nombre d'informations importantes, jusqu'alors inaccessibles, car, depuis la construction du premier barrage, la région, devenue difficile d'accès et de moins en moins peuplée, avait été abandonnée des égyptologues et des amateurs d'art.

Je pense avoir démontré que des rites essentiels, en cette

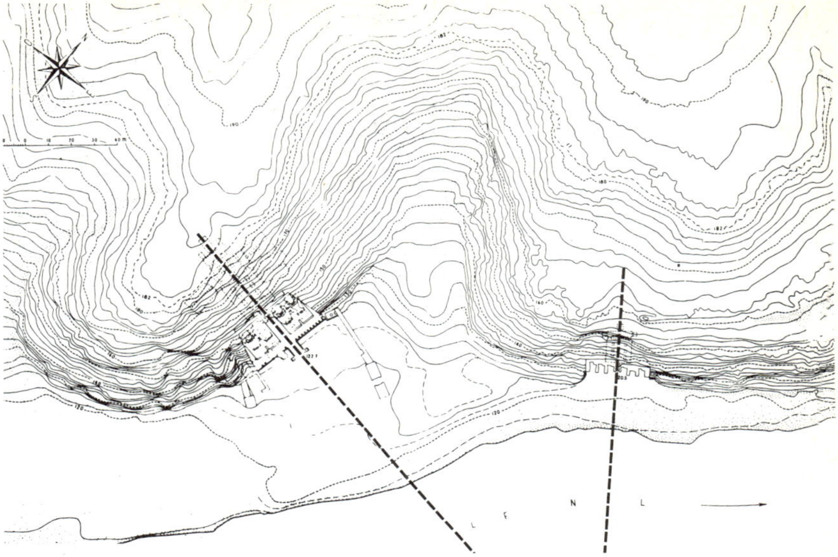

Restitution photogrammétrique en courbes de niveau des deux temples creusés dans les mamelons de Méha et Ibchek : *leurs axes se rejoignent dans le Nil.* (I.G.N.)

Abou Simbel : le ministre S. Okacha, J. Brew
et Ch. Desroches Noblecourt reçoivent une délégation nubienne.

Nofrétari contre le premier Colosse nord du Grand Temple.

Nofrétari apparaissant en Sothis sur la façade du Petit Temple.

Panorama des deux temples d'Abou Simbel. Le grand *spéos* dédié à trois formes divines, Ptah, Amon, Horus, et à Ramsès, incarnation du soleil. Le petit *spéos* dédié à la forme divine Hathor et à Nofrétari incarnation de Sothis.

Grand Temple, détail de la bataille de Kadesh : Ramsès faisant reproche à son vizir. (Cliché Nims)

Abou Simbel, Grand Temple. *Depuis l'entrée* : enfilade de la salle-cour, de l'hypostyle, de l'antichambre jusqu'au sanctuaire.

Après sa pénétration dans le sanctuaire, retrait du rayon solaire, le 19 octobre 1963, à 6 h 12. (Cliché Kurz)

A 6 h 15.

A 6 h 20.

Petit Temple. Côté septentrional de la salle-cour.

Isis et Hathor transforment Nofrétari en Sothis. (Cliché Abdel Badia)

place de prédilection choisie par Ramsès, devaient se dérouler au jour de l'an (nous y reviendrons); mais, tout au cours de l'année, il fallait renforcer cette flamme divine qui animait le souverain, lui redonner la force du créateur, nécessaire à la gestion et à la protection du pays. Ainsi, deux fois l'an, le rayon solaire baignait l'idole d'Amon le Caché, la force venant du sud ramenant l'inondation et Osiris qu'elle contenait. Au nord de l'image royale, c'est-à-dire à sa gauche, Rê-Horakhty, soleil renouvelé à l'est du monde, réchauffait à nouveau son image. Cette irradiation transmise confirmait encore à Pharaon, placé au centre, les différents aspects de la nature divine qu'il devait incarner : Amon-Rê.

Dès la salle-cour, la beauté des reliefs avait frappé les membres de la commission. La virtuosité étourdissante avec laquelle le sculpteur avait décrit, par son ciseau, les étapes les plus marquantes de la bataille de Kadesh sur une immense paroi, la troupe dansante des Soudanais, amenés par Pharaon devant la triade divine, les avait conquis. C'était aussi la splendeur de ce grand testament de pierre, où Ramsès avait marqué les événements essentiels de son règne et grâce auxquels on pouvait même pressentir certains chapitres intimes de son existence : ainsi, l'omission voulue du rappel de sa première Grande Épouse Royale, dans la théorie des importantes Grandes Dames de sa famille autour de lui. De même, la Grande Stèle du Mariage consacrée à son union avec la princesse hittite, en conclusion de l'accord international passé avec le chef de ce pays : premier traité de paix, aux clauses d'un modernisme étonnant. Tout constituait un ensemble de facteurs s'ajoutant aux richesses historiques et artistiques, devant lesquelles on était passé, et avait d'emblée incité la commission réunie en Nubie à déclarer impensable la disparition de ces temples. Il en était de même pour d'autres monuments de la région ainsi explorée.

Restait encore à révéler à ses membres pourquoi les deux sanctuaires d'Abou Simbel ne pouvaient être en aucun cas dissociés ni changés d'orientation, et quels liens étranges les unissaient : ce fut pour moi un devoir – et un plaisir – de leur exposer le « mystère » patiemment reconstitué.

Lorsque l'on parcourt la Nubie, on est en fait frappé par le nombre impressionnant de temples au nom de Ramsès sur les rives de ce grand couloir fluvial. Beit el-Ouali, Gerf Hussein, Ouadi es-Séboua, Derr, les deux temples d'Abou Simbel, Aksha.... Il devait exister une raison indissolublement liée aux endroits mêmes où l'on avait implanté ces lieux de culte. Suivant les cas, ces temples étaient édifiés par assises de pierre, ou creusés dans le rocher, constituant des *spéos* complets, des grottes sacrées ou encore des hémi-*spéos*, comprenant, comme leur nom l'indique, une partie extérieure construite.

Les formes divines auxquelles les sanctuaires étaient dédiés avaient également une signification dans cette géographie cosmique. Mais l'ensemble d'Abou Simbel, au nord de la deuxième cataracte, était de surcroît exceptionnel, composé de deux grottes sacrées jumelées, creusée chacune dans un mamelon de grès rose et formant un groupement unique.

Ramsès l'avait voulu ainsi, entendant utiliser, sous cet aspect, ce message de pierre. En tout cas, le choix de l'emplacement avait été fait de propos délibéré. Rien ne l'aurait empêché, si cela lui avait semblé nécessaire, de faire édifier, sur les rives environnantes assez plates, des temples construits par assises. Il lui fallait recréer deux grottes, pour que ces matrices puissent, par la puissance d'une fantastique symbolique, redonner naissance aux grandes forces de la nature, afin que la vie se perpétue.

D'abord, les axes des deux temples ne suivaient pas un cheminement parallèle, mais se recoupaient dans le Nil : première rencontre entre les deux entités, incarnées par le couple royal associé à l'action divine, évoquée respectivement dans les deux sanctuaires. Leur accès était complètement recouvert par les eaux, à l'arrivée de l'inondation, moment de l'Épiphanie, où le rôle joué par les deux fondations devenait effectif. En effet, le début de l'année égyptienne, durant le deuxième tiers du mois de juillet, correspondait au déferlement du plus long fleuve du monde, atteignant les portes du domaine pharaonique. Dans tous les temples et toutes les agglomérations, on veillait, à la lumière de milliers de petites lampes, durant la « Nuit de Rê », pour que la rencontre du soleil et de l'étoile Sothis s'effectue à l'aube suivante. En effet, le début de l'année égyptienne, de trois cent soixante-cinq jours (plus un quart régi par Thot, la mesure divine) coïncidait avec l'annonce de l'inondation et avec le fameux lever héliaque de l'étoile Sothis. Ce phénomène consistait en la réapparition, en l'horizon oriental, de la plus importante étoile de la constellation du Grand Chien, après qu'elle a disparu de l'hémisphère austral pendant soixante-dix jours. Quelques instants après, et à une infime distance de là, se levait alors le soleil. Sans vouloir entrer dans une explication trop longue, ces deux apparitions sanctionnant à la fois le renouvellement du monde et l'essentielle jouvence rendue à Pharaon, sur le trône terrestre d'Horus, étaient préparées, incitées et quasiment enfantées par ces deux matrices cosmiques, les deux grottes complémentaires.

Du petit temple de la Reine, à quelque cinquante mètres au nord du Grand Temple, jaillissait l'éclat de Sothis, avec laquelle Nofrétari se confondait (sa transformation en divine étoile était indiquée dans le vestibule du petit *spéos*) et, sur la façade, son image en haut relief matérialisait son apparition. Des entrailles du Grand Temple, le premier rayon solaire issu de la divine étoile surgissait au sommet de la porte donnant sur le Nil. C'était Pharaon-Ramsès, sous l'aspect de Rê-Horakhty, majestueuse image d'un humain à la tête de faucon. Un rébus hiéroglyphique encadrant le personnage permettait de déchiffrer le nom de couronnement du roi ainsi revigoré, *Ouser-Maât-Rê*, « Puissante est la force vitale équilibrée du soleil ».

Les deux temples d'Abou Simbel constituaient en eux-mêmes, sans conteste, l'étendard de notre croisade en ce site précis et réunissaient de multiples symboles : tous devaient aboutir à garantir à l'Égypte son existence même, par le truchement de Pharaon et de sa radieuse Nofrétari.

Le rapport de la commission internationale

Le retour de notre « commission flottante » fut consacré à rassembler les points essentiels sur lesquels devait porter le résultat de toute l'enquête. J'en étais le rapporteur : je passe sous silence les interminables discussions durant le retour, comme au moment de la lecture définitive. Accepté à l'unanimité, il fut remis au ministre, le lendemain de notre arrivée au Caire.

En effet, quelques différends avaient surgi lorsqu'il s'était agi, non de classer les sanctuaires suivant leur nature, dont il fallait naturellement tenir compte – pour le genre de difficultés présentées par leur sauvegarde –, mais à propos des systèmes envisagés afin de les sauver des eaux.

Deux aspects du problème avaient recueilli tous les suffrages : non seulement ces temples devaient être préservés, mais il n'était pas question de les priver de leur environnement. Dans la mesure où on allait pouvoir les extraire de leur

Première réunion, au CEDAE du Caire, en conclusion des travaux de la Commission internationale préparatoire pour la Nubie : Saroïte Okacha, René Maheu.

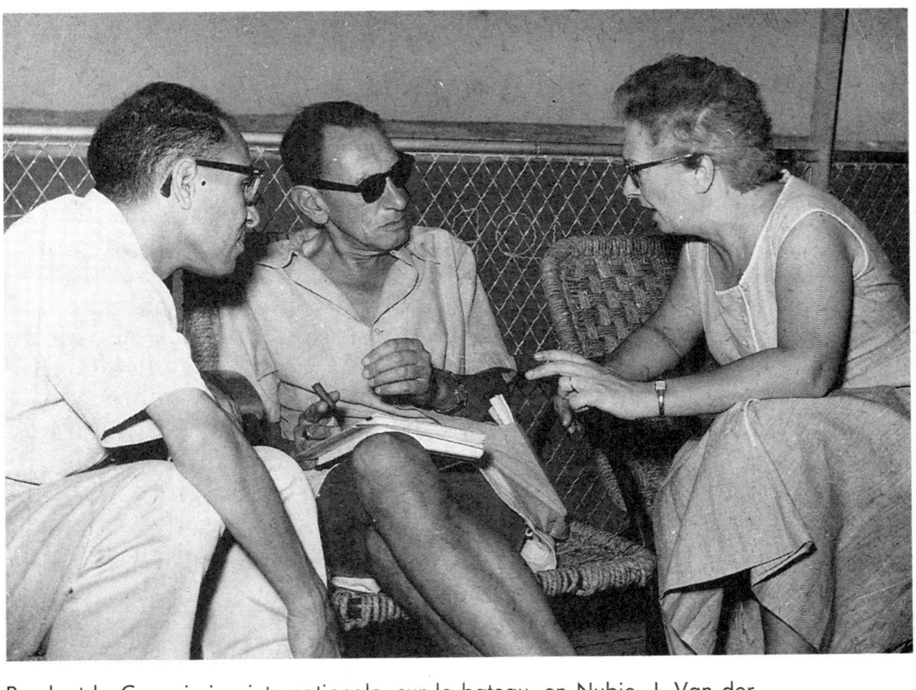

Pendant la Commission internationale, sur le bateau, en Nubie. J. Van der Haagen (division des Musées et Monuments, Unesco), Ch. Adam (bureau égyptien de la Nubie) et Ch. Desroches Noblecourt.

niveau d'origine (et à l'exception des petites chapelles figurant sur la liste des « témoignages de reconnaissance »), ils devaient être exhaussés au sommet de la falaise (sensiblement à deux cents mètres au-dessus du niveau de la mer) et reconstitués en tenant compte de leur position première. Il ne venait pas à l'esprit de « désorienter » ces vénérables sanctuaires.

Il ne fallait pas davantage songer à les restituer dans un contexte déroutant. Aussi avions-nous suggéré de les regrouper – sans les placer trop près les uns des autres – en trois sites voisins, formant chacun une oasis, où les visiteurs pourraient trouver un gîte, près des habitations des gardiens des monuments et de leur famille. Un premier ensemble était prévu non loin d'Abou Simbel, une deuxième aire touristique, à la hauteur de Ouadi es-Séboua et de ses temples, où l'on devait également reconstituer la tombe de Pennout, anciennement aménagée à Aniba, ainsi que le *spéos* de Derr impossible à réintroduire sur la rive est, trop basse. Le troisième point de regroupement devait être, plus au nord, autour de la « nouvelle Kalabsha ».

Trois types de monuments avaient été recensés : ceux édifiés entièrement par assises de pierres (le démontage ne présentait pas de problèmes majeurs) ; ceux creusés dans le rocher, évoquant des grottes primordiales (pouvait-on les extraire en un bloc ?) et, enfin, le troisième groupe concernait un seul temple de type mixte, celui d'Amada. Construit de blocs de grès, il paraissait normal de proposer son démontage assise par assise. Cependant, à l'intérieur, ses parois recouvertes de reliefs, enduits d'une fine couche de plâtre peinte de couleurs encore éclatantes, interdisaient tout décapage en vue de dégager les joints des pierres. Il faudrait le traiter comme un *spéos*.

La commission consacra de nombreuses séances à étudier les projets de sauvetage des temples d'Abou Simbel : deux théories s'affrontaient. L'une d'elles, la plus classique, consistait à protéger l'ensemble du site par un immense barrage en terre et enrochement. Il n'était naturellement pas question d'un barrage-voûte édifié, tel un « faux col », devant chacun des temples, mais d'une immense colline, dont les pentes, descendant en éventail jusqu'à un miroir d'eau, s'achèveraient en une grève de sable devant les sanctuaires. C'était, en quelque sorte, faire avancer la rive opposée. Ainsi, l'ensemble aurait pris l'allure d'une vaste presqu'île. Pour ce faire, des rideaux souterrains, assurant l'étanchéité du sous-sol, auraient dû être injectés à une grande profondeur autour des grottes divines. Une station de pompage, bien entendu, aurait été nécessaire afin de prémunir le site de toute infiltration. En préservant l'environnement initial, ce système aurait permis de ne pas toucher à l'ensemble sacré et, peut-être même, d'attendre une époque où sans doute de nouvelles réalisations de la plus haute technicité auraient éventuellement pu être substituées au *Sadd el-Aali*.

Mais notre brillant – autant que bouillant – architecte, Gazzola, veillait. Le problème le passionnait et, durant sa première mission accomplie au mois d'août, il avait déjà imaginé un procédé très original : il nous l'exposa sur le chemin du retour. « La protection par barrage ne sera jamais efficace, disait-il, et nous n'envisageons pas des lendemains meilleurs. Il faut soulever chacun des deux temples, en un seul bloc, au-dessus de la falaise. Voici les premiers croquis de mon projet : on décalotte la montagne, on coupe le rocher à l'arrière et sur ses deux flancs, et l'on glisse sous sa base une épaisse semelle de béton armé. Puis on élève le tout au moyen de nombreux vérins hydrauliques. » C'était là des plans dignes d'un descendant de Léonard de Vinci, mais un projet assez effrayant, lorsque l'on pensait qu'au hasard d'une fausse manœuvre le temple aurait pu être complètement disloqué.

En conclusion, la préférence fut provisoirement donnée au barrage en terre et enrochement, mais ce n'était qu'une suggestion, une hypothèse de travail. Pendant tout le reste du voyage, Gazzola, triste et rongeant son frein, se tint à l'écart de notre cercle : il n'avait pas dit son dernier mot.

En ce qui concernait l'île de Philae, principalement domaine d'Isis – dont le chanoine Drioton avait déjà, durant sa direction, envisagé un sauvetage –, le projet présenté à l'époque par l'architecte égyptien Osman Rostom fut très sérieusement étudié à la fin de notre équipée. Les constructions religieuses de cet incomparable ensemble, érigées sur une île, non loin du petit port de Shellal, étaient presque cernées par un chapelet de languettes de terre et d'immenses rochers de granite, parmi lesquels l'île sacrée de Biggeh semblait, en partie, l'encercler. Rostom avait proposé de réunir Biggeh et les autres îlots par une série de petits barrages permettant à Philae, située au sud du premier barrage, de ne plus jamais être engloutie par les eaux. On en était resté là. Dans le cadre de travaux préliminaires, on décida de mentionner le projet Rostom comme une solution possible.

Au Caire, après d'ultimes discussions, le rapport accepté à l'unanimité fut solennellement remis au ministre, Saroïte Okacha. Puis, contresigné par le gouvernement égyptien, il fut adressé à l'Unesco. Étudié par le Conseil exécutif réuni à Paris, en novembre-décembre 1959, il fut également accepté à l'unanimité par cet organisme.

Enfin, les décisions et les commentaires de ce Conseil exécutif furent introduits dans le programme, présenté à la Conférence générale du mois de janvier suivant, et constituèrent le point le plus important de la session. Sans grandes discussions notables, et de nouveau à l'unanimité, les représentants des nations, constituant à l'époque cette assemblée, votèrent le projet qui devait prendre sa forme définitive sous l'aspect d'un appel solennel à la « sauvegarde des monuments de Nubie », destiné à être présenté à une réunion extraordinaire par le directeur général de l'Unesco au nom de l'Égypte et du Soudan. En effet, l'étendue du lac Nasser, provoqué par le *Sadd el-Aali*, devait pénétrer au-delà de la frontière soudanaise, jusqu'à la troisième cataracte de Dal, à cent vingt kilomètres au sud. Entre-temps, une seconde commission, naturellement plus restreinte, avait réuni certains spécialistes de l'archéologie soudanaise, pour mesurer l'importance de la submersion. Deux sanctuaires pharaoniques devaient notamment retenir leur attention, les ruines des deux petits temples pharaoniques près de la forteresse de Bouhen, Semna et Koumna. Ils avaient été agrandis au Nouvel Empire, principalement sous Hatshepsout et Thoutmosis III, mais remontaient au Moyen Empire. C'est de ce site que Champollion avait rapporté l'unique stèle connue, de Ramsès Ier. Plus tard, le Comité soudanais abandonna le projet d'exhausser les vestiges des deux temples sur place, au-dessus de la zone menacée. En définitive, ils furent réédifiés devant le Musée de Khartoum.

10

L'appel et ses conséquences immédiates

Le 8 mars 1960, l'appel pour la sauvegarde des monuments de la Nubie fut donc lancé, à une période où l'Égypte n'avait pas encore renoué ses relations diplomatiques avec l'Angleterre, la Belgique et la France. Néanmoins, leurs représentants exprimèrent un vote positif au projet présenté.

Pour conférer à cette cérémonie, de portée internationale, la solennité et l'efficacité désirées, encore fallait-il qu'une réaction favorable fasse écho.

Quelques semaines auparavant, René Maheu m'avait entretenue du processus souhaité et m'avait priée de sonder notre ministre de la Culture, André Malraux, pour envisager sa présence à la séance solennelle et lui demander de prêter son talent et sa voix, en réponse à cette initiative de portée mondiale. Il faut se replacer dans l'atmosphère de l'époque et considérer l'audace de cette démarche. Elle fut faite. Je ne rencontrai aucun refus spontané, mais une demande concernant de plus amples renseignements. Après plusieurs rapports relatifs aux multiples faces du problème archéologique, géographique, et les commentaires sur les circonstances ayant entraîné les décisions concernant le Grand Barrage, je reçus l'accord d'André Malraux, dont je m'empressai d'informer René Maheu. (Cf. les textes de Vittorino Veronese, Gamal Abdel Nasser et André Malraux, en annexe à ce chapitre.)

La séance fut très émouvante ; j'entends encore les paroles, jaillissant comme une flèche lumineuse du magnifique envol de Malraux :

« *Le 8 mars 1960, pour la première fois, toutes les nations – au temps même où beaucoup d'entre elles poursuivent une guerre secrète ou proclamée –, sont appelées à sauver, ensemble, les œuvres d'une civilisation qui n'appartient à aucune d'elles... mais dont elles revendiquent l'indivisible héritage...* »

La machine était lancée, une bien lourde machine, dans une période vouée à connaître les obstacles les plus imprévisibles à la réalisation de ce projet. Quelques jours après, la tragique rupture du barrage de Malpasset mettait en avant la firme chargée de son édification. On connaît les raisons de tous ordres qui avaient entraîné l'ébranlement des rochers d'accrochage de cet ouvrage ; mais pour ceux qui, loin de la technique, confondaient barrage-voûte (comme à Malpasset) et barrage de terre et enrochement (le projet proposé pour Abou Simbel), l'assimilation aidant, le doute planait. Cette catastrophe, dans les circonstances politiques du moment, rendait l'atmosphère plus lourde encore puisque, pour protéger les deux temples d'Abou Simbel, ce type de barrage avait été évoqué.

Les premières réactions

Néanmoins, on attendait les échos et les réactions provoqués par l'initiative, aussi originale que généreuse, prônée par l'Unesco. Ce furent d'abord des lettres d'enfants, dont la première, celle de la petite écolière de Tournus, Yvette Sauvage, âgée de douze ans, adressant à l'Unesco le contenu de sa tirelire « pour que les beaux temples de Nubie ne disparaissent pas ». Saroïte Okacha, profondément touché, invita au nom de son gouvernement Yvette et sa maman en Égypte pendant les vacances de Pâques, lui offrant ainsi l'occasion unique de voir les monuments que, du fond de sa Bourgogne, elle voulait tant contribuer à sauver. Et puis ce furent des ouvriers, des étudiants et aussi cette femme de Bordeaux ; envoyant son obole, elle nous expliquait que, veuve, il lui avait fallu faire des ménages pour permettre à sa fille de recevoir une bonne instruction. Devenue grand-mère, elle expédiait à l'Unesco un mandat, correspondant « à tous ses dîners d'une semaine, afin que ses petits-enfants puissent enrichir leur culture en visitant ces monuments, épargnés de la destruction ». Encore un exemple caractéristique, peu de jours après l'appel : me rendant à Londres pour l'émission à la BBC dont il va être question, j'avais demandé à Ruth Antelme, qui, à cette époque, assurait mon secrétariat, de m'accompagner en taxi à l'aéroport, afin que je lui dicte des instructions urgentes.

A l'arrivée, le chauffeur qui avait suivi notre conversation sans en perdre un mot refusa de se faire payer, me demandant d'en verser le montant à la « sauvegarde de la Nubie ». A chacun de ces témoignages, nous étions vivement émus, mais je ne me rappelle pas avoir été informée d'une quelconque réaction d'une quelconque grande fortune ou d'une quelconque entreprise... Le temps du mécénat et du « sponsoring » n'était pas encore arrivé avec, notamment, ses avantages fiscaux ou publicitaires.

René Maheu m'avait demandé de donner un certain nombre de conférences et d'utiliser les chaînes de télévision pour une information encore plus générale. Je commençais par aller « parler », durant la projection d'un film sur la Nubie, à Londres, à la BBC. Je tiens à ce propos à souligner mon admiration pour le sérieux et la recherche de perfection qui présidaient à la préparation de ces émissions. Mon collègue E. Edwards, conservateur en chef du département égyptien au British Museum, était venu me rejoindre sur le plateau, puis me convia à dîner chez lui. J'en avais naturellement profité pour lui demander d'épauler notre effort autour de lui et d'inciter les autorités de son pays à réagir d'une façon positive à la demande d'aide formulée devant une audience mondiale. La réponse reçue, au cœur d'une réunion amicale, après un repas chaleureux, arrosé des vins qu'il allait quérir dans le Bordelais, était dans la ligne des débuts de Lawrence d'Arabie. « Non, dit-il, on n'obtiendra rien de moi. Ces gens nous ont chassés de nos casernes de la place Ismaïlia [l'endroit où s'élève maintenant le Nile Hilton]. Rien, avant qu'ils ne viennent nous demander pardon à genoux! »

La veille, après le film commenté sur la Nubie, un dialogue avec un orfèvre en la matière, sir Mortimer Wheeler, avait été préparé. Il avait pris la position de l'avocat du diable pour m'inciter à réagir et à faire appel aux arguments les plus directs ou frappants. Quand il me demanda s'il était vraiment nécessaire de sauver ces sanctuaires nubiens, je m'insurgeai littéralement : pouvait-on admettre la disparition de tous les châteaux de la Loire, ou bien la submersion de l'abbaye de Westminster? Le lendemain, un journal londonien posait cette question : « Quelle est donc cette Française désireuse de noyer notre monument national? »

Pour provoquer et soutenir l'adhésion effective autant qu'efficace des différents pays, la direction générale de l'Unesco incitait ces derniers à fonder des comités d'honneur devant jouer un rôle « moteur », chacun, cela va de soi, présidé par une personnalité. Ainsi, pour la Suède, le roi, lui-même archéologue, fut sollicité. Une situation semblable se présentait au Japon : le frère de l'empereur, le prince Mikassa, était également féru d'antiquités. Jacques Rueff présidait le Comité d'honneur français.

Cependant, dans notre pays, les obstacles à cette campagne se multipliaient. Une délégation des Français spoliés d'Égypte, conduite par leur président, M. Guyomar, vint à mon bureau, au Louvre, présenter ses compréhensibles et véhémentes protestations : « Comment prétendez-vous solliciter de l'aide pour une nation qui nous a frustrés de nos biens? Non seulement nous resterons sourds à vos demandes, mais nous nous élèverons contre toute participation financière de notre gouvernement à ce projet! » Cet homme si courtois n'était pas à l'aise, et moi-même encore moins!

Je traversais la période où, pour défendre une cause qui me paraissait essentielle, je fis appel aux amis les plus dévoués. Ainsi demandai-je conseil à Marcel Vaydie, revenant de diriger la première délégation française officieuse au Caire, pour essayer d'entamer des pourparlers avec le gouvernement égyptien et préparer éventuellement une mission de « bons offices », ayant pour but de viser la reprise des relations diplomatiques. Très haut fonctionnaire des Finances, il jonglait dans tous ces rouages. « Ne vous inquiétez pas trop. Je vais aller voir mes amis Couve de Murville et Baumgartner (gouverneur de la Banque de France), et essayer de mettre sur pied une opération triangulaire. Il suffirait que le gouvernement français veuille bien affecter une large subvention à la sauvegarde, et permette que son montant soit ventilé en France entre les spoliés d'Égypte. Vous n'auriez plus de protestations et votre but serait atteint. Mais, pour cela, il faudrait que les Égyptiens puissent dégeler l'argent de ces spoliés et le mettent, à leur tour, à la disposition de la sauvegarde, sur place. Cependant, la contrepartie de la somme serait automatiquement en livres égyptiennes. »

Un nouvel effort était ainsi demandé à l'Égypte car, dans l'optique des opérations envisagées, une monnaie forte était requise afin de régler, à l'étranger, les achats de matériels introuvables en Égypte. Je me tournai à nouveau vers Saroïte Okacha, lui exposant la situation et ses conséquences en France. Il eut à la fois l'intelligence et l'extrême habileté d'agir pour que cette opération, si délicate, fût menée à bonne fin. Grâce à sa lucidité, un autre obstacle était ainsi surmonté.

On a déjà mesuré l'ampleur de l'aide apportée par l'Unesco, qui s'était chargée d'assumer la préparation, les subventions nécessaires et la bonne exécution des missions et comités préparatoires. J'avais proposé, aussi, la prise en charge d'une expédition de l'Institut géographique national (IGN) pour la couverture photographique aérienne de toute la Nubie. Obtenir des Égyptiens non seulement l'arrivée d'un avion français d'un tel organisme, alors qu'on n'avait pas encore oublié notre intervention militaire, et que l'Égypte ne pouvait engager des pourparlers directs avec la France, était déjà impensable. Mais obtenir de surcroît que l'avion de la photogrammétrie atterrisse chaque soir dans un aérodrome militaire, près du barrage en construction, pour reprendre ses enregistrements le lendemain, paraissait aussi inimaginable. La chose fut pourtant réalisée comme la mission « à terre » de l'ingénieur topographe, M. de Masson d'Autume : avec un homologue égyptien, il parcourut quasiment toute la Nubie, à pied et en bateau, pour opérer ses levées planimétriques et altimétriques, en prévision de la restitution en courbes de niveau de la grande carte de Nubie, éditée sur trente-huit mètres de longueur.

Nous ne disposions en effet encore d'aucune carte aussi précise de ce pays voué à la disparition : il était temps de l'enregistrer. En raison des circonstances, non seulement des officiers égyptiens du service de renseignement et de sécurité accompagnaient le personnel de l'IGN au travail, mais toutes les photographies prises par les photo-théodolites, encastrés dans la carlingue de l'avion Hurel-Dubois, furent développées au Caire, au Centre de documentation. Chaque soir après le travail, les scellés militaires étaient posés sur la porte du laboratoire. Il ne fallait surtout pas que l'on puisse divulguer ou utiliser les prises de vues de l'endroit sensible où le barrage allait être édifié.

A la fin de la mission, l'avion repartit avec les plaques de la Nubie photographiée, accompagné d'officiers du service de renseignement égyptien – à l'anglaise : l'*Intelligence* – appelés à suivre toutes les opérations de restitution en courbes de niveau dans les laboratoires de Saint-Mandé/Vincennes. L'IGN traita toute la Nubie, à l'exception de la région de la première cataracte; la restitution de cette portion de la carte fut confiée au service topographique de l'armée syrienne, formé à l'IGN et qui utilisait les mêmes appareils SOM-Poivilliers... et les ingénieurs syriens vinrent vérifier à Paris si les « raccords » entre les courbes de niveau coïncidaient exactement.

Parallèlement à cette prise en charge, j'avais également obtenu des directeurs généraux de l'Unesco qu'ils veuillent bien faire subventionner une expédition à terre d'un autre genre : s'appuyant sur la carte une fois dressée, interroger les différents sites archéologiques visibles, ou aux vestiges supposés, sur les deux rives de cette Nubie égyptienne, et en établir une liste précise en ordre d'importance, destinée aux différentes institutions archéologiques, volontaires pour fouiller le terrain.

Je demandai que ce *survey* fût confié à Walter Emery, notre confrère britannique, un des rares collègues ayant jadis fouillé en Nubie. Ces deux grandes entreprises complémentaires furent admirablement exécutées l'une et l'autre, et servirent ainsi de pivot à la sauvegarde. Au reste, par ces activités sur le terrain à prospecter, la sauvegarde allait affirmer sa première réalisation. Il fallait coordonner les demandes, aider à organiser les expéditions, établir des relations permanentes entre ces organismes et le Service des Antiquités de l'Égypte (il n'était pas encore transformé en présidence de l'organisation des Antiquités). Je demandai alors à René Maheu de bien vouloir créer un poste de correspondant de l'Unesco au Caire pour la sauvegarde, afin de le confier à Louis Christophe : égyptologue et complètement acquis à la cause, il était le mieux préparé à cette fonction.

Lorsque je me rendais en Nubie par bateau, pour suivre et contrôler le progrès des enregistrements et y participer durant les périodes d'été, on arrivait, après l'écluse du vieux barrage – et ayant laissé sur la gauche Philae entourée de son chapelet d'îles –, à un des emplacements les plus étroits de la Basse-Nubie, comme le plus apte à l'édification du *Sadd el-Aali*. Sur les berges rocheuses, de chaque côté, apparaissent les grandes lignes blanches parallèles marquant les points d'ancrage des différentes « tranches » de l'immense construction prévue. Un va-et-vient incessant d'énormes camions amenait sans relâche des centaines de tonnes de gravier et, déjà, des appareils, fixés sur des pontons au milieu du fleuve, commençaient à exécuter des sortes de carottages au fond du Nil pour y introduire des injections propres à consolider et à imperméabiliser en profondeur le lit du fleuve.

A la même période, un autre coup de tonnerre vint perturber l'atmosphère entourant nos projets : le ministre des Finances d'Égypte, M. Kaÿsouni, avait été dépêché aux USA par le *Reïs* afin de signer les accords permettant au gouvernement égyptien de recevoir de la Banque internationale les avances nécessaires pour subventionner le gros œuvre du travail, destiné à assurer à l'Égypte une meilleure existence. La rencontre préliminaire, me rapporta Saroïte Okacha, entre Kaÿsouni et Foster Dulles, fut tragique. L'Égypte devait évoluer dans le sillage des plans tracés par ce haut personnage et souscrire aux visées politiques de McCarthy, sinon la Banque mondiale opposerait une fin de non-recevoir à toute sollicitation de la part du président égyptien. Un pareil marché était inacceptable compte tenu des positions adoptées par Gamal Abdel Nasser. Sa décision fut prise ; le lendemain, le *Reïs* se tourna vers Khrouchtchev, heureux d'une telle occasion.

Le financement du Grand Barrage était ainsi assuré et le travail amorcé. Déjà, depuis un certain temps, les implantations chinoises avaient disparu du Caire ; les missions russes commençaient à apparaître. A partir de cette époque, de nombreux ingénieurs et contremaîtres soviétiques arrivèrent en Égypte. L'activité dans la zone d'Assouan devint assez fébrile. Sur le chemin de l'aérodrome, on vit surgir des sables une véritable cité pour les travailleurs soviétiques aux cantines frigorifiques bien remplies (elles faisaient rêver les Égyptiens !). Au reste, les deux villages, russe et égyptien, abritant une vingtaine de milliers d'ouvriers, avaient été construits face à face ; les rapports, après les heures de travail, semblaient quasi inexistants... (« pourquoi sont-ils si matérialistes et ne reconnaissent-ils pas le divin ?... »).

Ce retournement de situation se fit immédiatement sentir dans les commissions de l'Unesco. En attendant les subventions, les comités techniques discutaient du bien-fondé des projets de sauvegarde pour chaque temple. On avait reporté le cas de Philae à la fin de toutes les opérations, puisque l'île, située entre l'ancien et le nouveau barrage, attendrait seulement, à demi noyée, son sauvetage dans ce réservoir, facilement contrôlable, alimentant les turbines de l'immense station d'électricité voisine.

Plusieurs problèmes se présentaient; évidemment, la protection des temples d'Abou Simbel rassemblait toutes les inquiétudes, mais inspirait toutes les imaginations. Les objections venaient chaque fois des représentants des États-Unis et de l'Union soviétique. On piétinait littéralement. Abordait-on la question des subventions, le vote était automatiquement repoussé. Plusieurs solutions avaient été avancées. Chaque gouvernement aurait été taxé au prorata de sa subvention aux Nations unies, puisque les dons spontanés continuaient à arriver à un rythme aussi lent que peu généreux. Il y avait pourtant la contrepartie en livres égyptiennes des avoirs des spoliés français, jointe aux efforts financiers des Égyptiens. En définitive, la proposition émise et discutée à l'Unesco échoua. Il fallait repartir de zéro.

Les manœuvres d'intimidation

Vittorino Veronese, dont la santé était assez atteinte à cette époque, devait donner sa démission de la direction générale et Maheu allait occuper son poste. Le problème de la Nubie avait pris pour lui une importance primordiale. Il mettait son extraordinaire imagination créatrice au service de la cause à laquelle Julien Cain et le ministre Louis Joxe (le père de Pierre Joxe) s'étaient également attachés.

Une fois de plus, j'étais retournée au Caire, peu de temps avant la démission de Veronese. René Maheu devait participer à une réunion importante avec les autorités égyptiennes et son directeur général. J'avais ce soir-là été invitée à dîner par l'ambassadeur des États-Unis, M. Reinhardt, dont j'avais eu l'occasion de faire la connaissance à la fin de l'automne précédent, lorsque j'étais venue prendre à Ouadi Halfa, avec le bateau du Service des Antiquités (le *Cheikh el-Beled*), la délégation pour la sauvegarde du Nord-Soudan. Ce comité allait, en descendant le Nil jusqu'à Assouan, juger du problème égyptien : l'ambassadeur était chargé, une fois de plus, d'informer son pays sur le problème. Apprenant que René Maheu arrivait le soir même, il me pria de lui transmettre également son invitation à dîner.

Le repas commença dans l'atmosphère d'une très grande cordialité, d'autant que parmi les convives se trouvait John Slocum, le conseiller culturel de l'ambassade : l'amabilité et la serviabilité mêmes, et très ouvert à notre « croisade ». Nous avons gardé avec lui et les siens des liens d'amitié, distendus par l'éloignement mais profonds. Puis, soudainement, Reinhardt m'interpella : « Madame Noblecourt, vous a-t-on déjà dit que vous étiez d'une imprudence folle ? Comment avez-vous pu oser entraîner l'Unesco et tous les États membres dans une entreprise fallacieuse, qui n'a aucun fondement ? » Avais-je bien compris le sens de ses paroles ? Voulait-il me taquiner à sa façon devant un public de personnalités éminentes ? Que répondre ? « Au début de toute l'aventure, fut ma repartie, René Maheu, ici présent, m'avait déléguée auprès de certains des ingénieurs ayant participé à la mise au point internationale de ce projet, pour recevoir confirmation de son bien-fondé. Il ne fallait pas l'oublier, les ingénieurs américains n'étaient eux-mêmes certes pas étrangers à ces plans, pas davantage Coyne et Bellier en France, que Terzagi en Autriche. – Il n'est pas question de cela, répliqua Reinhardt. Les plans ont été très bien établis, mais le barrage ne se fera pas ! – Alors, dis-je, que penser de tous ces préliminaires surgis dans la zone intéressée, et dont j'observe les progrès à chacune de mes missions en Nubie, puisque je dois, pour m'y rendre, passer par ce premier goulet nubien ? – Vous plaisantez, ou vous êtes trop innocente ? Quoi qu'il en soit, vous faites trop confiance aux Égyptiens ! Tout cela est de la comédie ! » L'attaché militaire de l'ambassade prit la parole : « Voyons, madame, continua-t-il, je suis bien placé pour savoir ce qui se passe en Égypte. Vous n'ignorez pas le rôle joué par un officier à mon poste ! Il n'y a rien, rien du tout derrière ces collines et toute cette agitation est factice ! » Aucune de mes véhémentes réponses ne rencontrait de terrain d'entente. Maheu se taisait, mais souriait. J'étais glacée, abasourdie par ces propos d'une mauvaise foi évidente, mais je me sentais « vaciller sur mes bases ».

En sortant de l'ambassade, René Maheu et moi-même avons regagné à pied l'hôtel Shepheard, tout proche. Je ne savais plus quoi dire ni que faire. René Maheu mit alors sa main sur mon épaule : « Ma petite Christiane, ne vous faites pas trop de mauvais sang. Je n'ai pas pris la parole tout à l'heure, pour ne pas répondre à une telle provocation. J'ai l'habitude. Dans beaucoup de réunions avec mes collègues américains, que j'estime pourtant, ils s'efforcent souvent de me “ plaquer ”, pour utiliser le langage du rugbyman que j'étais dans ma jeunesse, à Saint-Gaudens. Vous avez raison. Je n'en doute pas, pas plus que je ne doute des intentions de l'Égypte, mais prenons garde plus que jamais à une certaine propagande, liée à certaines positions politiques du moment, quelle que soit l'importance de l'objectif contré. Demain matin, Vittorino Veronese rencontre le président Nasser. Il vous faut, avant cela, réunir à l'intention du DG l'" artillerie " suffisante pour s'opposer à l'attaque. »

Je passai le reste de la nuit à chercher une solution impossible. Saroïte Okacha était à Damas : on traversait l'époque où l'Égypte et la Syrie étaient jumelées, en vertu de la décision de créer la République Arabe Unie. Je ne pouvais donc pas l'avertir et lui demander d'agir immédiatement.

Vers 5 heures du matin, enfin, me revenait à l'esprit l'accueil toujours si bienveillant du ministre Moussa Arafa qui, pendant longtemps, avait contrôlé les services d'irrigation égyptiens. Régulièrement, j'allais le visiter dans ses bureaux de l'ancien barrage, pour lui demander péniches et remorqueurs afin de véhiculer et de loger nos missions en Nubie, avant d'acquérir notre propre flottille. A 6 heures, je l'appelai à son domicile : il me fallait absolument le rencontrer avant l'entrevue du DG avec le *Reïs*. Sans hésiter, pressentant la gravité de mon intervention, il me donna rendez-vous à son bureau, où je me précipitai pour l'informer de la « séance d'intoxication » dont nous avions été victimes, car une seule attitude s'imposait : lui rapporter exactement ce qui s'était passé. Je lui donnai tous les détails. « Ils ne comprendront jamais, fut sa réponse, les larmes aux yeux, ce dont nous avons besoin : nous devons vivre et nous n'avons que le Nil! Pourquoi tant de forces utilisées négativement et ne pas nous entendre sur les points essentiels? Vous voulez des preuves supplémentaires? Je vous emmène immédiatement en hélicoptère au-dessus du Grand Barrage et vous pourrez prendre toutes les photographies voulues à l'intention de Vittorino Veronese. – Réservez cette expédition pour ce dernier, lui dis-je, je n'ai plus à être persuadée. En revanche, il doit être éclairé et convaincu de l'ampleur des travaux en cours, afin de réagir de lui-même en face de pareils interlocuteurs. – Comptez sur moi! me répondit-il simplement. Et puis, en me raccompagnant à la porte : « Je vous remercie de votre amitié et de votre franchise, mais je puis vous dire maintenant que j'étais déjà averti, avant la fin de cette nuit : nous avons des " barbarins " fidèles... ils peuplent les ambassades. Rien ne leur échappe au cours des dîners, dont ils assurent le service! »

Dans les couloirs de l'Unesco, le jour de l'Appel : Vittorino Veronese, à l'époque directeur général, et Christiane Desroches Noblecourt.

En Nubie, pour informer l'ambassadeur des USA, S.E. Reinhardt, en compagnie de J. Thomas, directeur général adjoint de l'Unesco.

APPEL DE M. VITTORINO VERONESE DIRECTEUR GÉNÉRAL DE L'UNESCO

(8 mars 1960)

Les travaux du grand barrage d'Assouan ont commencé. Avant cinq ans, la vallée moyenne du Nil sera transformée en un immense lac. Des édifices prodigieux, qui comptent parmi les plus admirables de la planète, sont menacés d'être submergés par les eaux, dont la retenue donnera la fertilité à de vastes étendues de désert. Mais à quel prix effrayant risquent d'être payés les nouveaux champs livrés aux tracteurs, les sources d'énergie promises aux futures usines?

Certes, quand il s'agit de la subsistance d'hommes vivants et souffrants, on ne saurait balancer à sacrifier des effigies de granite ou de porphyre. Mais personne ne peut se trouver contraint à un tel choix sans être désespéré de devoir le faire.

Entre le legs du passé et le sort immédiat d'une population déshéritée à l'ombre d'un des plus somptueux héritages de l'Histoire, entre les moissons et les temples, il n'est certes pas facile de décider. Pour moi, en tout cas, je plaindrais qui, ayant à prendre la décision, choisirait sans angoisse, et qui, la décision prise, et quelle qu'elle ait été, pourrait en porter sans remords la responsabilité.

Aussi n'est-il pas étonnant que les gouvernements de la République Arabe Unie et du Soudan se soient adressés à un organisme international, à l'Unesco, pour lui demander d'essayer de sauver les richesses en péril. Ces richesses, en effet, dont il est déjà affligeant d'être obligé de dire que la perte peut en être prochaine, n'appartiennent pas seulement aux nations qui en sont aujourd'hui dépositaires. Le monde entier a droit à leur pérennité. Elles font partie d'un patrimoine commun qui comprend aussi bien le message de Socrate que les fresques d'Ajanta, les murs d'Uxmal que les symphonies de Beethoven. Une protection universelle est due aux monuments de valeur universelle. Chaque fois qu'il se perd un seul de ces biens qui, selon la formule du poète, ne diminuent pas, mais augmentent par le partage, tous les hommes se retrouvent également frustrés.

D'autre part, il ne s'agit pas seulement de maintenir ce qui peut disparaître : il s'agit de répandre et de multiplier une opulence encore secrète. En contrepartie de l'aide que le monde leur apporte, les gouvernements du Caire et de Khartoum ouvrent aux fouilles des archéo-

logues l'étendue entière de leur territoire et consentent que la moitié des œuvres d'art rendues à la lumière par la science et la chance aillent enrichir les musées étrangers. Ils acceptent jusqu'au transport, pierre par pierre, de certains édifices de la Nubie.

Une ère nouvelle, un développement superbe sont ainsi offerts à l'égyptologie, si bien qu'au lieu d'un monde appauvri d'une partie de ses prodiges, c'est soudain pour l'humanité l'espoir assuré d'une révélation des splendeurs inédites.

Une si belle cause mérite un effort à sa mesure. C'est pourquoi j'invite avec confiance les gouvernements, les institutions et les fondations publiques ou privées, et toute personne de bonne volonté, à contribuer au succès d'une œuvre sans précédent dans l'Histoire : services, engins, argent seront également nécessaires. Tous peuvent contribuer, et de mille manières. Il convient que, d'une terre qui fut tant de fois, au cours des siècles, le théâtre ou l'enjeu des contestations de l'avidité, soit issue une preuve persuasive de fraternité internationale.

« L'Égypte est un don du Nil » : telle est la première phrase grecque que d'innombrables écoliers ont appris à traduire. Que les peuples s'unissent pour empêcher le Nil, source accrue de fécondité et d'énergie, de devenir le tombeau liquide d'une partie des merveilles que les hommes d'aujourd'hui ont reçues des hommes de jadis.

MESSAGE DE S.E. M. GAMAL ABDEL NASSER

(8 mars 1960)

Je suis heureux de saluer l'Organisation des Nations unies pour l'Éducation, la science et la culture, au moment où elle lance un appel international pour la sauvegarde des monuments de la Nubie.

Le projet du Grand Barrage correspond aux nécessités de la vie : il répond aux exigences du développement démographique, social et économique, et doit donner la prospérité aux populations de la vallée du Nil. Mais ces exigences ne doivent pas nous faire oublier qu'il est indispensable d'assurer la sauvegarde d'une partie essentielle de notre héritage. Notre propre héritage ne constitue d'ailleurs qu'une faible part de l'héritage de l'humanité tout entière; notre amour du patrimoine de l'humanité se fonde sur le lien vivant qui unit les unes aux autres les générations par un fil secret et ininterrompu.

Nous savons au fond de nos cœurs que, si l'humanité a pu progresser, c'est qu'elle a su protéger de l'oubli l'héritage accumulé par les générations successives, réussissant ainsi à conserver son honneur et sa vérité.

L'Humanité forme un tout indivisible. Les parties qui la constituent ne peuvent se passer les unes des autres ou s'isoler. C'est pourquoi nous avons fait appel à l'Organisation des Nations unies pour l'éducation, la science et la culture, en lui demandant d'en appeler à son tour à toutes les nations du monde pour sauver cette part de la civilisation qui appartient à l'humanité tout entière.

Nous sommes certains que l'homme devient capable de faire le bien s'il s'applique à développer ses facultés et à exercer sa volonté dans cette direction.

Déjà, l'action entreprise pour la sauvegarde des monuments de la Nubie témoigne que les énergies vivantes peuvent être orientées vers une étroite coopération internationale dans le domaine de la culture; le sort a voulu que cette coopération se manifeste aujourd'hui dans la vallée du Nil. Cette action constituera, nous n'en doutons pas, un exemple heureux pour la génération des Nations unies, celle qui s'efforce de faire de la charte une réalité vivante, une croyance, une foi, qui affirme sa confiance dans la valeur de la coopération humaine et veille à une meilleure connaissance des civilisations et des cultures en dépit des différences de temps et de lieux.

Un jour, notre projet sera couronné par le succès le plus complet et c'est à vous qu'il le devra; il le devra aussi aux efforts de tous ceux qui, dans vos pays, auront conjugué leurs pensées et leurs actions pour sauver ces monuments.

Tous ceux qui auront contribué à la réalisation de ce projet – gouvernements, organisations, institutions publiques ou privées, ou individus – auront affirmé leur confiance dans la coopération universelle, dans la coopération de toutes les nations de l'univers, dans la coopération d'une collectivité humaine qui connaît ses buts et connaît les chemins qu'il faut suivre pour les réaliser.

Traduit de l'arabe.

RÉPONSE DE M. ANDRÉ MALRAUX MINISTRE D'ÉTAT CHARGÉ DES AFFAIRES CULTURELLES (FRANCE) À L'APPEL DU DIRECTEUR GÉNÉRAL

(8 mars 1960)

Puisque c'est à moi qu'appartient, monsieur le directeur général, l'honneur de répondre le premier à l'appel que vous venez d'adresser au monde, je tiens d'abord à vous dire à quel point je pense, comme vous, qu'avec lui commence une œuvre sans précédent : le 8 mars 1960, pour la première fois, toutes les nations – *au temps même où beaucoup d'entre elles poursuivent une guerre secrète ou proclamée* – sont appelées à sauver ensemble les œuvres d'une civilisation qui n'appartient à aucune d'elles.

Au siècle dernier, un tel appel eût été chimérique. Non que l'on ignorât l'Égypte : on pressentait sa grandeur spirituelle, on admirait la majesté de ses monuments. Mais, si l'Occident la connaissait mieux qu'il ne connaissait l'Inde ou la Chine, c'était d'abord parce qu'il y trouvait une dépendance de la Bible. Elle appartenait par là, comme la Chaldée, à l'Orient de notre histoire. Entre les quarante siècles dont parlait Napoléon devant les pyramides, l'instant élu était celui pendant lequel Moïse les avait contemplées.

Puis l'Égypte conquit peu à peu son autonomie. Dans les limites plus étroites qu'il ne semble. La primauté de l'architecture et de la sculpture gréco-romaine était encore intacte : Baudelaire parle de la naïveté égyptienne.Ces temples grandioses étaient avant tout des témoins, les seuls que nous ait légués l'Orient ancien ; comme l'étaient ces chefs-d'œuvre cataleptiques qui, pendant trois mille ans, semblaient s'unir dans le même sommeil éternel. Tout cela, dépendance de l'Histoire plus que de l'art. En 1890 comme en 1820, l'Occident, qui se souciait d'étudier l'Égypte, ne se fût pas soucié d'en sauver les œuvres.

Mais avec ce siècle a surgi l'un des plus grands événements de l'histoire de l'esprit. Ces temples où je ne voyais plus que des témoins sont redevenus des monuments ; ces statues ont trouvé une âme. Retrouvé la leur ? Certainement pas. Une âme qui leur appartient, que nous ne trouvons qu'en elles, mais que nul n'y avait trouvée avant nous.

Nous disons de cet art qu'il est le témoignage d'une civilisation, au sens où nous disons que l'art roman est un témoignage de la chrétienté romaine. Mais nous ne connaissons réellement que les civilisa-

tions survivantes. Malgré les admirables travaux des égyptologues, la foi d'un prêtre d'Amon, l'attitude fondamentale d'un Égyptien à l'égard du monde nous restent insaisissables. L'humour des ostraca, *le petit peuple des figurines, le texte où un soldat appelle Ramsès II par son sobriquet comme les grognards appelaient Napoléon, l'ironique sagesse des textes juridiques, comment les relier au* Livre des Morts, *à la majesté funèbre des grandes effigies, à une civilisation qui semble ne s'être poursuivie pendant trois mille ans qu'au bénéfice de son autre monde ? La seule Égypte antique vivante pour nous est celle que suggère l'art égyptien – et cette Égypte n'a jamais existé. Pas plus que n'exista la chrétienté que nous suggérerait l'art roman s'il en était le seul témoignage. La survie de l'Égypte est dans son art, et non dans des noms illustres ou des listes de victoires. Malgré Kadesh, l'une des batailles décisives de l'Histoire, malgré les cartouches martelés et regravés sur l'ordre de l'intrépide pharaon qui tenta d'imposer aux dieux sa postérité, Sésostris est moins présent pour nous que le pauvre Akhnaton. Et le visage de la reine Néfertiti hante nos artistes comme Cléopâtre hantait nos poètes. Mais Cléopâtre était une reine sans visage, et Néfertiti est un visage sans reine.*

L'Égypte survit donc par un domaine de formes. Et nous savons aujourd'hui que ces formes, comme celles de toutes les civilisations du sacré, ne se définissent pas par leur référence aux vivants qu'elles semblent imiter, mais par le style qui les fait accéder à un monde qui n'est pas celui des vivants. Le style égyptien s'est élaboré pour faire, de ses formes plus hautes, des médiatrices entre les hommes éphémères et les constellations qui les conduisent. Il a divinisé la nuit. C'est ce que nous éprouvons tous lorsque nous abordons de face le Sphinx de Guizeh, ce que j'éprouvais la dernière fois que je le vis à la tombée du soir : « Au loin, la seconde pyramide ferme la perspective, et fait, du colossal masque funèbre, le gardien d'un piège dressé contre les vagues du désert et contre les ténèbres. C'est l'heure où les plus vieilles formes gouvernées retrouvent le chuchotement de soie par lequel le désert répond à l'immémoriale prosternation de l'Orient; l'heure où elles raniment le lieu où les dieux parlaient, chassent l'informe immensité, et ordonnent les constellations qui semblent ne sortir de la nuit que pour graviter autour d'elles. »

Après quoi le style égyptien, pendant trois mille ans, traduisit le périssable en éternel.

Comprenons bien qu'il ne nous atteint pas seulement comme un témoignage de l'Histoire, ni comme ce que l'on appelait naguère la beauté. La beauté est devenue l'une des énigmes majeures de notre temps, la mystérieuse présence par laquelle les œuvres de l'Égypte s'unissent aux statues de nos cathédrales ou des temples aztèques, à celles des grottes de l'Inde et de la Chine, aux tableaux de Cézanne et de Van Gogh – des plus grands morts et des plus grands vivants – dans le trésor de la première civilisation mondiale.

Résurrection géante, dont la renaissance nous apparaîtra bientôt comme une timide ébauche. Pour la première fois, l'humanité a découvert un langage universel de l'art. Nous en éprouvons clairement la force, bien que nous en connaissions mal la nature. Sans doute cette force tient-elle à ce que ce trésor de l'art dont l'humanité prend conscience pour la première fois nous apporte la plus éclatante victoire des œuvres humaines sur la mort. *A l'invincible « jamais plus » qui règne sur l'histoire des civilisations, ce trésor survivant oppose sa grandiose énigme. Du pouvoir qui fit surgir l'Égypte de la nuit préhistorique, il ne reste rien; mais le pouvoir qui en fit surgir les colosses aujourd'hui menacés, les chefs-d'œuvre du musée du Caire, nous parle d'une voix aussi haute que celle des maîtres de Chartres, que celle de Rembrandt. Avec les auteurs de ces statues de granite, nous n'avons pas même en commun le sentiment de l'amour, pas même celui de la mort – pas même, peut-être, une façon de regarder leurs œuvres; mais, devant ces œuvres, l'accent de sculpteurs anonymes et oubliés pendant deux millénaires nous semble aussi invulnérable à la succession des empires que l'accent de l'amour maternel. C'est pourquoi des foules européennes ont empli les expositions d'art mexicain; des multitudes japonaises, l'exposition d'art français; des millions d'Américains, l'exposition de Van Gogh; c'est pourquoi les cérémonies commémoratives de la mort de Rembrandt ont été inaugurées par les derniers rois d'Europe, et l'exposition de nos vitraux, par le frère du dernier empereur d'Asie. C'est pourquoi, monsieur le directeur général, tant de noms souverains s'associent à l'appel que vous lancez aujourd'hui.*

On ne saurait trop vous féliciter d'avoir élaboré un plan d'une hardiesse magnifique et précise, qui fait de votre entreprise une vallée de la Tennessee de l'archéologie. Encore s'agit-il de tout autre chose que de l'une de ces entreprises géantes par lesquelles rivalisent les grands États modernes. Et l'objet précis de votre action ne doit pas nous masquer sa signification profonde. Si l'Unesco tente de sauver les monuments de Nubie, c'est qu'ils sont immédiatement menacés; il va de soi qu'elle tenterait de sauver de même d'autres grands vestiges, Angkor ou Nara, par exemple, s'ils étaient menacés de même. Pour le Patrimoine artistique des hommes, vous faites appel à la conscience universelle comme d'autres le font, cette semaine, pour les victimes de la catastrophe d'Agadir. « Puissions-nous n'avoir pas à choisir, avez-vous dit tout à l'heure, entre les effigies de porphyre et les vivants! » Pour la première fois, vous proposez de mettre au service des effigies, pour les sauver, les immenses moyens que l'on n'avait mis, jusqu'ici, qu'au service des vivants. Peut-être parce que la survie des effigies est devenue pour nous une forme de la vie. Au moment où notre civilisation devine dans l'art une mystérieuse transcendance et l'un des moyens encore obscurs de son unité, au moment où elle rassemble les œuvres, devenues fraternelles de tant de civilisations qui se haïrent ou s'ignorèrent, vous proposez l'action qui fait appel à tous les hommes contre tous les grands naufrages. *Votre appel n'appartient pas à l'histoire de l'esprit parce qu'il veut sauver les temples de Nubie,* mais parce qu'avec lui, la première civilisation mondiale revendique publiquement l'art mondial comme son indivisible partage. *L'Occident, au temps où il croyait que son héritage commençait à Athènes, regardait distraitement s'effondrer l'Acropole.*

Le lent flot du Nil a reflété les files désolées de la Bible, l'armée de Cambyse et celle d'Alexandre, les cavaliers de Byzance et les cavaliers d'Allah, les soldats de Napoléon. Lorsque passe au-dessus de lui le vent de sable, sans doute sa vieille mémoire mêle-t-elle avec indifférence l'éclatant poudroiement du triomphe de Ramsès à la triste poussière qui retombe derrière les armées vaincues. Et le sable dissipé, le Nil retrouve les montagnes sculptées, les colosses dont l'immobile reflet accompagne depuis si longtemps son murmure d'éternité. Regarde, vieux fleuve, dont les crues permirent aux astrologues de fixer la plus ancienne date de l'Histoire, les hommes qui emporteront ces colosses loin de tes eaux à la fois fécondes et destructrices : ils viennent de toute la terre. Que la nuit tombe, et tu refléteras une fois de plus les constellations sous lesquelles Isis accomplissait les rites funéraires, l'étoile que contemplait Ramsès. Mais le plus humble des ouvriers qui sauvera les effigies d'Isis et de Ramsès te dira ce que tu sais depuis toujours, et que tu entendras pour la première fois : « Il n'est qu'un acte sur lequel ne prévale ni l'indifférence des constellations ni le murmure éternel des fleuves : c'est l'acte par lequel l'homme arrache quelque chose à la mort. »

11

Le sort des temples et les positions politiques

Subventions « gelées », mais fouilles efficaces

Il était facile de le comprendre : l'action allait entrer dans une période cruciale. L'appel à l'aide russe, après le refus essuyé par le ministre Kaÿsouni aux USA, avait certainement braqué les personnalités au pouvoir dans le pays à cette époque. Le mot d'ordre reçu par leur délégation à l'Unesco était visiblement l'attente, pour les subventions. Néanmoins, les missions d'égyptologues de Chicago, de Boston, de Pennsylvanie et d'autres Écoles américaines avaient immédiatement été organisées, et nous étions heureux de constater et d'apprécier leur présence sur les chantiers de fouilles des deux rives de la Nubie égyptienne.

Les découvertes apparaissaient déjà fructueuses puisque au sud d'Abou Simbel, non loin de Ballana et Qoustoul, Keith Seele, de l'université de Chicago, avait mis au jour une nécropole de la protohistoire, riche en enseignements sur les origines de l'Égypte pharaonique. De son côté, Kelly Simpson, chef de la section orientale du Museum of Fine Arts de Boston et professeur à Yale, fouillait à Ermenneh et, à Toshka, mettait en valeur la tombe d'un chef nubien, Heka-Nefer, le condisciple de Toutânkhamon à l'École du palais de Pharaon. Cet « enfant du *Kep* » était depuis longtemps présent à ma mémoire, puisqu'on le voyait, figuré à Thèbes, sur les murs de la tombe du vice-roi de Nubie à l'époque, Houÿ, offrant à son ancien camarade d'études et de jeux les trésors du Sud, escortant la plus belle princesse du pays de Ouaouat. Deux ans auparavant, j'avais déjà pénétré, en compagnie du directeur des Inspectorats, Labib Habachi, dans son caveau saccagé par les pillards.

De nombreuses nations, déjà, avaient subventionné les fouilles de leurs égyptologues et la Nubie se peuplait peu à peu de missions archéologiques. Les Français, autour de Ouadi es-Séboua et de Tomas ; les Espagnols, dans la Basse-Nubie, dont la troupe très fournie était dirigée par le truculent et très actif préhistorien Almagro, du musée de Madrid ; Silvio Curto, le dynamique directeur du musée de Turin, explorait non loin des Autrichiens, dont la mission à Sayala comprenait un jeune archéologue d'avenir, Manfred Bietak, qui s'illustra par la suite dans les importantes fouilles de Tell el-Dabba du delta oriental ; Walter Emery, de l'University College de Londres, fouillait au sommet du Kasr Ibrîm et, à Ouadi Halfa, où il découvrit l'immense citadelle. Les Polonais s'étaient d'abord joints aux missions du CEDAE, pour les relevés du temple de Debod, puis travaillèrent à Faras, dont l'Église des premiers temps chrétiens livra des peintures murales exceptionnelles.

Dans la région d'Ikhmindi, le professeur Sergio Donadoni mit une ville nobade (Nubie chrétienne) au jour, sur les rives désertiques, édifiée entièrement de pierres sèches et dont les rues étaient abritées de longues voûtes. Le site révéla la présence de deux églises, dont une *extra muros* où, pour la plus grande joie de nos collègues, fut déterrée la dalle de fondation fournissant des renseignements administratifs et liturgiques à la fois. De l'autre côté du Nil, sur la rive droite, la mission italienne s'attacha ensuite, avec la même ardeur, à dégager les ruines de la petite ville de Sabagoura.

Bien d'autres chantiers seraient encore à citer, parmi les missions étrangères, mais n'oublions pas l'action des collègues égyptiens : le Service des Antiquités prospecta toute l'aire du Grand Temple de Ouadi es-Séboua, qu'il démonta. L'université d'Alexandrie dépêcha ses spécialistes au Gebel Adda – les recherches sur le site d'Aniba furent reprises par l'université du Caire.

Un autre secteur avait efficacement encore été aidé par la France. J'avais obtenu du CNRS et des Affaires étrangères des missions d'égyptologues français, pour étoffer celles des Égyptiens et des experts de l'Unesco, affectés aux relevés des temples de Nubie. A son tour, le Canada participa aux recherches de l'American Research Center in Egypt.

Plus d'une quarantaine de chantiers furent ainsi ouverts par les spécialistes; venus au secours d'un pays condamné, ils avaient abandonné provisoirement leurs recherches en Égypte métropolitaine. Bien entendu, les diverses époques traversées par la civilisation nubienne furent explorées, depuis la préhistoire jusqu'au moment où les régions du Sud, sous l'emprise de la nouvelle civilisation des anciens envahisseurs soudanais, virent fleurir, après Napata, la capitale de Méroë. Nombre d'informations enrichirent nos connaissances. Tout était noté et de nombreuses publications étaient déjà préparées.

Cependant, existait une catégorie de documents dont il fallait réunir l'ensemble d'une façon cohérente : les *graffiti*, ou inscriptions gravées, souvent à la hâte, sur les rives rocheuses, à l'occasion du passage de délégations, d'inspections, d'émigrations ou de répression de révoltes, et auxquels quelques rares ex-voto étaient mêlés. Ces gravures rupestres de la préhistoire rappelaient fort celles des déserts occidentaux du Sahara. On y trouvait même quelques inscriptions historiques, remplissant un espace en forme de stèle – tout cela au milieu de figurations de bateaux, très probablement tracées par des Nubiens du siècle dernier. Une remarquable expédition fut organisée par l'Institut tchécoslovaque d'archéologie, dirigée par le professeur Žaba. J'ai beaucoup admiré la résistance physique et le courage moral de cet homme; pendant presque une année entière, il parcourut les deux rives de la Nubie égyptienne, longue, chacune, de trois cent quatre-vingts kilomètres, à la chasse de ces témoignages de la vie quotidienne sur ces antiques cheminements, quelquefois dangereux. Lorsque je le vis revenir à Assouan, sa tâche accomplie, il avait maigri d'une façon impressionnante; sa peau était complètement parcheminée : il avait, comme nous, supporté une chaleur de cinquante degrés Celsius à l'ombre tout l'été, mais ne quitta pas la Nubie pendant sa mission complète. Il rapportait avec lui non seulement une récolte de copies d'une richesse inattendue, mais il avait parallèlement fait détacher, des rochers voués à la disparition, toutes les inscriptions rupestres, petites ou grandes, lui paraissant d'intérêt certain.

Ces éléments étaient destinés à figurer dans le futur musée de la Nubie, à Assouan, prévu dans le rapport initial, avec tout ce qui devait toucher à l'histoire de ce pays meurtri. Tout au long de son harassante quête, Žbineck Žaba et son équipe avaient noté l'emplacement et la dénomination locale précise des villages. Cette récolte extraordinaire fut ensuite reportée sur la grande carte nubienne, établie par l'IGN et destinée à constituer le grand atlas toponymique de ce pays disparu (à publier par le CEDAE).

Parallèlement à ces expéditions archéologiques, un groupe d'ethnologues égypto-américains s'était chargé d'une vaste enquête sur les populations nubiennes, vouées à une réinstallation dans de tristes cités à Kôm Ombo et autour d'Assouan. Parmi ces missions que je ne peux toutes énumérer (l'Unesco en a, bien entendu, fait publier le récolement exact), il faut encore signaler une initiative soviétique, demandant la concession de fouilles dans le Ouadi Allaki... Celui-ci conduisait aux mines d'or.

L'attitude des différents pays

Ainsi, au plan archéologique, aucune réticence ne s'était fait sentir. Visiblement, les seules positions politiques paralysaient, de manière provisoire, l'élan général concernant les subventions financières. Les uns n'admettaient pas la ligne suivie par l'Égypte de Nasser : il leur paraissait donc peu souhaitable de voir le *Sadd el-Aali* édifié. Les autres, ayant rendu possible sa réalisation matérielle, n'admettaient pas de nous entendre parler, dans notre « croisade », du « drame nubien ». « Nous ne pouvons pas tout faire, disaient-ils, notre effort a porté sur le sort matériel présent de l'Égypte. Le pain doit avoir priorité sur la pierre ! »

Pour répondre à ce raisonnement, dont la portée paraissait limitée à l'immédiat, mais dont la bonne foi était évidente, René Maheu eut l'idée de demander à Max-Pol Fouchet de monter un film intitulé *Le Pain et les Pierres*, dans lequel les magnifiques prises de vues faites immédiatement en Nubie illustraient, d'une façon frappante, combien ces deux éléments étaient nécessaires non seulement au corps, mais à l'esprit de l'homme.

Les positions négatives des États-Unis d'Amérique et de la République soviétique, concernant l'aide financière demandée pour les temples, étaient, à chaque réunion générale, exprimées avec la plus grande courtoisie par les chefs des deux délégations : le secrétaire d'État McCullough et le professeur Piotrovski, dont l'élégante retenue traduisait leur sens de la diplomatie. Cependant, nombre de gouvernements commençaient, par ailleurs, à verser leur contribution volontaire, se substituant ainsi aux initiatives privées restées vraiment silencieuses.

La République fédérale d'Allemagne préférait ne pas participer à l'ensemble des efforts réunis, mais décida de prendre complètement en charge le démontage du Grand Temple de Kalabsha et sa réédification, dans une zone où les eaux du *Sadd el-Aali* ne pourraient plus désormais l'atteindre. L'opération fut entièrement exécutée sous l'autorité du professeur Hans Stock, alors directeur de l'Institut allemand du Caire. Cet homme extrêmement pragmatique ne pouvait pas imaginer qu'un jour la Nubie pourrait être visitée dans ses nouvelles oasis. Il obtint du gouvernement égyptien un amendement à notre rapport initial concernant l'emplacement de réédification des temples, et choisit un site très proche du Grand Barrage pour y ériger à nouveau le sanctuaire de Mandoulis, et le rendre ainsi très accessible à la visite. A l'époque, l'idée pouvait être soutenue.

Le travail fut conduit d'une façon exceptionnelle, après une minutieuse étude du temple exécutée par le CEDAE. Ce monument de l'époque romaine fut démonté assise par assise et, comme il fallait s'y attendre, des vestiges ptolémaïques apparurent sous les fondations. Les importants éléments d'une grande porte, retrouvée en sous-sol, furent remis à la RFA pour son musée de Berlin en témoignage de reconnaissance. Je regrette, pour ma part, que la magistrale reconstruction n'ait pu être exécutée plus près de l'ancien site de Kalabsha, là où la zone de grès remplace le sous-sol granitique. En effet, le grand puits du déambulatoire avait été, pendant des millénaires, alimenté par les eaux d'infiltration. Le granite du nouveau site a, maintenant, tari cette alimentation. De surcroît, lorsque nous pénétrions dans les grandes salles du temple, dont les dalles centrales de la terrasse étaient effondrées, une chatoyante lumière caressait, à jour frisant, les reliefs reproduisant sans fin les gestes de l'offrande royale aux divers aspects du divin. Depuis que les dalles disparues des plafonds ont été remplacées par des éléments de béton armé, la visite du sanctuaire ne présente plus, alors, ce caractère marqué par le temps faisant revivre d'une façon si heureuse – et si romantique – les scènes conservées par les murs.

De surcroît, la France prend en charge le temple d'Amada

Au cours d'un comité d'archéologues et de techniciens tenu au Caire, où il avait été décidé de pousser plus avant l'étude des différentes techniques propres au déplacement des sanctuaires, on devait se pencher sur le sort incertain du sanctuaire d'Amada. Ce monument d'aspect mixte, à traiter moitié comme une grotte, moitié comme une construction par assises de pierre, posait un problème aux aspects complexes.

J'avais alors fait allusion à la technique, parfois appliquée en France, pour véhiculer en un seul bloc des chapelles ou des hôtels médiévaux dont l'environnement était gagné progressivement par des installations industrielles tentaculaires. Je proposai ce système, accueilli sans enthousiasme. Cependant, être réduit à démonter par assises ces parois encore uniformément recouvertes de reliefs enluminés me paraissait un crime. La majorité donna pourtant la préférence à cette solution. En réalité, il fut même question d'abandonner le temple à son malheureux sort.

Alors, d'une voix semblant se substituer à la mienne, et avec l'angoisse d'une mère dont l'enfant allait se noyer, je déclarai : « La France prendra en charge le temple d'Amada ! » Aussitôt, un des responsables égyptiens, Anouar Shoukry, me fit remarquer que cela allait défavoriser l'opération d'ensemble, notre pays ayant déjà promis sa contribution pour Abou Simbel. J'ajoutai fermement : « Mais c'est une entreprise dont le coût indépendant ne grèvera pas le budget déjà promis. » Mon intervention était, encore une fois, un peu insensée, mais il fallait protéger ce temple du dépeçage ou de la disparition.

Je savais la technique française capable du tour de force proposé ; encore fallait-il trouver les fonds nécessaires et le maître d'œuvre ! J'allais m'y employer dès mon retour. Il existait, au ministère de la Culture, dans le cercle des architectes des Monuments historiques, des personnalités de premier plan dont le talent rivalisait avec la modestie : le propre des grands.

Au Louvre même, nous avions suivi les travaux des Jardins de l'Infante (comblant d'anciens fossés dont on ignorait complètement l'existence) qui avaient transformé toute la façade est du Louvre en une vaste esplanade. L'inspecteur général des Monuments historiques, Jean Trouvelot, avait retrouvé dans les archives de la Bibliothèque nationale les plans du projet initial. Malraux avait été conquis par sa

Le temple de Kalabsha, regagné par les eaux du premier barrage d'Assouan, dès la fin octobre.

La première cour de Kalabsha, lorsque les eaux se retiraient, en juillet, chaque année.

Kalabsha dans son nouveau site. *A gauche* : le kiosque de Kertassi remonté.

L'impressionnant quai de Kalabsha, à la fin des travaux de reconstitution.

Arrivée à la cour de Toutânkhamon de la princesse nubienne dont le père, Héka-Nefer, (prosterné à l'extrême droite) fut le prince d'Aniba (sa tombe fut dégagée pendant les travaux de sauvegarde). (d'après Davies)

Section de la grande carte de Nubie, en courbes de niveau, établie par l'IGN (région d'Amada).

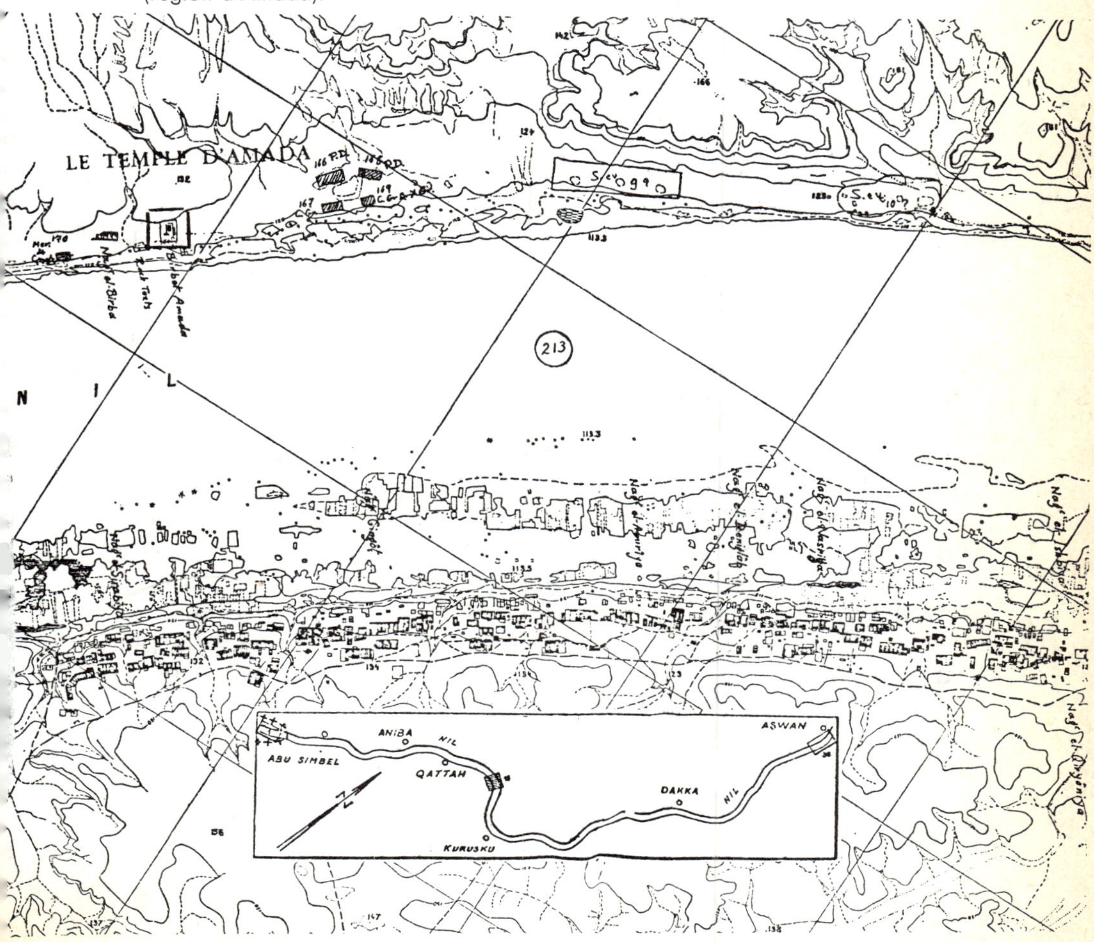

démonstration : Trouvelot, très soucieux des deniers de l'État, avait intelligemment employé des soldats du contingent pour cette réalisation si heureuse, exécutée avec un maigre budget.

Je pensais donc à cette éminente personnalité et vins le trouver un jour dans son originale demeure de la rue de Poissy, pour lui expliquer le problème dans toute son étendue. « Je marche, dit-il, et je vous aiderai. » Affirmation immédiatement appuyée par son épouse et assistante, également architecte. Trouvelot, sitôt en possession des documents nécessaires, se mit tout de suite au travail. L'opération conçue devait se faire en trois temps : le premier concernait le démontage du *pronaos* dont tous les joints vifs des pierres étaient visibles. Ensuite, on arrivait au problème du sanctuaire proprement dit. Mise en précontrainte, totalement encerclée et maintenue par d'immenses cornières de fer, la partie postérieure du temple, à sauver en un bloc, devait être détachée du sol rocheux en lui laissant une semelle de pierre suffisamment épaisse. Enfin, venait l'établissement d'une voie ferrée. Sur une distance de plus de trois kilomètres et demi et s'élevant progressivement jusqu'à quatre-vingt-dix mètres plus haut, le « voyageur du désert » devait être propulsé par un système de piston.

Il fallait maintenant chiffrer le travail. Si la généreuse et complètement bénévole coopération des Trouvelot avait été acceptée avec enthousiasme, il fallait songer à rétribuer la firme chargée de l'exécution. Les plans Trouvelot furent donc soumis à des entreprises compétentes, dont certaines avaient déjà travaillé en Égypte. Les devis me terrifièrent. L'ordre de grandeur était d'environ deux milliards de centimes à l'époque. C'était impensable.

Ces premières réponses n'arrivèrent cependant pas à nous décourager, et les Trouvelot révisèrent leurs calculs et plans pour arriver à la somme la plus restreinte possible. La situation fut exposée à Saroïte Okacha. Celui-ci décida de faire prendre en charge, par les architectes de son service des Antiquités, le démontage, pierre par pierre, de la partie antérieure du temple, alors privée de son décor polychrome. La longue voie ferrée envisagée d'abord fut réduite à quelques mètres de rails sur lesquels le bloc précontraint devait circuler, puis, à l'arrière de cet étrange véhicule, les rails récupérés étaient démontés et installés à l'avant pour que ce train inattendu puisse continuer à recevoir l'impulsion des énormes pistons, et ainsi de suite. La main-d'œuvre locale, enrôlée en Basse-Nubie, était évidemment beaucoup moins onéreuse que l'installation d'une voie ferrée.

Enfin, toutes les dépenses ayant été réduites au minimum, le projet fut présenté à un des innombrables parents par alliance de notre cher père du Bourguet, l'ingénieur Brice. Sans l'ombre d'un bénéfice, c'était évident, la firme Saint-Rapt et Brice arrêta le devis à trois cent vingt millions de centimes! Une surprise, un miracle!

Encore fallait-il obtenir cette somme. Je savais que je n'avais aucune chance de pouvoir convaincre des interlocuteurs habituels en France, si efficaces qu'ils fussent. Grâce notamment à d'éminentes personnalités comme Jean Basdevant et Pierre Laurent, j'avais déjà obtenu le maximum pour que notre pays occupe une place exceptionnelle dans le financement des travaux d'Abou Simbel. De plus, la Direction générale des Relations culturelles des Affaires étrangères avait accordé quelques missions de spécialistes affectés au CEDAE. Par ailleurs, le CNRS assumait les frais de missions d'égyptologues en Nubie, grâce à la compréhension de ses directeurs généraux et directeurs, Jean Coulomb, Bernard Grégory, Michel Lejeune, Pierre Monbeig, Bernard Pottier, Pierre Creyssel. Déjà plusieurs missions de l'IGN, dues à son nouveau directeur, Georges Laclavère, à l'action si déterminante, assuraient les archives de sécurité du CEDAE pour tous les temples dont nous faisions la documentation : les restitutions en courbes de niveau (les essais étaient entièrement concluants) pouvaient alors nous permettre de reproduire, avec des pantographes, les formes éventuelles détruites ou disparues. Je cite seulement, ici, les aides principales!

Mon ultime espoir résidait, plus que jamais, dans la compréhension du général de Gaulle (les relations diplomatiques entre l'Égypte et la France étaient toujours absentes)!

L'homme du 18 Juin n'ignorait pas le problème de la Nubie, ni mes efforts sur le plan de l'égyptologie en Égypte – aucune entreprise culturelle ne lui était indifférente.

Après mon évacuation de novembre 1956, je n'avais jamais cessé de garder espoir en des temps meilleurs et continuais de déplorer les occasions perdues. Au cours de l'été 1957, à Mondement, non loin du monument érigé en souvenir de la victoire de la Marne, nous avions, un jour, reçu la visite du général Catroux et de son épouse venant retrouver les lieux où elle était née. C'était au moment de la première « traversée du désert » du Général. Nos visiteurs se rendaient à Colombey-les-Deux-Églises. Je saisis l'occasion pour confier tout ce que je ressentais, alors que j'avais été témoin sur place, avant et pendant l' « intervention », et ce que je pensais des Égyptiens de la Révolution, autant que de notre attitude si peu habile. J'étais persuadée que la France de toujours avait d'autres moyens d'agir à l'égard de cette Égypte à laquelle elle demeure attachée, et d'autres moyens de se faire comprendre. Je le priai de rapporter ces propos au Général qui, bien entendu, avait déjà dû juger des carences de notre politique proche-orientale.

De surcroît, lorsque Malraux accepta de répondre à l'appel, de la tribune de l'Unesco, le ministre d'État n'avait pu se dispenser d'en informer le Général et d'obtenir son agrément. Le terrain était déjà préparé. J'essayai de joindre directement le chef de l'État sans passer par la hiérarchie habituelle, ce qui, naturellement, ne m'aurait donné aucune chance d'aboutir très vite. Des mains secourables m'aidèrent dans cette approche et je demeure infiniment reconnaissante à ces soutiens essentiels : l'ambassadeur Maillard, qui avait suivi de très près les affaires du Proche-Orient, et un autre fin diplomate, M. Burin des Roziers, intime collaborateur du Général.

Le jour J arriva. J'allais pouvoir moi-même confirmer à ce grand homme ce dont on venait déjà de l'informer pour l'essentiel. Avec une personnalité aussi exceptionnelle, il était bien inutile de biaiser. Je lui racontai donc très simplement les circonstances dans lesquelles j'avais été amenée *in extremis* à m'opposer à l'abandon du plus précieux souvenir de la XVIIIe dynastie dans la Nubie menacée. Il m'écoutait avec un air presque narquois qui, après la fin de mon exposé où j'avais essayé d'utiliser toute la persuasion dont j'étais capable, se matérialisa en paroles véhémentes : « Comment avez-vous pu, madame, engager la France ainsi, sans en référer à qui de droit ? » En quelques secondes, j'ai vu s'effondrer devant moi tous les murs du temple d'Amada, mais il fallait risquer le tout pour le tout. Je pus seulement répondre : « Mais, Général, dans mon humble domaine, je n'ai fait que m'inspirer de votre action. N'avez-vous pas, un jour, fait cette déclaration sublime dont nos cœurs gardent encore l'écho : “ *La France a perdu une bataille, elle n'a pas perdu la guerre* ” ? Aviez-vous pris, à cette époque, le temps de consulter le gouvernement ? »

Le Général pouvait se choquer d'une pareille audace, il eut

la bonté de sourire en me disant : « Vous avez des amis qui ont préparé votre requête. » (C'étaient, entre autres, Étienne Burin des Roziers, du cabinet du Général, et l'ambassadeur Pierre Maillard.) « La somme nécessaire au sauvetage de ce temple est déjà réservée. Tranquillisez-vous ! » Si j'avais osé, je lui aurais sauté au cou.

Un détail donne une idée des circonstances dans lesquelles j'étais arrivée à l'Élysée. Utilisant à cette époque une deux-chevaux Citroën, je pensais qu'elle n'était pas assez digne d'allure pour entrer dans la cour du palais présidentiel. Je décidai donc de la garer loin de l'Élysée. Durant le trajet entre le Louvre et le faubourg Saint-Honoré, une pluie s'était abattue et j'arrivai devant le perron de la Présidence, littéralement trempée, les cheveux dégoulinants. Je devais présenter un aspect lamentable, handicap difficile à surmonter, s'ajoutant à la terrible appréhension de ne pas réussir à gagner la partie.

La joie des Trouvelot fut au moins égale à la mienne.

Toutes les démarches en Égypte et les préparatifs à l'aventure furent aplanis par l'Unesco et Saroïte Okacha. Le dégel n'était pas encore vraiment très amorcé entre l'Égypte et la France, mais bientôt Marcel Vaydie allait prendre le chemin du Caire pour sa mission préparatoire, accompagné du diplomate Christian d'Aumale. J'avais fait immédiatement organiser par le CEDAE une mission de documentation et d'étude exhaustives sur ce monument d'Amada, jadis relevé à la hâte par Henri Gauthier, lorsque Maspero craignait que même ce temple, érigé au-dessus de la zone menacée à l'époque, ne soit noyé.

Le « Son et Lumière » aux pyramides

Saroïte Okacha, dont l'activité était inlassable, avait décidé, peu de temps auparavant, de faire réaliser un spectacle « Son et Lumière » aux Pyramides. Hanna Sabba, le plus parisien des Égyptiens, avait mis son ministre de la Culture en relation avec Gaston Papeloux – ancien haut fonctionnaire de la Direction générale des Beaux-Arts, adjoint au secrétaire d'État, M. Cornu – et Gaston Bonheur dont le verbe savait charmer les foules. Saroïte Okacha comptait sur ces deux hommes de culture pour faire revivre, dans l'environnement du Sphinx, des instants millénaires et m'avait naturellement demandé de participer à l'aventure, en leur communiquant l'information égyptologique nécessaire pour monter le spectacle.

Je lui avais d'abord opposé un refus assez catégorique, estimant irrespectueux de rompre le silence de cette auguste nécropole. Il n'était certainement pas content de ma position mais, sur le moment, semblait seulement évaluer les facteurs pesant sur la poursuite de son projet. Quelques mois après, il me présenta un texte composé sur place. Malicieux, il était persuadé d'arriver à ses fins en me demandant si j'en étais satisfaite. Ma réponse fut, naturellement, négative devant ce pâle résumé d'un manuel pour classes de sixième. « Alors faites donc mieux et aidez-moi! » Ce cher ministre était si délicat et savait si bien se faire entendre. Il finissait toujours par gagner. Mais, par ailleurs, n'était-il pas le plus compréhensif des responsables, auquel on pouvait toujours s'adresser pour remettre « sur les rails » bien des problèmes en voie de paralysie? La bonne marche de la sauvegarde, dont l'équilibre était sans cesse agressé, dépendait de sa présence à la tête du ministère de la Culture. Il me fallait donc accepter de coopérer aussi sur ce plan.

Cela représenta une des nombreuses tâches supplémentaires dont je dus me charger constamment, et je me mis à « brosser » les grandes lignes du scénario que le public peut voir et entendre depuis plus d'une trentaine d'années. Après la présentation archéologique du site, préambule inévitable, mais rédigé par la plume alerte de Gaston Bonheur, il lui fallut alors manipuler tous les textes que je fis en grande partie mettre au point par une équipe de mes étudiants, prise en charge par le CNRS et travaillant déjà partiellement avec moi en Nubie. Cela permit de composer les quelque cinquante minutes de spectacle. J'avais également jugé utile d'introduire quelques découvertes archéologiques, afin d'enrichir la connaissance un peu trop limitée du site. Je fis évoquer, par exemple, en m'appuyant sur des écrits nouvellement exhumés, les différentes cérémonies et étapes du couronnement de Pharaon, près du grand Sphinx Harmakhis, gardien de la nécropole, resté si impressionnant à travers les millénaires que les conquérants finirent par l'appeler *Abou'l Hol*, c'est-à-dire « Père la Terreur ».

Il me fallait aussi ne pas omettre quelques éléments de l'histoire plus contemporaine. La tête humaine du Sphinx n'avait pas perdu son nez à la bataille des Pyramides; il avait été emporté par un boulet de canon turc bien avant. Et puis, parmi les touristes devenus très rares après la crise de Suez, peu s'étaient intéressés au déchiffrement des hiéroglyphes par

Champollion. J'avais été informée que la musique serait, elle aussi, demandée à un Français, Georges Delerue, le meilleur élève de Jacques Ibert. Enfin, ceux qui se souviennent encore de la voix de Jacques Dacqmine la reconnaîtront en écoutant parler le Sphinx.

Pendant toute la mise au point de ce prestigieux spectacle, l'atmosphère avait continué de se détendre entre les pays en froid et la mission Vaydie allait bientôt aboutir à l'arrivée de la Commission des bons offices, chargée de mettre sur pied la reprise des relations diplomatiques entre nos deux pays. De son côté, l'Angleterre avait également entamé des pourparlers, concrétisés par l'arrivée au Caire d'un chargé d'affaires.

Le ministre Okacha avait tenu à faire de l'inauguration du « Son et Lumière » aux Pyramides un événement culturel de très haut niveau, de portée internationale. La séance, présidée par le *Reïs*, Gamal Abdel Nasser, devait compter comme invités d'honneur deux personnalités dont Okacha voulait qu'on interprétât leur présence comme un hommage à deux grandes civilisations; d'abord l'hellénique, dont le diadoque Constantin serait le représentant (il n'était pas encore monté sur le trône de Grèce), et ensuite la française pour laquelle il aurait souhaité inviter André Malraux. Cela parut peut-être un peu prématuré. Le ministère des Affaires étrangères délégua Christian d'Aumale.

La veille, Saroïte Okacha m'avait invitée à partager le banquet, donné en l'honneur de La Pira, maire de Florence, ce pacifiste si attachant. Si la chère fut raffinée, ce fut, au club Mehemet Ali, un véritable festin de l'esprit. Au moment de me raccompagner aimablement, le ministre me demanda si je voulais bien lui consacrer une petite heure à son bureau. Il désirait me communiquer un document fort important. Alors, m'installant dans un confortable fauteuil, il me fit écouter la traduction anglaise du texte français initial du « Son et Lumière » afin de connaître mon opinion. Tout commença bien, véritable copie conforme. On arriva, ensuite, au chapitre du déchiffrement des hiéroglyphes. Entre les accords en arpège évoquant l'envol des oiseaux et le froissement des ailes de canards dans les fourrés de papyrus, j'entendis, à mon grand étonnement, non pas le nom de Champollion – il avait complètement disparu –, mais seul celui de sir Thomas Young, qui avait « vaincu l'énigme » de l'écriture sacrée.

« Votre avis? » me demanda ironiquement Saroïte Okacha,

et : « Quelle a été ma réaction, croyez-vous ? » Il tenait, je le sentais, à répondre lui-même à sa question. « Eh bien, voilà : j'ai convoqué le délégué anglais et lui ai transmis les instructions suivantes : si vous ne changez pas immédiatement ce texte pour en revenir à l'exacte version originelle, la traduction en langue anglaise ne figurera pas au programme de l'inauguration. Or il faut reprendre toute la bande-son, refaire l'enregistrement. Je doute qu'entre Londres et Le Caire la rectification puisse être faite pour demain ! »

Le lendemain soir, effectivement, devant le *Reïs*, les délégués grec et français, une foule d'ambassadeurs, de personnalités culturelles et d'hommes politiques, la séance commença par la lecture classique du Coran. Alors les accords enveloppants et les lumières fastueuses, chaudes, éclatantes, ou tamisées, animèrent l'immense scène. Le texte en langue arabe sembla retenir vivement l'attention du président Nasser derrière lequel je me trouvais. Ce soir-là, seule la version française suivit et clôtura le spectacle. Les voix de nos acteurs du Théâtre-Français vibrèrent dans le texte de Gaston Bonheur, remarquablement mis en scène par Gaston Papeloux. A l'écoute, tout au long du spectacle, j'avais l'impression de me replonger aveuglément dans ce lointain passé.

Le lendemain matin, je partais avec mon ancien étudiant, Paul Barguet, à l'époque devenu mon collègue au Louvre, jusqu'au temple d'Amada, dont il devait assurer le complet relevé épigraphique, pendant les vacances universitaires de Pâques, en compagnie de notre confrère du CEDAE, Abdel Hamid Youssef. Nous avions retenu nos places dans le train de jour et, à l'arrivée à Assouan, le petit bateau *Horus* du CEDAE attendait, pour nous emmener au cœur de la Nubie, là où les temples avaient automatiquement changé d'orientation, puisque, construits au bord du Nil, en cet endroit de la courbe du fleuve ils n'étaient plus face à l'orient, mais en fait tournés vers le sud.

Lorsque le train arriva sur le quai de Louxor, je vis par la fenêtre l'inspecteur de Haute-Égypte affairé à me rechercher. « Vite, vite, descendez du train, me dit-il, le ministre Okacha demande que vous l'appeliez d'urgence au téléphone sur la ligne directe de l'Inspectorat des Antiquités. » Il me fallait quitter le train, suivie du cher et fidèle Barguet ne voulant pas m'abandonner dans des circonstances susceptibles d'être graves. Que s'était-il donc passé chez moi, à Paris, pour que le ministre soit contraint de troubler le déroulement d'une mission déjà si difficile à organiser? L'inquiétude au cœur, je pris le téléphone. Ses premières paroles furent, ayant pressenti ma vive appréhension : « N'ayez crainte, il ne s'est rien passé de fâcheux, mais le président Nasser voudrait vous voir. Revenez d'urgence au Caire. Je vous attends demain. – Impossible, lui dis-je, nos instants sont minutés. Nous devons gagner Amada après-demain au plus tard, car nous disposons d'un temps limité pour une tâche si importante. Les membres du CEDAE sont déjà à pied d'œuvre. J'ai également rendez-vous avec les deux architectes Trouvelot pour organiser sur place, avec le Service des Antiquités et le représentant de la firme Saint-Rapt et Brice, le déménagement du temple. Ce sera dans trois semaines au plus tôt. » Le ministre eut beau insister : pour une fois, malgré tout l'affectueux attachement que je lui portais, je ne cédai pas.

A mon retour au Caire, j'appris la nouvelle : le président Nasser avait été touché au plus profond de lui-même par le « Son et Lumière ». De formation militaire, comme il s'était plu à le dire, il n'avait pas eu la possibilité de se pencher sur tous ces problèmes archéologiques, leur message et leur splendeur. Il témoignait une admiration très vive pour ce Champollion, dont il n'était pas gêné de dire que le spectacle des Pyramides lui avait révélé l'existence et l'œuvre bénéfique pour son pays. Aussi voulait-il, en hommage à ses descendants, leur confier la maintenance de l'immense sanctuaire de Karnak et les charger de toutes les recherches et études archéologiques propres à le mettre encore davantage en relief.

Ainsi naquit le projet de création du Centre franco-égyptien de Karnak. Restait encore... simplement à ma charge... à le réaliser, à trouver les fonds, le personnel scientifique. C'était une nouvelle histoire et encore un fardeau supplémentaire, mais avais-je le droit de refuser?

12

Les difficultés s'accumulent

Le projet du Centre de Karnak

Le projet de création d'un Centre franco-égyptien de Karnak, dans l'état où se trouvait ce site prestigieux, me paraissait être si nécessaire et à la fois si séduisant que je n'hésitai pas à envisager de surmonter encore bien des obstacles pour le mener à terme. Comme pour toute entreprise, il fallait repérer les hommes capables d'assumer la tâche avec une certaine énergie créatrice, et surtout disponibles, mais il fallait également trouver le « nerf de la guerre ». Au niveau où en était l'embryon de projet, aucune décision ne pouvait être prise dans l'immédiat; il suffisait de recevoir les assurances de base pour les subventions nécessaires à la création de cet organisme et pour la bonne marche duquel l'Égypte et la France devraient mettre leurs efforts en commun.

J'en parlai à Jacques Jaujard, devenu l'adjoint d'André Malraux au ministère de la Culture. Son enthousiasme me semblait évident, mais une aide financière était exclue. A cette époque, nul ne l'ignore, les fonds dont pouvait disposer ce ministère lui avaient été parcimonieusement mesurés - et pourtant que de choses prestigieuses ont été réalisées durant cette période! Mais je savais pouvoir compter, en tout état de cause, sur son appui.

Il importait, d'abord, de trouver un architecte d'expérience, qui connût de longue date les monuments antiques et l'Orient. Jacques Jaujard m'indiqua le responsable, dans son ministère, susceptible de m'informer au mieux. En effet, M. Lapeyre, d'emblée, me désigna Jean Lauffray, architecte des Bâtiments de France, mais aussi docteur ès lettres et... docteur en droit.

Très jeune, il avait participé à des recherches archéologiques en Syrie ; nommé conservateur du musée d'Alep, il avait ensuite, pendant la guerre, collaboré avec Dunand aux fouilles de Byblos. Depuis lors, il occupait le poste de directeur du Bureau d'architecture antique du CNRS pour le sud-ouest de la France. Je le contactai alors et reçus immédiatement son accord de principe.

Ayant arrêté la personnalité de l'architecte, directeur du futur Centre, il me fallait maintenant déterminer le profil du sous-directeur égyptologue, un savant de premier ordre, mais aussi un homme de terrain. Je contactai alors un de mes anciens étudiants, Serge Sauneron, déjà un des égyptologues les plus brillants de l'époque. Encore en culottes courtes, si passionné d'égyptologie, il avait obtenu autrefois du ministère de l'Éducation nationale l'autorisation exceptionnelle de suivre mes cours d'épigraphie égyptienne à l'École du Louvre. Le projet le séduisait. Son acceptation fut instantanée. Il était, à cette époque, ancien pensionnaire et bibliothécaire de l'Ifao, adjoint à son directeur François Daumas.

Restait à envisager le financement du côté français. Étant membre du Comité national du CNRS, et siégeant aussi au « Directoire », j'avais l'intention de présenter, en temps voulu, une demande concernant cet organisme permanent en Égypte. J'avais naturellement alerté les autorités du CNRS, à commencer par les directeurs scientifiques Monbeig et Lejeune. Je rencontrai un accueil favorable. Tout pourrait être mis sur pied, sitôt la reprise de nos relations avec l'Égypte. On était sur le chemin et rien ne s'opposait à préparer l'avenir. La Direction générale des Relations culturelles des Affaires étrangères, Jean Basdevant en étant le responsable, accepta également le principe d'une participation budgétaire. Son obtention fut d'autant facilitée par la suite, grâce à l'appui d'Henri Froment-Meurice, lorsqu'il vint occuper, au Caire, le poste de chargé d'affaires pour la réouverture de notre ambassade.

Les nouveaux plans pour sauver Abou Simbel

Entre-temps, l'architecte Piero Gazzola semblait être arrivé à ses fins. Il avait œuvré sans relâche pour faire accepter l'étude de son plan de surélévation des deux temples au moyen de multiples pistons. La délégation italienne soutenait naturellement ce projet audacieux. Il fut, pendant une certaine période, question de l'accepter et le gouvernement égyptien

Création du Centre franco-égyptien de Karnak. L'architecte en chef, Jean Lauffray ; l'égyptologue Serge Sauneron, codirecteur ; cour intérieure d'une maison du village franco-égyptien.

Façade du grand temple de Karnak, son *dromos* déjà dégagé.

chargea ses ingénieurs-conseils – pour tous les problèmes techniques –, des Suédois de la firme VBB, d'étudier les documents. En définitive, et *in extremis*, le projet fut repoussé. De plus, toutes les autres suggestions présentées à ce moment-là ne paraissaient pas offrir de garanties suffisantes.

Si l'on ne trouvait pas de solution réalisable... et acceptée par les conseils, les subventions encore attendues risquaient de ne jamais être versées.

Il fallait, en conséquence, aller de l'avant. Je me souvins alors d'un homme dont la réputation avait dépassé, depuis longtemps, les frontières, l'ingénieur Albert Caquot, que je fis pressentir par des amis communs. Ce savant, pendant longtemps conseiller du gouvernement pour tant de grands travaux, était alors un superbe vieillard, solide comme un chêne. Il prêta une oreille très attentive à l'exposé de tous les systèmes jusqu'alors envisagés pour sauver les deux temples d'Abou Simbel, et me promit de mettre sur pied un projet et de nous le présenter sous peu. Il ajouta aussi, spontanément, qu'il prenait à sa charge tous les frais. Une fois de plus, je constatai la simplicité, la fine perception et la générosité de ce grand commis de l'État. Comme lui, d'autres éminentes personnalités, rencontrées pendant toute cette période, constituaient une heureuse contrepartie aux innombrables obstructions parsemées sur tout ce parcours.

Je le revis pour prendre connaissance des lignes générales de son étude, et fus à nouveau remplie d'espoir, car la prochaine réunion du Comité technique pour la Nubie, devant se tenir à Paris, portait sur les moyens définitifs concernant la mise hors d'eau du site d'Abou Simbel. Jusqu'à ce jour, les efforts déployés afin de convaincre les États-Unis d'adhérer à ce sauvetage semblaient demeurer vains. Nul n'y parvenait, ni les objurgations de cette éminente personnalité marocaine qu'était Mohammed el-Fassy – à cette époque président du Conseil exécutif de l'Unesco – ni les interventions émouvantes du sage Hampaté 'Ba, évoquant la transhumance de ses frères les Foulbé, à la suite de leurs troupeaux, de Dakar vers Abou Simbel, qu'ils appelaient leur « Grande Maison ». L'Unesco avait chargé le prince Saddruddine Khan (que j'avais rencontré tout enfant, jouant avec le fils du Négus, à mon premier voyage sur le *Champollion*, comme je l'ai dit plus haut), d'être le porte-parole de la campagne en Amérique afin de convaincre le gouvernement. Peine perdue! Il était revenu sans résultat. Le jour où nous devions nous retrouver au Cercle interallié pour un déjeuner – au cours duquel René Maheu avait l'intention de solliciter le mécénat de la charmante propriétaire du *Reader's Digest* –, le prince Saddruddine m'apostropha en ces termes : « Savez-vous ce que l'on dit en Amérique, madame Desroches Noblecourt? Eh bien, qu'il n'y aura pas de barrage! » On avait aussi tenté de l'intoxiquer.

René Maheu avait employé d'autres moyens, faisant alors appel à Claude de Kémoularia. Cet homme, malgré son jeune âge, était devenu, au lendemain de la guerre, chef de cabinet de Paul Raynaud. On l'avait ensuite retrouvé, très actif, aux Nations unies, auprès d'Hammarskjöld, puis à la tête d'organismes de portée internationale. Depuis, devenu ambassadeur, on connaît la brillante carrière poursuivie par cet homme éminent. René Maheu l'avait chargé d'approcher le président Kennedy et de l'avertir, enfin directement, de la réelle portée de notre entreprise. Les nouvelles ramenées par Claude de Kémoularia s'avéraient pleines d'espoir, les USA étant désormais décidés à participer au sauvetage d'Abou Simbel dans la mesure où le projet proposé leur conviendrait, d'où mon désir de voir présenter, à la réunion prévue, des dossiers convaincants.

Le jour dit, Albert Caquot, en collaboration avec son gendre, Jean Lehuérou Kerisel, vint lui-même défendre son étude. Cet octogénaire à la stature d'athlète, s'exprimant aisément dans plusieurs langues, nous expliqua, plans et croquis à l'appui, que l'exhaussement des deux temples pouvait effectivement se faire, chacun en un bloc. Il rendait à ce propos hommage à Gazzola, mais la suite de son exposé apportait une modification d'importance. Le nombre considérable de vérins était, en effet, susceptible d'être à l'origine d'une catastrophe. Caquot se souvenait d'avoir été le premier à utiliser la force hydraulique, au cours de la construction des navires dans les bassins de radoub de Saint-Nazaire : il nous présenta son système de surélévation au moyen d'un unique vérin hydraulique, propre à exhausser, dans les deux gigantesques puits aménagés autour de chacun des deux temples, leurs masses *en un seul bloc*. Aucun danger d'ébranlement ou de dislocation ne pouvait alors menacer les grottes dans leur intégrité. Au sommet de la montagne, deux canaux auraient permis de translater ces deux immenses flotteurs jusqu'à leur point définitif d'ancrage. Techniciens égyptiens et étrangers discutèrent, commentèrent, attaquèrent à tour de rôle chaque point de l'exposé ; à toutes les questions, Caquot donna des réponses positives. En définitive, surmontant les dernières objections dont certaines exprimées sans aménité, le gouvernement égyptien parut non seulement séduit, mais convaincu par cette nouvelle proposition ; en dépit de sa témérité, elle semblait présenter d'importants éléments de sécurité.

En définitive, le chef de la délégation égyptienne, le secrétaire d'État Abdel Moneim Saouï, annonça le choix de l'Égypte : il était favorable aux plans de l'ingénieur Caquot à condition de voir le projet garanti, selon l'usage, par le gouvernement français.

Hélas, trois fois hélas ! Et cela revint comme un leitmotiv : les relations entre nos deux pays, même en meilleure voie, n'étaient pas encore reprises. On essaya pourtant de tourner la difficulté en s'adressant à la délégation française auprès de l'Unesco pour lui demander de jouer ce rôle. Cela, malheureusement, s'avéra impossible. Le projet Caquot fut abandonné. Les délégués des États-Unis firent valoir que la simple solution du morcellement des grottes s'imposait, auquel cas la contribution de leur pays était assurée. Je n'insisterai pas sur les ultimes discussions, où un réel désespoir marquait certains échanges de vues. Il fallait en sortir. Aucune autre suggestion positive – à une époque où, pourtant, les prodiges de la technique allaient permettre à l'homme de marcher sur la lune – ne fut proposée.

J'avais tenté jusqu'au dernier moment de faire valoir d'autres éventuelles solutions. Il était urgent de s'incliner car, bientôt, la première partie du Grand Barrage allait être mise en eau, et le niveau du futur lac de retenue monterait inexorablement.

Le découpage par blocs des grottes d'Abou Simbel devait être étudié et les réunions de techniciens et d'égyptologues multipliées, afin de choisir les procédés d'exécution les moins nocifs (si l'on peut dire) lors de leur démantèlement provisoire. Les grandes discussions commencèrent non seulement au sujet des proportions des blocs à prélever, mais aussi sur la reconstitution des deux *spéos*, dans leur environnement. Certains ingénieurs osèrent même proposer de morceler en plusieurs parties les visages colossaux. D'autres, empreints d'un modernisme précurseur des colonnes de Buren, suggéraient radicalement, par un contraste voulu, de réédifier les temples dans un contexte bien différent de celui d'origine (« il ne faut pas faire du faux! ») : dans des sortes de façades géométriques, rappelant les murs de béton armé. La lutte fut chaude : un seul point avait mis d'accord tous les interlocuteurs : les grottes devaient être reconstituées suivant leur orientation d'origine ; de la sorte, le Grand Temple recevrait toujours régulièrement aux mêmes époques le jeu symbolique du rayon solaire.

L'arrestation de nos « diplomates »

Ce fut la période à laquelle la Commission française des bons offices arriva au Caire. Elle comptait à sa tête le ministre Mattei ; ses trois autres membres étaient Mouton, affecté aux intérêts des Français d'Égypte, J. Bellivier, jeune iranisant, responsable de l'information et de la presse en langue arabe, et André Miquel, un très brillant jeune agrégé arabisant, chargé des aspects culturels de la mission. A son arrivée au Caire, Miquel était venu me voir sur la recommandation de Rebeyrol, car j'étais sans doute la seule à pouvoir l'éclairer sur l'intelligentsia locale subsistant, car je n'avais jamais cessé de rester en contact avec elle, mais le plus important était, évidemment, ma connaissance de l'atmosphère du pays à cette époque. Il s'était amicalement ouvert de ses projets immédiats. Pour mieux « sentir » la température des enseignants et mieux coopérer avec eux, il allait leur faire parvenir un questionnaire sur lequel ils pourraient donner leur avis concernant la réforme de l'enseignement prônée par la Révolution. Il avait oublié que l'on n'était pas en France. Je le lui avais déconseillé, mais il me crut sûrement bien timorée. Si un seul de ces questionnaires parvenait dans les locaux de la police, il n'en fallait pas plus pour le faire arrêter.

Mattei, chef de la Commission des bons offices, cet homme charmant, de grande valeur, si cultivé, armé très probablement d'une trop grande confiance, avait installé ses bureaux, dans un immeuble derrière le Shepheard Hotel, au-dessus de l'appartement occupé par un club d'officiers égyptiens.

Un jour, prévenu de mon arrivée au Caire pour une courte mission, il m'avait envoyé, avec sa coutumière gentillesse, sa voiture et une invitation à dîner pour le soir même. Cela tombait bien. J'avais, durant le voyage aérien, corrigé les épreuves d'un texte à imprimer d'urgence à Paris. Je lui en parlai et proposai de lui rendre visite le lendemain matin à son bureau, afin de lui confier les documents pour la valise diplomatique dont il pouvait faire usage. A mon arrivée à son bureau, il en profita pour me demander, sans malice, quelle était l'atmosphère des ministères égyptiens où j'étais reçue. Je n'avais, en fait, rien d'important à lui confier, mais il ne comprit pas mes réticences à lui répondre. En effet, à l'évidence, toutes les conversations devaient être captées par des micros installés dans son bureau. C'est la seule fois où je lui rendis visite dans cet immeuble. Il réunissait souvent à son domicile, pour déjeuner ou dîner, ses collaborateurs et ceux qui pouvaient l'informer, pour rendre positive sa mission. Malheureusement, dans ces moments encore critiques, notre charmant Mattei ne supposait pas que les domestiques *barbarins* avaient des oreilles et une langue, tout comme ils existaient, on l'a vu, au domicile même de l'ambassade des USA.

Quant à Mouton, c'était une autre affaire. Désespérément dur d'oreille, il devait presque toujours parler dans un silence impressionnant, puisque la plupart du temps il n'entendait pas les réponses faites aux traits d'esprit dont il était coutumier. Chargé de tenir le fichier des « spoliés d'Égypte », son rôle ne paraissait pas très évident à l'époque. Un jour, un Égyptien bien informé, et voulant rivaliser d'humour avec lui, s'exclama dans un des cocktails auxquels Mouton ne voulait jamais manquer de participer : « Mais enfin, monsieur, qu'êtes-vous donc venu faire ici? » A cette question qu'il avait malheureusement pour une fois bien entendue, il ne put s'empêcher de répondre, utilisant le genre caustique : « Mais vous le savez bien, mon cher, je viens préparer l'assassinat de Nasser! » A partir de ce fameux cocktail, une certaine police parallèle du *Reïs* ne pouvait pas ne pas se poser certaines questions. Sans aucun doute, l'inoffensif Mouton était devenu un dangereux loup conspirateur!

Bellivier, iranisant mais connaissant mal l'arabe, trouvait plus facile de fréquenter les milieux libanais d'Égypte particulièrement liants : le cercle des Égyptiens musulmans était plus réservé. Chargé d'établir une sorte de revue de presse des journaux arabes, il se faisait aider par certains amis demeurant aussi toujours en relation avec Beyrouth.

Un jour, comme je venais prendre congé de Saroïte Okacha après un de mes passages au Caire, celui-ci me dit *ex abrupto*, au sujet de ma mission : « Si vous pouvez approcher Couve de Murville, dites-lui qu'il procède à des rappels avant qu'il ne soit trop tard. Certains vont bientôt devenir très indésirables. »

Je fis la commission, mais ne fus sans doute pas très convaincante, étant cette fois-là passée par plusieurs intermédiaires.

Plus tard, au cours de la période où l'on discutait le plus âprement pour éviter de morceler les visages des Colosses, et la réimplantation des deux grottes dans de véritables igloos géométriques, on apprit à Paris que les quatre membres de la Commission des bons offices, lesquels, malheureusement, n'étaient couverts par aucune immunité diplomatique – ils s'étaient présentés en Égypte avec de simples passeports de tourisme –, avaient été arrêtés et mis au secret.

Je viens de dépeindre exactement ce que j'ai pu constater. Honnêtement, paroles et actions étaient bien inoffensives, mais dans le contexte de l'époque, et pour une certaine police parallèle bien « primaire », animée, sans doute, d'un zèle excessif, la suspicion, pour le moins, allait de soi. De toute façon, une telle arrestation était parfaitement inadmissible. Il aurait été plus élégant d'expulser les membres de la Commission, en leur donnant les vingt-quatre heures nécessaires pour boucler leurs valises.

Je décidai donc, s'agissant de mon action en Égypte, de faire passer ma réprobation avant tout et de ne plus m'y rendre tant qu'un seul Français serait emprisonné. Parallèlement, à Paris, le Comité d'action pour la sauvegarde des monuments de la Nubie, présidé par Étienne Drioton, puis Henri Massé, formé pour soutenir nos démarches, fut réuni et arrêta le texte d'un télégramme de protestation, signé du président Massé et de moi-même, adressé au ministre Okacha. Son contenu était véhément et la demande de libération des quatre Français, impérative. Nous fîmes paraître le texte dans les colonnes du *Figaro* et du *Monde*, afin d'avertir les témoins de notre « croisade » de notre réaction et de notre très ferme position. Le lendemain, je recevais du ministère français concerné des remerciements très vifs ; en effet, j'avais pu toucher directement un ministre du gouvernement égyptien, démarche impossible, dans la situation diplomatique présente, pour notre propre gouvernement.

Tous les projets relatifs au Centre franco-égyptien de Karnak étaient naturellement mis en sommeil, cependant que les crédits prévus à cet effet étaient bloqués, mais non supprimés. Une semaine après, la réponse de Saroïte Okacha nous arrivait. Il m'assurait ainsi ouvertement, avec un courage peu ordinaire, de sa détermination à déployer tous ses efforts pour faire appliquer les conventions internationales de rigueur. J'appris par la suite qu'il avait même présenté sa démission au président Nasser. En dépit des sollicitations de l'Unesco et de l'Égypte, je tins ferme et ne retournai pas dans ce pays, avant le règlement de toute l'affaire. D'autres, en dépit des injonctions du ministère des Affaires étrangères, n'eurent pas les mêmes scrupules.

Le procès, assez spectaculaire, eut lieu au Caire. On vit les juges égyptiens, remarquablement objectifs, tenir tête aux nouveaux petits fonctionnaires de la Révolution, butant entre autres devant le terme d'« animal politique » attribué à Gamal Abdel Nasser et retrouvé dans certains rapports confidentiels de Mattei, naturellement captés par les services de renseignement égyptien !

Les quatre prisonniers sortirent enfin des geôles. Miquel, je crois, avait été un des plus malmenés (on se reportera à son livre). Je reçus du gouvernement égyptien, par l'intermédiaire de l'Unesco, une missive surprenante. Elle contenait une invitation adressée à mon mari et à mon fils pour m'accompagner en Nubie afin que je leur fasse admirer le pays et les temples avant le début du grand déménagement. Je rangeai la lettre dans un tiroir, n'en parlai pas aux miens et ne répondis pas à l'Égypte. On n'avait jamais obtenu ma coopération en me dispensant des faveurs !

Quelques semaines plus tard, René Maheu, revenant des Indes en passant par Le Caire, me téléphona : « Je viens de rencontrer notre ami Saroïte Okacha. Il est ulcéré de votre silence. C'est lui qui vous a fait envoyer cette invitation au nom de son gouvernement. Il voulait vous assurer du respect inspiré par votre attitude. Vous devriez répondre. C'est un peu leur manière de vous demander d'oublier un faux pas. »

Ainsi, pendant les vacances de Pâques, en 1961, j'ai pu, au moyen du petit bateau *Horus*, montrer à mon mari et à mon fils une Nubie encore en place. Ils finirent ce voyage par les principaux temples de Haute-Égypte et les richesses archéologiques du Caire et de ses environs. Ce fut une fête, au cours de laquelle les amis égyptiens, qui avaient toujours été à nos côtés, les Badawi, les Saroufim, M. Nahas, G. Mokhtar et tant d'autres, nous témoignèrent une telle gentillesse et tant d'affectueuse sollicitude qu'on ne pourra jamais les oublier.

13

Le moment des réalisations

Le Centre de Karnak et la sauvegarde d'Amada

Entre l'Égypte et la France, tout allait se normaliser mais, suivant la formule consacrée, rien ne serait cependant plus tout à fait comme avant. Pourtant, on essayerait de s'y employer.

Il importait, en premier lieu, de reprendre – et activement – le projet de création du Centre franco-égyptien des temples de Karnak et de traduire sur place, avec l'ampleur désirable, le geste décidé par le président Nasser, en hommage au pays de Champollion.

L'entreprise se présentait donc comme un organisme, mené par une équipe française qui résiderait en permanence sur place, et travaillerait avec des spécialistes égyptiens de la Direction du Service des Antiquités.

Du côté français, et dans ses grandes lignes, l'organigramme prévu comportait :

– Le directeur du Centre (un architecte : Jean Lauffray), chargé de tous les travaux techniques et de maintenance, assisté d'autres architectes et d'un chef de chantier ; il disposerait de bureaux, d'ateliers, de laboratoires (chimie, restauration, etc.) ;

– Le sous-directeur du Centre (un égyptologue : Serge Sauneron), chargé de tous les travaux scientifiques, assisté d'égyptologues, dessinateurs, photographes, restaurateurs, etc.

Le personnel français appartiendrait au CNRS, à l'exception de Sauneron, devenu directeur de l'Ifao. Il avait accepté d'assurer à titre bénévole le poste de sous-directeur du Centre. La grande part de la subvention française venait donc du

CNRS ; au cours de plusieurs sessions du Comité national, et après un voyage concluant, en Égypte, du directeur scientifique, le professeur Monbeig, j'avais pu obtenir de cet organisme les fonds nécessaires. De son côté le ministère des Affaires étrangères avait accepté de contribuer régulièrement, pour une part, cependant beaucoup moins importante, à certaines subventions et à la mise à la disposition du Centre de quelques coopérants du Service national.

Du côté égyptien, comme il était convenu, la Direction du Service des Antiquités devait prendre en charge le codirecteur, assisté de collaborateurs scientifiques, l'équipement lourd, les ouvriers des chantiers, la construction d'un petit village destiné aux équipes françaises et leur famille, sur les rives du Nil, dans un style égypto-nubien, d'après les plans de J. Lauffray, inspiré des créations de l'architecte égyptien Hassan Fathy.

Après une suspension de presque quatre années, le projet était enfin mis sur pied et opérationnel en 1967. En 1987, les survivants de l'aventure célébraient le vingtième anniversaire de sa réelle existence.

Dans le désert de Nubie, régnait une vie intense, comme on ne l'avait jamais vu. A Amada, la petite équipe des Établissements Saint-Rapt et Brice s'était implantée dès 1964. Des tentes pour les ouvriers, deux petites maisonnettes de bois pour ingénieurs et contremaîtres formaient un hameau. Le 12 décembre, la « Maison divine » avait été détachée de son sol rocheux et lentement, chaque jour, parcourait quelques mètres. Elle atteignit son nouveau site en mars 1965. En juillet 1966, le *pronaos* fut réédifié. C'était impressionnant. Ainsi, des « bédouins » d'un type très particulier réalisèrent, dans les sables parfaitement désertiques, une prouesse de la technique moderne. Seul un petit canot automobile les reliait à Assouan, deux cents kilomètres plus au nord. Ce moyen de transport n'était pourtant pas emprunté par le valeureux ménage Trouvelot à chaque contrôle nécessitant leur présence sur le terrain. Ils avaient décidé – en dépit des difficultés – de suivre avec une vieille Jeep l'unique piste du désert utilisée depuis des siècles par les caravanes, sur la rive gauche de la Nubie égyptienne, longue de deux cent vingt kilomètres. A ma connaissance, ils ne rencontrèrent jamais de difficultés notoires au cours de leurs diverses expéditions. Depuis, cette piste, maintenant asphaltée, conduit jusqu'à Abou Simbel.

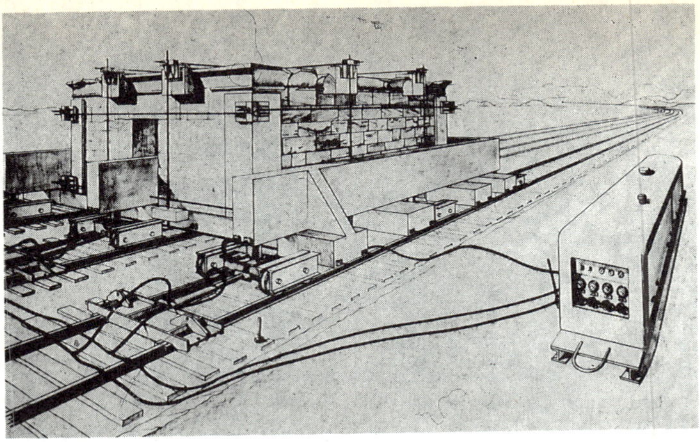

Amada : système de « déménagement » de la partie postérieure du temple, mise en précontrainte et mûe par des pistons.

Partie postérieure du monument mise en précontrainte et détachée du sol en un seul bloc.

Amada : voyage sur des rails jusqu'à son nouvel emplacement.

Amada : le dernier tronçon de voie ferrée.

La fin du voyage. Partie antérieure (démontée par assises) et partie postérieure (en un bloc) réunies.

En revanche, les imprudents qui, à l'époque, malgré tous les conseils prodigués par les Égyptiens, tinrent à suivre un trajet sur la rive du désert oriental, ne parvinrent presque jamais au bout de leur voyage vers la deuxième cataracte. Ce furent d'abord des touristes allemands, quelques années avant l'aventure nubienne, dont on ne retrouva jamais la trace. Puis, au moment où nous allions fréquemment étudier les temples jalonnant les neuf dixièmes de la rive gauche, trois jeunes Français et un Américain, dans deux voitures, ne voulurent pas écouter les conseils de prudence dont on les gratifia à leur passage à Assouan. Lorsque, au bout de quelques jours, on s'inquiéta de leur silence, il était déjà bien trop tard. Les hélicoptères envoyés à leur recherche découvrirent, à la hauteur du temple de Derr, non loin d'Abou Simbel – mais sur la rive orientale –, les cadavres des trois Français égorgés. On ne repéra jamais le corps du guide ni celui de l'Américain. Ils étaient pourtant à peine à dix kilomètres du Nil, non loin de nos missions!

On connaissait ces dangers depuis longtemps : la première fois où je me rendis, pour l'ouverture du chantier de relevés à Abou Simbel, avec le docteur Mustafa Amer, son architecte en chef, Mohammed Mahdi, et Louis Christophe, l'administrateur général avait emporté son revolver et je m'en étonnai : « La région n'est pas du tout sûre, me dit-il, et pendant ces périodes où l'inondation rend la remontée du courant périlleuse, la navigation de nuit ne peut se faire. Nous serons donc parfois obligés de jeter l'ancre sur la rive orientale. L'arrière-pays est encore infesté de Bicharin... sans doute les lointains descendants des terribles Blemnyes! » Il ne s'était pas trompé. Une nuit j'entendis des coups de revolver tirés à profusion : Mustapha Amer venait d'éloigner de cette manière des bédouins très redoutables ayant tenté d'envahir notre petit bateau.

Le cheikh Tewfik et le mariage nubien

Cependant, ces tristes aventures dues aux agissements très sporadiques, mais très cruels, des bédouins pillards du désert oriental, entre la première et la deuxième cataracte, ne pouvaient voiler le charme intense de la Nubie égyptienne. Cette mince bande d'humus, entre fleuve et désert, aux habitats si poétiques, étagés en grande partie tout au long de la rive occidentale, était ponctuée par des sortes de petites oasis, provoquées par la présence de stations de pompage. Tels étaient les îlots verdoyants de Dakka, Ouadi es-Séboua, Aniba, Feraïg (face à Abou Simbel) et Ballana, le plus au sud. Là, régnait son puissant *omdah*, le cheikh Tewfik. Ce grand vieillard, le sage de toute la région, habitait une demeure blanche et toute en terrasses, dominant « son » fleuve. Lorsque notre mission installait ses bateaux devant les temples de Ramsès et de Nofrétari, on ne manquait jamais, à la fin de certaines journées de travail, d'aller le saluer en remontant le fleuve sur les dix kilomètres séparant Abou Simbel de Ballana.

Toujours prévenu par le « téléphone du désert », il nous attendait devant sa maison, sa haute et mince silhouette vêtue d'une grande *galabieh* blanche, les bras levés et balancés légèrement en signe d'accueil. Son port majestueux, son allure à la lenteur voulue en faisaient un personnage de légende. Barbe blanche pointue et volumineux turban blanc complétaient l'image de cet auguste seigneur du Nil. Après les *salam* d'usage, il nous installait dans sa pergola de réception, extérieure à la maison, son *salamlick*. En général, la plus âgée de ses épouses nous apportait les présents d'accueil sur de grands plateaux de vannerie colorée et tressée : des dattes, et des sirops (*shorba* = sorbet).

Le maître avait disparu quelques instants durant le coucher du soleil. Il s'était retiré dans la cour voisine, accroupi sur une natte, face à l'astre descendant à l'horizon : aussi leste qu'un jeune homme. Sa prière rituelle ainsi achevée, il revenait vers nous, très vite, accompagné de serviteurs nous versant le thé noir éclairci par du lait de *gamouse* (bufflesse) et remplissant pour nous de petites coupelles avec des sablés et des gâteaux au miel.

Rituellement, il nous présentait alors certains de ses enfants. Durant une de nos visites, le défilé s'ordonna ainsi : d'abord un de ses fils, resté auprès de lui, corpulent et déjà assez âgé, qui l'aidait dans la gestion de son district. Un autre, ayant revêtu pour la péridode des vacances dans la maison familiale la *galabieh* locale; rien n'indiquait a priori son état de médecin réputé à Londres. Il suffisait pourtant de regarder son visage, fin et régulier, réplique rajeunie de celui de son père, pour s'assurer de son intelligence débordante. Venait aussi un autre rejeton, celui-ci habillé à l'européenne, étudiant à l'université du Caire. Le ballet se termina par l'arrivée de sa plus jeune épousée – probablement âgée de dix-huit ans au plus (un véritable couple de Ruth et Booz!) tenant dans ses bras un resplendissant dernier-né de quelques mois.

Enfin, la conversation pouvait commencer. Son point noir, souligné avec une philosophie admirable, était la disparition de sa Nubie bien-aimée et le déménagement prévu, dans le Nord, couvert de fine poussière de la terre d'Égypte, soulevée par le vent, et les futurs habitats, loin du calme et de la majesté du fleuve.

« Je vous invite à venir participer au mariage d'un de nos parents, nous dit-il à l'une de nos dernières rencontres. Ce sera notre ultime grande cérémonie avant que nous ne soyons contraints de tout quitter. »

Nous nous rendîmes à cette réunion organisée dans le désert, à la pleine lune, quelques jours plus tard. Par bateau, d'abord, nous avons remonté une fois de plus le fleuve, en direction du sud-ouest. Une fois sur la rive, ce fut la traversée des fourrés de plantes de *karkadé*, dont les gousses donnent ce breuvage grenat si agréable. Nous nous trouvions dans une sorte de plantation cernée de deux petits canaux ruisselant de cette eau du Nil nubien si limpide. Une fraîcheur exquise nous entourait pendant que nous marchions sous un ciel doucement éclairé. Puis, brusquement, la végétation disparut. Nous étions entourés du désert cendré. Notre guide nous accompagna sur une distance d'un kilomètre au moins et nous fit entrer, en définitive, dans une enceinte à ciel ouvert, peinte en blanc, à peine différenciée des sables. Le mur entourait une immense cour rectangulaire comportant, uniquement en son centre, une très longue table, faite d'une succession de tréteaux, et devant laquelle étaient assis une cinquantaine d'hommes portant longs caftans noirs et turbans blancs. On nous fit prendre place.

J'avais, à tout hasard, prévenu notre équipe, augmentée de certains nouveaux collaborateurs, des coutumes locales pour ce genre de banquet : ne pas s'effrayer de l'abondance des mets déposés devant nous. Je songeais, en effet, à la visite rendue en 1949, avec mon mari, au gouverneur d'Assouan, le *moudir* Méhanna. Dans le parc si fleuri de sa préfecture, une table fastueusement garnie nous attendait, ainsi que de nombreux convives. Dès que mon époux avait achevé ce dont on le comblait, il se croyait obligé de faire honneur aux nouvelles offrandes. Étant placée à l'autre bout de la table, je ne pouvais le prévenir de la coutume du pays, suivant laquelle on montre sa complète satisfaction en laissant une assiette contenant encore de la nourriture. Les invités se demandaient quel Pantagruel ils contemplaient. Pendant ce temps, mon pauvre époux, appliquant la politesse occidentale, continuait à ingurgiter les pâtisseries, avec un sourire de circonstance pour exprimer son contentement devant une telle générosité... et au risque de mourir d'apoplexie. Nos hôtes n'osaient pas se lever de table et leurs invités, par courtoisie, se croyaient obligés de suivre l'exemple du boulimique Français. L'heure du train, pour le retour vers Le Caire, nous sortit de cette situation inextricable.

On vint à un moment demander aux seules femmes de notre groupe (Janine Monnet, CNRS français ; Edda Bresciani, université de Pise ; Zeinab el-Kordy, université du Caire, et moi-même), si nous voulions rendre visite à la jeune mariée. C'était bien volontiers.

Une matrone alors se présenta à la porte de l'enclos pour nous mener dans une maison basse, accolée à l'extérieur du mur du fond. Entrées dans une sorte de hall à pergola ornée de colonnes blanchies à la farine de mil, nous avons alors pénétré dans une grande pièce où trônait un immense lit de cuivre, sur une estrade à trois marches. Devant le lit, suspendue à une poutre du plafond faite d'un tronc de palmier, une rangée d'épaisses cordelettes de coton, armées de cauris cousus, maintenait des résilles contenant petits paniers, écuelles, bols, vases et différents autres ustensiles, qui se balançaient doucement : le trousseau de la mariée, nous précisa la matrone.

Le lit était recouvert d'un tissu de coton brillant, rose indien éclatant. La pièce baignait dans une odeur d'encens. Très vite, nous perçûmes de petits gémissements : accroupie derrière une porte, la petite mariée pleurait de bonheur... mais n'était pas conviée à la fête dont les prémices étaient déjà annoncées.

Notre guide vint nous reprendre à la porte de la maison. J'appris par la suite qu'il était le marié. Il nous fit entrer alors, plus loin dans le désert, au cœur d'un vaste cercle limité par de grandes torches tenues à la même hauteur par de véritables géants. Les flammes nous permirent de contempler un second cercle, à l'intérieur, formé d'hommes aux manteaux noirs, tous porteurs d'immenses fusils, dont ils se servaient sporadiquement pour percer le silence de la nuit. Puis, encore, contre ce deuxième rempart, un troisième cercle, composé de femmes, parmi les plus âgées du village.

Intérieur d'une maison nubienne.

Visite aux femmes de la famille.

Au centre, circulaient librement, en rangées rythmées, les plus jeunes Nubiennes, droites et splendides, vêtues de couleurs éclatantes, mais recouvertes du manteau noir à traîne des femmes mariées, sur lequel tombaient leurs longs cheveux torsadés, ornés de bijoux d'or. Elles se tenaient par les épaules et dansaient lentement, en une mesure parfaite, avançant et reculant de leurs longues jambes, suivant un harmonieux et précis balancement. Leurs pieds nus frôlaient ainsi le sable fin en un froissement de satin.

Le docteur Gamal Mokhtar, le nouvel administrateur général du CEDAE, ne manquait jamais de nous accompagner. Il me conseilla de me joindre à la « procession » pour les honorer. Je m'exécutai : mon ample jupe de toile rose (pour cette visite, on avait abandonné le costume de chantier), parmi ces lucioles à la sombre traîne, d'une rare élégance, était un contraste étonnant. Ces belles filles de Nubie, grandes et minces, aux traits délicats, possédaient des visages dotés d'un regard de jais, brillant, qu'aucun voile ne masquait et, de surcroît, illuminé par un sourire découvrant des dents d'une blancheur quasi phosphorescente.

Elles se mirent alors à chanter : je n'avais jamais entendu en Égypte métropolitaine pareilles sonorités. C'était du pur nubien, véhiculé par une chaude mélopée *a capella*, aux accents parfois très graves rappelant ceux des chants grégoriens. Les Nubiens, héritiers de tant de coutumes pharaoniques dans leur lointaine province, utilisaient encore ces tonalités des temps les plus anciens, sans doute issus des cantiques liturgiques, perdus en Égypte depuis des millénaires.

Les travaux commencent à Abou Simbel

L'agenda et le choix des procédés d'extraction et de reconstitution des deux domaines sacrés d'Abou Simbel avaient été définitivement arrêtés (signature le 16 novembre 1963), bien souvent au prix de discussions enfiévrées. Nous étions arrivés à obtenir le découpage des visages des Colosses sans les morceler et en cernant les racines du front et des oreilles. Les blocs à détacher seraient de taille considérable, à la limite des possibilités de levage. Après tous les préparatifs, l'opération débuta en août 1965 – le dernier bloc fut extrait en juillet 1966. Pour le Grand Temple, 807 blocs furent découpés, 235 suffirent à extraire le Petit Temple, soit, en tout,

1 042 blocs, dont les plus importants pesaient jusqu'à vingt tonnes.

Il fallait d'abord décalotter les rochers afin d'atteindre les terrasses supérieures des façades; alors deux facteurs essentiels devaient être pris en considération : réserver la pierre de surface pour la réutiliser au moment où l'on reconstituerait la montagne, et ne pas porter préjudice aux façades des temples, ornées de tant de reliefs et exposées à la chute intempestive des roches pouvant se détacher pendant l'opération. Il fut donc décidé de recouvrir complètement ces parois d'une chape de sable (380 000 mètres cubes), en réservant l'accès vers l'intérieur au moyen d'une immense chenille métallique introduite dans la porte d'entrée; de même, avant toute opération d'extraction, la consolidation du grès très friable des deux mamelons s'imposait.

Au fur et à mesure des travaux du *Sadd el-Aali*, le niveau du Nil montait progressivement, commençant ainsi à former les débuts du lac Nasser. Les hésitations, discussions, tractations, et enfin les subventions avaient tellement traîné qu'on en était arrivé à la limite du possible. Il fallait déjà protéger les temples de la montée des eaux. Au début 1964, un immense coffrage de palplanches métalliques fut donc constitué, englobant les collines saintes de Méha et Ibchek, et leurs sanctuaires rupestres (37 mètres au maximum de hauteur et 370 mètres de longueur). Ce n'était pas encore suffisant : on avait été contraint d'installer de puissantes stations de pompage car les infiltrations pénétraient par le sol. Le mois d'août 1964 connut des crues du Nil exceptionnelles et l'eau était arrivée à deux mètres du sommet des palplanches!

Parallèlement, deux autres chantiers venaient encore d'être ouverts. Le premier concernait l'aménagement de la route dans les rochers et les sables, destinée aux camions chargés de véhiculer les blocs, sans les heurter et les amener du niveau des temples, cent mètres plus haut, sur la superbe falaise évoquant la grandeur du Hoggar. Cependant qu'à l'intérieur des *spéos*, on s'affairait à consolider leurs parois et leurs plafonds afin de résister à toutes les manœuvres d'extraction alentour. Des corselets en fer doublaient les piliers de grès et aboutissaient au plafond par l'intermédiaire de ressorts de caoutchouc amortisseurs. Les murs étaient provisoirement protégés par des surfaces molletonnées et plaquées de lattes de bois.

Le grès d'Abou Simbel, on l'avait constaté, était une pierre malade. Il avait subi du temps de Ramsès II un premier tremblement de terre, ayant provoqué l'effondrement du torse du premier Colosse sud. Les réparations antiques étaient encore visibles. Depuis, plusieurs autres ébranlements avaient secoué les falaises; les mêmes séismes avaient atteint le temple de Karnak, au XIIe siècle de notre ère, et certaines colonnes de l'hypostyle. Toutes les surfaces internes et externes des sanctuaires furent donc consolidées à la seringue, par injections de résine époxy, faites à faible et régulière distance, et sans aucunement en altérer la couleur.

Le procédé employé pour l'extraction des pierres, une fois détachées à la scie à main, fut exceptionnel. Des barres d'acier étaient d'abord fixées à la résine époxy dans chaque bloc, préalablement découpé. Ensuite, les mâchoires de l'immense grue arrimée à la falaise se refermaient sur ces tenons métalliques. La pierre transportée jusqu'au lit de sable, tapissant les plateaux des camions, était véhiculée au sommet de la falaise : on évitait ainsi toute détérioration des arêtes. Chaque élément numéroté était alors déposé à la place réservée dans un immense garage en plein air, par le truchement d'un pont roulant. Les 1042 blocs attendaient alors le moment du remembrement, dans le site préparé pour recevoir les nouvelles grottes.

Pour éviter tout effritement éventuel au moment du sciage des bas-reliefs avec les aciers les plus tranchants, la surface sur laquelle la lame devait suivre son tracé était entoilée à l'avance, en une protection supplémentaire.

A chaque réunion des comités techniques et archéologiques d'inspection, les progrès du travail étaient spectaculaires et, je dois dire, enthousiasmants. Deux firmes égyptiennes, une italienne, une allemande, une française étaient affectées à l'œuvre commune. Les ingénieurs-conseils étaient suédois et nos comités de contrôle et d'étude archéologique, internationaux. Tous les exécutants avaient pris à cœur leur travail. Chacun avait adopté les deux temples comme son bien propre. On sentait que tous désiraient accomplir la tâche au mieux. Abou Simbel était, sur la hauteur, devenu une véritable agglomération aménagée pour rendre la vie acceptable tout au long de cette besogne : elle devait durer quatre ans et demi, mais fut achevée vingt mois plus tôt. Les ingénieurs et leurs familles habitaient dans des logis construits à l'arrière de l'aire de dépôt des blocs, non loin d'une coopérative et d'un petit club

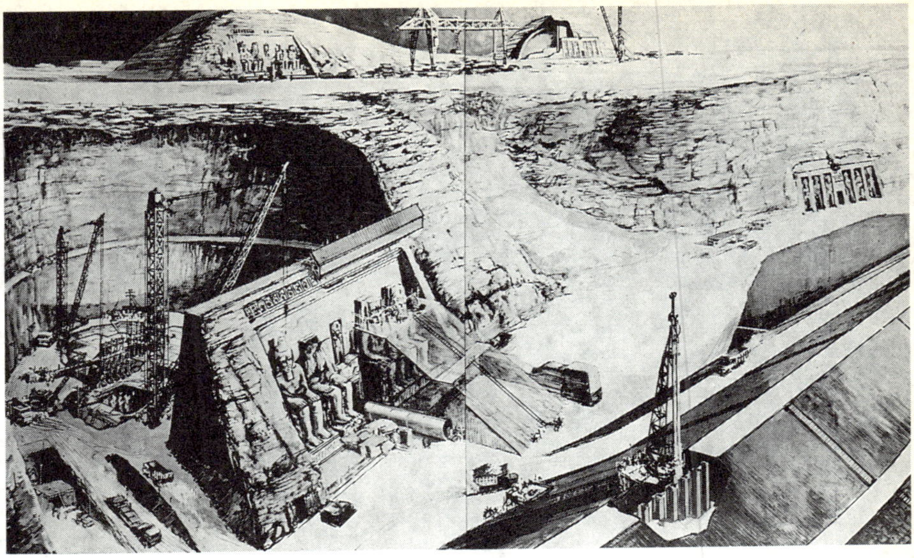

Projet définitif retenu pour sauver les temples d'Abou Simbel : les transporter – en respectant leur orientation – quelque cent mètres plus haut.

Les deux temples d'Abou Simbel, vus du nord, avant leur exhaussement.

Site d'Abou Simbel au début des travaux de sauvegarde.

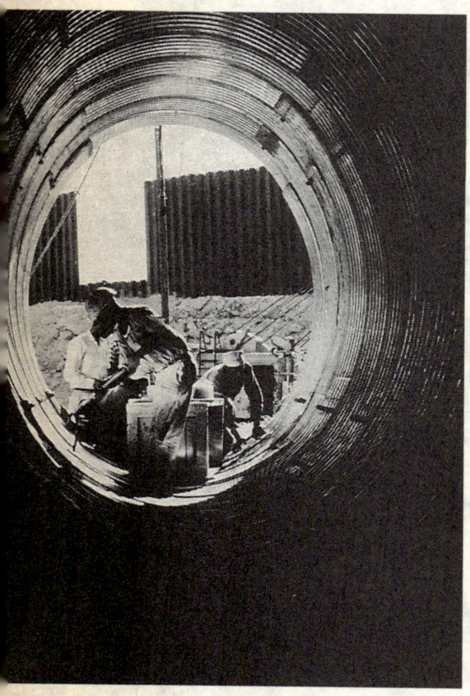

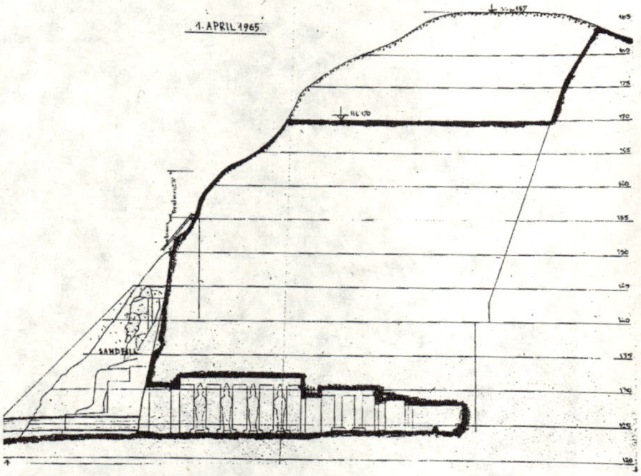

Croquis montrant le plan de découpage de la montagne (premier tiers de l'opération).

Vue de l'intérieur de la salle-cour vers l'extérieur, à travers la chenille de passage.

La façade du Grand Temple, à moitié ensablée.

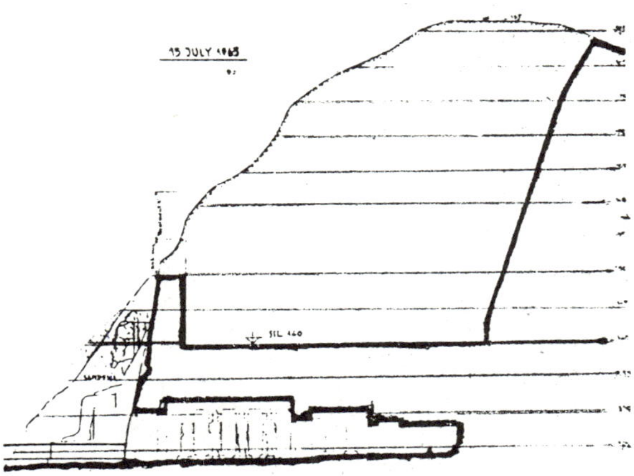

Croquis montrant la dernière étape du travail de découpage de la montagne.

Consolidation du grès : injection, à la seringue, de résine époxy.

Pose des bandes de tissu destinées à maintenir les surfaces à scier.

Opération de sciage, après la pose des bandes de tissu.

Visages des Colosses du Grand Temple déposés
dans le « garage », au sommet du mont Méha.

Extraction des genoux d'un Colosse.

Arrivée des blocs vers le « garage » du nouveau site.

L'ancien site privé des *spéos antiques*.

où tout le monde se réunissait, enfants comme parents, pour bénéficier des heures de repos et des bienfaits d'une grande piscine. Les enfants français suivaient leurs études par correspondance, grâce à l'École universelle, épaulés par un contrôle maternel constant. Jamais, m'a-t-on affirmé, ils ne furent aussi heureux. A l'arrivée des grandes vacances, ils ne voulaient même plus quitter ce désert attachant pour rentrer en Occident.

Le pays connaissait une activité inusitée : prospections préhistoriques, partant du Soudan et arrivant en Nubie égyptienne, fouilles archéologiques et derniers relevés du CEDAE dans les temples non encore touchés par les opérations de sauvetage, se mêlaient sur les deux rives. En plein été 1964, quelques surprises nous attendaient.

Ainsi, lorsque avec le docteur Gamal Mokhtar, du CEDAE, et le professeur Donadoni, nous gagnâmes, début septembre, la plaine bucolique, dégagée par les eaux à la hauteur d'Ellessiya, après avoir amarré le petit *Horus* près des grands palmiers bordant le rivage, nous nous rendîmes à pied sur la plaine, vers la grotte aménagée dans la falaise rocheuse, par ordre de Thoutmosis III, pour en achever l'étude. A travers l'étroite porte on pouvait voir, dès le matin, les troupeaux de chèvres noires broutant tranquillement l'herbe fraîche à la couleur si tendre. Dans le lointain, le défilé filiforme des dromadaires, en transhumance depuis le Soudan, semblait ne jamais vouloir s'arrêter. Nous étions pris par un travail à terminer impérativement avant la fin de la soirée et nous ne nous rendîmes pas compte d'un petit drame à l'extérieur. Le niveau de l'eau avait brusquement monté pendant la journée, en raison des pluies torrentielles d'Afrique centrale, dont le réservoir de Roseires au Soudan semblait avoir perdu le contrôle. C'était la catastrophe. Nous entendions des cris, poussés par les Nubiennes, tenant leur voile noir entre les dents, s'évertuant à rejoindre à la nage les énormes pastèques cultivées sur la rive et flottant, maintenant, à la surface des eaux. Nous rejoignîmes notre bateau, marchant dans le Nil recouvrant la berge : les eaux arrivaient à la hauteur de mes épaules. Il était grand temps.

Nous nous rendîmes au temple de Derr, dont le Service des Antiquités avait courageusement pris en main l'extraction en suivant, vaille que vaille, l'exemple donné par les travaux d'Abou Simbel. Sans grands moyens, architectes et ouvriers exécutèrent une œuvre admirable pour reconstituer la grotte dans les parages de la future oasis de Ouadi es-Séboua.

Les travaux des relevés scientifiques dans ce Grand Temple de Ouadi es-Séboua allaient bientôt être achevés; de même ceux du petit sanctuaire en hémi-*spéos*, exécuté pour Amon-des-Chemins par ordre d'Aménophis III, plus au sud. Le Service des Antiquités avait commencé à procéder aux fouilles archéologiques et, en poursuivant les investigations dans la grande salle hypostyle, transformée par les chrétiens en église – au centre de l'abside aux parois encore recouvertes de l'image des douze apôtres –, l'inspecteur des Antiquités, Shaffik Farid, dégagea les vestiges de l'autel. Alors apparut, dans le sous-sol, une magnifique jarre de céramique rouge vernissée ornée d'un décor en filet de perles, surmontée d'une magnifique croix en relief. A l'intérieur, des reliques avaient servi à christianiser le nouveau lieu de culte.

Taffé et sa gardienne

Une autre mission achevait son travail à Dendour. On avait réservé pour le mois de juillet précédent la recherche des deux chapelles de Taffé, érigées dans la belle crique, d'un niveau si bas que les eaux ne les libéraient pas chaque année, au moment de l'ouverture du barrage. Nous étions entrés dans la période des sept vaches maigres, des sept Nil bas, et le service des Irrigations de l'Égypte nous avait prédit un accès facile durant cette période.

Revenus, le docteur Gamal Mokhtar et moi-même, dans cette crique de Taffé au lendemain du 14 juillet, par une chaleur étouffante, nous mîmes les ouvriers au travail : la première tâche était avant tout de débarrasser les endroits – où l'on supposait retrouver les chapelles effondrées –, des boues visqueuses véhiculées et déposées par l'inondation depuis des années. Au bout de quelques jours de travail on parvint aux vestiges de la première charmante chapelle – maintenant exposée au musée de Leyde, en témoignage de reconnaissance pour l'assistance accordée par les Pays-Bas. Comme les autres constructions ptolémaïques de Nubie, elle avait été édifiée sur les rives immédiates du Nil. Elle dut être sévèrement heurtée par la quille d'un bateau, passé au-dessus de ses architraves, au moment où les eaux de submersion baissaient. Tous ses éléments d'architecture s'étaient effondrés dans la même direction et les colonnes, surmontées de gracieux chapiteaux, semblaient comme étirées par l'espacement de leurs tambours tombés au sol. Un matin, j'arrivai au début du travail vers les

Le temple de Ouadi es-Séboua, l'été, avant 1964.

Ouadi es-Séboua en automne, à la fermeture de l'ancien barrage, avant 1964.

Le *dromos* de Ouadi es-Séboua, vu du pylône, les tentes des ouvriers, le Nil et la rive droite.

5 heures et trouvai les ouvriers aux prises avec une sorte de sorcière, grand corps féminin efflanqué, couvert du traditionnel manteau noir à traîne et d'un voile sombre masquant sa chevelure. On ne savait pas d'où elle sortait, mais elle tenait une grande masse à la main et vociférait en nubien des propos menaçants. « Ne touchez pas à nos dieux ! Je préfère les détruire pour qu'ils ne partent pas ! » On réussit à arrêter de justesse le conflit et la destruction des ruines remises au jour.

Le Nil, en se retirant, avait libéré la falaise semi-circulaire et, de toute part, jaillissaient sur les pentes de grès de minuscules cascades restituant les eaux dont la pierre était gorgée. Au cours de l'escalade de la paroi rocheuse, apparurent, à l'arrière, les vestiges d'un village nubien dominant une prairie constituée d'alluvions du Nil, sur lesquels l'herbe avait immédiatement poussé. Deux ou trois petites vaches rousses y broutaient avec délices et, dans un coin, une source avait surgi, restituant les eaux emmagasinées dans le sol pendant la période de submersion. Là encore, véritable paradis terrestre : la vieille Nubienne ne voulait pas le voir disparaître avec le départ des bons génies habitant les sanctuaires du bord du fleuve.

Les États-Unis non seulement avaient consenti à contribuer d'importance aux subventions nécessaires pour les travaux d'Abou Simbel, mais avaient aussi doté d'une certaine somme l'effort accompli par les Égyptiens pour « déménager » complètement le grand temple d'Ouadi es-Séboua. Les Égyptiens avaient aussi entièrement assumé le déménagement de Debod, Dendour et surtout du grand temple de Dakka. Mais les travaux de déménagement de ce dernier sanctuaire, exécutés *in extremis*, ne permirent pas au service des Antiquités de récupérer la majorité des blocs anciens, enfouis sous ce temple ptolémaïque. Ces rares vestiges malheureusement abandonnés étaient ceux du temple construit, jadis, par Thoutmosis III, aux débouchés du Ouadi Allaki, menant aux mines d'or (seules quelques assises magnifiques, et portant encore leur polychromie, furent sauvées).

Quant au charmant petit hémi-*spéos* de Beit el-Ouali, remontant à la jeunesse de Ramsès II, les USA – les obstacles étant levés –, avaient, sous la pression de leurs égyptologues, versé les fonds destinés à faire extraire et transporter le sanctuaire rupestre, près du nouvel emplacement choisi pour le temple de Kalabsha, sauvé par l'Allemagne fédérale. Alors,

Le petit temple de Dendour, lorsqu'on refermait, à la fin de l'été, l'ancien barrage d'Assouan (avant 1964).

Assises du temple de Dendour démonté, entreposées sur l'île d'Eléphantine *(à gauche)* ; *à droite*, celles de la chapelle de Taffé.

Les ruines de Taffé, découvertes après l'ouverture du barrage d'Assouan.

non loin de là, le Service des Antiquités de l'Égypte avait réédifié le petit kiosque de Kertassi.

Les exploits de Cesare Brandi

Je ne peux évoquer Dakka sans consacrer quelques lignes au personnage si captivant de Cesare Brandi, au souvenir duquel ce sanctuaire nubien demeure, pour moi, attaché. Durant cette période où les eaux commençaient à monter inexorablement et où certains travaux, précipités par les circonstances, pouvaient provoquer quelques négligences, je m'efforçais de souligner l'intérêt de préserver quelques inscriptions en vieux nubien, risquant d'être détériorées pendant le démantèlement des sanctuaires. L'occasion se présentait d'obtenir de l'Unesco une mission à confier au directeur des laboratoires centraux de Rome, le docteur Cesare Brandi, par ailleurs un remarquable critique d'art, animé d'un humour aussi féroce que vaste était son talent. C'était surtout l'occasion de faire venir ce spécialiste appelé également, sur son chemin, à étudier l'état déjà très alarmant des peintures ornant le caveau de Nofrétari, dans la Vallée des Reines. Notre spécialiste, à son retour en Italie, rédigea un volumineux rapport dont les lignes générales furent en définitive suivies par ses principaux assistants, le signor et la signora Mora : vingt ans après, ils furent enfin sollicités avec leur équipe pour soigner cette magnifique sépulture, mais... aux frais de la fondation Getty (le bénéfice de l'exposition Ramsès II à Paris avait toutefois été remis au gouvernement égyptien pour cette opération).

Son travail achevé dans la Vallée des Reines, Cesare Brandi nous accompagna en Nubie. En passant à Dakka, nous devions nous arrêter pour contrôler les dernières prises de vues photographiques d'une de nos équipes, dans les salles basses du temple. C'était durant un des derniers automnes avant son déménagement, et pendant que les eaux commençaient à l'entourer de toute part. En pleine nuit, les grands pylônes du temple marquaient de deux grandes tours noires l'immensité des eaux de l'inondation aux teintes plombées. Le bruit assourdissant du groupe électrogène fracassait nos oreilles mais distribuait, à l'intérieur du sanctuaire, la lumière nécessaire aux opérations. On venait d'enregistrer l'image de la lionne aux mamelles pendantes, incarnation de la Déesse lointaine, à la queue battant l'air. Elle était irritée par le discours de l'envoyé du dieu tout-puissant, sous la forme du petit singe astucieux

Le temple de Dakka,
au retour des eaux, en automne.

Notre batelier nubien ne peut se résoudre à la disparition de son temple.

Allusion à la légende de la « Déesse lointaine », à Dakka. Le singe, émissaire du démiurge, implore la volage fille divine afin qu'elle revienne au bercail.

s'efforçant de la convaincre de retourner au bercail. Le moteur s'arrêta soudain, victime d'une panne. Dans le grand silence revenu, nous entendîmes alors une voix d'or, très inattendue, projetant dans le ciel vespéral un « *Sole mio* » éclatant. Subjugués, les Nubiens de la mission s'étaient prosternés pour suivre dévotement cet étrange culte à la lune, auquel ils semblaient fort sensibles ! Nous venions de découvrir un nouveau talent de Cesare Brandi, debout au sommet du pylône, tel le victorieux faucon d'Horus, habitants du pays de Ouaouat, en prière autour de lui !

Le voyage, poursuivi jusqu'aux dernières inscriptions nubiennes, fut, dans la vie quotidienne partagée sur le bateau, émaillé d'inattendus. Pour commencer, le responsable du CEDAE avait un différend sérieux avec le chef des laboratoires du Service des Antiquités, adjoint à la mission : ils ne se parlaient plus. La sensibilité de Cesare Brandi était meurtrie par l'atmosphère si tendue, lui si sociable ! Sourd comme on ne peut l'imaginer, et craignant de m'obliger à hurler mes réponses à ses innombrables questions sur cette situation, il avait décidé de me les poser par écrit, au moyen de petits papiers glissés sous la porte de ma cabine. Je ne sais ce que mes voisins auraient pu en déduire s'ils ne m'avaient connue de longue date ! Le plus cocasse de tout et, pour souligner quelques facettes de ce personnage d'exception : Cesare Brandi ne dédaignait pas l'art culinaire, apprécié chez les autres, comme dans sa propre cuisine, à Rome ou en Sicile, et dont il se piquait d'être un connaisseur réputé. Chaque jour, ses papilles gustatives commençaient à se réveiller un bon moment avant les repas, servis à des heures souvent fantaisistes sur notre embarcation, dont le ravitaillement était peu varié. Aussi pour pallier cette attente et la précarité des menus, au fur et à mesure que l'appétit le gagnait, Brandi me décrivait jusqu'à en défaillir les plats les plus succulents de sa composition.

Aux souvenirs encore vifs de cet homme de talent et d'esprit, s'ajoute ainsi une série de recettes de cuisine incomparables !

Découverte de la stèle de Psammétique II

Je regagnai Assouan avec le professeur Donadoni, monté à bord au niveau de Sabagoura – où il laissait son équipe – avec Loutfi Tambouli, du CEDAE, venant d'achever sa mission de Kalabsha. Nous devions rester une journée à Assouan. Vers le crépuscule, Tambouli revint sur le *Horus* très excité. Il venait

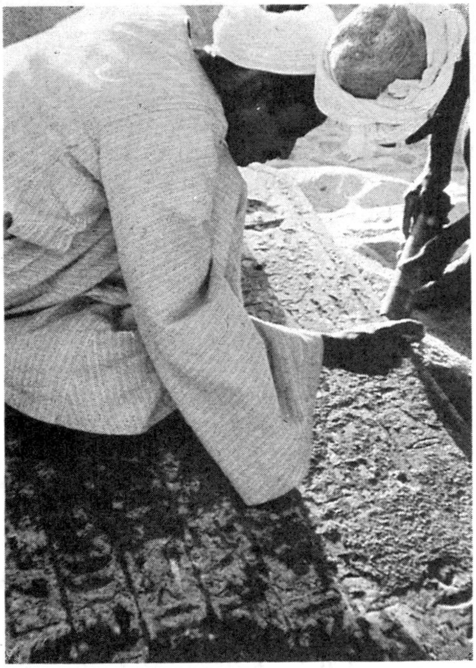

Nettoyage de la stèle de Psammétique II, retrouvée dans les sables de Shellal.

La stèle sauvée, et dressée, au nord du temple de Kalabsha.

Cintre de la stèle en cours de nettoyage.

d'apprendre par M. Abdine, l'Inspecteur des Antiquités à Assouan, la découverte par les ouvriers extrayant du sable fin pour les travaux du Grand Barrage – sur l'emplacement jadis aménagé en petit aérodrome par les troupes anglaises – d'une immense pierre de granite rose taillée régulièrement. Ils avaient essayé de la déplacer et, ne pouvant y arriver, ils projetaient de la briser en morceaux ! L' « exécution » devait se passer le lendemain matin. Tous trois, nous avons alors immédiatement décidé, fanaux à la main, de nous rendre sur les lieux, la nuit tombée, pour retrouver cette pierre dans le désert.

Après avoir enlevé une certaine couche du sable, dont les vents en quelques heures avaient à nouveau voilé la pierre, on aperçut, couchée sur le sol, une grande stèle cintrée, de plus de deux mètres de haut, entièrement recouverte de bitume ayant profondément pénétré dans les creux des grands hiéroglyphes distribués en registres réguliers sur sa surface. Nous comprenions l'émoi de Loutfi Tambouli. Il fallait d'urgence dépêcher à Assouan les gardiens de notre escorte, pour nous ramener de l'essence et les détersifs sur lesquels ils pourraient mettre la main, des ciseaux de métal, tous instruments percutants, et des sacs d'étoupe pour nous permettre de faire disparaître, durant la nuit, le goudron cachant une inscription peut-être inconnue. Nos mains s'en ressentirent pendant plusieurs jours, mais notre acharnement nous permit de contempler, à l'aube, une magnifique stèle *parfaitement intacte*, sans une égratignure, au cintre orné des cartouches de Psammétique II et dont le texte, véritable hymne littéraire et guerrier, nous rapportait l'expédition punitive envoyée par Pharaon au Soudan afin de châtier les envahisseurs. Il décrivait la région frontalière d'Assouan recouverte par les eaux de l'inondation et les marécages dans lesquels le roi passait des instants de délassement, en attendant le résultat d'une bataille de l'issue de laquelle il ne pouvait douter. Les morceaux épars et incomplets du même récit, retrouvés à Tanis, avaient jadis été travaillés avec tant de difficulté et de talent par Sauneron et Yoyotte. Nous venions de dégager le texte intégral, relatant les hauts faits du général égyptien Amasis et du chef de la légion étrangère, Potasimto – ces mêmes personnages historiques, dont la plus ancienne inscription grecque monumentale rappelait le passage, gravé sur la jambe d'un des Colosses d'Abou Simbel.

La stèle fut sauvée. On lui fit traverser le Nil, elle est maintenant exposée au nord de l'enceinte de Kalabsha.

14

Malraux en Égypte

André Malraux, en sa qualité de ministre d'État des Affaires culturelles, régnait sur les musées. Il n'était pas resté, on le sait, insensible au sort des monuments de Nubie et j'avais pu obtenir, pour répondre aux vœux de René Maheu, qu'il élève sa grande voix en réponse à l'appel de l'Unesco pour sauver ces reliques de la disparition. Pendant la période où je préparais l'exposition Toutânkhamon devant sceller la reprise des relations diplomatiques entre l'Égypte et la France, les Égyptiens l'avaient invité à venir constater les progrès des travaux à Abou Simbel et m'avaient priée de l'accompagner. André Malraux avait été précédé en Égypte, quelques mois auparavant, par son adjoint, le directeur général du ministère, Jacques Jaujard, ce même grand serviteur de l'État qui, on s'en souvient, avait su préserver, pendant la guerre, les musées de France et leurs collections.

A une époque où le choix définitif des objets n'avait pas encore été fait, je voulais lui montrer, au musée du Caire, les faire figurer à l'exposition parisienne. Ainsi, le maréchal (*mouchir*) Hakim Amer nous avait accordé audience et, durant le séjour de Jaujard, il avait accepté spontanément d'inscrire sur la liste des objets le magnifique chien noir d'Anubis couché sur son coffre doré. Jaujard en était enthousiasmé. Cependant, je fus obligée de renoncer au prêt de cette pièce sensationnelle car nos restaurateurs, en étudiant son état très fragile, refusèrent de prendre la responsabilité du transport.

Jacques Jaujard était un personnage extrêmement attachant et j'étais fière de présenter à une certaine élite égyptienne ce très grand Français. En revenant d'Abou Simbel, où nous avions pu nous rendre – avec un des petits avions de la *joint venture* des firmes œuvrant à son déplacement –, ses entrevues très fructueuses au Caire devaient se terminer par une audience du recteur de l'université d'el-Azhar, le cheikh Bakouri, grand ami du docteur Badawi et qui avait fait nommer l'épouse de ce dernier – le docteur Zeinab Rached Badawi, universitaire renommée – recteur de l'université el-Azhar pour les femmes : une véritable révolution ! La rencontre entre ces deux hommes vraiment exceptionnels fut un enrichissement pour ses témoins. Le cheikh était un très grand lettré, croyant très éclairé, porté vers l'œcuménisme. Jacques Jaujard, fidèle à la tradition protestante, témoignait en toute chose d'une compréhension à la fois pleine de rigueur et de tolérance, ouverte à toutes les philosophies religieuses : l'un et l'autre étaient faits pour s'entendre.

La visite du ministre d'État devait évidemment être beaucoup plus officielle. Sitôt monté dans l'avion d'Egypt Air, Malraux, accompagné d'Albert Beuret, son fidèle compagnon de Résistance, directeur de son cabinet, se mit à corriger les épreuves de ses *Anti-Mémoires*, sur le point d'être publiés. Il ne cessait d'y porter des amendements et des compléments. Aussi, régulièrement, Beuret lui passait-il de nouvelles feuilles blanches. Un arrêt à Genève nous donna l'occasion de marcher de l'avion jusqu'au salon d'honneur et, pendant le trajet, le ministre me posa quelques questions très courtes et incisives sur le fond de la pensée révolutionnaire des Égyptiens et leur position par rapport à la Révolution française. Les réflexions confidentielles cessèrent au moment où nous remontâmes à bord. Au préalable, j'avais pris la peine de rappeler avec insistance à Malraux comment, lors des premiers pourparlers relatifs à l'exposition Toutânkhamon, il avait été décidé d'en remettre les bénéfices à l'Unesco, afin d'accroître notre contribution à la sauvegarde d'Abou Simbel. A l'arrivée à Héliopolis, une vaste conférence de presse avait été organisée dans le salon d'honneur par le ministre égyptien de la Culture. Ce n'était plus alors Saroïte Okacha, mais Abdel Kader Hatem, promu ministre de la Culture et de l'Information. Notre ambassadeur nouvellement en poste, Jacques Roux, était bien entendu présent. La construction de l'hôtel français Méridien n'étant pas encore achevée, nos hôtes avaient réservé nos appartements respectifs au Nile Hilton, regagné seulement à 2 heures du matin.

La première journée au Caire

Les visites allaient commencer peu après. La première, à 8 heures, était destinée à aller signer le Livre à la Présidence de la République, sise à Héliopolis. Malraux était arrivé de Paris avec seulement Beuret et moi-même, mais notre ambassadeur, Jacques Roux, l'avait rejoint pour les visites officielles, et le Quai d'Orsay avait délégué un jeune diplomate en poste à Paris : M. de La Barre de Nanteuil. Malraux semblait légèrement irrité à sa vue et saisit le premier prétexte pour lui être désagréable. Nanteuil portait un fort élégant costume d'été, chemise de soie, col ouvert, mais la pomme d'Adam néanmoins cachée par un foulard savamment noué. Pour montrer sa réprobation, le ministre le regarda d'un œil oblique et le pria d'aller mettre une cravate, « tenue décente pour une visite officielle ».

Le cortège s'ébranla en direction d'Héliopolis. Signatures apposées sur le Livre, la prochaine visite était prévue à la Maison de la radio dont le bâtiment, par sa façade arrondie, pastiche le nôtre. Dans ces locaux, le nouveau ministre de la Culture avait installé un très grand bureau, dont il avait quitté quelques jours avant une version aménagée d'une façon un peu plus modeste, à l'étage inférieur, alors qu'il dirigeait l'Information. Après les palabres rituels de politesse traduits en arabe, Malraux tint à prononcer des paroles aimables propres à toucher le cœur du nouveau ministre : « Cette inestimable manifestation artistique, préparée avec tant de soins, aura certainement un grand succès : j'ai bien l'intention d'affecter son bénéfice à la traduction des œuvres de Victor Hugo en arabe et d'un grand auteur arabe en français. » Affolement visible sur le visage de notre ambassadeur, coup de massue sur la tête du ministre égyptien, regards éperdus en ma direction ! Incapable de trouver la réplique immédiate, tant la déclaration me paraissait énorme, je confirmai au ministre égyptien, dans mon mauvais arabe du Saïd, que l'on avait, il est vrai, envisagé plusieurs manifestations pour sanctionner l'œuvre commune, mais tout était resté au stade de projets. En sortant de la Maison de la radio, je m'efforçai de rappeler à Malraux l'entente passée au préalable au sujet des bénéfices de l'exposition, et dont le souvenir venait de lui échapper : « Vous avez raison de me le répéter. Je vais naturellement réparer cela tout à l'heure. »

Rassérénés, nous partons pour accompagner le ministre au musée des Antiquités où le rendez-vous avait été pris avec son directeur : il s'agissait de présenter à Malraux les pièces destinées à l'exposition ; pour la première fois certains des trésors de Toutânkhamon sortiraient des vitrines où ils avaient été placés après leur découverte. Soliman Huzzaÿen, nouveau ministre de l'Éducation nationale, très pertinent préhistorien, dernier élève de l'abbé Breuil, l'attendait, escorté du sous-secrétaire d'État à la Culture, Hussein Faouzi, jadis étudiant à l'université de Paris. Géographe et violoniste de talent, il avait épousé une Française, le professeur Diane Potier-Boës, fille du poète, créateur à Paris du « Cercle de la Plume ». Le fidèle Mahmoud el-Nahas, directeur des Relations culturelles, était du cortège.

Le gouvernement égyptien avait bien choisi les personnalités devant accompagner Malraux durant tout son voyage dans le Sud. Les autorités du musée étaient sur le pied de guerre et la visite des antiquités commença par le scribe du Caire, auquel Malraux s'intéressait plus particulièrement. J'attendais avec impatience le moment où nous allions arriver dans les salles de Toutânkhamon, pour qu'il souligne bien l'importance du masque en or, souhaité pour l'exposition, mais dont le prêt était encore en discussion. En revanche, notre ministre paraissait davantage préoccupé par l'idée de revoir une peinture du Fayoum, dont le regard lancinant le poursuivait encore, disait-il, depuis son précédent passage au musée, remontant au moins à dix années. Brusquement, nous le perdîmes de vue : il avait dû se diriger vers les salles des objets de Toutânkhamon. Nous pensions donc l'y retrouver : en vain ! La visite se fit sans lui, avec notre ambassadeur et les ministres égyptiens, un peu désemparés. Nous le retrouvâmes *in extremis* dans une des petites salles latérales du premier étage, subjugué par le fascinant portrait, enfin repéré.

La troupe redevenue complète, il restait maintenant à se rendre à l'invitation du ministre de la Culture, pour un déjeuner à l'orientale, servi au Shepheard Hotel. Les convives étaient tous assis d'un seul côté d'une immense table. Au centre, le ministre Abdel Kader Hatem – Malraux – à sa droite et, à sa gauche, Mahmoud Faouzi (un autre Faouzi), à l'époque le très sage ministre des Affaires étrangères, puis une haute personnalité de la Présidence ; j'étais assise à sa gauche. Je donne ces détails concernant l'emplacement des convives du

A. Malraux, au Caire, devant le diadème de Toutânkhamon, en compagnie de J. Roux, ambassadeur de France, et de Ch. Desroches Noblecourt.

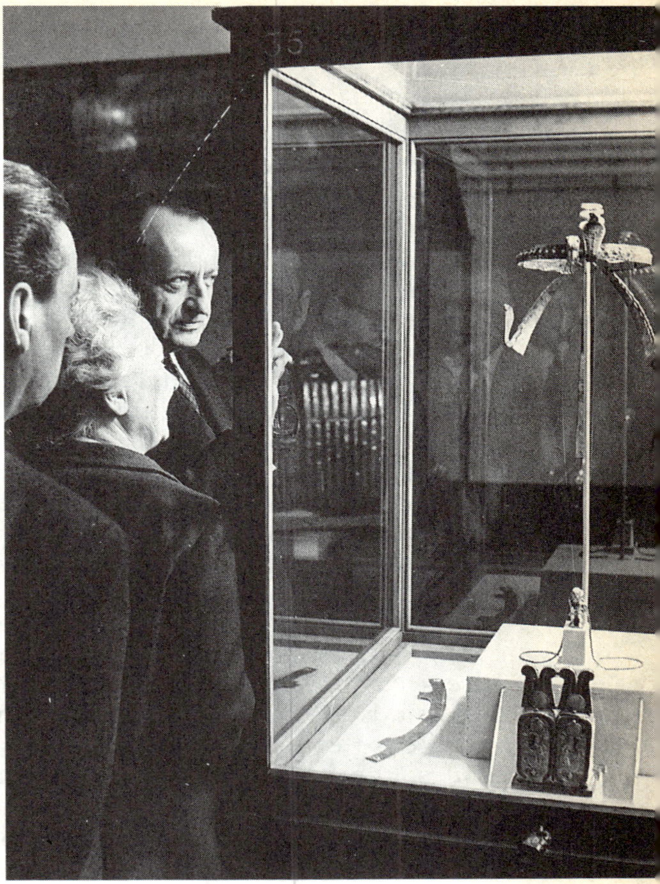

Jacques Jaujard en conversation avec le président de l'Organisation des Antiquités, le Dr Gamal Mokhtar.

Banquet offert à André Malraux, par le ministre de la Culture, à l'époque Abdel Kader Hatem.

centre de la table afin de mieux faire comprendre la scène qui va suivre.

Avant l'entremets, Hatem se leva et, pendant vingt bonnes minutes, prononça un imposant discours en arabe. Notre ministre avait du mal à réprimer ses gestes nerveux coutumiers. Lorsque Hatem cessa de parler, le professeur Raymond Francis, de l'université du Caire, prit le micro. Debout, derrière le ministre Hatem, il lut en français une magnifique adresse à Malraux, dans laquelle il évoqua d'une façon très personnelle toute son œuvre. Notre ministre se mit alors à griffonner quelques mots sur un papier et me le passa furtivement derrière le dos du ministre Faouzi; je lus : « Qui est cet homme? Je n'ai jamais entendu si bien analyser mes écrits. Dois-je répondre ? » Mon message, en retour, fut bref, laconique dans mes explications pour indiquer l'auteur de l'analyse, Raymond Francis lui-même, et affirmatif pour la réplique. Je reçus de nouveau un billet, toujours par la même voie ! Cette fois-ci, Malraux me demandait s'il serait convenable dans sa réponse d'utiliser certains passages de son adresse pour la sauvegarde des monuments de la Nubie : l'affirmative s'imposait. Ainsi, notre ministre évoqua de sa voix rocailleuse et théâtrale le défilé des nations venant, sous les étoiles, porter secours aux monuments d'éternité. Ceci l'amena à faire allusion à l'exposition sur Toutânkhamon en préparation et à la possibilité, ainsi offerte, de faire... « traduire Victor Hugo en arabe et les meilleurs écrivains égyptiens en français » ! Abdel Kader Hatem et Jacques Roux semblaient parfaitement effondrés. En sortant de la salle à manger, je regardai tous les opérateurs de la télévision convoqués pour enregistrer la cérémonie et je me raccrochai désespérément à l'idée que, dans quelques jours, une actualité chassant l'autre, ces propos s'estomperaient. Malraux sentit un reproche dans mon regard et me dit gentiment : « J'ai encore une fois oublié ! »

La visite en Haute-Égypte

Le lendemain matin nous devions partir en Haute-Égypte et le personnage devint tout à fait différent. Arrivée à Assouan en avion, toute la délégation emprunta les petits appareils de la *joint venture* pour se rendre à Abou Simbel. Le survol de la Nubie promise à la disparition et du désert, au-dessus duquel on passait pour rejoindre la première courbe du Nil, captiva naturellement Malraux. Ces ravinements des *ouadis* desséchés par les eaux torrentielles de la haute préhistoire restent toujours très impressionnants. La couleur du sable doré de Nubie entourant des groupes de rochers noirs façonnés par l'érosion éolienne en une série de petites pyramides attirait aussi son attention. Je pus lui montrer au passage le charmant temple d'Amada dont la France assumait le sauvetage en lui faisant parcourir plus de trois kilomètres dans le désert sur des rails, afin d'atteindre son nouveau site, cent mètres au-dessus de son niveau d'origine.

Les travaux à Abou Simbel étaient déjà très avancés. Les colosses de la façade du Grand Temple avaient été extraits de la racine rocheuse et, au moment précis où notre ministre arrivait sur le chantier, l'immense grue, utilisée pour soulever des blocs monumentaux, venait de déplacer une frise de prisonniers orientaux maintenus, depuis des millénaires, en image de prophylaxie sous les pieds de Pharaon. « C'est un heureux présage », déclara Malraux, tout en consacrant son attention à suivre les prouesses techniques qui se déroulaient devant lui.

André Malraux tint naturellement à visiter le « garage », au sommet de la falaise, vers lequel convergeaient des pistes, aménagées depuis la terrasse des temples. Il s'agissait d'une vaste esplanade couverte de sable, où les impressionnants blocs de grès, détachés de la base, étaient déposés par des ponts roulants, dans l'ordre nécessaire pour la reconstruction. Le face à face du ministre, historien de l'art, avec les immenses figures, dont les yeux semblaient baissés, était assez étrange. D'un côté, sur ces visages millénaires, un sentiment profond d'introspection : toute la physionomie de Malraux semblait les interroger, attendant avec insistance une réponse : de nouveau, pour l'auteur de *La Condition humaine*, le grand problème se présentait.

Alentour, contremaîtres et ouvriers semblaient être en ébullition. Le démantèlement du grand *spéos* avait commencé par l'extraction de la frise de cynocéphales dominant la façade. Ils étaient tous rangés les uns à côté des autres, sur leurs coussins de sable. Mais, horreur, l'un d'eux était démuni de ses attributs virils. Cependant les photographies montraient bien leur existence, en place, avant le transport. La recherche dura toute la journée et, profondément enfouis plus loin dans le sable, ces précieux éléments furent retrouvés. Aussi, les ouvriers déclarèrent-ils que le ministre *françaoui* leur avait porté bonheur !

Rentrés à Assouan où nous devions passer la nuit, nous avions été conviés par le gouverneur à venir inaugurer la Maison de la culture, nouvellement fondée dans la ville, qui s'agrandissait et se modernisait rapidement. Le vieux système pictographique était pourtant encore utilisé pour cette période électorale : murs de clôture et façades de maisons étaient recouverts d'affiches, portant l'image sélectionnée par le candidat pour se faire reconnaître : ainsi pouvait-on différencier, grâce aux divers animaux et végétaux utiles à l'Égyptien, l'appel de telle ou telle personnalité ; la plus brillante était certainement celle évoquée par le chameau (en Égypte c'est, en réalité, un dromadaire). Notre candidat avait dû se hâter de la choisir en premier car, contrairement à notre vision occidentale, sur les bords du Nil, traiter quelqu'un de chameau *(gamal)* est un grand compliment, ce dont je m'efforçais de convaincre le ministre pendant notre cheminement jusqu'à cette Maison de la culture, ponctué par ces innombrables allusions à l'homme capable de supporter, avec efficacité, les charges les plus lourdes et les plus bénéfiques à son pays, tout comme pour les siens.

Après la cérémonie où Malraux sut, à l'aide d'un interprète, s'adresser à la jeunesse nubienne et fut écouté avec ferveur, un grand dîner était offert, à l'hôtel Cataract, par les ministres et le gouverneur de la région. Dans le hall de l'hôtel, ils avaient rencontré certains de leurs confrères de l'Assemblée du peuple accompagnant leurs collègues communistes français de l'Assemblée nationale, invités à visiter les travaux du Grand Barrage (le *Sadd el-Aali*). En conséquence, les deux banquets fusionnèrent. Malraux venait de repérer une personnalité de sa connaissance, un M. Dupuis, si j'ai bonne mémoire, avec lequel, me confia-t-il, de nombreuses lances avaient été rompues durant les sessions parlementaires. Il avait continué : « C'est un garçon très sympathique et, quand nous nous retrouvions dans les couloirs, je lui faisais remarquer qu'il avait tort de toujours contrer mes interventions car, très souvent, mon intention était de l'aider. » Il n'avait pas dû arriver à le convaincre puisque, à peine étaient-ils attablés, la polémique commença : « Monsieur le ministre, une question me démange. Nous n'arrivons pas à comprendre que l'auteur de *La Condition humaine*, l'écrivain inspiré des *Conquérants*, ait accepté, maintenant, de devenir un ministre d'État du général de Gaulle. » Avec la plus grande aménité, Malraux, en un

André Malraux, sur le sommet d'Abou Simbel, accompagné du ministre de l'Instruction publique, Soliman Huzzaÿen, de Christiane Desroches Noblecourt et du Dr Anouar Shoukry, directeur des Antiquités : « To be or not to be... »

Un des derniers blocs du Grand Temple est soulevé, en présence d'André Malraux.

raccourci saisissant, très élégant et assez prophétique, avouons-le, fit une rétrospective de sa pensée politique et de son évolution en désaccord progressif avec celle de la « philosophie » stalinienne. Les arguments étaient judicieusement choisis, remarquablement exposés et ses positions, à l'époque où il parlait, ne paraissaient pas être contestables. Les répliques durant l'échange de vues devenaient moins agressives. A la fin, d'ailleurs, son interlocuteur, auquel s'étaient joints naturellement certains des hommes d'État présents, ne contestait plus.

En sortant de table, Hussein Faouzi me confia qu'il avait, ce soir-là, bénéficié de la plus belle leçon de politique de sa vie : ses collègues et lui-même s'en souviendraient longtemps.

Le lendemain était consacré, sitôt l'arrivée à Louxor, à la visite des temples, à commencer par l'immense domaine de Karnak. Notre petit groupe ne reconnaissait plus le Malraux du Caire. Ses tics, si fréquents, avaient disparu et son fidèle Albert Beuret ne le suivait plus de si près. Il était parfaitement transporté par la vision des pylônes, des colonnes aux ombelles épanouies, des statues dont le dialogue avec l'Éternel le fascinait. Il m'interrogeait sur les rapports entre les différents temples et l'objectif réel de certains pèlerinages au cours desquels la statue portative, ou support matériel du divin, était parfois déplacée d'un sanctuaire à l'autre.

Il voulait aussi, le lendemain matin, visiter les lieux où les premiers anachorètes avaient vécu dans les grottes du *gebel*, loin des cultures. Lorsque je lui signalai l'existence encore visible des chemins parcourus sur la crête des *ouadis* occidentaux par les ouvriers de Pharaon – et, plus d'un millénaire après, par les pèlerins venus d'Occident afin d'approcher les ermites et connaître les monastères –, il décida pour l'aube suivante de parcourir les mêmes sentiers. Je tentai de le prévenir de la fatigue que cela pourrait lui causer ; certains passages étant difficiles d'accès, l'équilibre instable sur des pierres sèches et la montée au pied de la Cime thébaine, très raide. Il tenait à son projet et d'un geste de la main balaya ces obstacles.

Inquiète cependant – il ne m'avait pas convaincue –, je m'en ouvris à Beuret. Celui-ci répliqua catégoriquement en évoquant les qualités sportives de son ministre. Je devais donc m'incliner, d'autant que la promenade était exceptionnelle. Le lendemain, la traversée du Nil se fit au petit matin, afin d'arriver dans la Vallée des Reines au lever du soleil. Les inspecteurs de la région nous attendaient, clefs en main pour faire visiter au ministre les caveaux funéraires des fils de Ramsès III et la fastueuse tombe d'une des plus belles reines du monde, Nofrétari, la bien-aimée du grand Ramsès. Malraux y avait jadis pénétré, mais la vision de tous les bras divins tendus vers la reine pour l'accueillir et l'entraîner, la guider dans son périple vers l'éternité, l'éblouissait encore davantage maintenant. Il voulait savoir le pourquoi de presque toutes les formes et de tous les « tableaux ». « Pourquoi ces sept vaches et un taureau ? »

Il le savait, j'allais l'entraîner dans le domaine du symbolisme et il l'attendait comme une sorte d'apaisement à sa perpétuelle anxiété. « Ces sept vaches, monsieur le ministre, figurent les sept années successives de bonnes inondations. Le taureau proche en assure la fertilité. Vous avez là, sur trois registres, la préfiguration du rêve expliqué par Joseph à Pharaon. Ce phénomène géographique est certain. Les Égyptiens l'avaient bien constaté, et pour cause. Nous-mêmes, travaillant l'été en Nubie, nous l'avons vécu, nous avons également traversé les périodes des " sept vaches maigres ", les années où les eaux de l'inondation sont trop basses et n'arrivent pas à fournir toute la provende à l'Égypte. »

« Par cette momie à tête de bélier vert, qu'ont-ils voulu exprimer, ces prêtres égyptiens ? » J'étais heureuse de pouvoir lui répondre : « Cette image, à elle seule, traduit le vœu de la souveraine trépassée. La momie dressée, enveloppée d'un suaire blanc mais portant la longue ceinture rouge plissée de la reine, représente effectivement la défunte momifiée, assimilée à Osiris, le corps surmonté de la puissante tête d'un bélier, dessinée de profil et peinte en vert, avec ses longes cornes horizontales et ondulées. Ainsi, les Égyptiens évoquaient-ils le soleil mort, chair divine traversant, sur sa barque nocturne, le ciel inférieur avant de réapparaître éclatant de jeunesse à l'aube nouvelle. La reine passe donc par l'état d'Osiris pour se transformer en soleil irradiant : voilà encore une façon d'exprimer l'Éternel Retour, une image de la pérennité. En poussant plus loin le symbole, on retrouve le soleil et la lune, sous forme d'hiéroglyphes, utilisés par les scribes de l'époque ptolémaïque pour écrire le mot " éternité ". Les Romains en tirèrent parti lorsqu'ils encadrèrent une image centrale par le soleil et la lune sous l'aspect des bustes de Phoebus et Séléné.

Les médiévistes pourront peut-être confirmer si, sur les deux volets latéraux des retables, ces emblèmes ne se sont pas transformés en images du donateur et de la donatrice. »

Malraux s'accrochait aux symboles : « Votre histoire d'Osiris et de Rê est attrayante, mais en avez-vous la preuve ? – Assurément, les Égyptiens ont pris la peine de l'écrire. Voyez, de chaque côté du corps momifié et dressé, vous pouvez lire : " Osiris se repose en Rê (le soleil) " et " C'est Rê qui se repose en Osiris ". Vous ne cesserez pas d'être étonné par ce mélange d'images paraissant échevelé, mais suivant, en fait, une loi très stricte; des idées abstraites exprimées par le concret. Ils sont si près du détail réel, nécessaire pour rendre la forme efficace ! Ils n'oublient aucune précision matérielle. Regardez l'œil du bélier : la pupille n'est pas tracée par un cercle noir. Elle a été dessinée d'un trait épais horizontal; c'est bien le regard du bélier comme me l'a confirmé un zoologue. »

Alors, se retournant vers un autre mur de la pièce où nous nous trouvions, Malraux me demanda la signification de l'offrande faite par la reine à Thot, forme divine incarnant les qualités d'intelligence du rythme de la nature, des sciences et du verbe. « Elle a déposé devant lui la palette du scribe dressée et l'image d'une grenouille : c'est évidemment le principe du *do ut des*. Elle demande au maître du calendrier de se voir accorder ce qu'elle lui offre. La grenouille traduit la renaissance perpétuelle, la palette du scribe représente la maîtrise sur les textes, la connaissance, et les formules permettant de vaincre l'anéantissement. »

Malraux poursuivit : « Thot incarne la parole divine, les langues. Les Égyptiens pensaient-ils, à l'image des concepteurs de la tour de Babel, qu'un moyen d'expression unique avait été lentement transformé par les diverses ethnies, dégagées de leur lieu d'origine ? – Non, lui répondis-je, les textes nous l'apprennent : dès le départ, " Thot différencia les langues " utilisées par chaque peuple, sur tout l'espace de la terre. Les Égyptiens respectaient les individus et leurs différences... " Grenouille-palette ", voilà une nourriture à offrir au symbolisme échevelé – ou non contrôlé. Ses adeptes pourraient y voir la façon d'exprimer, déjà... l'espace-temps. »

Nous sommes revenus dans la première salle du caveau et Malraux s'arrêta devant le tableau où la reine, sous un abri fait de tiges de papyrus, jouait au *senet*. « Vous voyez, me dit-il, voilà une représentation purement matérielle de la défunte. –

Vallée des Reines : tombeau de Nofrétari. Le panneau des Sept Vaches grasses (et du taureau fécondateur). L'image momiforme de la reine, en Osiris, dominée par la tête symbolique du soleil renaissant.

André Malraux, Soliman Huzzayen et Christiane Desroches Noblecourt contemplant l'image de Nofrétari faisant offrande à Thot, à tête d'ibis.

Détrompez-vous, mon cher ministre, la reine est seule, elle joue contre un adversaire invisible son destin, son passage, et doit gagner contre tous ceux qui pourraient s'opposer à son cheminement. »

Sur les pas des pèlerins

Malraux était non seulement convaincu, mais semblait satisfait. Autour de nous, son escorte piaffait. On le sentait, ils avaient hâte de retrouver la lumière du jour; le temps était venu de prendre le chemin de la sainte Cime. Nous avons commencé à nous diriger vers la grotte de Ptah, au sommet de la première petite colline en direction de la falaise dans laquelle les tombes de Deir el-Médineh avaient été creusées. Le raidillon déjà emprunté par les ouvriers venant travailler aux caveaux de membres éminents de la famille royale (au Nouvel Empire) était utilisé depuis des millénaires et se matérialisait ainsi, par une traînée blanchâtre serpentant sur la pierre dorée par l'érosion solaire.

André Malraux prenait de l'avance et grimpait sans arrêt, puis il suivit le chemin de la crête en obliquant vers la base de la pyramide naturelle dominant le sentier en direction de la Vallée des Rois. Nous avions du mal à le suivre; les ministres étaient essoufflés et les gardes du corps mis à sa disposition s'épongeaient le front en soupirant. Albert Beuret triomphait devant la performance sportive de son cher ministre. Brusquement, le cher ministre s'est arrêté, dressé presque sur une seule jambe; les deux gardes se précipitèrent vers lui, oubliant d'une façon louable leur essoufflement, et le saisirent par les bras. « Une crampe! » dit Malraux qui avait très visiblement pâli. Mais continuons! » Continuer, c'était facile à dire! Il ne pouvait littéralement plus marcher. Depuis le col de la Vallée, où subsistaient encore les vestiges du petit hameau des ouvriers faisant halte entre deux journées de travail dans les tombeaux des rois, Malraux fut réellement traîné par les deux athlètes, heureusement dotés d'une force herculéenne.

J'étais catastrophée, mais ce n'était rien en comparaison de la colère des ministres égyptiens, eux-mêmes très fatigués, reportant tous les désagréments de la situation sur ma modeste personne. « Votre témérité nous a mis dans une position terrible. Vous avez ridiculisé votre ministre. Comment l'aventure va-t-elle se terminer? » Je continuai ma descente vers la Vallée des Rois, sous l'opprobre et les jérémiades. Mais ce n'était pas tout : avant de parcourir les derniers cent mètres, j'entendis une autre lamentation. « Nous avons perdu le ministre Soliman Huzzaÿen. Pourvu qu'il ne soit pas tombé dans un trou et qu'une hyène ne l'emporte pas cette nuit. Il va falloir procéder à une battue. Madame Noblecourt, la situation est très grave... » Je suivais de près Malraux, quasiment soulevé de terre par ses anges gardiens. Nous allions toucher le chemin menant au tombeau de Séthi Ier. Il se retourna alors. J'attendais ma condamnation !

C'était pour me dire : « Madame, je ne saurai jamais assez vous remercier de m'avoir montré un tel parcours. J'étais reporté au temps des origines ! » Silence derrière moi, puis quelques murmures de soulagement. Pour la seule fois, je crois, j'ai béni l'existence de l'inesthétique *rest-house,* malheureusement érigé au cœur de la Vallée des Rois. Sur la petite terrasse, nous nous sommes alors attablés à l'ombre d'un parasol, où jus de citron et Coca-Cola matérialisèrent pour nous les véritables délices paradisiaques. Mais on avait toujours perdu le ministre Huzzaÿen, et la joie fusa comme un coup de tonnerre lorsque nous aperçûmes, enfin, sa haute et robuste silhouette descendre lentement de la montagne, comme alourdie. Il n'avait pas oublié qu'il était géographe et préhistorien et, sans s'être nullement égaré, avait abandonné les « sentiers battus » pour rechercher, au flanc du *gebel,* les pierres taillées, vestiges des ateliers préhistoriques. Toutes les poches de son costume étaient pleines à craquer des précieux cailloux ! Avec une expression intense de satisfaction, il en fit l'étalage sur la table et Malraux bénéficia alors d'une leçon impromptue sur la taille des silex paléolithiques du *gebel* égyptien.

L'heure du déjeuner, pourtant tardif en Égypte, était bien proche et je proposai à Malraux de rentrer à Louxor. « Il n'en est pas question, me répondit-il, il me faut au moins revoir la tombe d'Aménophis II et son décor mural évoquant un papyrus funéraire déroulé. Madame Noblecourt, voulez-vous venir dans ma voiture ? » L'heure du reproche avait-elle sonné ? Il n'en était rien. Le ministre voulait simplement m'expliquer pourquoi il avait été surpris par une crampe. « Lorsque je voulus rejoindre l'armée Patton, après le Débarquement, une de mes jambes fut presque entièrement transpercée par une rafale de mitrailleuse. Ce matin, j'ai trop présumé de la bonne tenue de mon ancienne blessure ! »

Puis passant, si j'ose dire, « du coq à l'âne », il me demanda quelle partie de mon livre sur Toutânkhamon (*Vie et Mort d'un Pharaon*) avait le plus intéressé le général de Gaulle, sachant que le Président m'avait écrit à ce sujet. « Les destinées funéraires, lui répondis-je. – C'est bien ce que je pensais », répliqua Malraux laconiquement.

En sortant du caveau d'Aménophis II, je pensais pouvoir, enfin, revenir à Louxor. Notre touriste acharné, sous un soleil de plomb, désira encore faire un détour en voiture par Deir el-Bahari, ce « Versailles funéraire » montant à l'assaut de la falaise. Le site n'était pas encore, à cette époque, trop « modernisé » par une reconstitution abusive, comme il le fut par la suite.

Après le repas et les moments réservés à la sieste, dont nos amis égyptiens donnèrent l'exemple, Malraux désira retourner sur la rive gauche, pour traverser l'enfilade des ruines si romantiques du Ramesseum. Il voulait retrouver, dans la première cour gagnée par la végétation, les fameux « arbres à musique », comme il les appelait, où des multitudes de petits oiseaux, au coucher du soleil, donnent un concert ininterrompu.

Ce fut ensuite le retour vers Le Caire, les adieux à notre ambassadeur, cloué au lit par une grippe ravageuse, le dîner de gala offert par Mahmoud Faouzi, ministre des Affaires étrangères, et la traînée fulgurante laissée, derrière lui, par Malraux. Pendant sa première journée au Caire, il avait quelque peu dérouté ses interlocuteurs, mais pendant tout le reste de son séjour, il était redevenu l'être le plus présent, le plus brillant, le plus courtois et le plus charmeur qui soit.

Depuis cette époque, je restai sporadiquement en contact avec André Malraux, ou plutôt il serait plus exact d'écrire qu'il resta en contact avec moi. Un jour, une demande de renseignement sur un chat égyptien, un autre jour, l'envoi d'un de ses livres sobrement mais délicatement relié, portant une dédicace faisant allusion à la visite à Nofrétari qui jouait son destin aux dames. La dernière fois où ses nouvelles me parvinrent, c'était après le décès de Louise de Vilmorin ; il me demandait de lui procurer la photographie d'une des plus belles vignettes du Livre des Morts, de la reine Maâkarê, dont un fragment était conservé au musée du Louvre. En prenant le papyrus en main pour le faire reproduire, je fus frappée par la ressemblance de la reine, dessinée de profil, naturellement, avec le visage de l'égérie et très regrettée compagne du grand écrivain : Louise de Vilmorin.

Le « cénotaphe » de Malraux

André Malraux, cet homme qui durant les dernières années de sa vie faisait constamment allusion à la mort, reçut, on s'en souvient, du gouvernement français et du ministère de la Culture les obsèques mystiques dignes de son personnage. Il fut décidé d'une cérémonie grandiose se déroulant dans la Cour carrée du Louvre destinée, toutes proportions gardées, à tenir le rôle d'un cénotaphe. Marc Saltet, l'architecte en chef des Monuments historiques qui régnait sur nos palais, chargé du décor de la cour, avait eu l'idée de faire figurer, en son centre, un chat égyptien en bronze, posé sur un socle très élevé. Je ne pus trouver dans nos collections une statuette suffisamment grande pour être visible de tous les points de la Cour carrée. En revanche, je sortis des vitrines de mon musée le plus grand sarcophage de chat existant, dans l'attitude traditionnelle de ce félin, assis, en bois doré et les yeux incrustés, très phosphorescents. Un immense tronc d'épicéa, apporté par convoi spécial, avait été dressé contre l'aile orientale du bâtiment. Il devait supporter le drapeau français et dépassait de plusieurs mètres le toit du palais.

De l'autre côté, contre l'aile de la tour de l'Horloge, une estrade à plusieurs étages était quasiment recouverte d'azalées roses ; du côté de l'angle nord-ouest, la tribune où les orateurs devaient se tenir. La cérémonie commença dès la nuit tombée. Les autorités, les représentants des corps constitués, les amis étaient massés à l'arrière de l'estrade fleurie et je me souviens d'avoir reconnu à mes côtés Ludmilla Tchérina, brisée d'émotion.

Un silence impressionnant servait de toile de fond au *Requiem*. Des discours, il y en eut peu. Ce fut, d'abord, l'adresse prononcée par le ministre de la Culture de l'époque, Mme Françoise Giroud. Pendant ce temps – et durant l'oraison funèbre du Premier ministre, Raymond Barre –, se déroulaient à nouveau, devant mes yeux, les scènes marquantes du voyage en Égypte d'André Malraux. Et puis – le ballet était très bien réglé –, du fond de la cour, nous faisant face, apparut dans la pénombre une rangée de silhouettes presque indistinctes : les survivants des Compagnons de la Libération. Un murmure d'abord, puis nos oreilles purent percevoir, s'amplifiant peu à peu, le « Chant des partisans ». Au moment où le crescendo atteignait son maximum, un coup de vent violent enveloppa le sommet de la hampe d'épicéa et, sur un fond de ciel, on vit le drapeau tricolore illuminé se déployer en ondulations régulières, puis frémir intensément au vent.

Enfin, un puissant spot lumineux fit surgir du centre de la cour le chat familier au cœur de Malraux. Cette figure correspondait-elle à ses sentiments mystiques profonds ? Y voyait-il l'image de la Déesse lointaine, symbolisant pour les Égyptiens cet Éternel Retour qui le hantait ? Un vieil ami et grand savant, l'abbé Starcky, lui-même Compagnon de la Libération, avait souvent approché Malraux ; il me disait que, durant les dernières années de sa vie, surtout après la mort accidentelle de ses deux fils, André Malraux était devenu très mystique.

La cérémonie vécue ce jour-là dans la Cour carrée du Louvre répondait bien au personnage d'exception qu'elle avait tenu à honorer, après son long cheminement à travers les aventures, les honneurs et les épreuves.

15

La Nubie est noyée, mais les temples sont sauvés

1964 : la première partie du Grand Barrage allait être mise en eau ; il fallait arracher les populations nubiennes a leur berceau. C'était un instant critique, où chacun sentait l'atmosphère poignante ; apparaissaient brusquement à nos yeux ces villages poétiques, dont certains étaient déjà abandonnés, mais les vieux habitants se cramponnaient littéralement. Le moment était arrivé où le rideau de palplanches devant Abou Simbel masquait presque complètement les fondations de Ramsès, dont on apercevait seulement, par une échancrure réservée dans le rideau de fer, les visages devenus presque réprobateurs. Le Grand Roi venait d'être placé sur la table d'opération : sa vie en dépendrait, semblait-il. Déjà, à moitié endormi, son rayonnement paraissait avoir disparu. Nous n'osions plus le regarder avant que, sorti de sa torpeur, vainqueur d'une très grave intervention, il puisse, espérions-nous, sourire à nouveau.

Nouvelle action de l'IGN en Nubie

J'avais demandé au directeur de l'IGN de l'époque, l'ingénieur général Laclavère, s'il acceptait, comme son prédécesseur, de nous accorder encore son aide bénévole. Il me paraissait urgent de couvrir par photos aériennes la Nubie au stade de son dernier soupir. Le panorama des travaux engagés permettrait des prises de vues nouvelles et, préparant les années de prospection à venir, on pourrait alors en profiter pour survoler les terrains archéologiques de Moyenne-Égypte, et surtout toute la région thébaine et les *ouadis* occidentaux dont je projetais de faire faire les cartes en courbes de niveau.

Et puis on allait aborder le moment crucial où, pour la dernière fois, l'inondation allait se répandre sur l'Égypte. Ne pas enregistrer, par une vision globale aérienne, la vaste nappe d'eau qui recouvrait alors tout le pays – et qui modela en grande partie sa civilisation, le rythme de sa vie, ses concepts religieux –, aurait constitué un manquement total à l'égyptologie et à l'Histoire.

Comme à l'habitude, je trouvai, auprès de la direction de l'IGN, une très généreuse compréhension. Il fallait naturellement obtenir des autorités égyptiennes l'autorisation de survol. La demande faite officiellement, passant maintenant par nos instances diplomatiques réinstallées à l'ambassade du Caire, devait suivre alors la routine des bureaux. Au bout d'un mois, la réponse n'était pas encore arrivée. Or, pour la réussite du projet, notre Hurel-Dubois devait impérativement survoler l'Égypte avant le retrait des eaux de l'inondation.

Je décidai alors de partir quelques jours avant la date prévue pour l'expédition, afin de procéder moi-même à une ultime démarche, aidée de quelques amis égyptiens. Dans un délai que nous avions fixé, Georges Laclavère attendrait le feu vert à Rome, avec son avion.

Une fois de plus, avec mon bâton de pèlerin et la bénédiction de mon ambassade, navrée des retards administratifs apportés à la demande transmise, je pus enfin connaître dans quel organisme devait aboutir cette requête exceptionnelle. Alors, accompagnée de notre cher collègue Hassan el-Acherie, chef des services d'architecture archéologique du CEDAE, nous tentâmes d'avoir accès au service de l'« Intelligence militaire », à Héliopolis.

Certains de ceux qui, au Caire, étaient informés de notre intention se demandaient si nous n'allions pas être arrêtés sur l'heure. Il n'en fut rien. Certes, nous avons subi un interrogatoire serré, mais progressivement la bienveillance semblait poindre, passés de sections en sections, jour après jour. Enfin, après une dernière démarche, partis de bonne heure le matin, nous sommes revenus en fin de journée, assez épuisés mais triomphants.

Tout était arrangé. J'envoyai mon télégramme à Rome et, le lendemain matin, le Hurel-Dubois atterrissait à Héliopolis (terrain militaire). L'avion dans lequel Georges Laclavère s'était installé un bureau, entre les théodolites ancrés dans la carlingue, bénéficiait d'un brillant équipage; il était piloté par le commandant Gleize – mon frère l'avait jadis côtoyé à l'École navale, puis à Agadir, en 1942, dans l'aéronavale. A bord, à côté des photographes spécialisés, se trouvait aussi un cinéaste de l'IGN, Génot, avec lequel nous devions aussi faire un film sur notre équipée nubienne : *Nubie 64*.

Une fois les instances militaires égyptiennes averties – nos intentions clairement définies –, tout fut organisé remarquablement. Chaque soir, nos photogrammètres « aériens » devaient aller donner leur plan de vol du lendemain et recevaient l'indication de l'aérodrome militaire où le Hurel-Dubois pourrait atterrir après son survol journalier. Il nous fallait prendre à bord deux officiers du service de Contre-espionnage ayant pour charge de contrôler l'objet de nos prises de vues.

La seule difficulté, rencontrée à la veille du départ du Caire pour la Nubie, fut celle des liaisons entre les différents membres de la mission. Nous avions tous été délogés des hôtels respectifs, où nous étions descendus, pour laisser la place aux délégués des nations du tiers monde, en réunion à cette date dans la capitale égyptienne. L'inondation, durant cet été, s'était révélée particulièrement forte, et avait même noyé une partie des rues du Caire et submergé également tous les réseaux téléphoniques. Il fallut, la nuit précédant l'aventure, communiquer par courriers « pédestres » ! Bernard Fonquernie, membre de notre mission et futur inspecteur général des Monuments historiques, parcourut ainsi les rues du Caire, entre minuit et 4 heures du matin, pour avertir les différents membres de la mission, du décollage de l'avion à l'aube.

L'expédition fut sensationnelle. Les premiers jours, j'entendais le pilote, écouteur à l'oreille, communiquer laconiquement avec les militaires égyptiens du contrôle aérien ; mais, les jours suivants, les conversations devinrent de plus en plus amicales et fréquentes, tout le monde finit par y participer. A bord, il fallait diriger les prises de vues, tâche moins facile que j'aurais pu le croire : car, de haut, les détails du terrain à enregistrer se présentaient d'une façon très différente et devenaient peu identifiables. L'avion devait voler très lentement, très bas, et souvent la fenêtre ouverte. Les meilleures prises de vues, pour les cartes projetées, devaient naturellement s'effectuer à jour frisant, à l'aube et au crépuscule. Ainsi, sur la frange du désert, en Égypte métropolitaine, on distingua sur les sables, des plans de temples jusqu'alors inconnus.

Dès que la température s'élevait, il fallait craindre les trous d'air pouvant nous aspirer au sol : le pilote rencontra parfois des moments périlleux. L'avion choisi par Georges Laclavère avait été, jadis, mis à la disposition de cinéastes, lorsque certaines photographies aériennes furent prises en Alaska pour le tournage du film intitulé *Le Docteur Jivago*. Le cockpit avait été aménagé en conséquence et possédait des parois entièrement en Plexiglas. On avait ainsi l'impression de « marcher dans l'air ». Notre cinéaste en savait quelque chose, et prenant mon épaule comme point d'appui pour certaines prises de vues vertigineuses, il me rendit plusieurs fois victime de son inévitable mal de l'air!

La vie à bord s'était organisée avec harmonie. L'épouse de notre chargé d'affaires, Gabrielle Froment-Meurice, mordue d'égyptologie, m'avait demandé de faire partie de l'équipée. Pour les repas, pris naturellement à bord, elle était chargée de fabriquer la sangria... sans alcool! Quant au choix du menu, j'en étais responsable et, en même temps, de la cuisinière installée sur le petit réchaud d'un placard baptisé « cuisine ». Le cher docteur Gamal Mokhtar, à l'époque responsable du CEDAE était naturellement à la tête du groupe égyptien. Toutes les prises de vues possibles furent alors faites en Nubie et, en repassant au-dessus de Louxor, on put enregistrer l'eau arrivant dans le temple, les Colosses de Memnon piqués dans un océan rougeâtre et les grands temples de Millions d'Années, à la limite des cultures, dont les assises semblaient arrêter le flot.

Dans les villages nubiens et à Thèbes

Puis on laissa l'avion repartir avec Georges Laclavère, lequel, dans son attaché-case, emportait le dossier destiné au CNRS, concernant le regroupement de mon équipe française de Nubie en une formation de « Recherche coopérative sur programme (RCP 80), devenue par la suite l'Équipe de recherches 439 (ERA 439), puis actuellement l'Unité de Recherche associée 1064 (URA 1064). Son activité allait maintenant s'exercer à Thèbes.

Topographes et cinéastes restaient en notre compagnie pour prendre les photos à terre. Sur les deux rives, où les Nubiens venaient d'être contraints d'abandonner leurs foyers, c'était un défilé ininterrompu d'énormes péniches portant hommes, femmes, enfants et bestiaux. Ils avaient pris avec eux leurs paniers et leurs calebasses, leurs voiles et leurs couvertures,

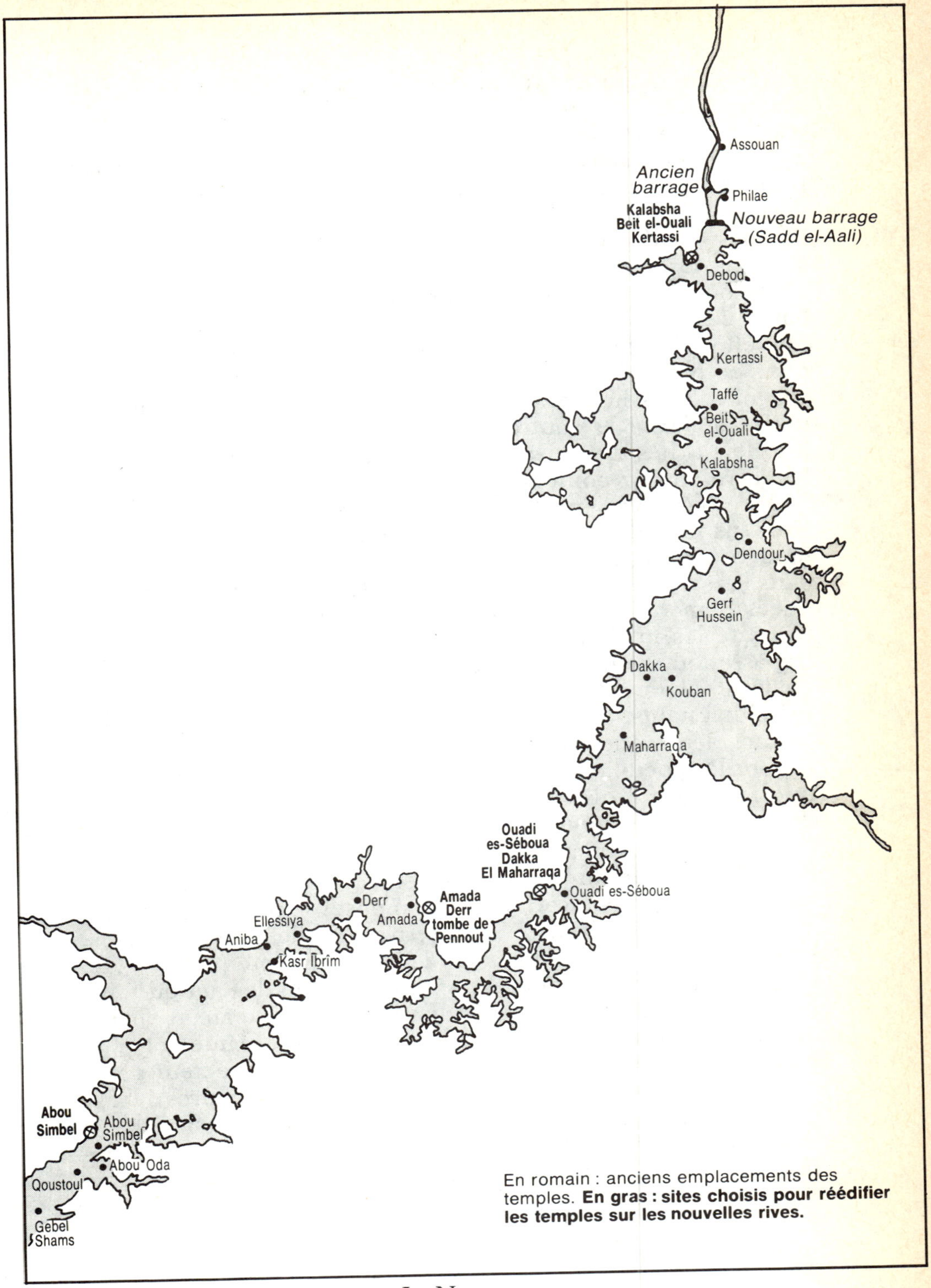

Le Nil nubien
transformé en lac par le *Sadd el-Aali*.

mais avaient été contraints de laisser les demeures et les chiens, que le contrôle sanitaire d'Assouan ne voulait pas accepter. De leurs maisons, ils avaient arraché les volets et les portes de bois peint et surtout les assiettes incrustées sur les façades : ainsi, en parcourant les ruelles de ces villages, on apprenait qui travaillait chez le traiteur Groppi du Caire, à l'ambassade de France ou d'Espagne, ou bien encore au Yacht Club d'Alexandrie !

Les hommes de nos missions n'avaient jamais pu pénétrer dans ces maisons, royaume des mères et des épouses nubiennes. Seule, j'avais eu le droit de les visiter. Maintenant nous pouvions tous entrer dans ces cours désertées, sous ces pergolas, dans la chambre où la famille se tenait pendant les nuits fraîches. Des poutres, pendaient encore en se balançant, les filets ornés de cauris, dans lesquels on venait de prélever les jarres qu'ils contenaient.

On nous avait prévenus : méfiez-vous de la rage ! Les Nubiens ont dû abandonner tous leurs petits animaux familiers. Au début, en parcourant les rives désertes, en pénétrant dans les salles des écoles abandonnées, jouxtant les jolies mosquées blanches, nous étions quelque peu circonspects, mais très vite les malheureuses bêtes avaient su se défendre d'un trépas auquel elles semblaient être vouées. A l'imitation des chats, les chiens étaient devenus pêcheurs. Dorénavant les derniers habitants de la Nubie se nourrissaient de poissons, comme leurs anciens maîtres, les Nubiens.

Tous les documents rapportés de cette expédition fournirent une immense moisson. Plus de quatre heures de projection documentaire en couleurs, principalement sur les recoins de la Nubie et les *ouadis* de la Montagne thébaine, pendant la dernière inondation du Nil, sont conservées dans les archives de l'IGN. Je pus alors, avec Génot, composer le film *Nubie 64*, où se trouvent mêlés vie nubienne, travaux de sauvetage et le sacrifice d'une région pour que le pays d'Égypte puisse vivre. Cependant, les temples exceptionnels, témoins de l'antique civilisation, ont été replacés sur les hauteurs des plateaux rocheux, où les hommes de demain pourront encore les interroger et juger de leur splendeur. Jean Basdevant, alors directeur général des Affaires culturelles du Ministère des Affaires étrangères, apprécia particulièrement ce document. Il en fit faire de multiples copies à l'IGN pour les envoyer à nos représentations diplomatiques à l'étranger, afin de montrer la justifica-

Façade d'une grande demeure nubienne à Ouadi es-Séboua (Nubie centrale).

Entrée d'une maison du village de Mariya, (Nubie septentrionale).

tion de l'entreprise et l'importance des réalisations déjà acquises.

Une grande partie des équipes du CEDAE avait achevé sa tâche en Nubie; certains de nos collaborateurs demeuraient encore près des temples au moment de leur démontage pour enregistrer des témoins, jusque-là cachés par des constructions tardives. Mais l'ensemble des équipes de relevés archéologiques allait alors s'installer dans la région thébaine. On avait bien souvent rencontré en Nubie les traces du grand Ramsès, il fallait le retrouver sur la rive gauche de Louxor dans son prestigieux temple de Millions d'Années, le Ramesseum n'ayant encore jamais été systématiquement étudié, et dans la Vallée des Reines où l'on pensait – à cette époque –, faute de l'avoir suffisamment interrogée, qu'elle était la nécropole de l'entière famille ramesside.

Ainsi avait-on mis à l'œuvre les équipes maintenant bien expérimentées du CEDAE, dont les égyptologues les plus chevronnés partant à l'étranger à la recherche de leur doctorat étaient remplacés par de nouveaux espoirs sortant de l'université. Les éléments les plus stables étaient les photographes et les dessinateurs, devenus de véritables spécialistes qu'on nous enviait. J'avais pu faire venir les photogrammètres, en mission de l'Unesco une fois de plus, pour enregistrer tous ces grands volumes, ces hautes colonnes couvertes de tableaux religieux gravés, les deux faces du premier pylône du Ramesseum, l'orientale quasiment effondrée, mais l'occidentale couverte de reliefs historiques. Nos archives de sécurité en étaient d'autant enrichies (1964-1965).

A l'IGN, les cartes en courbes de niveau des grands *ouadis* thébains étaient dressées grâce aux prises de vues aériennes, ce qui permit d'organiser la grande mission de recherche de graffiti, ces inscriptions gravées à la hâte par les ouvriers antiques creusant les tombes des nécropoles royales. En tête, le professeur Černý repérait les milliers d'ex-voto destinés à compléter l'« Histoire des ouvriers de la tombe », poursuivie depuis ses premiers travaux de Deir el-Médineh. J'avais pu le conserver comme expert de l'Unesco et tout le reste des Français coopérant au CEDAE appartenait, désormais, à la formation du CNRS, placée sous ma responsabilité.

Ce regroupement de « chercheurs du CNRS », dont je dirigeais déjà les travaux en Nubie, m'avait été conseillé par Geneviève Nieva, secrétaire générale de la Commission nationale

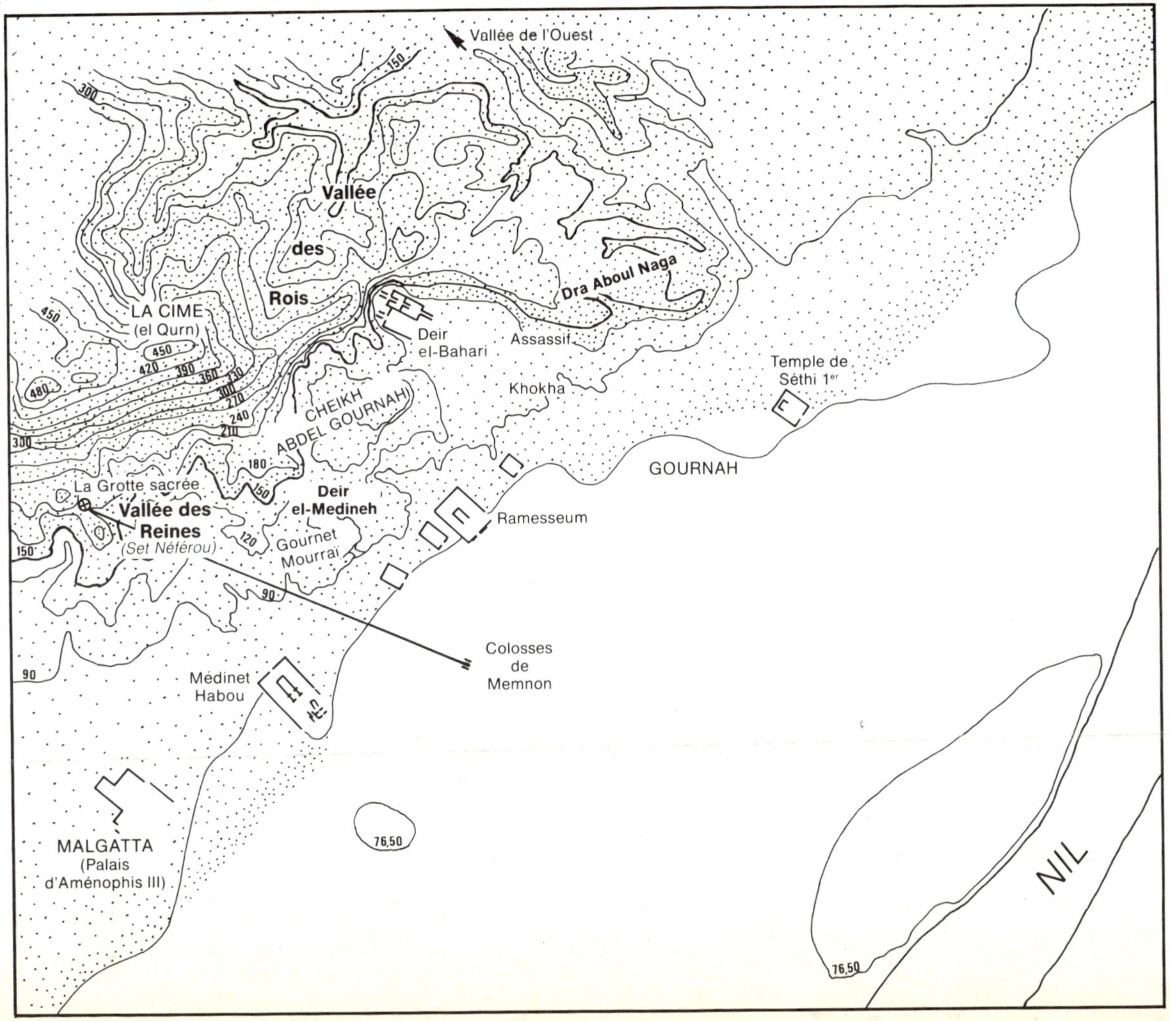

L'Ouest de Thèbes
(rive gauche du Nil).

du CNRS, rompue merveilleusement aux possibilités de ce grand organisme. Depuis lors, elle ne cessa de nous aider dans toutes nos entreprises, à côté des directeurs généraux Jean Coulomb, Bernard-Paul Grégory, du directeur administratif et financier Pierre Creyssel, des directeurs scientifiques Michel Lejeune, Bernard Pottier, Pierre Monbeig. Une aussi bienveillante compréhension fut trouvée auprès du très efficace administrateur délégué G. Picard.

La circulation dans les *ouadis* occidentaux procurait maintes occasions de ramasser des silex déjà taillés, provenant d'ateliers préhistoriques, souvent déplacés de leur lieux d'origine par ceux qui en faisaient la recherche. Je fus très vite appelée à compléter notre mission par un préhistorien, Fernand Debono, résidant en Égypte : il manipulait ces vestiges de la préhistoire depuis presque cinquante ans. Lorsqu'il en vint à déceler des témoignages situés, prudemment, à la période préacheuléenne, il nous fallut serrer les évidences de près. Sur le conseil du géographe Monbeig, président de la section des Langues et Civilisations du CNRS, je pressentis le professeur Coque, de l'université de Paris, géomorphologue, spécialiste du quaternaire, qui vint étudier sur le terrain, en profonds sondages stratigraphiques, les témoins en question.

Les recherches s'avérant multiples et fructueuses, je fis alors appel, avec l'aide du docteur Gamal Mokhtar, au directeur du sous-sol minier de l'Égypte, le professeur Roushdi Saïd, pour une collaboration avec une partie de notre équipe et notre topographe de l'IGN, Marcel Kurz. Roushdi Saïd mit également à notre disposition deux Jeeps permettant de parcourir des *ouadis* avec deux de ses deux jeunes assistants géologues. Le resultat fut extrêmement positif. De toutes les observations et multiples discussions sur le terrain, la découverte, confirmée en couches intactes, sur le sommet des plateaux du piémont saharien, de galets épointés en forme de hachereaux, de pics et d'instruments élémentaires, révéla la présence en Égypte des contemporains de l'australopithèque ou du lointain habitant des rives de l'Omo. Je fis venir aussi sur le terrain le professeur Biberson qui confirma ces identifications d'instruments du premier Homo habilis. Il tint à en informer immédiatement le monde scientifique par une communication, présentée de concert avec le professeur Coque, à l'Académie des sciences.

Les relevés au Ramesseum et la Vallée des Reines

Pendant ce temps, l'étude du temple du Ramesseum était amorcée. On interrogeait la première cour et son pylône en partie effondré. On relevait, pierre par pierre, les sols des cours et de l'hypostyle. On étudiait les colonnes qui avaient enregistré tant de processions pendant les fêtes jubilaires, et la terrasse nous révéla une fenêtre « secrète », donnant sur la précieuse salle des défilés de barques, dite « astronomique ». On peut encore peut-être davantage saisir, en ces lieux, le rapport existant entre ce temple de Ramsès et sa fondation d'Abou Simbel. Tout est indiqué sur les parois et le plafond « astronomique », unique en son genre, où le maître du temps, juché sur son pilier *djed*, oriente le calendrier en direction de la source de vie.

Pour comprendre le culte voué principalement au fonctionnement de l'éternité, royale, dans ce temple de Millions d'Années, il suffit, déjà, de s'interroger sur la présence de deux cours précédant la salle hypostyle.

Mes recherches sur les étranges piliers osiriaques consacrés par Aménophis IV, dans le grand temple solaire de Karnak, m'avaient convaincue du rôle joué par ces deux lieux clos, mais à ciel ouvert, précédés chacun par un grand pylône.

Ainsi, la cour bordée d'images royales, serrées dans leur gaine momiforme, évoque l'aspect de Pharaon, véritable chrysalide, avant les rites de renouvellement célébrés à l'aube de l'an nouveau; au retour du saint des saints, où la mystérieuse mutation s'est produite, le roi a perdu son aspect osirien pour réapparaître, figuré dans la dernière cour, en évocation du soleil renaissant, privé de son suaire et vêtu de son pagne « des vivants ».

Dès l'abord, ce temple jubilaire marque déjà par le symbole de ces seuls éléments architecturaux, un des aspects essentiels des rites nécessaires à Pharaon, pour affirmer et renforcer le courant divin, incarné par sa personne.

Pour étudier la « salle des Litanies », je sollicitai Jean-Claude Goyon, alors chercheur au CNRS (il occupe maintenant la chaire d'égyptologie à l'université de Lyon II). Ruth Antelme, Monique Nelson, chargées de mission au Louvre et rattachées au CNRS, fouillaient et analysaient le groupe si important des annexes nord-ouest. Bernard Fonquernie en dressait les plans et son adjoint, Gilles Thorel, perçut le secret de la construc-

◀ Les Colosses, dits de « Memnon » durant l'été 1964, la dernière saison pendant laquelle le Nil a recouvert la terre d'Egypte (vus de l'avion de l'IGN, les colosses mesurant vingt mètres de haut).

Calque du décor d'une colonne de la salle hypostyle du Ramesseum, par des membres du CEDAE (la dessinatrice est assistée par le Dr Fathy Hassanein).

Recherche et copie de graffiti dans la Vallée des Rois (au sommet de l'échelle, le Dr Abdel Aziz Sadek).

Vue aérienne du Ramesseum, sur la rive gauche de Thèbes : ruines du temple jubilaire de Ramsès II entouré de ses immenses annexes (1913).

tion en briques des fameux greniers. Plus tard, Anne-Marie Loyrette et Guy Lecuyot vinrent se joindre à la fouille, ainsi que Christian Leblanc, surtout attaché à poursuivre l'étude que je lui avais suggérée sur les piliers osiriaques.

Plusieurs publications sont déjà sorties des presses du CEDAE, concernant les *Fêtes du dieu Min*, les *Colonnes centrales de l'hypostyle*, les *Batailles de Tounip et Dapour*, les *Piliers osiriaques*, les *Annexes du nord-ouest*, la *Salle des Litanies, le Mammisi de Ramsès*, etc.

Seule fondation royale, encore entourée des vestiges importants de ses annexes, elle présente un vaste champ d'investigation. Les nombreux greniers, où étaient emmagasinés provisions et trésors délivrés au souverain en dons et tributs, bureaux de l'administration, habitats des prêtres, Maisons de Vie où les papyrus étaient rédigés et reproduits en nombreuses copies, laboratoires divers des savants de l'époque, officines du rituel où l'on « rendait la vie aux statues », ateliers de sculpture et du mobilier sacerdotal, tout peut être dans les grandes lignes identifié, avec la patience d'un amateur de puzzles. Comme pour presque la majorité des vestiges antiques, le site fut réoccupé bien après le règne du Grand Roi, et les prêtres voisins s'y firent enterrer au moment des invasions libyennes. En recherchant leurs traces à l'occident du site, là où passe la route moderne, on s'aperçut que les limites de la fondation religieuse avaient été facilement tracées, au début du XXe siècle, sur les ruines postérieurement utilisées de la nécropole. Il faudrait « repousser » plus à l'ouest le passage de cette route afin de poursuivre des recherches, mais, dès maintenant, les traces d'une vaste allée bordée de sphinx (un *dromos*?) furent décelées, permettant d'identifier l'existence de cette imposante protection, semble-t-il, sur les trois côtés du *téménos* pour aboutir, ainsi, sur la face orientale en encadrant le pylône.

Contre le flanc nord de l'hypostyle, depuis longtemps les ruines d'une construction bien moins vaste avaient été décelées par les fouilleurs précédents et identifiées comme un temple funéraire de Séthi Ier, père de notre grand constructeur. Les ultimes dégagements que je fis dans cette aire, me permirent de compléter l'identité de ses fondateurs. Le monument avait certainement été achevé par Ramsès II, lequel avait, ainsi, dédié un sanctuaire à sa mère, la reine Touy, et très probablement aussi à sa Grande Épouse Royale, Nofrétari.

La suite des recherches devait me convaincre de la réelle nature du monument : le *mammisi* de Ramsès, en fait le premier édifice de cette espèce connu à l'état indépendant, bien avant les exemples ptolémaïques attestés. J'ai pu le reconstituer dans ses grandes lignes sur le papier : c'était un charmant sanctuaire, orné de chapitaux hathoriques, où figuraient les scènes de la naissance divine de Ramsès, fils de Touy et engendré par Amon.

Dans la Vallée des Reines, notre premier souci était de nous occuper de la topographie du site, beaucoup plus tard ravagé, retourné, défiguré par les pillards de l'Antiquité et les premiers égyptologues prospecteurs de cet endroit. Sur la carte en courbes de niveau enfin dressée par l'I.G.N., topographes et égyptologues placèrent, dans les limites du possible, avant les vérifications nécessaires, les renseignements recueillis au hasard de recherches ou de fouilles trop hâtives, mais souvent très heureuses. Puis les prospections systématiques avaient commencé pour dégager, petit à petit, le terrain chaotique, et comme victime d'un tremblement de terre mais, au regard de l'immense tâche, nos moyens étaient limités aux possibilités actuelles de l'égyptologie et de nos subventions officielles. Nous étions « bloqués » par le manque de crédits suffisants... Impossible de changer, même, la vieille méthode d'évacuation des monstreux déblais : les laisser sur place était la règle !

Le docteur Fathy Hassanein, qui devint par la suite administrateur général du CEDAE, et Monique Nelson avaient pris la responsabilité de l'étude exhaustive des tombes des fils de Ramsès III, jadis découvertes par les membres de la mission italienne. De même, dans la nécropole de Gournah, ils étaient chargés de relever inscriptions et représentations du caveau de Sennefer. Ruth Antelme et moi-même avions commencé la copie d'une tombe anonyme, à l'ouverture béante, dans laquelle déjà Champollion avait pénétré. Pour le CEDAE, Hassan el-Acherie dressait les plans de certaines sépultures pillées jadis puis abandonnées, Alya Shérif avait reçu la responsabilité d'autres relevés dans cette nécropole, pour les fins d'après-midi : toutes ses matinées étaient consacrées à participer à la recherche des graffiti, dirigée par Jaroslav Černý, secondé par Abdel Aziz Sadek. Jean-Claude Goyon collaborait souvent avec le topographe Marcel Kurz. Le matin, il était au Ramesseum, l'après-midi, il travaillait dans la Vallée des Reines et prospectait la tombe ruinée d'Henout-Taouy.

Enfin, je recherchai le caveau de la mère de Ramsès, Touy. D'après certains indices, elle aurait dû se trouver dans le secteur où Nofrétari, la Grande Épouse Royale apparemment favorite de son fils, était inhumée. Mais le terrain bouleversé était partout recouvert de tonnes de décombres. Par miracle, j'arrivai à l'endroit où bientôt je décelai les indices me permettant de guider fiévreusement les *touri* des ouvriers. En définitive, ils découvrirent une zone de gravats plus malléables, masquant un escalier : nous y étions ! Mais cet escalier avait été comblé par les derniers pillards de l'Antiquité, les marches fracassées par les énormes blocs, précipités vers la porte du caveau. Il fallut presque toute la saison de fouilles pour libérer le passage. Des fragments de cuve funéraire en granite rose étaient repérés çà et là, et puis, un des derniers jours, apparut dans la poussière une toute petite statuette funéraire, un *shaouabti*, en fritte émaillée bleue. A l'encre noire, un texte subsistait encore, suffisamment lisible pour y déchiffrer : « La mère royale, Touy ».

Toute la saison suivante fut consacrée, après avoir étayé le plafond de la première salle où aboutissait l'escalier d'entrée, à dégager ce premier niveau du caveau. On se trouvait devant un amalgame de pierres, de poteries cassées, de sable et de gravats de toutes sortes, mélangé à cette matière azotée recouvrant les ruines en Égypte et appelée, nous l'avons dit, le *sebbakh*. Des ossements calcinés d'animaux, des fragments de bois et de paille complétaient ce « festin de chiffonnier ». Le dernier jour de la saison de fouilles, contre l'angle sud de cette antichambre, au pied du mur, un ouvrier dégagea un fragment de pierre arrondi qui émergeait des détritus divers. Alors le pinceau, la brosse et le couteau du fouilleur intervinrent, puis le soufflet pour débarrasser de la poussière l'objet dont on ne pouvait percevoir l'identité. Tournée contre le mur, en albâtre très fin, portant encore des traces d'incrustations bleu lapislazuli, venait d'apparaître la tête de la reine : elle constituait le bouchon d'un vase canope, seul portrait bien conservé de cette grande dame, ayant figuré, par la suite, à l'exposition Ramsès II que j'organisai à Paris mais aussi, plusieurs années après, à Montréal. Depuis, après être passée à Vancouver, elle a illuminé de son sourire, au milieu des trésors de Ramsès, une dizaine de villes des USA et, maintenant, a regagné sa vitrine au musée de Louxor.

Je travaillai alors dans cette sépulture, dont le dégagement

Vallée des Reines : bouchon de vase canope en albâtre, à l'effigie de la reine Touy, mère de Ramsès II.

Christiane Desroches Noblecourt dans l'escalier qui conduit à l'hypogée de la fille aînée de Ramsès II, Bentanta.

Recherche pour l'entrée d'une sépulture, au sud de la tombe de la reine Touy.

était fort pénible, avec le docteur Mahmoud Maher, du CEDAE. J'y affectai bientôt la collaboration de deux de mes anciens élèves, Christian Leblanc, à qui je devais par la suite confier ma succession comme responsable de l'équipe du CNRS, et Sydney Aufrère, lequel devient un des savants pensionnaires de l'Ifao, et fut récemment nommé directeur de recherche au CNRS.

Achèvement des travaux à Abou Simbel

Durant toutes ces périodes, où je pouvais, sans grever en rien le budget du CNRS, suivre et participer aux travaux des équipes du Ramesseum, dans la Vallée des Reines et dans la Montagne thébaine, j'effectuais encore ces missions sous l'égide de l'Unesco, et je devais aussi me rendre régulièrement dans cette Nubie, où tant de « chirurgiens et d'esthéticiens » étaient affairés à sauver les monuments.

Les derniers temps, les immenses projecteurs éclairant l'activité à Abou Simbel, poursuivie chaque nuit, étaient visibles de très loin et léchaient, de leurs lumières, le sommet des anciens villages, engloutis les uns après les autres.

Cette animation nocturne, nécessitant un roulement des équipes, était évidemment conditionnée par l'agenda à respecter pour toute cette vaste opération. Un travail très délicat restait aussi à effectuer, une fois les *spéos* remontés, avec leur contexte, sur le sommet de la falaise : il fallait encore les recouvrir de leur ancienne calotte de grès. Cependant, le rocher disloqué, jointoyé à nouveau dans ses éléments, ne présentait plus, dans cette masse morcelée, aucune réelle cohésion. Aussi, afin d'éviter un effondrement des plafonds, une voûte devait désormais les protéger d'une pesée trop lourde. En un mot, il fallait que la dalle de béton armé, à laquelle on venait de suspendre les blocs du plafond, ne souffre pas d'une surcharge excessive.

La construction destinée à cette protection du Grand Temple était sphérique à l'arrière et présentait un arc de cercle à l'avant. Pour assurer cette sécurité, les travaux furent exécutés en plein été, sous une température de cinquante-huit degrés Celsius à l'ombre ! Ainsi, avait été coulée, en béton, la plus grande voûte porteuse du monde à l'époque. Elle enjambe à peu près soixante mètres et, à la clef, elle peut assumer une charge de plus de vingt tonnes par mètre carré. Naturellement, une station de contrôle fut aménagée à l'intérieur

Abou Simbel. Au sommet de la falaise, « remembrement »
des deux Colosses nord du Grand Temple...

... il ne reste plus que les visages à replacer...

Reconstitution de la façade du Petit Temple.

... un des visages colossaux de la façade descend lentement, suspendu par les barres d'acier.

Du haut de l'éperon de Méha, Ramsès contemple un fleuve devenu lac.

Edification de la plus grande voûte porteuse du monde, destinée à protéger le Grand Temple du poids de la montagne reconstituée sur son plafond.

L'ancien et le nouveau site d'Abou Simbel.

de ce grand dôme pour surveiller les phénomènes de tension, de dilatation et de déformation.

Après la reconstitution intégrale des grottes ayant reçu les sanctuaires et la remise en place des gros blocs de pierre entourant, à l'extérieur, leurs façades, les équipes de restaurateurs du Service des Antiquités vinrent remplir au plâtre fin – aux infimes touches de couleur qu'un pinceau discret déposait – les vides ténus laissé par les scies. Le travail fut remarquablement exécuté. Il faudra maintenant, au bout de vingt années passées, opérer quelques retouches à l'extérieur, où quelques traces du travail apparaissent sous certains éclairages.

Le jour de l'inauguration des temples d'Abou Simbel dans leur nouveau site allait arriver.

16

L'inauguration d'Abou Simbel dans son nouveau site

Les temples revivent dans leur nouveau site

En prévision de ce grand événement et de la réunion des personnalités (quatre cents invités environ), mais aussi en songeant à l'affluence des touristes à venir dans ce haut lieu, Saroïte Okacha s'était soucié de faire aménager un véritable aérodrome. Ce complexe avait remplacé la modeste piste utilisée par les deux petits avions assurant les liaisons entre le bureau de la Nubie à Assouan et le village des ingénieurs de la *joint venture*, sur la falaise d'Abou Simbel. Un petit hôtel avait été construit, orné de façon charmante de décors nubiens, et chacun des membres des comités de contrôle et du Conseil exécutif avait planté son arbre dans le jardin prévu pour l'entourer. Depuis, un établissement beaucoup plus important a pris sa place.

Et, sur ces rochers qui dans la haute préhistoire bordaient l'immense fleuve creusant progressivement son lit, des routes apparaissaient maintenant pour relier les demeures des ingénieurs, le village des ouvriers, l'aérodrome et l'arrivée vers les temples ménagée, naturellement, par l'arrière. Ces voies d'accès avaient été bordées de petits hévéas. La zone occidentale du site mériterait, aujourd'hui, d'être confiée à un architecte paysagiste de talent; de même, l'aménagement de l'agglomération touristique qui borde le circuit des cars conduisant de l'avion aux temples.

Plusieurs semaines avant l'événement prévu, Saroïte Okacha avait fait parvenir, par péniches, de grands autobus pour prendre en charge les invités à leur arrivée d'avion (trois jours et demi de transport fluvial, depuis Shellal (la longue route du désert occidental, entre Assouan et Abou Simbel, n'ayant pas encore été aménagée). La veille, sur la grande terrasse face aux deux temples, tournant le dos au Nil qui avait englouti, sur l'autre rive, l'important village de Feraïg, une immense tente de fête avait été dressée, animée de dessins géométriques faits de morceaux de toiles de couleur, cousus.

De ce magnifique abri oriental, les convives assis pouvaient, en écoutant les discours, contempler les façades des *spéos*; une même distance les séparait, comme à l'origine, chacun orienté suivant son axe primitif. La même coulée de sable doré se glissait entre elles, à nouveau. Les acacias épineux, aux délicieuses senteurs, avaient été replantés : le miracle était parfait; les oiseaux, sortis d'on ne sait où, étaient venus se nicher au fond des mêmes hiéroglyphes profondément creusés sur les façades.

Le lendemain matin, nous étions arrivés, Christophe et moi, soucieux de vérifier si aucun détail important n'avait été oublié. De fait, l'inattendu nous attendait vraiment! En nous rendant près de la stèle, prévue pour éterniser l'opération fraternelle et internationale du premier sauvetage au monde d'un tel ensemble de monuments – pour que son message soit intégralement préservé –, nous vîmes avec surprise qu'elle était incomplète et fûmes obligés de constater une bien regrettable lacune. Le sculpteur chargé de reproduire le texte avait omis la ligne dans laquelle était signalée l'intervention essentielle de l'Unesco! Nous étions loin de tout et attendions René Maheu, puis Saroïte Okacha, à la fin de la soirée, pour leur signaler le fait.

Dès son arrivée, le directeur général de l'Unesco – accompagné de son fidèle et très talentueux Jean Millérioux – fut ainsi prévenu et nous l'accompagnâmes immédiatement sur place pour le mettre en présence de cette désastreuse erreur. « Si la phrase manquante n'est pas remise en place avant demain matin, je repartirai avant l'inauguration », déclara René Maheu. Nous étions bien d'accord, Christophe et moi, pour l'accompagner sans hésitation, mais il fallait attendre l'arrivée du ministre Okacha, toujours si habile à redresser toutes les situations. Il atteignit Abou Simbel, après une lourde journée au ministère, très tard dans la soirée. Cependant, nous fûmes contraints, après l'avoir accueilli à l'avion, de l'emmener directement sur le site pour lui montrer l'objet du litige. Sa réaction dépassa encore la nôtre en violence : « Ne craignez rien, je ferai réparer la chose... *by hook or by crook (sic)*! »

A quel cheikh se voua-t-il ? Sans doute dépêcha-t-il en pleine nuit son avion, à Assouan, pour y quérir un graveur sur pierre, tiré par ses émissaires certainement d'un profond sommeil. Nous ne le sûmes jamais, mais le résultat fut positif. Dans le désert nubien, aux rives englouties par les eaux du lac Nasser, à trois cent quatre-vingts kilomètres au sud de toute civilisation, on était arrivé à trouver en quelques heures un graveur capable de tracer un texte oublié sur la stèle commémorative.

Le lendemain à l'aube, Maheu voulut se rendre compte lui-même de l'état de la question. Cela tint pour nous tous du prodige. Une fois de plus, Saroïte Okacha avait montré comment dans son pays, s'il se trouvait une main de fer intelligemment utilisée, on pouvait réaliser des miracles !

Le moment était arrivé, en ce 22 septembre 1968, exactement cent quarante-six ans, jour pour jour, après la « Lettre adressée à M. Dacier », le secrétaire perpétuel de l'Académie des inscriptions et belles-lettres, par Champollion, véritable acte de naissance de l'égyptologie. Les deux temples d'Abou Simbel sauvés des eaux étaient inaugurés, à la face du monde, dans leur nouveau site.

La cérémonie – est-il nécessaire de le dire – fut particulièrement émouvante. Elle commença par la lecture d'un chapitre du Coran, dont les phrases musicales résonnèrent sous l'immense tente dressée. On entendit alors successivement les allocutions du ministre de la Culture, S. E. Saroïte Okacha, du directeur général de l'Unesco à l'époque, René Maheu, et du président du Conseil exécutif de l'Unesco, l'ambassadeur José de Beredo Carneiro, actif « levier » de l'aventure. En outre, de hautes personnalités représentaient chacun des pays donateurs : le cardinal Tisserand pour le Vatican, le ministre Yvon Bourges pour la France, pour l'Italie l'ambassadeur Pompéi, etc.

On put alors revivre les grandes étapes de toute l'épopée : sa préhistoire, où si peu de gens pouvaient croire au miracle, et pendant laquelle cependant les efforts essentiels furent accomplis pour préparer le public à comprendre, puis à admettre, une telle entreprise et pour déterminer la coopération internationale. Comme André Malraux l'avait fait remarquer au moment où il faisait écho à l'appel, pour la première fois, les nations s'étaient réunies en vue de sauver un bien qui ne leur appartenait pas en propre : elles devaient toutes avoir le droit de le revendiquer comme une des racines de la culture du monde, leur commun héritage.

Alors, les paroles prononcées par René Maheu évoquèrent, avec une courageuse grandeur, l'objectif que, pendant près de quinze années, nous avions tenté d'atteindre en donnant le meilleur de nous-mêmes : depuis le moment où les craintes d'une submersion totale de la Nubie se faisaient sentir, jusqu'au jour où, la première grande vague des obstacles franchie, l'Unesco lançait, le 8 mars 1960, son appel solennel. Durant ces huit dernières années, de multiples écueils avaient dû être écartés. Alors la grande voix si timbrée et si chaude, aux sonorités méridionales contenues et curieusement teintées d'un subtil chantonnement britannique, retentit à la tribune de l'orateur.

René Maheu s'adresse à Ramsès

« Nous sommes venus, ô Roi, ajouter notre travail au tien pour préserver ta quête d'éternité. Employant des moyens que tu ne pouvais imaginer, mais ayant constamment à l'esprit tes intentions et tes rites, nous avons évidé la montagne, découpé les statues, les piliers et les parois souterraines, puis nous avons rebâti dans la lumière ce que tu avais creusé dans les ténèbres... Tes prêtres, tes architectes, tes maçons et tes sculpteurs, tes scribes et tes artisans ne prirent pas plus de soin à réaliser la divinisation de ta gloire, que nous n'en avons mis, ô Roi, à conserver ta terrestre présence. Grâce aux efforts de tous, te voici sauf, prêt à reprendre, intact sur la barque d'Amon, ton voyage au long des siècles vers le soleil levant de chaque lendemain.

« Sache pourtant, ô Roi, que ce qui nous a conduits vers toi des multiples horizons du monde, ce ne fut pas le souvenir de ta puissance... Ce qui nous a fait accourir, ô Roi, c'est le sentiment de notre commune fragilité...

« Tu as mis ta vérité dans le culte des forces élémentaires de la nature, et nous avons fidèlement préservé, pour ta délectation, le parfait spectacle du jeu constamment pareil et constamment nouveau du divin soleil, du flot nourricier et de la terre maternelle, en leurs apports et leurs rythmes sacrés. Mais le fait même que nous avons dû venir avec nos machines pour te sauver prouve que l'éternité n'est pas plus dans le roc et dans le fleuve que dans les armes, que dans les dogmes. Nous avons pris ici la mesure de ces durées relatives.

« En revanche, nous avons découvert au fond de tes sanctuaires éventrés une vérité que tu n'as jamais soupçonnée, que

La plaque commémorant les travaux...
complétée à la dernière minute.

La joie de René Maheu devant le
succès total de l'entreprise.

Le président de
l'Organisation des
Antiquités, le Dr Gamal
Mokhtar, et Christiane
Desroches Noblecourt.

Le ministre Saroïte Okacha,
pleinement satisfait.

nous te devons pourtant, parce que nous l'avons acquise à ton service, et dont il convient que nous te rendions grâce, ô Roi, avant de repartir. C'est qu'il n'y a d'éternel dans les œuvres humaines que ce qui a sens et valeur pour tous les hommes. Le seul travail d'éternité est l'acte de fraternité.

« C'est cette vérité, démontrée par notre passage, que nous confions désormais à ton auguste garde, seigneur de la Haute et de la Basse-Égypte, pour la méditation de ceux qui viendront, après nous, rêver à tes pieds. A ceux-là, que nous ne verrons pas mais pour qui, en réalité, nous avons travaillé, raconte comment l'homme, un instant apparu dans son universalité, est venu en ces lieux quand les eaux menaçaient de te submerger, et comment, en ouvrant largement la montagne, il a pris tes colosses dans ses bras et les a portés sur le haut de la falaise, replaçant tout tel que tu l'avais choisi et voulu, afin que toi, fils de Rê, qui fus jadis son orgueil et sa vanité, tu attestes désormais la fraternité, son désintéressement et sa splendeur. »

Après la cérémonie, le ministre Okacha, René Maheu et José de Beredo Carneiro m'accompagnèrent dans le sanctuaire du Grand Temple et me remirent, face aux images de Ramsès, la grande médaille d'argent de l'Unesco. Elle était très lourde... et me rappelle encore, depuis, le poids des montagnes qu'il avait fallu soulever...!

Quant à l'action fraternelle et désintéressée des pays ayant contribué à cette magnifique action de sauvetage d'Abou Simbel – dont le coût total s'élevait à trente-six millions de dollars US –, le gouvernement égyptien désirait vivement leur en témoigner sa reconnaissance.

Peu après l'inauguration d'Abou Simbel, le « Comité de répartition des témoignages de reconnaissance » commençait à fonctionner, s'inspirant, dans leurs grandes lignes, des désirs de chacun des gouvernements intéressés, fondés sur la liste des monuments proposés établie au moment de l'appel. Étant un de ses membres, je tins à faire étudier la demande de la France en dernier. J'ambitionnai, en effet, de voir figurer au Louvre un chef-d'œuvre, retiré par deux fois de la liste à la suite de tortueuses manœuvres.

Il s'agissait d'un des bustes des grands colosses d'Aménophis IV-Akhénaton, provenant du grand temple érigé à l'est de Karnak, au début du règne jumelé avec son père Aménophis III, et dont les ruines englouties avaient été fouillées par les architectes Pillet, puis Chevrier. Quatre de ces étranges statues, les

La tente dressée devant les temples pour l'inauguration. Au premier plan : le prestigieux buste d'Aménophis IV, « don du peuple d'Egypte au peuple de France », en reconnaissance.

Vue aérienne du site, avant aménagements d'environnement.

plus complètes naturellement, étaient exposées au musée du Caire. Tous les fragments des autres attendaient d'éventuels compléments dans les réserves du temple de Karnak. Certains, animés d'une bonne foi évidente, allaient insinuer, dans les bureaux du Service des Antiquités, que l'on trouverait un jour miraculeusement des « raccords » pour les compléter. A en croire les plus optimistes, le temple si meurtri pourrait retrouver sa splendeur d'antan : rien ne devait donc jamais sortir de Karnak. Les discussions étaient vaines, mais le grand buste fragmentaire choisi et publié dans les listes, un jour, ne figura plus au programme...

De tous les monuments proposés, ce chef-d'œuvre convenait le mieux à notre musée, si riche en manifestations artistiques de la vieille Égypte : il ne pourrait certainement jamais acquérir, par une autre voie, un témoin aussi marquant de cette exceptionnelle époque. L'idée d'accepter le don d'une petite chapelle n'était pas venue à l'esprit des ressortissants du pays où était né le film *Fantôme à vendre*! A l'issue du Comité, le buste nous fut octroyé à l'unanimité.

Cependant, quelques jours après, survint un nouvel obstacle. Notre ambassadeur, François Puaux, vint en Haute-Égypte me prévenir du refus des autorités égyptiennes, relatif au buste, refus transmis par son conseiller culturel, Marfaing. Je tentai, en rentrant au Caire, une ultime démarche et essayai de convaincre, encore une fois, ceux qui avaient été gagnés par une si fielleuse propagande. A la dernière minute, l'horizon s'éclaircit et les signatures furent, enfin, apposées sur l'acte de donation « du peuple d'Égypte au peuple de France ».

Le retrait du ministre Okacha

Deux années s'étaient écoulées lorsque la situation se dégrada : le jour même de la mort du président Nasser, le 28 septembre 1970, et l'accession au pouvoir d'Anouar el-Sadate, Saroïte Okacha, après avoir tant agi pour la culture et le rayonnement de son pays, décida de se retirer. Son œuvre était naturellement loin d'être achevée, mais les dissensions internes l'opposant trop au nouveau Président, avec lequel il avait peu d'affinités, signifiaient pour lui l'éloignement du pouvoir. Il m'en fit la confidence, avant même les obsèques de son grand compagnon de lutte, dont il sut toujours lucidement reconnaître fautes et qualités.

Au cours des différentes périodes où le sort du buste d'Aménophis IV, désigné comme témoignage de reconnaissance, avait été contesté, le monument avait cependant été extrait, par mes soins, des réserves du temple de Karnak et ses fractures consolidées. Il avait même été emballé. Le dernier verdict étant tombé, je précipitai naturellement l'arrivée de la précieuse caisse au Caire, par camion escorté par Jean Lauffray, encore directeur du Centre de Karnak. Le surlendemain, marqué du sceau de la valise diplomatique, le buste du Grand Réformateur passait la douane, sous l'œil bienveillant de grands amis égyptiens, dont le très actif et efficace Mina Saroufim, en poste au bureau de l'Unesco au Caire. Le don prestigieux fut alors chargé sur l'avion spécial des Affaires étrangères qui s'arrêtait régulièrement, dans son périple méditerranéen, tous les mois au Caire et dont l'arrivée providentielle avait été annoncée pour ce même jour.

Un an après l'arrivée du buste au Louvre, on devait célébrer à Paris (le 20 octobre 1972) le cent cinquantième anniversaire du déchiffrement des hiéroglyphes par Champollion. Pour rehausser l'éclat, dans notre musée, de la nouvelle présentation de la galerie Henri-IV contenant, *in extremis*, la Pierre de Rosette arrivée de Londres, j'avais préparé l'exposition du buste royal au sommet du grand escalier de notre département, mis en valeur par des éclairages voulus, et à la hauteur où il avait été initialement prévu pour figurer dans son temple.

Le docteur Mokhtar, président de l'Organisation des Antiquités et secrétaire d'État permanent, dont la collaboration avait toujours été si amicalement positive, représentait, avec son ambassadeur, le ministère de la Culture égyptien. Une place était restée vide, celle du grand ami de la France Saroïte Okacha, mais son nom et son action furent évoqués bien souvent au cours de ces cérémonies, et le sera encore longtemps dans le cœur de ceux qui l'ont rencontré.

Il s'est sagement retiré dans sa charmante villa de Maâdi, où il s'est mis à écrire dans sa belle langue natale une volumineuse histoire de l'art mondial, remarquablement illustrée, dont il avait conçu l'idée lorsque, invité par notre ami commun René Huyghe, il était venu, libéré des exigences de son ministère, donner une série de conférences au Collège de France. Les subventions dont il devait encore bénéficier ayant été supprimées par ordre du nouveau Président, le troisième et dernier volume ne sortit jamais. Depuis lors, Saroïte Okacha n'a jamais cessé d'écrire et ses Mémoires, publiés en deux importants tomes, relatent toutes les joies et les épreuves traversées depuis qu'ayant accompagné son camarade de lutte et de révolution dans son ascension, il était devenu ministre de la Culture. Ses nombreux amis à Paris l'attendent à chacun de ses passages dans notre capitale, mais au Caire il continue à œuvrer pour l'amitié franco-égyptienne ; il demeure, en effet, le très actif président de l'Association Égypte-France.

17

Le métier de conservateur au Louvre Quarante-huit années au Musée (1934-1982)

Être conservateur dans un musée, on l'entend bien, c'est avant tout conserver. Dans un département archéologique, cette fonction implique un bagage culturel et scientifique particulier à chaque spécialité, à côté de la maîtrise des langues modernes permettant d'avoir accès aux études sur la discipline concernée, souvent publiées à l'étranger (principalement en langue anglaise et en langue allemande). De surcroît, pour l'Égypte, la pratique des écrits de cette vieille civilisation, évolués dans leur fond comme dans leur forme, pendant trois mille années, est indispensable.

Conserver est donc, avant tout, soigner, comprendre et mettre en valeur tous ces témoins constituant un département et destinés à mieux évoquer, à tous les niveaux d'entendement, la culture dont ils incarnent le souvenir.

Nos premières collections

La muséologie « matérielle » comprend, naturellement et avant tout, la surveillance constante de l'état des reliques dont on a la responsabilité, aidée par les ateliers de restauration du Louvre et par son grand laboratoire (lequel n'hésite pas à faire appel à des organismes spécialisés). Le but est d'exposer au mieux les antiquités si variées, arrivées de façon fortuite ou déterminée, dans les murs du vieux Palais. Je m'explique : pour nos temps modernes, le Louvre est un des plus vieux musées; en ce qui concerne notre département des Antiquités égyptiennes, les collections royales avaient, avant la Révolution, réuni quelques sculptures déposées, par la suite, dans la section des Antiques, aux côtés de quelques achats faits à des amateurs ou à des voyageurs « avertis ». Après le déchiffrement de Champollion (1822), le musée égyptien Charles-X fut fondé, avec l'entrée au Louvre de la collection Salt, suivie, peu après, par la seconde collection Drovetti (la première collection du consul Drovetti ayant été achetée précédemment par le musée de Turin). Champollion en devint le premier conservateur, avec charge d'enseigner la connaissance de cette civilisation – dévoilée de façon si géniale –, en s'appuyant sur ces antiquités. Voici l'amorce de l'enseignement de l'égyptologie à l'École du Louvre, jumelée avec le département égyptien. Dès lors, la section égyptienne commença à vivre et à s'enrichir de façons diverses.

La grande mission de Champollion, en Égypte et en Nubie (1828-1829), confirma sa découverte à travers les monuments déchiffrés pour la première fois depuis presque deux millénaires. De son fulgurant passage, il rapporta quelques chefs-d'œuvre comptant parmi les pièces essentielles de nos collections –, sarcophage de Taô, divine adoratrice Karomama, relief de Séthi Ier et d'Hathor provenant de la Vallée des Rois. Pour honorer cet homme auquel l'Égypte devait d'avoir retrouvé son histoire, et le monde, une des plus anciennes et brillantes civilisations, Méhémet Ali avait *offert* à la France (et non laissé piller) les deux obélisques de Louxor. Champollion accepta celui du pylône occidental. Il avait été question à cette époque de faire figurer, entre autres, la magnifique aiguille monolithe de granite rose au cœur de la Cour carrée du Louvre. On abandonna assez vite le projet pour lui préférer, en définitive, le centre de la place de la Concorde.

Le monument de Ramsès II perdait ainsi le cadre du Louvre, mais faisait bénéficier de sa présence un des endroits les plus prestigieux de Paris. Il y laissait pourtant une petite partie de lui-même, comme je l'ai rappelé : les quatre cynocéphales debout, adorant le soleil, et ayant orné une des faces de son socle.

Lorsque Auguste Mariette, nouvel adepte de la grammaire de Champollion, vint au Louvre seconder Emmanuel de Rougé, l'ère des fouilles en Égypte, réglementées et contrôlées, débuta. En effet, dès sa première mission au pays des pharaons, Mariette comprit la préoccupation essentielle de Champollion devant le pillage systématique des monuments par les premiers grands collectionneurs : ainsi naquit le Service des Antiquités de l'Égypte, son corps d'inspecteurs et d'architectes, et la fondation du premier réel musée en Égypte (Bonaparte avait déjà, dès 1798, fait rassembler au Caire, dans le palais de Hassan Khachef Pacha, les statues, reliefs et inscriptions réunis par les savants de l'expédition de l'Égypte). Une loi avait été mise au point : celle du partage des objets trouvés en fouilles : la moitié pour le Service des Antiquités égyptiennes, la moitié pour le musée au nom duquel les ressortissants étrangers avaient reçu la permission d'effectuer des recherches sur le terrain.

Le département égyptien du Louvre recevait donc ainsi une partie de la moisson recueillie par les premiers fouilleurs, peu nombreux jusqu'au début du XXe siècle. Cependant, il s'enrichissait, par don, de certaines collections, la plupart du temps réunies, sans fil directeur, par des résidents français en Égypte, auxquels des antiquités de toutes sortes étaient fréquemment proposées. Pour cette raison, dans les réserves étaient entassées quantités de témoins hétéroclites, souvent demeurés dans des caisses encore fermées.

Ces objets avaient, naturellement, tous été enregistrés à leur arrivée au Louvre, d'une façon sommaire il est vrai, mais portaient un numéro sur des étiquettes collées, parfois disparues par la suite. Sur les livres d'inventaires, les descriptions trop brèves ne permettaient pas toujours de les repérer. Il fallait reprendre tout cela sur fiches individuelles, mesurer à nouveau, dessiner, photographier, décrire, copier les textes.

Notre département connut une ère beaucoup plus prospère dès le moment où des fouilles officielles furent organisées : on pouvait alors vraiment localiser le lieu d'origine des objets provenant des chantiers d'Abydos, de Tehneh, de Kom Dara, d'Assiout, de Tanis, de Médamoud ou de Tôd, de Deir el-Médineh ou d'Eléphantine, d'Edfou, d'Abou Roach, d'Héliopolis, de Baouït et d'Antinoë, pour citer les principaux sites explorés par les Français dont les objets « partagés » aboutiraient dans notre grand musée.

Le département des Antiquités égyptiennes

Jusqu'avant la dernière guerre mondiale, les membres du département des Antiquités égyptiennes étaient encore en nombre très réduit; il était donc, ainsi, impossible de mener de front l'activité journalière du musée et le récolement systématique des objets entassés par milliers dans des locaux secondaires, non ouverts au public.

En 1942, la réforme des Musées nationaux s'annonçait, avec la création de quelques postes d'assistants. Elle fut ensuite complétée par une réforme des statuts de l'École du Louvre, permettant l'enrôlement, très parcimonieux, des premiers « élèves agréés » reçus, à l'entrée de l'École, sur concours. Malheureusement, à leur sortie de l'École, aucun poste n'était créé automatiquement pour les intégrer dans les musées. On émaillait donc, la plupart du temps, le personnel du Département de chargés de mission bénévoles et de jeunes égyptologues dépendants du CNRS et rétribués par ce dernier.

Par ailleurs, les salles d'exposition affectées aux Antiquités égyptiennes çà et là dans le palais, étaient dispersées, parfois mal éclairées, souvent exiguës. On avait même été obligé d'utiliser certains couloirs quasiment secrets du vieux Palais, dans leurs murs épais aménagés en réserves. Nous pûmes, par la suite, gagner quelques locaux, telle l'ancienne écurie royale donnant dans la cour Le Fuel agencée, pendant un certain temps, en salle d'enseignement de l'École du Louvre. Il m'a fallu attendre 1981 pour avoir la joie de laisser à mes successeurs les deux grandes salles souterraines de réserves superposées, conçues en vue de recevoir des antiquités et de les étudier aisément. Ce fut à l'occasion des travaux en sous-sol dans la Cour carrée, sous l'aile orientale du Vieux Louvre.

A la fin des années cinquante, les musées ne dépendirent plus du ministère de l'Éducation nationale, mais du ministère des Affaires culturelles, créé pour Malraux. Le concours national des conservateurs des Musées nationaux fut institué, et le recrutement se fit suivant les postes nouvellement créés et mis à disposition. Les possibilités des travaux d'enregistrement et d'étude furent alors décuplées.

Sur la base du primordial « Livre d'entrées » du Département, les nombreuses fiches concernant la totalité des objets avaient été refaites, très détaillées, les recherches sur leur provenance très poussées, une photo d'identification figurant sur chaque bristol : il devenait possible ainsi, à partir des années soixante, d'entreprendre, grâce à ces documents de base précis, l'enregistrement informatisé de nos très riches collections. Nous fûmes parmi les premiers départements du Louvre à appliquer cette technique avancée. Le système était nouveau pour nous et je me souviens qu'avec mes deux collaborateurs les plus immédiats, Jean-Louis de Cénival et Bernadette Letellier, nous avons mis plus d'une année à définir nos lexiques.

Les termes utilisés pour cerner les manifestations les plus variées de l'histoire égyptienne, ses institutions diverses, administration, armée etc., les listes des rois, la toponymie, les instruments et ustensiles, depuis les armes jusqu'aux outils des paysans, des astronomes, des scribes, le mobilier rituel des temples, tout y passa.

Puis l'ensemble fut codé au ministère; pendant ce temps, nous établissions la fiche type pour chaque objet appartenant au Département. Depuis, nous avons fait école, aussi bien dans certains musées étrangers que pour le Centre franco-égyptien de Karnak. Les plus anciennes générations se refusaient encore à l'adoption d'un tel système et nous faisions vraiment figure de pionniers. Le miracle survint lorsque le ministère nous dota d'un terminal. Je me souviens de l'étonnement quasi admiratif de certains de nos confrères lorsqu'ils vinrent tester notre machine « magique » en revenant du Congrès des égyptologues de Grenoble en septembre 1979. Quand je fus « admise à faire valoir mes droits à la retraite », le trente millième objet du département avait déjà ainsi été enregistré.

Moyens d'accroissement des collections

La grande période d'enrichissement par les fouilles des musées d'Antiquités égyptiennes était passée. Depuis la découverte du Trésor de Toutânkhamon et la sage décision du directeur général du Service des Antiquités de l'Égypte, à l'époque Pierre Lacau, de ne pas disperser les éléments de cet ensemble incomparable, le libéralisme du Service des Antiquités diminua. Les représentants du musée du Caire choisissaient parmi les objets exhumés des fouilles les pièces jugées indispensables, et remettaient aux chercheurs les seuls objets dont la contrepartie figurait en des exemples déjà notoires dans les collections égyptiennes. Le choix se restreignait donc terriblement.

Notre musée du Louvre accroissait cependant ses collections par les dons, les achats et aussi, à partir de la seconde moitié des années soixante-dix, comme on le sait, par des dations. Ce dernier procédé consiste, pour des héritiers, à payer les impôts de la succession par des œuvres d'art. Encore faut-il que ce soient des chefs-d'œuvre, dignes de figurer dans les collections nationales déjà très riches. Un comité spécialement créé à cet effet y veille.

Les dons, moins fréquents, mais souvent d'une exceptionnelle qualité, passent devant les divers comités veillant au bon fonctionnement des musées : ces comités ont pour mission d'accepter des pièces devant enrichir, avant tout, nos vitrines d'exposition. Beaucoup de collections d'objets antiques célèbres, souvent dispersées en salles des ventes, laissèrent cependant, en donation à notre Département, des objets magnifiques. Parfois des amateurs moins opulents viennent nous remettre un objet inattendu, titulaire d'un « pedigree » fameux.

Un des plus attachants fut ce charmant savant, déjà âgé, sous-directeur de l'Institut océanographique de Brest, M. Lami. Il vint un jour à mon Département demander à être reçu en sa qualité d'héritier d'un des amis intimes de Mariette Pacha. Son arrière-grand-père, lequel comme lui s'appelait Lami, avait fait carrière en Égypte et s'était lié d'amitié avec le fouilleur de Serapeum de Memphis. On connaît le désintéressement et la générosité de notre égyptologue – il était toujours désargenté et Lami aidait souvent Mariette à combler le trou de ses finances, car ce dernier mettait souvent aussi ses ressources à la disposition du musée de Boulaq. En reconnaissance, Mariette lui avait offert quelques objets égyptiens – jadis remis à lui par le khédive Ismaïl –, dont une magnifique tête en schiste vert foncé remontant au début de l'époque saïte, d'une très grande valeur esthétique. Notre océanographe me la remit avec une réelle discrétion. « Ce sera, si vous le voulez bien, en souvenir de mon ancêtre. » Désormais cette tête, qui vaut une fortune, est exposée au Département égyptien sous l'appellation « tête Lami ».

Parmi les plus prestigieux donateurs, non seulement pour le département égyptien, mais pour tous les autres, fut Atherton Curtis. Il désira joindre à son nom celui de Louise, sa première épouse disparue prématurément, et celui de la seconde, aussi passionnée pour toutes les antiquités : Ingeborg. De naissance américaine, Atherton Curtis avait toujours vécu à Paris, dans son hôtel particulier du boulevard Raspail, sans jamais s'être rendu aux États-Unis. Il avait accumulé dans les nombreuses pièces de sa demeure une quantité inimaginable d'antiquités, d'objets d'art variés et d'origines très diverses, statues, peintures, tapisseries, ivoires, bijoux, bronzes, meubles de toutes périodes. A la déclaration de guerre, il demanda à chaque conservateur en chef intéressé d'introduire, dans les caisses à évacuer loin de la capitale, les chefs-d'œuvre majeurs de sa collection. En ce qui concernait l'Égypte, notre conservateur en chef, à l'époque Charles Boreux, avait choisi trois « chefs de file » : le bas-relief, encore revêtu de ses couleurs originelles, représentant la princesse Nefertiabet, du début de l'Ancien Empire, vêtue d'une peau de félin et assise devant sa table d'offrandes; deux statues jumelées en calcaire très fin à l'image de deux nobles de la Ve dynastie, Raherka et son épouse Merseankh; enfin, le joyau des collections amarniennes, le petit groupe formé de deux figurines saisissantes de finesse et de réalisme, celles d'Aménophis IV-Akhénaton marchant main dans la main avec son épouse Néfertiti, coiffée de son célèbre mortier. Sous le lin plissé, à la blancheur presque immaculée, on devinait toute la plastique sensuelle de la reine et, près d'elle, le roi à l'abdomen gonflé comme celui du génie de l'inondation fertilisant l'Égypte entière, vêtu de son seul pagne, si particulier pour l'époque, dont la ceinture remontait dans le dos. Des sandales chaussant leurs pieds racés montraient, par leur présence même, que les souverains ne foulaient pas le sol d'un sanctuaire.

Pendant plus de quatre ans, ces antiquités voisinèrent avec les nôtres dans les caisses entreposées d'abord à Chambord, puis à Courtalain et enfin à Saint-Blancard, d'où je pus les rapatrier en 1945. Au moment de les restituer à leur propriétaire, Curtis nous demanda de les garder. Il ajouta à ce don tous les objets de sa collection, ainsi légués à chaque Département. Plus d'une centaine d'autres antiquités, parmi lesquelles les albâtres et des bijoux d'or vinrent compléter pour beaucoup les séries que nous possédions. Le legs Curtis fut naturellement un des plus prestigieux que je connus pendant la cinquantaine d'années où je gravis, au Département, tous les échelons de la Conservation.

Une autre collection originale nous est un jour parvenue avant les années quatre-vingt. Il s'agissait du legs de Mme Parcq dont l'époux, architecte au Caire, avait constitué pour elle un ensemble de bijoux d'or alexandrins de l'époque ptolémaïque, comprenant, entre autres, des colliers aux fines ciselures et aux ornements grécisés, voisinant avec les célèbres « bracelets de Cléopâtre » en forme de serpents enroulés.

Je voudrais ici rendre un hommage particulier aux « donateurs collectifs », constitués en Association des Amis du Louvre, laquelle ne passe jamais une année sans faire une acquisition d'extrême importance, destinée à l'un de nos musées. Le Département des Antiquités égyptiennes a déjà plusieurs fois bénéficié de sa générosité. Son président actuel est notre ancien et si remarquable ambassadeur en Égypte, François Puaux.

Muséologie et expositions extérieures

Durant les quinze dernières années passées au Musée, il me fut plus aisé de poursuivre le réaménagement de mon Département. J'avais achevé la rénovation de la grande galerie Henri-IV, où les monuments les plus pondéreux étaient désormais présentés sur un sol en dalles, dont les contours légèrement irréguliers devaient évoquer le pavement des temples pharaoniques, et remplacer avantageusement les inopportunes petites mosaïques du XIXe siècle. Les antiquités exposées allaient se succéder dans l'ordre chronologique, mais il fallait également leur permettre d'évoquer leur destination originelle. Ainsi, dans le premier tiers, il était facile d'imaginer, par les pieds et la tête colossale d'une statue effondrée, la cour ruinée d'un temple. De chaque côté, des statues monumentales de Sekhmet à mufle de lionne rappelaient l'entourage des cours. La deuxième partie comportait, en son centre, la cuve extérieure du sarcophage de Ramsès III, en granite rose jadis incrusté de pâtes bleues et vertes. Contre le mur, la paroi du pilier montrant Séthi Ier recevant le collier magique d'Hathor imposait sa présence prestigieuse dans cette section de la galerie où de magnifiques exemplaires de statuaire ayant peuplé les grandes salles des temples et tombeaux semblaient revivre. J'ai voulu traiter la troisième partie en utilisant celles des antiquités me permettant le mieux de reconstituer le saint des saints d'un sanctuaire, au fond duquel un *naos* de granite avait reçu l'image divine.

Après l'acquisition de l'« âme » d'Hathor, monumental oiseau de bronze à face humaine, je l'exposai devant ce *naos* comme si elle venait d'en sortir. Un spot dirigé vers le visage mettait intensément en relief cette partie de l'objet de culte qui, dans son temple de Dendara, chaque année, était porté à travers les escaliers du pylône jusqu'à la chapelle de la terrasse, où le premier rayon solaire au matin du jour de l'an venait lui réinsuffler la force divine.

Depuis le déménagement de notre Département, au moment de la guerre, la crypte communiquant avec la galerie Henri-IV attendait d'être aménagée. J'eus la grande satisfaction de pouvoir réaliser cette présentation peu après l'exposition Ramsès II. J'avais projeté d'y faire figurer les objets funéraires de Basse Époque, magnifiques cuves et sarcophages ciselés comme des camées – principalement l'ensemble ramené du Caire par Champollion –, équipement funéraire de l'époque tardive où l'on pouvait même voir la « couronne de justification » en plantes séchées, déposée, jadis, sur le front du mort, et provenant de la collection égyptienne du musée Guimet, donnée au Louvre.

Un escalier, bordé par les vases canopes des taureaux Apis, donne accès à une crypte, où le visiteur est maintenant reçu par la carapace dorée d'une momie de bélier sacré d'Éléphantine. Les vitrines murales contiennent quelques objets typiques de l'apparat funèbre, et des momies d'animaux sacrés y ont trouvé leur place. Contre un mur, trois statues d'un enfant, d'un prêtre et d'une prêtresse d'Isis évoquent la dernière manifestation du vieux culte égyptien avant sa propagation dans le monde méditerranéen.

Lorsqu'en 1935 on avait modernisé les locaux de la Conservation du Louvre, j'avais trouvé dans une immense vitrine abandonnée, en un local appelé, à cette époque, « salle des Rouleaux » – à l'endroit où, plus tard, allait être installée la bibliothèque générale de la Conservation – une statue de bois représentant Osiris momifié, les yeux fixés loin de notre monde terrestre. Elle n'avait depuis lors jamais été exposée au département. C'était l'occasion de la faire apparaître dans une ambiance assez mystérieuse, au fond d'une niche secondaire de la crypte : devant l'effigie de cette force divine en léthargie, j'ai tenu à faire figurer la charmante et si féminine statuette d'Isis agenouillée, les mains devant le visage, accomplissant les rites de la résurrection pour la victime qu'elle pleurait.

De l'autre côté, j'avais toujours connu un petit couloir, dont l'entrée avait été longtemps masquée ; dans les temps passés, il avait conduit à Saint-Germain-l'Auxerrois, avant les aménagements de Louis XIV (pendant la guerre, j'avais pu, entre autres, y cacher un parachutiste anglais). Je fis élargir ce passage en une crypte secondaire où j'introduisis la plus grande cuve funéraire de notre département : elle y demeure toujours exposée.

Il s'agissait alors de présenter dignement le grand zodiaque de Dendara. Cette imposante dalle carrée, en grès, prélevée du plafond d'une des chapelles du temple d'Hathor – sur la terrasse des « Mystères » –, avait été détachée par un voyageur antiquaire avant même la fondation de notre département. Achetée par Louis XVIII et étant en partie recouverte d'inscriptions, la pierre avait été déposée au cabinet du Roi devenu, plus tard, le cabinet des Médailles.

On connaît la violente polémique soulevée au sujet de sa date d'origine, car le clergé catholique de l'époque ne pouvait admettre, selon la Bible, qu'elle fût antérieure à celle du Déluge. C'était la « querelle du Zodiaque ». Lorsque Champollion put déchiffrer les vieux textes égyptiens, on lui soumit le problème, anxieux d'un verdict risquant d'envenimer encore cette vive dispute. La date attribuée par lui, situant la pierre au moment de la domination romaine sur la terre du Nil, mit fin à la « querelle » et, même, procura à notre inventeur des alliés contre les détracteurs de son œuvre.

Ce zodiaque avait été remis au département égyptien par la Bibliothèque nationale et, depuis, n'avait jamais été exposé d'une façon totalement satisfaisante. A terre, contre un mur, sous une fenêtre, rien ne rappelait son emplacement originel, pour lequel il avait été sculpté. Ainsi, les détails avaient-ils été modelés pour être contemplés du sol de la chapelle.

L'aménagement de la crypte de l'Osiris allait me fournir l'occasion de restituer à ce monument si exceptionnel la place évoquant le mieux sa localisation première. On peut le voir au centre du plafond de la crypte, éclairé à jour frisant.

Ces agencements internes du département, la présentation des nouvelles acquisitions n'étaient en rien incompatibles avec la réalisation de certaines expositions composées d'antiquités, souvent sorties de nos réserves et traitant de thèmes particuliers, propres à animer certaines villes de province. Ainsi, au musée Guimet de Lyon, non loin du Muséum d'histoire naturelle de cette ville, riche en momies d'animaux rapportées d'Égypte par Lortet et Gaillard, j'organisai avec les membres du département, conservateurs et chercheurs du CNRS, que je tenais à réunir le plus souvent possible dans des travaux communs, une exposition sur le « Bestiaire égyptien ».

Une autre fois, au musée Borély à Marseille, qui possède en France, après le Louvre, une des meilleures collections égyptiennes (maintenant au musée de la Vieille Charité), je conseillai son conservateur, Mme Bourlard, pour la mise au point d'une manifestation sur le « Nil et la civilisation égyptienne », à l'occasion des festivités Champollion.

Musée du Louvre : présentation du sphinx de Tanis, dans la galerie Henri IV, avant 1935.

Exposition du même sphinx dans la grande crypte du Département égyptien, dès 1936.

J'encourageai aussi la mise en dépôt de certains objets de nos réserves dans les musées de province, qui se modernisent de plus en plus et où la présence d'antiquités égyptiennes ajoute encore à l'intérêt. Je n'oubliais par le nord et l'est de la France où Bernadette Letellier, conservateur à notre département, organisa l'exposition sur « La vie journalière chez les ouvriers de la nécropole royale » ; des rétrospectives à Lille et à Boulogne, au moment des commémorations Mariette Pacha, et même dans cette fondation privée, si généreuse, au cœur du triangle Lille-Roubaix-Tourcoing, soutenue par les Prouvost à Marcq-en-Barœul.

En 1980, pour commémorer le centenaire de la création de notre Ifao, j'organisai à Paris – en liaison avec le directeur de cette institution –, l'exposition « Cent ans de fouilles françaises en Égypte », entièrement composés de monuments concédés par le Service des Antiquités, après le « partage ». La réunion de ces objets magnifiques, témoins du déroulement de trois mille années de civilisation (depuis les stèles de la Ire dynastie, jusqu'aux reliques de l'Égypte chrétienne), constituait la meilleure démonstration de notre très riche activité française, sur le terrain.

Indépendamment des deux grandes expositions que j'ai pu mener à bien, à Paris, sur Toutânkhamon et Ramsès le Grand (dont je parle ailleurs), avec les seules antiquités empruntées au Caire, à l'inverse, notre département, comme tous les autres musées, est souvent sollicité pour concéder le prêt de quelques chefs-d'œuvre en vue d'une exposition à l'étranger. La plupart du temps, le monument demandé a été volontiers prêté. Je crois bien que l'occasion où nous avons fait sortir de nos collections les objets en plus grand nombre est pour la grande manifestation, organisée par le musée de Boston, « *Egypt Golden Age* ». La célèbre coupe en or massif, don de Thoutmosis III au général Thoutii, en était le phare, sortie pour la première fois de sa vitrine ; puis, avec tout l'ensemble des antiquités exposées, elle visita plusieurs villes d'Amérique, à la grande joie de plusieurs membres de mon Département chargés, les uns après les autres, de la convoyer dans ses déplacements.

L'action du public

La vie journalière au Louvre était aussi partagée entre le soin porté aux objets, les recherches et la préparation de certaines études archéologiques, ou l'élaboration – à long terme – des catalogues les concernant. Les petits problèmes foisonnaient : vitrines ébranlées par les théories de visiteurs; statues et reliefs maculés par les multiples mains passant sans cesse sur leur épiderme. Au moment de la modernisation du Louvre en 1936, Charles Boreux avait décidé d'extraire de leurs vitrines protectrices la plupart des statues et de faire confiance au public. Progressivement les calcaires se recouvrirent d'une pellicule de graisse ternie, également, par la pollution extérieure. Les sarcophages en bois peints étaient écaillés : un jour un des yeux incrustés de la cuve funéraire de Sepa, décorant sa porte mystique, fut subtilisé. On voyait, d'après les traces, qu'il avait été desserti par étapes pour le prélever facilement. Je le fis alors remplacer par une copie, en prenant la précaution d'en faire exécuter plusieurs exemplaires : l'œil fut volé à trois reprises! En définitive, nous fûmes obligés de faire voter des crédits spéciaux, d'urgence, pour tout remettre dans des coffrages de verre après avoir fait nettoyer et restaurer les dommages apportés par le public.

Ces objets déposés dans nos collections, ces biens nationaux, nous en sommes responsables pour leur conservation et leur message scientifique. Aussi, notre tâche est-elle de les faire connaître aux confrères et au public éclairé qui n'y a pas normalement accès. Les demandes de renseignements affluent sans cesse dans un département et provoquent souvent des enquêtes assez longues.

Les visiteurs sont également nombreux, des confrères souvent, avec lesquels des échanges de vues sont très enrichissants, ainsi que des collectionneurs et toutes sortes de gens imprévus, parfois déconcertants, tels ces « visionnaires » venant nous entretenir régulièrement du « secret mystérieux de la Pyramide » ou de « l'origine atlantéenne des alphabets égyptiens ». Nous sommes rompus à la fréquence de ces manifestations.

Un jour, une femme élégante insistait pour être reçue à propos d'une « question très importante » et ne pouvait attendre : elle finit par forcer la porte de mon bureau et entendait nous expliquer que, de passage dans le Bosphore, elle avait aperçu la « tête Salt » si connue et conservée à notre département. « Je sais maintenant le nom de l'homme qu'elle représentait, nous dit-elle. Il est gravé sur son front. – Mais en quelle écriture? avons-nous demandé. – Inutile d'en douter, répliquat-elle en nous lançant des regards féroces, c'était tracé dans le langage des esprits! »

Pourtant, ces visites impromptues étaient souvent passionnantes. Un jour, il y a une quarantaine d'années, le président-directeur général des Dolérites de France vint me poser une question technique, en raison de la plaquette de prestige, préparée par son entreprise de poudre de diorite agglomérée pour servir de dallage à des usines de produits chimiques très corrosifs. « Comment les Égyptiens faisaient-ils pour tailler la diorite? Les aciers les mieux trempés de nos instruments modernes s'émoussent vite à ce travail. » Je ne fus pas capable de répondre – le serais-je encore vraiment aujourd'hui? Je me bornai à lui communiquer ma maigre science de l'époque en la matière, c'est-à-dire peu de chose : « Une équipe d'égyptologues anglais, dont Engelbach, conservateur en chef du musée du Caire, avait trouvé à l'ouest d'Abou Simbel, dans les mines de diorite, au nord de la deuxième cataracte, un ciseau de carrier en cuivre portant le cartouche du roi Chéphren. Par quel procédé miracle aurait-on conféré une telle efficacité à cet instrument? »

Une autre fois, c'était au mois d'août 1938, un haut fonctionnaire colonial, le gouverneur Fourneau, demanda à être reçu. Il venait de visiter le Département et était littéralement tombé en arrêt devant une perle-« barillet » exposée dans une vitrine de bijoux, faite de verre travaillé au mandrin, bleu et rouge sur fond blanc. A la fois ému et intrigué, intrigué parce qu'il se demandait si l'objet était réellement égyptien, et remué très profondément car sortant de sa poche une perle analogue, usée comme la nôtre, le gouverneur Fourneau me confia l'avoir reçue d'un chef de tribu du Moyen-Congo. Ce dernier lui avait remis l'objet le plus précieux de son « trésor de la Couronne », car le gouverneur avait sauvé la vie de son fils au cours d'une chasse au lion. « Comment la réplique d'un tel objet peut-elle être égyptienne? Connaissez-vous l'origine de votre perle? » Son numéro d'entrée m'indiquait sa provenance : une tombe thébaine. Elle faisait partie d'une collection dont le Louvre avait hérité au siècle dernier. Le problème était posé et, sans pouvoir lui donner une réponse immédiate, j'évoquai naturellement ces verroteries fabriquées pour l'expédition de la reine Hatshepsout au pays de Pount et très visiblement représentées sur les murs du temple royal, devant le grand trésorier Panéhési, l'homme de confiance de la reine.

En arrivant au but de son voyage, il offrit des colliers de perles oblongues, posés sur une petite table devant Paréhou, prince de Pount... lequel, en retour, remettait à l'envoyé de Pharaon de l'encens, des anneaux et des sacs de poudre d'or. L'hypothèse était tentante et le gouverneur se promit, avant de regagner son poste, de rechercher dans toutes les bibliothèques africanistes la trace des chemins caravaniers qui faisaient communiquer entre eux, de relais en relais, tous les pays d'Afrique noire. Cette perle d'un genre unique dans notre département présentait véritablement un problème : au XIXe siècle, Murano était le centre de toutes les verroteries dont l'Afrique fut envahie pour des trocs abusifs. Notre perle, d'après les analyses, paraissait pourtant beaucoup plus ancienne. Voici un des nombreux cas où l'intelligente curiosité de nos visiteurs nous mit sur la voie de recherches parfois fructueuses.

D'autres encore découvraient dans un vieux grenier de province un objet rapporté par un des membres de l'Expédition d'Égypte. Ainsi on m'apporta un jour une statuette en calcaire seulement ébauchée, mais dont on identifiait, par sa virilité soulignée, l'évocation certaine d'un Osiris renaissant. La sculpture était entourée de grains d'orge et recouverte totalement de bitume, dont mon visiteur avait cassé l'écorce pour en découvrir le contenu. On se trouvait probablement devant ces objets rituels enterrés religieusement au moment des fêtes de Khoïakh, pour encourager le renouveau de la nature. La statuette mesurait exactement une coudée, dimension propre aux images et citée dans les textes décrivant les nouveau-nés divins. Le détail le plus surprenant était la mise au carreau marquée sur ce corps destiné à renaître par la magie. Les dix-huit carreaux servant à établir les proportions du corps, à l'époque classique, devinrent vingt et un et demi dès les temps saïtes : l'objet portait très visiblement gravés les vingt et un carreaux. Il remontait effectivement à cette date ! Je n'hésitai pas à l'acquérir et l'exposai à la place qui convenait, dans une vitrine de la crypte de l'Osiris.

Comment une œuvre d'art entre au Louvre

Chaque conservateur en chef d'un département est naturellement directeur scientifique de son « musée ». Le Louvre, à lui seul, contenait alors sept musées (départements) dépendant d'un directeur du Louvre, lui-même sous l'autorité du directeur des Musées de France.

Le problème posé par les achats d'œuvres d'art est, on le conçoit, primordial et complexe; aussi existait-il un « établissement public » ayant pour objet principal d' « assister la Direction des Musées de France pour l'acquisition à titre gratuit ou onéreux des œuvres d'art et objets de collection destinés aux collections nationales ainsi que dans l'organisation d'expositions. Il assume par ailleurs la gestion de services et d'activités destinés notamment à lui procurer des ressources complémentaires ». Autrefois régi par la loi 1901, il a récemment changé de statut.

Dans son organigramme, figurait notamment un Conseil scientifique de la Réunion des Musées nationaux. Ce dernier, présidé par une personnalité extérieure au ministère, est composé de grands commis de l'État, de collectionneurs renommés, de quelques très brillants universitaires. Pour les achats, des crédits sont, naturellement, alloués par le ministère, étoffés par le « portefeuille » et alimentés par des legs et des dons, et surtout par le produit des entrées dans les musées. Dans certains cas rarissimes, intervient en haut lieu une « subvention spéciale » d'État.

Pour l'acquisition d'une œuvre d'art, chaque conservateur en chef est d'abord soumis à l'avis de ses pairs, par vote secret au cours du Comité des Conservateurs qui se réunit immuablement chaque mois, présidé par le directeur des Musées de France. Afin de franchir cette première épreuve, l'achat envisagé doit présenter des qualités exceptionnelles et être digne d'entrer dans le « cénacle » des représentations de l'art et de la civilisation du département intéressé. En quelque sorte, un *unica*. Il est nécessaire de le faire d'abord analyser au laboratoire des Musées nationaux, pour réunir sur lui le maximum de preuves « matérielles » de son authenticité, mais avant tout n'oublions pas l'étude archéologique.

Naturellement, l'œuvre est exposée dans la salle du Conseil où se tiennent les réunions, les documents à l'appui de la présentation circulent dans les mains des responsables de tous les musées nationaux. Pour l'Égypte, les questions fusent très souvent de la part des départements archéologiques, mais aussi de tous les autres spécialistes qu'aucune manifestation artistique ou culturelle ne doit laisser indifférents. Puis, survient le vote à bulletin secret : moment d'émotion pour le présentateur car, en tout état de cause, le budget demeure limité et la plupart des membres de ce comité doivent aussi défendre leurs propres achats.

A ce niveau de l'aventure, l'objet a parcouru seulement la moitié du chemin pour entrer au Louvre. Il doit maintenant affronter le Conseil artistique des musées. Chaque conservateur intéressé prend alors très au sérieux son rôle d'avocat. Les objectifs du jury devant lequel il va passer ne sont plus tout à fait les mêmes que ceux du comité. On doit attendre dans l'antichambre de la salle de réunion, d'où l'on est seulement appelé à son tour, et l'on se retire après avoir plaidé et assisté au vote. Il faut avoir entouré l'œuvre d'art présentée des commentaires les plus persuasifs, en soulignant ses qualités les plus brillantes. Il faut ensuite évoquer et faire revivre tout son contexte : les collectionneurs sont exigeants et leur œil souvent infaillible. Les grands administrateurs ne peuvent s'empêcher de mettre en balance la valeur vénale de l'objet et son intérêt propre. Enfin, il est nécessaire de convaincre non plus des spécialistes des musées, mais les historiens et l'élite du monde de la culture et des arts.

Passé le verdict favorable, la nouvelle acquisition a définitivement reçu ses lettres de noblesse : elle est consacrée et reçoit, à la Conservation, un véritable baptême : son numéro d'entrée dans les collections. La meilleure étude pour les objets est bien celle à laquelle on se livre pour les défendre à travers ces jugements si pertinents et si variés.

Depuis quelques années, où notre gouvernement a signé des accords internationaux relatifs aux vols sur les chantiers de fouilles, l'introduction d'un nouveau « pensionnaire », dans les musées, rencontre un obstacle supplémentaire : sa provenance exacte! Dieu merci, il existe encore dans nos pays des collections inconnues d'où, parfois, surgissent de véritables chefs-d'œuvre proposés à la vente.

On est toujours averti du passage en salle des ventes d'une antiquité digne de nos départements. Le plaidoyer se fait alors, sur document, au comité précédant la vente, ou devant un comité restreint si le temps manque. On sollicite l'obtention d'une somme pouvant suffire à l'achat éventuel. Naturellement, l'objet doit ensuite passer devant les deux comités en question. Le résultat est parfois aléatoire. Il m'est arrivé un jour d'avoir identifié la statue extraordinaire en granite, quasiment intacte, de Touy, la mère de Ramsès. Elle devait passer en vente à New York et elle nous échappa car les enchères dépassèrent de cinquante mille francs la somme allouée par les comités.

Il reste aussi un dernier moyen pour faire entrer une œuvre d'art dans nos musées. Cependant, elle doit constituer un jalon exceptionnel dans le domaine concerné : c'est l' « arrêt en douane ». En effet, nous sommes responsables du contrôle des œuvres d'art partant pour l'étranger. Chaque mercredi, c'est le pèlerinage à l'Hôtel des douanes où, dans de grandes salles, on fait ouvrir les caisses contenant les objets prêts au voyage hors du pays. Lorsque l'un d'eux est sur le point de sortir de France, le département intéressé reçoit son dossier. Il faut ensuite l'examiner de près, mais les instructions officielles sont très nettes : ne jamais faire obstacle à la marche normale des départs, ne jamais irriter les vendeurs ou les acheteurs, s'opposer au départ le moins souvent possible et seulement pour les cas très rares.

Pour mon département, j'ai seulement arrêté un petit morceau de bas-relief amarnien unique, représentant le roi rampant, pendant une cérémonie religieuse, devant une rangée de cynocéphales en prière. L'objet fut acquis pour le prix déclaré sur les papiers douaniers. Je ne rencontrai aucune protestation de la part du vendeur, parfaitement honnête. Ce n'était pas toujours le cas : certains collègues ont parfois été tenus d'arrêter des chefs-d'œuvre, cependant déclarés pour une valeur de misère. Au moment d'en recevoir le montant, le propriétaire protesta avec véhémence, obligé d'avouer comment il avait minimisé son importance pour ne pas attirer l'attention du contrôle... Dans ce cas, le prix ne peut être modifié, le propriétaire est alors en droit de garder son objet, mais sans pouvoir le sortir de France.

Des sources d'enrichissement

Il existe donc plusieurs possibilités pour enrichir son département. Parfois, les circonstances en sont remarquablement plaisantes. Il m'est arrivé, un jour, d'avoir été conviée à déjeuner par Arturo Lopez dans sa prestigieuse résidence de l'hôtel Rodocanachi à Neuilly. Son intention était de me présenter un de ses amis, le prince de Brancovan, détenteur, paraît-il, d'un très beau gorgerin égyptien, fait de rosettes d'or incrustées de pâte de verre cornaline et bleu lapis. Pierre Verlet, conservateur en chef du département des Objets d'art, était également invité. Il était beau joueur; quelques jours auparavant, il s'était trouvé en concurrence avec Lopez, à la salle des ventes, pour le grand surtout de table en argent de Louis XV; naturellement, notre hôte enleva l'adjudication.

Arturo Lopez nous avait envoyé sa Rolls Royce pour nous chercher et nous ramener, et il nous attendait avec les Brancovan. Nous prîmes un apéritif raffiné pendant la visite de sa demeure. Elle était aussi fastueuse qu'inattendue : chaque pièce contenait des meubles et des objets appartenant à la même époque et au même pays. Tout était harmonieux et pensé jusqu'au plus petit détail. Ainsi, tous les matins, un grand fleuriste parisien livrait une moisson odorante et colorée à Mme Lopez, soucieuse de composer la décoration florale de chaque pièce suivant son style. Puis après être passés, en dernier lieu, dans une sorte de jardin d'hiver à jet d'eau central et aux murs tapissés de fragments de terre vernissée bleu turquoise, obtenus par Arturo Lopez à la suite de fouilles qu'il fit faire dans l'amoncellement de déchets d'une célèbre fabrique de céramique ancienne, aux environs de Fontainebleau, nous arrivâmes à la salle à manger.

Dès l'entrée, je vis Verlet presque vaciller : le milieu de la longue table était quasiment recouvert par le surtout d'argent de Louis XV. Le repas fut aussi délicat que recherché. Nous nous sentions presque, Verlet et moi, dans un autre monde, car mille détails nous déroutaient, mais nos hôtes demeuraient charmants. Assise à la droite de Lopez, j'étais pourtant légèrement éloignée de lui par la présence d'un petit tabouret aux pieds très élevés sur lequel son minuscule brabançon était venu s'asseoir. Ce préféré, fort bien élevé, portait autour du cou un charmant et précieux collier, fondu par les soins de Cartier, comme nous l'apprit Arturo Lopez. Il était fait d'une succession de petits os croisés, réunis par de minuscules anneaux torsadés. Un pendentif groupait plusieurs os entrelacés. Mon voisin de droite, le prince de Brancovan, me parlait d'un autre collier, celui qu'il avait hérité de l'arrière-grand-mère de son épouse, née Antoniadis, d'Alexandrie, descendante du créateur des fameux jardins portant encore son nom dans la ville de Cléopâtre. Il décida de m'apporter l'objet à mon bureau le lendemain.

A l'issue du déjeuner, au moment où nous nous préparions à nous lever de table, Arturo Lopez se tourna vers Pierre Verlet et lui dit ces simples mots : « J'ai remarqué l'autre jour, au cours de la vente publique, votre amertume lorsque j'ai fait l'acquisition de ce surtout Louis XV. Vous avez un si beau département pour lequel vous vous donnez tant de mal. Je ne voudrais pas que vous restiez sur cette déception. Ce surtout est donc à vous. Je vous le donne bien volontiers pour le Louvre. »

Le lendemain, le prince de Brancovan et son épouse vinrent me voir. En dépit d'une expertise « brillante », l'objet présenté n'était pas un gorgerin de l'époque saïte (« à cause des rosettes ! ») mais, fait d'éléments remontés facticement en un collier – ils avaient appartenu, j'en étais sûre, à un cache-perruque d'orfèvrerie, analogue à ceux des trois princesses syriennes épouses de Thoutmosis III, conservés au Metropolitan Museum de New York. Winlock avait fait l'acquisition pour son musée de pièces similaires, afin de reconstituer complètement un de ces magnifiques ornements, exposés depuis au Metropolitan. La publication de l'ensemble était une véritable histoire policière : il avait observé, durant ses fouilles à Deir el-Bahari, le manège d'un habitant de Gournah vendant régulièrement des objets et fragments d'or, marqués au nom de Thoutmosis III. Ces joyaux, en réalité, provenaient d'une cachette creusée au flanc du *gebel,* derrière la Vallée des Reines, dans l'ouadi Gabbanat el-Gouroud. Ainsi les acheta-t-il au fur et à mesure. Un jour, la police locale s'en mêla et découvrit l'origine du trésor. D'après la publication américaine, chaque élément articulé des cache-perruques portait, sur la face postérieure, des signes hiéroglyphes aux formes peu élégantes : le texte avait dû être gravé dans le pays d'origine des princesses, suivant le tracé d'un scribe local.

En retournant le pseudo-collier Brancovan, j'aperçus les mêmes hiéroglyphes. Je racontai l'histoire à mes visiteurs et reconstituai le trajet suivi par cet objet. Le vendeur de Gournah n'avait pas seulement sollicité Winlock; probablement bien avant, la cachette fournissait déjà matière à l'enrichir. Les collectionneurs alexandrins étaient friands de bijoux d'or (rappelons-nous la collection Parcq). Ainsi Antoniadis fit l'acquisition de ces objets pour en composer un bijou à la mode de l'époque. Les Brancovan cédèrent au Louvre ces témoignages antiques pour une somme très raisonnable, m'apprenant par la même occasion que la sœur de la princesse, épouse d'un haut fonctionnaire français, avait hérité de la moitié de cette parure antique.

Une patiente enquête me permit, après quelques années, d'en faire l'acquisition. Il me manquait une partie importante des compléments. Cependant, grâce au modèle de New York, il me fut possible d'exposer, dans une de nos vitrines, la reconstitution du couvre-perruque princier d'une extrême originalité.

Les unes après les autres, les antiquités arrivent, comme poussées par une main invisible, auprès de nous, au Département. Il nous revient de les faire revivre. Après qu'on a repéré leur trace, de longues années sont parfois nécessaires avant de les retrouver : j'en veux pour preuve l'histoire du petit « Lac de turquoise ».

Lorsque avant la guerre nous avons déménagé les vieux bureaux du Louvre, immenses locaux du dernier étage, j'avais trouvé dans le tiroir d'une table ayant appartenu, à la fin du XIXe siècle, au conservateur Révillout – proche d'une plume d'oie et d'une paire de lunettes aux verres en forme d'olive, sertis dans une monture de fer –, une petite photographie racornie montrant un objet rectangulaire vu de trois quarts, paraissant être un godet sans couvercle. Sur la face visible, était nettement gravé le défilé des « sept Hathor », préfiguration des sept fées de nos contes populaires. Au dos de la photo, seule une mention : « Collection Mutiaux ».

J'avais toujours gardé, dans nos archives, l'image de ce témoin fort rare qui me tracassait régulièrement, car la charmante illustration méritait une attention particulière. Vingt ans après, à 14 heures précises, un jeudi, avant l'ouverture du Comité des conservateurs, on me remit un catalogue de vente de la salle Drouot; je le feuilletai machinalement avant l'arrivée du directeur, tombai sur la brève description d'un objet en forme de godet rectangulaire, dont les quatre faces extérieures étaient ciselées de scènes où apparaissaient de nombreux animaux et le défilé de sept femmes, avec pour indication : « Collection Mutiaux ». Je le montrai à Jacques Vandier – à l'époque mon conservateur en chef – et demandai immédiatement un crédit pour me permettre de me précipiter à la vente prévue, le même jour, à partir de 14 h 30.

Il n'était pas question que le Comité – la séance n'avait pas encore commencé – puisse voter un montant quelconque. On m'accorda seulement la somme maximale octroyée sur les « petits crédits », destinés à faire l'acquisition d'objets usuels. C'était bien modique, mais je décidai de tenter ma chance, tant le godet me paraissait indispensable à nos collections. Entre le Louvre et la salle Drouot, ce fut une course frénétique : j'arrivai dans la salle quelques instants avant le début des enchères : la pièce, extraite d'un amoncellement hétéroclite, venait d'être posée devant le commissaire-priseur. J'avais eu le temps d'apercevoir son décor complet : je n'aurais jamais osé imaginer une œuvre aussi exceptionnelle. Elle me fut attribuée pour une somme très modique, sans même que j'utilise la totalité du crédit accordé ! A mon retour, le Comité était loin d'être terminé et je fis accepter cette nouvelle acquisition, je dois le dire, dans l'enthousiasme général.

Pendant les cinq jours séparant le Comité du Conseil artistique, j'avais eu le temps de préparer la présentation plus fouillée de ce petit trésor. A l'analyse, il était apparu que ce godet – ne dépassant pas, dans sa plus grande longueur, sept centimètres – était en ivoire fossilisé et recouvert d'un vernis vert émeraude très vif, couleur retrouvée sur certains objets précieux du temps d'Aménophis III et de la reine Tiyi. Les minuscules images ciselées sur les quatre faces étaient traitées avec une précision et un art consommés. Tout rappelait le travail parfois visible au plat (verso) des scarabées-bijoux, porteurs de miniatures incisées de la meilleure facture.

Sur un côté, apparaissaient d'abord deux images du génie de l'inondation accroupi, protégeant de leurs mains tendues un petit poisson *(inet)* appelé de nos jours en Égypte *boulti* (la *Tilapia nilotica*). Sur une des deux grandes faces, on avait représenté des animaux passants, dans un paysage quasi désertique évoqué par quelques touffes de graminées. Une autruche, un cerf, un bubale, un taureau, un lion rugissant, tous tournés dans la même direction, indiquaient ainsi le sens de la lecture des images. Le second petit côté était bien gravé du fameux défilé des sept Hathor, depuis vingt années ancrées dans mes souvenirs. Elles marchaient vers une forme féminine, semblant recevoir leur hommage. Enfin, sur le dernier grand côté –, le tableau terminal –, était figurée une scène aquatique. Sur une barque, se tenaient un petit veau et le nocher de la nacelle, lançant un filet dans lequel il avait emprisonné des canards sauvages. Enfin, sortant des eaux et faisant face à la proue du bateau, un hippopotame ouvrait largement la gueule (il mesurait moins d'un centimètre !).

En faisant appel à tous les symboles utilisés dans les rites funéraires, au bestiaire égyptien que je travaillais depuis plu-

Une des plus belles et récentes acquisitions faites avant 1981 : le haut fonctionnaire Sény-Nefer et son épouse Hatshepsout.

a

b

Le « Lac de Turquoise » : a) le défunt en transformation ; b) il évite les démons ; c) les sept bonnes fées prédisent son destin ; d) renaissance sous l'aspect du veau solaire, hors de tout danger.

c

d

sieurs années, à la littérature des vieux temps pharaoniques et à l'ornementation des chapelles de tombes, je pus coordonner ces messages paraissant, à première vue, étrangers les uns aux autres, et reconstituai ainsi le périple dont on souhaitait voir le mort sortir triomphant après toutes les épreuves de son « purgatoire ». Immergé dans les eaux primordiales, l'embryon du défunt était évoqué par le *boulti* du Nil, ce poisson *inet* des vieux Égyptiens, symbole de l'*ego* appelé à renaître après ses transformations. Il lui fallait passer dans le monde effrayant des démons l'assaillant sans cesse et dont il devait sortir vainqueur. C'étaient matérialisées par les animaux du désert, au pelage roux, les images du Malin, semblant tourner le dos à son cheminement. Ainsi était-il préparé à une renaissance éternelle : les sept fées (maîtrisant, parmi elles, la fameuse « Carabosse » jeteuse de mauvais sort), allaient présenter à la forme féminine contenant le germe de la résurrection, la promesse d'un destin lumineux. Enfin, pour commenter le quatrième tableau, il fallait même se reporter aux plus archaïques ensembles de textes religieux, ceux des pyramides où l'on pouvait trouver la description du soleil apparaissant à l'aube du jour éternel, sous l'aspect d'un petit veau « à la bouche de lait » mis au monde par la Grande Vache Céleste, il était là, sur la nacelle magique, évoquant la renaissance du défunt dans le monde irradiant de la force initiale. Aucun démon ne pouvait plus avoir de prise sur cette force renouvelée bravant les remous provoqués au fond de l'eau par l'hippopotame néfaste; simultanément le filet protecteur du nocher avait su capter les oiseaux du mal.

Les membres du Conseil artistique voulurent bien me croire. Mon collègue Pierre Pradel, membre de l'Académie des Inscriptions et Belles-lettres, dirigeant la revue de l'Institut communément appelée les « Monuments Piot », me demanda un article concernant ce sujet, dont les éléments rassemblés constituaient un panorama nouveau. J'ai appelé cette étude : « Un lac de turquoise », car c'est le lieu signalé dans les textes archaïques afin de localiser l'endroit où le soleil levant prend son bain de jouvence pour renaître : de plus, la forme et la couleur de l'objet évoquent, ainsi, ce lac symbolique.

La plupart des objets acquis par le Département sont chargés d'une histoire. Le hasard joue également très bien son rôle et, souvent, par une conjoncture inexplicable, on est conduit à déceler, pour la faire entrer dans nos collections, l'antiquité venant éclairer – ou compléter – une recherche en cours.

Ainsi, je fus amenée à repérer une pièce maîtresse de la XVIIIe dynastie, maintenant dans nos salles. Par hasard, on m'avait indiqué la partie supérieure d'un groupe fragmentaire figurant un couple de seigneurs thébains provenant d'une ancienne collection, sur le point d'être mise en vente. J'obtins que le monument nous soit présenté au préalable. Il s'agissait d'une tête masculine en calcaire, portant encore toute sa polychromie, à longue perruque noire, à la physionomie indo-européenne. Seul vestige de la statue masculine, cette tête était flanquée de toute la partie supérieure d'une image féminine : l'épouse bien-aimée – taille fine, moulée dans une tunique blanche, haute poitrine et gorgerin encerclant le cou ; le visage de la dame, d'une couleur jaune pâle, contrastant avec le rouge brique de celui de son époux, était encadré d'une élégante perruque aux longues boucles retenues sur le front par une couronne florale. Les personnages avaient été sculptés grandeur nature.

Il n'y eut aucune hésitation au sein du Comité des conservateurs. Une seule voix dissonante s'éleva pour demander des assurances sur l'origine. En aucun cas, le monument ne pouvait provenir d'un vol commis sur un site archéologique. De son côté, le Conseil artistique vota à l'unanimité l'entrée de cette pièce maîtresse : depuis lors, elle est exposée dans les galeries du premier étage.

Au dos de l'objet, une inscription fragmentaire livrait l'identité du prince Sény-Nefer et de son épouse Hatshepsout. D'aussi fastueux personnages devaient avoir laissé des traces dans l'histoire de l'Égypte de la XVIIIe dynastie, dont ils portaient la marque. En définitive, j'aboutis à la solution par laquelle j'aurais dû commencer. Il existe, près de la frontière nubienne, au nord de la ville de Kôm Ombo, un défilé de la vallée du Nil, étranglée par des rochers, le Gebel Silsileh où, paraît-il, dans l'Antiquité, les bateaux circulaient durant les tempêtes en s'accrochant à une grande chaîne tendue (d'où le nom de *silsil* : « chaîne ») pour éviter que les embarcations ne soient fracassées contre le grès des rives.

J'avais, tout au long de l'hiver précédent, axé mon cours d'archéologie sur les cénotaphes des hauts fonctionnaires de l'époque thoutmoside, aménagés en cet endroit pour les courtisans de la pharaonne Hatshepsout et de Thoutmosis III principalement. La famille de Sény-Nefer possédait aussi sa chapelle : Sény-Nefer y figurait avec son frère Ousirsatet, encadrant l'image de leur mère, Ousirsatet, « notre vieille connaissance », vice-roi de Nubie à cette époque, célèbre entre autres par sa grotte consacrée sur les rives du Nil nubien où j'étais passée maintes fois. Il était connu pour une scène extrêmement vivante : on le voyait, introduisant devant son souverain les animaux de l'Afrique, dont il lui faisait présent. Cette grotte était creusée au pied de l'immense rocher de Kasr Ibrîm, devant une ancienne capitale de la Nubie, Aniba, maintenant noyée dans les eaux du Grand Barrage. Une fois de plus, tous les éléments du puzzle se rejoignaient par le jeu souvent dénoncé comme celui du hasard : mais peut-être celui d'un certain destin.

De nombreuses coïncidences se retrouvent ainsi au gré de la constitution des collections, lors de l'entrée d'objets, venant compléter nos connaissances ou même provoquer de nouvelles recherches, telle cette minuscule statuette de chienne (pleine de petits chiots à venir), à queue bouclée, taillée dans une chlorite noirâtre. Dès la protohistoire, cette chienne sert de symbole à l'étoile Sothis (Sirius) réapparaissant dans le ciel au jour de l'an, fêté dans l'Égypte ancienne aux environs du 19 juillet julien. A travers trois mille ans d'existence, cette petite image a été reproduite dans l'iconographie populaire ; les Romains l'adoptèrent pour évoquer le début de l'année et la représentèrent même sur le fronton du temple de Jupiter capitolien. Le souvenir en a gagné, alors, nos horizons brumeux puisque, s'agissant de définir une température estivale très chaude, on parle encore d'une chaleur caniculaire (*canis :* chien). L'entrée de ce minuscule objet dans mon Département est venu enrichir d'autant les études que je poursuivais, depuis l'époque de Nubie, sur les symboles, les rites et les manifestations attachés au phénomène du jour de l'an pharaonique.

Les charges des conservateurs

Les charges incombant aux conservateurs, naturellement plus lourdes encore pour le chef du Département, sont multiples. Nous sommes, il faut bien l'avouer, corvéables à merci. Le nombre de comités et de commissions auxquels nous sommes obligés d'assister est devenu tentaculaire : commission de classement des musées de province, commission de classement des musées classés et contrôlés, commission paritaire administrative, etc. Surtout, de mon temps, cette lourde charge du jury du concours annuel pour l'entrée de nouveaux conservateurs stagiaires nous mobilisait approximativement un mois plein chaque année. Double correction des épreuves écrites, où des discussions sans fin nous retiennent sur des huitièmes de point à donner ou à retirer de notre notation première ; jury de l'oral où, des cent cinquante candidats environ, une vingtaine subsiste seulement de la première sélection de l'écrit et dont il faut retenir six à peine, les bonnes années, à la suite des longues épreuves orales.

Chacun de nous, suivant sa spécialité, lorsque les ans s'accumulent, devient responsable de certains de ses étudiants pour suivre leur thèse, ou de chercheurs dont il faut guider les travaux. On devient alors, souvent par élection, membre des commissions du CNRS, d'où non seulement l'obligation de suivre toute l'année les travaux scientifiques de ceux dont on est responsable, mais encore, en qualité de rapporteur, de présenter et soutenir, devant les commissions du Conseil national du CNRS, les dossiers d'autres candidats briguant l'entrée dans l'Institution ou aspirant à une promotion. Cela nécessite, avouons-le, un certain dévouement pour assumer toutes ces charges, purement bénévoles, mais dont dépend l'avenir de ceux que l'on a contribué à former.

Ces tâches requièrent une recherche permanente d'informations, une connaissance sans cesse renouvelée des travaux, dans le domaine de l'égyptologie française, mais aussi, naturellement, dans celui des écoles étrangères.

La préparation de l'enseignement des cours d'archéologie à l'École du Louvre nous y aide très effectivement. En principe, la chaire d'archéologie revient au conservateur en chef du Département, alors qu'un de ses adjoints enseigne l'épigraphie et la philologie. (Depuis 1968 l'enseignement a encore été enrichi par des exposés de « questions annexes » et de nombreux travaux pratiques.) Suivant cette coutume, j'assumai les deux enseignements, à tour de rôle, pendant quarante-cinq ans, à l'exception des années de présence à l'Ifao et de quelques séances manquées pendant diverses missions en Égypte. Le diplôme de l'École est conféré après soutenance d'un mémoire ; le suivi de ces recherches nous est encore réservé pour ces travaux, souvent de grande valeur.

Une expérience entreprise peu de temps après la guerre par

Germaine Cart, fondatrice du service éducatif du Louvre, me passionna en me prenant pendant tous les trimestres scolaires une matinée par semaine : le recyclage des professeurs d'histoire des lycées de France. Germaine Cart en convoquait le plus grand nombre, tous les jeudis matin. Ainsi, avaient-ils pris l'habitude de venir régulièrement dans nos salles du Louvre. Je les recevais bien volontiers dans notre Département. Ils écoutaient alors un exposé sur les différents chapitres de l'histoire d'Égypte, mis au jour grâce aux plus récentes découvertes à l'étranger et en France. Je fus extrêmement étonnée de voir combien ces enseignants venant de nombreuses villes de province étaient proches de notre actualité égyptologique. Certains demandaient seulement des compléments. D'autres ne cessaient de chercher des explications : ils étaient réellement pris par leur apostolat et j'aurais volontiers passé toute la journée à leur communiquer les informations les plus nombreuses, tant on sentait qu'ils en tireraient le plus grand profit pour le bénéfice de leurs élèves.

Il se glissait parfois, parmi eux, quelques professeurs de dessin : ils surent éveiller la vocation de plusieurs de nos plus brillants égyptologues parisiens, dont le regretté Serge Sauneron, qui fut directeur de l'Ifao, J. Yoyotte, directeur d'études à l'EPHE (il vient d'être élu pour occuper la chaire d'égyptologie du Collège de France), G. Godron, actuellement professeur à l'université de Montpellier. Tous trois suivirent mes cours : le virus de l'égyptologie leur avait été transmis par leur professeur de dessin du lycée Henri-IV.

Visiteurs de marque

Au nombre des imprévus, fréquents dans cette fonction de conservateur, figuraient aussi les visites de personnalités adressées par la Direction aux départements intéressés. La première de toutes, pour moi, fut peu de temps après ma nomination de chargée de mission, lorsque l'abbé Drioton – devenu directeur général des Antiquités de l'Égypte – prévint, durant les vacances d'été, son ancien conservateur en chef, Charles Boreux, qu'il amènerait au Louvre, le samedi après-midi suivant, le jeune roi d'Égypte, Farouk, afin de parfaire son éducation artistique. C'était à titre tout à fait privé et la Direction même ne fut pas prévenue ; je le regrette encore, comme on va le voir. Cela se passait quelques mois avant l'achèvement des travaux de modernisation du musée du Louvre et nous vivions encore la période archaïque.

Le roi Farouk connut d'abord l'épreuve du petit escalier à vis donnant dans la Cour carrée : l'abbé Drioton l'avait, pendant des années, escaladé allégrement de son pas élastique. Ce fut ensuite l'éblouissement du commentaire fait par le chanoine devant certains objets, et dont les termes si incisifs et si poétiques à la fois sont encore présents en ma mémoire. L'abbé avait, au préalable, initié son royal étudiant et celui-ci n'eut de cesse de voir les *ostraca* figurés, dont les sujets étaient parfois très « piquants ».

La visite était sur le point de s'achever lorsque Charles Boreux, par politesse vraisemblablement, s'enquit auprès du souverain pour savoir s'il désirait autre chose. La réponse arriva, inattendue : « Oui, je voudrais une boisson fraîche »; habitude très égyptienne, mais peu dans l'usage du musée du Louvre, surtout à cette époque où il n'existait ni cantine, ni buvette, ni même une prise d'eau, à l'exception du robinet se trouvant à l'autre bout du palais, dans une petite pièce pompeusement baptisée « atelier de restauration ».

Charles Boreux réalisa, à ce moment, combien il avait été imprudent, mais reporta tous ses espoirs sur mes épaules, en assurant le souverain que j'allais faire diligence pour satisfaire son désir.

Il fallait gagner du temps. J'incitai donc mon conservateur en chef et le chanoine à quitter les salles du musée pour rejoindre au dernier étage, face à la passerelle des Arts conduisant à l'Institut de France, le bureau du conservateur en chef, où le roi Farouk pourrait en se reposant attendre son rafraîchissement. Je pointai alors vers le « cagibi » de restauration où je ne trouvai pas un seul verre à boire, mais un épais bocal de confiture où trempaient divers pinceaux et instruments. J'entrepris de le nettoyer avec l'ardeur du désespoir en utilisant tous les produits se trouvant autour de moi. Le résultat n'était pas trop mauvais, et je finis par avoir en main une sorte de chose épaisse à différentes facettes extérieures, comme taillées dans la masse. Je la remplis d'eau claire et fraîche, car elle provenait réellement d'une source alimentant le Louvre, et j'emportai cette véritable offrande liquide jusqu'aux bureaux de la Conservation, l'ayant posée sur une coupe d'albâtre du temps des pyramides! J'avais dû traverser une bonne partie du palais.

Drioton avait su faire attendre le roi Farouk, grâce à sa verve coutumière devant laquelle Charles Boreux semblait avoir perdu un peu de sa froideur légendaire. « Voici le verre de Louis XIV ! » s'exclama Drioton. « Mlle Desroches (c'était avant la guerre) l'a certainement sorti d'une vitrine. » Le scandale du pot de confiture était évité de justesse et le souverain conciliant, peut-être complice, s'abreuva avec délectation après son studieux parcours.

D'autres passages de personnalités étaient bien différents comme, quarante années après, celle de Moshe Dayan, l'œil toujours recouvert d'un bandeau noir. Il désirait voir la vitrine conservant les petits rasoirs de bronze du Nouvel Empire, analogues à ceux trouvés dans ses fouilles « personnelles » de Gaza...

Cependant, la réception dont le souvenir m'amuse encore est celle où je fus sollicitée par Georges Salles, alors directeur des Musées de France et japonologue très avisé. Il me demanda de recevoir le prince Haki-Hito – l'actuel empereur du Japon –, revenant d'Angleterre après avoir assisté au couronnement de la reine Elizabeth. J'attendais la délégation à l'entrée de mon Département, au premier étage, et je vis arriver le très élégant Georges Salles, dont la haute silhouette me faisait toujours penser à celle de la tour que son grand-père, Gustave Eiffel, avait si bien conçue ! Il était entouré de plusieurs hommes de taille presque uniforme, dont la plupart étaient en jaquette, groupés autour d'un adolescent à la fine allure, en lequel il était facile de reconnaître le jeune prince. Les présentations très cérémonieuses me mirent, pour une des premières fois, en présence du rituel de la politesse nippone dont, je dois avouer, j'ignorais toutes les subtilités. Parmi les officiels, se trouvaient le Grand Chambellan de la Cour et, naturellement, l'ambassadeur du Japon à Paris. Ce dernier me demanda immédiatement de m'exprimer en anglais pour m'adresser au prince ; je le fis bien volontiers.

Cependant, au bout de quelque temps, m'évertuant à parler le plus élégamment possible, je constatai l'inutilité de mes efforts puisque, au fur et à mesure de mes paroles prononcées devant le prince, le Grand Chambellan les lui traduisait immédiatement en japonais. Je ne pus m'empêcher de demander discrètement à l'ambassadeur s'il était bien nécessaire que je continue dans la langue sollicitée. « Assurément, répliqua le diplomate, le prince comprend mieux cette langue que le français mais, seule, la langue japonaise convient pour parvenir aux oreilles du Fils de l'Empereur. » J'étais un peu interloquée et la visite se poursuivit à un rythme très lent, empreinte de dignité, mais d'un ennui sans pareil. J'avais peine pour le prince : il paraissait ne plus goûter l'atmosphère compassée continuant à l'entourer.

J'avais eu soin, fort heureusement, de prendre avec moi les clefs des vitrines des objets les plus prestigieux et, profitant d'un moment où toute la délégation était en extase apparente devant une statue fort belle, je demandai sournoisement – et directement – au prince s'il lui siérait de regarder de plus près les bijoux égyptiens et, même, d'essayer la bague aux chevaux de Ramsès ; son sourire marqua une approbation sans détour. Je l'entraînai, alors, dans la grande salle des Colonnes, heureusement encombrée de sarcophages dressés et de vitrines, près de la fenêtre où nul ne pouvait nous voir. Je pus à loisir ouvrir l'armoire vitrée dans laquelle étaient exposés les joyaux. J'en sortis la précieuse bague ornée de petits chevaux ciselés en relief, d'à peine un centimètre de hauteur, et dont j'évoquai la gloire, pour le Fils de l'Empereur. Il avait retrouvé vivacité et intérêt et avait enfilé la bague à un de ses doigts. Il contemplait les coursiers miniatures pendant que je lui racontais la bataille de Kadesh et la façon dont les deux fidèles cavales avaient entraîné le char de Pharaon à travers la mêlée des ennemis, pour permettre au souverain de regrouper ses troupes et de galvaniser leur ardeur défaillante. Pour rendre grâce à ses valeureux coursiers, Ramsès les éternisa dans le récit de son combat : « Seuls, ils ne m'abandonnèrent point, aussi je leur fournirai, de ma propre main, leur provende quotidienne. » Cette bague, offerte par Méhémet Ali à Champollion, et immédiatement remise à son Département, aurait pu ne jamais être portée, ne serait-ce qu'un instant, au doigt du futur empereur du Japon. Elle fut, en effet, subtilisée de sa vitrine au moment de l'intrusion dans les salles du Louvre d'une foule en colère, pendant les « Trois Glorieuses ». Un mitron anonyme la rapporta à Champollion quelques jours après...

Au moment où je terminais ma phrase, officiels et policiers avaient retrouvé la trace du prince et se précipitaient vers nous, encore sous le coup de l'émotion, cependant que Mgr Haki-Hito paraissait fort à l'aise.

[illegible]

[illegible]

[illegible]

18

Des rencontres et des personnalités

René Huyghe à la Ligue arabe

Pendant la période des silences entre l'Égypte et la France, Saroïte Okacha décupla ses efforts pour ne pas laisser les liens se distendre complètement. Aussi ne manqua-t-il pas de convier mon ancien collègue, René Huyghe, dont il avait fait la connaissance à la maison : il admirait son talent, si sensible, et son verbe, empreint de tant d'enthousiasme.

Ayant « écouté » avec ferveur certains de ses cours d'esthétique de la peinture et de philosophie de l'art, au Collège de France, il estimait le temps venu d'initier les nouvelles générations, issues de la Révolution, aux concepts artistiques européens. C'était de l'audace – encore plus, de la témérité –, de vouloir organiser ce cycle de conférences en faisant rouvrir le grand amphithéâtre de la Ligue arabe – en sommeil – afin de bénéficier des cabines de traduction simultanée. Les exposés instantanément transmis en arabe eurent un impact certain. Sans doute en fonction des réactions de ce nouveau public, Saroïte sentit le moment venu de rédiger lui-même, en arabe, une histoire de l'art mondial, manquant encore dans les riches productions littéraires de son pays.

René et Lydie Huyghe, accompagnés de Gisèle Polaillon – la collaboratrice de toujours – à cette époque fort active au musée Delacroix, revinrent fascinés et propagèrent aussi autour d'eux l'amour de l'Égypte. Le tourisme n'avait évidemment pas pu réapparaître et, de toute façon, il ne bénéficiait pas encore de l'extraordinaire essor connu de nos jours. Okacha avait fait œuvre très utile.

Jean Debiesse et le réacteur Osiris à Saclay

Il convia également Jean Debiesse, directeur au Commissariat à l'Énergie atomique, du Centre d'études nucléaires de Saclay, depuis toujours versé dans l'étude des anciennes civilisations. Ses conférences prononcées de même dans le grand amphithéâtre de la Ligue arabe remportèrent un très grand succès : le thème choisi portait sur l'utilisation pacifique de l'énergie atomique. « Vaste programme », aurait dit le général de Gaulle.

Conviés à visiter ensuite la Haute-Égypte, M. et Mme Debiesse me retrouvèrent dans la Vallée des Reines, où ce fut une joie pour moi de recevoir ces bons amis et de leur donner accès au tombeau de Nofrétari. Toujours sacrifiant à son attrait pour la pensée religieuse égyptienne, Jean Debiesse se montra très intrigué par la représentation devant laquelle Malraux devait aussi, un peu plus tard, s'interroger. Cette momie, encadrée d'Isis et de Nephthys protectrices, debout dans son linceul blanc, munie de la longue ceinture de lin gaufré rouge de Nofrétari, possédant une tête de bélier, verte, dominée d'un disque rouge, l'embarrassait.

Il fut au comble de la satisfaction à m'entendre lui commenter le texte joint à l'image, par lequel on apprenait ce mystère révélé de l'identité d'Osiris et de Rê.

La première des deux formes se reposait la nuit, l'activité de l'autre commençait à la pointe du jour. « Mais c'est exactement la définition de la force atomique! Votre Osiris noyé, c'est la pile piscine! Le soleil, à l'aube, c'est la libération de la puissance immense! Je vois ce que je vais faire.... »

Rentré à Saclay, Jean Debiesse s'en était entretenu avec le haut commissaire Francis Perrin. La nouvelle pile « piscine », en construction (1963-1966) fut baptisée *Osiris*. Il s'agissait d'une pile à eau légère à cœur ouvert, de cinquante MWth, dont le but principal était l'irradiation de matériaux de structure de centrales nucléaires, dans un flux de neutrons élevés. Incluse dans le même ensemble de bâtiments, sa maquette neutronique reçut le nom d'*Isis*. Francis Perrin, cela va de soi, fut le « parrain » du réacteur Osiris; il me demanda d'en être la « marraine ».

De plus, un jeune ingénieur égyptien, diplômé de la faculté des sciences d'Orsay, le docteur Chaouky Nakhla, reçut en cadeau de Saclay, pour son laboratoire du musée du Caire, tout un dispositif d'analyse des antiquités (organiques), par le procédé du carbone 14. Réactions en chaîne : le docteur Gamal Mokhtar ne voulut pas être en reste et décida – toujours sans que les deux pays se soient réconciliés ! – d'assumer la décoration du hall d'entrée du réacteur à Saclay. Nous choisîmes les thèmes ensemble. Le panneau central reçut, grandeur nature, la copie en plâtre, peinte par le meilleur artiste du CEDAE, de la scène si connue de l'« ouverture de la Bouche et des Yeux » de la momie de l'Osiris-Toutânkhamon dans sa tombe. De chaque côté de la porte, nous avions voulu faire reproduire deux représentations de la reine Nofrétari, momiforme, figurée dans sa tombe – modelées dans le plâtre et peintes. L'une, au visage assez plein, était, comme l'inscription l'indiquait, l'évocation de la défunte pénétrant dans la nécropole. L'autre, frappant le spectateur par la finesse de son profil et de son cou, était définie comme l'ultime aspect de la reine avant sa réapparition solaire à l'horizon.

L'inauguration du « décor » se fit quelques jours après la reprise des relations diplomatiques. Ce fut le premier acte public du nouvel ambassadeur el-Naggar, accompagné de son premier secrétaire, Ismat Abdel Méguid, à la si brillante carrière de ministre des Affaires étrangères de son pays, puis actuellement, Secrétaire général de la Ligue arabe.

Georges-Henri Rivière et le musée du Caire

Qui, dans le domaine des arts entre 1936 et 1983, n'a rencontré, ou sollicité ce génie de la muséologie : Georges-Henri Rivière ? Poète et musicien, il a consacré une cinquantaine d'années à faire évoluer le concept de musée. Appartenant, comme l'écrivait Fr. Edelmann, à la « civilisation de l'immédiatement perceptible, celle des objets, celle des bruits, qu'ils soient profanes, religieux ou artistiques... », il désirait avant tout faire parler les « choses » exposées, au lieu de bavarder à leur place.

Dès 1936, Rivière s'était illustré, en collaboration avec Paul Rivet, par la création du musée de l'Homme, en transformant l'ancien musée d'Ethnographie du Trocadéro. Tous deux, écrivit Jacques Soustelle, « firent de ce magasin de bric-à-brac, sans salles de travail, sans laboratoires, sans fichiers de collection [...] un grand établissement d'enseignement populaire et de recherche scientifique ».

Son œuvre fut encore plus affirmée lorsqu'il fonda, dans le bois de Boulogne, le musée des Arts et Traditions populaires (entre 1972 et 1975), dont le premier noyau avait été celui du Folklore français. Il s'y donna corps et âme et, suivant son habitude et son désintéressement bien connu, régla même de ses propres deniers certaines dépenses urgentes, ou encore rémunéra tel collaborateur, dont le budget de l'établissement ne pouvait assurer le traitement.

Lorsqu'il devint secrétaire général du Conseil international des musées (Icom), Georges-Henri Rivière, que tout le monde appelait G.-H. R., animateur hors pair, sut insuffler une activité étonnante à toutes les rencontres des spécialistes des musées à travers le monde. Aussi fallait-il, au cours d'un de ses déplacements dans le Proche-Orient, qu'il en arrive à une escale au Caire pour en connaître ses différents domaines artistiques. Sa venue coïncidant avec une de mes missions en Égypte, j'eus le plaisir de le présenter à Saroïte Okacha.

Je m'y attendais : dès les premiers mots échangés, les deux hommes s'étaient trouvés scientifiquement « sur la même longueur d'onde ». Okacha demandait à G.-H.R. d'étudier avec moi le musée d'Art pharaonique du Caire, en vue d'obtenir de nous deux, au bout de quelques jours, les idées maîtresses susceptibles de moderniser la très archaïque présentation, dans cette néanmoins très utilisable demeure de l'art pharaonique... en attendant la création d'un musée – et complexe de recherches –, plus approprié, prévue, à cette époque, dans l'île de Rodah (le parc des expositions).

Ce fut, en une semaine, nuit et jour – ou presque –, un travail enthousiasmant. Plan des deux niveaux du vaste bâtiment en main, G.-H.R. parcourut, avec moi qui « l'initiais », tout ce monde de statues, de reliefs, d'objets à l'entassement un peu déroutant, mais qui le grisait. Il sélectionnait, au fur et à mesure, pivots et articulations d'une nouvelle muséographie envisagée. S'attachant aux grandes options, mais ne négligeant aucun détail pouvant l'éclairer, il consacrait, avec moi, chaque soirée à la rédaction en commun d'un rapport présenté au ministre, à la fin de la semaine.

Dans ses grandes lignes, le remaniement envisagé se caractérisait par un cheminement central, à travers galeries et escaliers, sur le parcours duquel les chefs-d'œuvre marquants de chaque époque – et pour chaque expression de l'art – auraient été mis en valeur; statues, reliefs et objets d'art devaient voisiner, se complétant mutuellement. Les collections d'intérêt secondaire, éducatives, explicatives, anecdotiques, se seraient

Alexandrie : projet du nouveau musée.
G.H. Rivière et H. Riad, conservateur du musée.

Tombe de Nofrétari. Jean Debiesse et Christiane Desroches Noblecourt.

Tombe de Toutânkhamon : l'« Ouverture de la Bouche et des Yeux » pour le roi, dont la fidèle copie orne le hall de la pile Osiris, à Saclay.

vues réservées, non plus aux groupes de touristes, mais à des aménagements latéraux, destinés aux visites approfondies : étudiants, amateurs éclairés et spécialistes.

Le musée du Caire en aurait été d'autant amélioré et ses divers visiteurs certainement très satisfaits : nouvelle occasion de regretter amèrement le départ prématuré de Saroïte Okacha de son poste de commande.

Depuis, plusieurs autres programmes, très onéreux (le nôtre était bénévole !), ont été envisagés, tous plus grandioses les uns que les autres et, faut-il le préciser, moins réalisables. Un concours international a été lancé entre les architectes et même un projet choisi. Des missions très coûteuses, doublées de comités internationaux d'étude ont été organisées – sans lendemain.

Le vieux musée, bientôt centenaire, demeure ainsi inchangé à l'intérieur. Au-dehors, la circulation l'encercle progressivement de bruits, de pollution atmosphérique, entre les trépidations des véhicules et celles du métropolitain voisin. L'actuel ministre de la Culture, M. Farouk Hosny, envisage, maintenant, de faire édifier un nouveau Grand Musée, en dehors du Caire et de ses nuisances. L'emplacement choisi se situerait non loin des pyramides, au départ de la piste vers le Fayoum, à la limite du désert occidental.

Un ballet de l'Opéra au Ramesseum

Saroïte Okacha appréciait beaucoup les ballets de l'Opéra. Aussi, une de ses premières initiatives, dès qu'il put s'adresser à nouveau officiellement à notre ambassade réouverte, fut-elle d'exprimer le souhait de recevoir une sélection de danseurs du Palais-Garnier pour donner une représentation de *Giselle* au charmant petit Opéra du Caire (malheureusement disparu après un incendie), et bénéficier aussi du décor de Chagall. Serge Lifar conduisait la troupe, dont les deux étoiles étaient Claude Bessy et Cyril Atanassoff. Ce fut, bien entendu, le clou de la saison : les danseurs firent ensuite une excursion en Haute-Égypte. Ces remarquables artistes nous furent naturellement adressés par Saroïte Okacha, et je les vis, au cours d'une matinée, arriver au Ramesseum. Tout les enchantait. Ils apparaissaient, dans chaque coin de ces admirables demi-ruines, comme un lâcher de beaux oiseaux sortis de leur volière. Ne sachant comment nous remercier de les avoir accueillis et éclairés de notre mieux sur tous ces témoins du passé, ils nous proposèrent d'esquisser quelques pas de danse dans la seconde cour du temple – dont le sol, pourtant, laissait à désirer. En fait, ce fut un véritable petit ballet, toujours conduit par Lifar – un magicien. Nous souffrions presque à l'idée d'un faux pas, risqué à tout moment, et pensions au courage de Claude Bessy, littéralement brisée trois années auparavant par un terrible accident de voiture, dont tout laissait croire qu'elle en resterait infirme. Elle sautait, s'envolait, rebondissait... Que de gentillesse et de simplicité témoignés par ces grands artistes! Quel contraste avec tel acteur de cinéma, vedette de la chanson qui, bien après, lors d'une réception amicale organisée pour lui à son passage à Karnak, refusa de fredonner quelques phrases de son dernier « succès ».

Jean Vilar et le théâtre de Pharaon

Admirable simplicité de l'intelligence et du talent! Je l'ai rencontrée, une fois de plus, à l'occasion d'une de mes missions, en la personne de Jean Vilar. Au cours d'un séjour à Paris, Okacha avait exprimé le désir d'assister au « Son et Lumière » de Chambord. Mon mari et moi l'avions donc conduit en voiture vers les châteaux de la Loire. Sur le chemin du retour, sous une pluie battante, Saroïte, comme d'habitude, m'assaillit de mille questions, provoquées par son inépuisable curiosité. Celle-ci se concentra sur l'origine du théâtre, dont tous les auteurs classiques consultés lui avaient enseigné la naissance en Grèce : les *thesmophories*. Je ne manquai pas de l'informer des travaux de Drioton sur le théâtre égyptien. Dès ce moment, et jusqu'à Paris, il ne fut plus question que du *Triomphe d'Horus*, de la *Déroute de Seth*, de la *Belle Hathor*, capable de dérider le plus morose, et des acteurs ambulants de la vieille Égypte.

Durant une de nos nouvelles rencontres, au Caire, je retrouvai un soir Saroïte et Islah Okacha, de même que Pierre Boutros Ghali (récemment élu secrétaire général de l'Onu), et son épouse, chez leurs bons amis, les Magdi Ouahba. Ce dernier (il vient, hélas, de décéder), membre de l'Académie arabe – formé, dans sa jeunesse, à Oxford –, incarnait un des hommes les plus cultivés du Caire. A cette époque, son bureau était encombré de multiples fichiers – il achevait son grand dictionnaire anglais-arabe, mais occupait aussi le poste de directeur de cabinet de Saroïte Okacha. Il s'exprimait toujours, et avec une certaine recherche, dans un français très élégant : la conversation tomba, naturellement, sur le théâtre au temps des pharaons. Okacha se demandait sérieusement s'il était possible de le faire revivre, dans un des lieux de représentation en Égypte. Devant ma réponse négative, il me demanda alors si l'on ne pouvait pas – utilisant certains artifices – livrer au public les fragments de textes échappés au naufrage des millénaires, et mis en relief par Drioton. J'eus la faiblesse d'entrer dans son jeu en lui promettant d'y penser... un jour ! Dès lors, il revint à la charge régulièrement, désireux, une fois encore, de servir la culture en ouvrant un nouveau chapitre aux activités entreprises depuis son arrivée au ministère. On solliciterait – c'était son vœu le plus cher – Jean Vilar pour qu'il vienne étudier sur place, l'ouvrage de Drioton en main, le projet et, le cas échéant, choisir le meilleur emplacement pour une représentation éventuelle. Mais il fallait, auparavant, savoir comment utiliser les textes fragmentaires existants et en rendre le message. « Brosser la trame, au moins, pour montrer à Vilar le parti à tirer de cette précieuse source, car je vous demanderai, naturellement, de bien vouloir le solliciter de ma part. » J'allais essayer, très loin de penser à une réussite possible ; mais, il faut bien l'admettre, le jeu avait fini par me séduire et c'était une nouvelle occasion de rendre hommage à notre cher Drioton.

En passant en revue les divers fragments tirés des textes magiques et funéraires à l'exégèse desquels Drioton avait procédé, apparaissaient, dans leur inspiration, naturellement religieuse, les trois thèmes rythmant le mythe de l'Éternel Retour appliqué à la geste divine : Osiris bienfaisant, sacrifié par le Malin, mais régnant dans l'univers de la transformation, pour réapparaître sous la forme d'Horus glorieux, le Soleil renaissant. Liées à l'environnement de l'Égyptien sur terre, on retrouve les trois grandes divisions du temps, les trois saisons de quatre mois chacune : l'*inondation* avec, au jour de l'an, le réveil et le renouvellement du monde du jeune Horus sur son trône, doublé du jubilé annuel de Pharaon ; l'*hiver*-printemps : semailles et germination – le cheminement du dieu, ses espoirs, ses joies et, après son plein épanouissement, la décrépitude ; l'*été* : saison qui dessèche la terre, avec l'appauvrissement des eaux du fleuve jusqu'à en fracasser, démanteler sa surface et puis, au moment où tout désespère, le retour de l'année avec l'inondation. Les différents fragments de textes théâtraux répondaient assez bien aux légendes religieuses rattachées à ces trois saisons et aux fêtes célébrées durant ces périodes. J'imaginai donc trois actes, où les protagonistes auraient joué discrètement, comme en sourdine, le déroulement de chacun des grands thèmes. Lorsque les passages repérés par Étienne Drioton étaient atteints, comme si un rideau se levait, alors le jeu antique reprenait tout son relief, à l'avant de la scène.

Cette trame, je la dictai à la hâte, en bouclant ma valise, la veille au soir d'un retour en France. Saroïte Okacha m'avait en effet envoyé à l'hôtel Sémiramis sa fidèle et active assistante, Chahira Chaouarbi, pour sténographier ce bref et provisoire aperçu sur lequel il désirait réfléchir.

De retour à Paris, une de mes premières visites fut pour Jean Vilar, auquel je remis le livre de Drioton et mon projet très général d'intégration dans une « toile de fond », préparant au drame des avatars du Dieu et de ses amours, ses aventures, les processions religieuses, les cérémonies nilotiques, les fêtes agraires, les carnavals, la lutte contre les forces du mal, l'espoir, l'attente, le triomphe du Dieu, la réapparition du bonheur et le couronnement renouvelé du Roi...

Jean Vilar, très intéressé, accepta d'emblée l'invitation du ministre. Sa venue au Caire devait naturellement correspondre à ma prochaine mission Unesco en Égypte (c'était peu après l'inauguration d'Abou Simbel).

Le point essentiel, avant tout autre processus, était de choisir les endroits où le spectacle pourrait être présenté ; deux sites furent retenus, en raison des régions à haute densité touristique : pour le Nord, à Guizeh, au sommet du plateau, sur l'esplanade du temple funéraire de Mykérinos. Pour la Haute-Égypte, à Louxor, dans la première cour, aux statues et colonnades édifiées sous Ramsès II.

Puis, alors que le projet prenait une tournure prometteuse, Jean Vilar décédait et, dès la mort du *Reïs* Nasser, Saroïte Okacha se retirait.

Hôtes de marque et avions spéciaux

Non ! Je ne parlerai pas de l'hélicoptère militaire, au bruit de tonnerre, emprunté pour survoler la Nubie aux côtés de Saroïte Okacha, lorsqu'il venait lui-même constater l'avancement des travaux, ni de celui – léger et si moderne –, utilisé par mes hôtes texans.

Pas davantage ne puis-je m'attarder sur les Nord-Atlas et Bréguet deux ponts, devenus les « ambulances » de Ramsès II, lors de sa visite aux médecins parisiens et de son retour à la terre natale. Ces aviateurs militaires étaient non seulement des techniciens de grande classe, mais le dévouement même : ils me firent, pendant quelques heures, récit de leurs nombreuses aventures, très souvent humanitaires (l'avion chargé de prendre à son bord Ramsès, au Caire, venait de secourir telle région africaine en sacs de céréales – lancés à très faible altitude au risque des pires dangers, à seule fin que les « contenants » n'éclatent pas au sol !). J'ai fait aussi connaissance – en les utilisant –, avec les strapontins des parachutistes, fixés sur les flancs de la carlingue : il y a certainement beaucoup plus confortable...

J'ai relaté l'arrivée du directeur général de l'IGN, Georges Laclavère, pour les derniers enregistrements de la Nubie sur un des glorieux Hurel-Dubois de son escadrille. Je dois aux journées vécues à bord de cet appareil, volant lentement et à basse altitude, pour ce travail déterminé, des souvenirs uniques, impossibles à oublier.

Mais je voudrais ici faire allusion à des avions de bien moindres dimensions qui m'étaient, en définitive, devenus familiers dans le ciel d'Égypte. D'abord ceux de la *joint venture* des cinq firmes affairées au sauvetage des deux temples d'Abou Simbel, petits véhicules aériens à quatre places, dont celle du pilote. Sans aucun problème apparent, j'ai pu, grâce à eux, faire contempler l'étendue de l'entreprise à Jacques Jaujard accompagné de son épouse, Jeanne Boitel-Jaujard, lorsque, devenu le secrétaire général du ministère de la Culture, il accomplit sa mission en Égypte. Quelque temps après, André Malraux suivit le même parcours, survolant les plateaux désertiques du Sahara nilotique et contemplant les traces de l'étonnant sillon laissé par la voie ferrée, utilisée pour enlever le temple d'Amada de son berceau d'origine, déjà submergé, et l'implanter plus loin et plus haut dans la chaîne libyque.

Il m'arriva aussi de monter à bord de l'appareil utilisé par Claude de Kémoularia et J. de Fouchier – à l'époque P-DG de Paribas – pour approximativement le même trajet. Ce fut, pour moi, la découverte d'un très luxueux avion-salon, d'une dizaine de sièges au confort éprouvé, se faisant face autour d'une table où des rafraîchissements nous étaient servis. L'avion appartenait à un important industriel lyonnais, auquel il avait été loué. Candide, j'imaginais volontiers d'un type analogue, les appareils du Glam destinés à véhiculer des personnalités gouvernementales... Je dus me rendre à l'évidence, du moins pour la seule fois où j'eus l'occasion de voyager à bord de ce moyen de transport.

J'étais sur le point de quitter Thèbes, à la fin d'une mission en 1975, au moment du passage en Égypte de notre ministre des Affaires étrangères, à l'époque M. Sauvagnargue. L'ambassadeur Bruno de Leusse m'avait demandé si je pouvais leur consacrer la dernière matinée pour les accompagner à Abou Simbel. J'aménageai mon horaire de retour en conséquence.

En revenant, après l'arrêt à Louxor, j'eus donc l'opportunité d'utiliser ce même avion pour regagner Le Caire avant de rentrer en France. Remontant dans l'avion du Glam, je vis une des personnalités égyptiennes de l'escorte s'efforcer de fermer une des fenêtres-hublots, qui avait été ouverte à l'arrêt. A trois reprises, il claqua le panneau vitré, mais quand il contrôlait la solidité de la fermeture, chaque fois, la vitre se laissait soulever en direction de l'intérieur!

En conclusion, le jeune et sympathique pilote militaire, après avoir observé le manège, lui signala combien il était inutile d'insister : cette fenêtre-hublot, c'était connu, fermait mal! Le secrétaire d'État égyptien délégué auprès de notre ministre se montra évidemment fort inquiet à l'idée de continuer le voyage dans pareil moyen de locomotion. Tout naturellement, notre pilote crut le tranquilliser en lui rappelant que la pressurisation de l'appareil se faisait de l'intérieur vers l'extérieur : c'était une façon comme une autre de compter sur le blocage de l'ouverture... Il n'avait donc rien à craindre! Tout le monde s'installa dans cet avion-miracle d'une douzaine de places, réparties sur deux files. L'impassibilité du ministre Sauvagnargue et de sa femme était réconfortante (j'entendis, cependant, Mme Sauvagnargue glisser ironiquement à l'oreille de son mari : « Songe, tout de même, que tu as des enfants! »). Notre ambassadeur, chargé d'âmes, héroïque, se tint constamment le dos appuyé au hublot rebelle, blocage réconfortant, mais désespéré en cas de défaillance, cependant qu'un des membres de la suite égyptienne ponctua ce voyage de retour d'une série de signes de croix régulièrement répétés : je constatai, ainsi, son appartenance à la confession copte.

Nous arrivâmes, grâce à toutes ces « protections », à bon port et à l'heure exacte pour la dernière entrevue fixée au programme du ministre.

Visite d'Ari et de Jackie Onassis

C'était au printemps 1974, à la fin de la saison de fouilles, quelques jours avant la fermeture du chantier de la Vallée des Reines, où je poursuivais les recherches avec mon équipe du CNRS et les membres du CEDAE. Par relais successifs, un coup de téléphone de Pierre Quoniam, alors directeur du musée du Louvre, de Paris jusqu'au Caire, du Caire à Louxor, de Louxor à l'Inspectorat de la rive gauche, et de l'Inspectorat, par courrier spécial, jusqu'à la nécropole, me demandait d'accueillir les Onassis sur mon chantier; ils désiraient le visiter. La nouvelle était loin de nous séduire. Le jour indiqué pour cette arrivée était celui, terriblement chargé, de la paye des ouvriers. Me soustraire à cette obligation paraissait néanmoins très difficile; tous les chefs de chantier se sont pliés à des imprévus de cet ordre.

L'avant-veille de la date retenue pour la visite, je reçus une lettre de Jackie Onassis, déposée sur le bateau où nous logions, amarré devant le musée de Louxor (le *Hathor*, bateau-laboratoire, utilisé pendant presque toute la campagne de Nubie). Elle me demandait comment nous pourrions nous rencontrer afin d'organiser leur journée sur le terrain. Je décidai de la rejoindre le lendemain, après le travail, sur un « hôtel flottant » loué par leurs soins, au mouillage non loin du temple de Louxor.

Sans prendre le temps de me doucher et de changer mes vêtements de chantier, je me rendis sur place. L'employé de la réception, après avoir prévenu Mme Onassis, me pria d'attendre. Au bout d'une demi-heure, ne voyant rien venir, je sentis l'agacement me gagner et priai le réceptionniste de retourner aux nouvelles.

Arrive alors la nièce de Louise de Vilmorin, liée d'amitié avec Jackie depuis le séjour de cette dernière – Jacqueline Bouvier étant venue, jeune fille, apprendre le français chez sa tante. Très aimablement, elle me demanda de prendre patience encore quelques instants et m'emmena dans la salle à manger où Jackie Onassis allait arriver. Me voici, enfin, devant une femme fort aimable et même légèrement timide, avec laquelle je m'entends immédiatement pour sa venue et celle de son groupe d'amis, à 6 heures du matin dans la Vallée des Reines sur la rive gauche de Thèbes. Son affabilité et la grande gentillesse dont elle faisait preuve m'incitèrent même à lui proposer de lui faire découvrir d'abord Karnak avec les membres du Centre franco-égyptien du Grand Temple, et aussi à lui fixer rendez-vous à l'issue de la visite, dans la maison de Jean Lauffray, directeur du Centre, sur les bords du Nil le soir même.

Onassis arriva sur ces entrefaites, avec deux messieurs. Au moment où Jackie commençait les présentations, elle fut appelée d'urgence au téléphone. Très probablement, je pense, Onassis n'avait pas entendu mon nom. Il me salua vaguement pour prendre place, avec ses deux interlocuteurs, à la table devant laquelle j'étais assise et commanda trois whiskies. Je les regardai s'abreuver alors que la colère commençait à me gagner. Au bout de dix minutes, Jackie n'étant pas revenue, je coupai la parole à Onassis et lui demandai, d'un ton très peu aimable, si cela ne le gênait pas de déguster devant moi une boisson fraîche, alors que je sortais du désert. Il me regarda de son œil noir, peu amène, et me dit : « Mais qui êtes-vous ? » Je lui répondis sur le même ton : « Celle que vous faites poursuivre depuis Paris, pour avoir, vous et vos amis, la possibilité de visiter un chantier de fouilles : je n'en suis ni satisfaite ni flattée pour autant. Vous avez dû voir pourtant votre épouse en conversation avec moi, et je suis ici, reçue dans des locaux apparemment réservés par vous !

– Ah, c'est vous, Mme Desroches Noblecourt ? Eh bien, vous ne devez pas être commode avec vos collaborateurs ! » A mon tour de répliquer : « Je suis très gentille avec mes collaborateurs et même quelquefois très patiente, car ils sont mieux élevés que vous et cela n'a jamais constitué pour eux un effort d'être courtois. » Nous étions en pleine agressivité ; « Naturellement, vos fouilles sont mixtes ? Alors, votre équipe ne doit pas s'ennuyer ? » J'ai vu rouge et ma réponse est sortie de mes lèvres sans détour : « Monsieur Onassis, je ne sais dans quel milieu vous gravitez, mais vous saurez qu'on ne confond jamais la Recherche scientifique avec un bordel ! » Sur ce, son épouse est revenue vers moi, je lui confirmai les rendez-vous du lendemain, persuadée qu'elle viendrait seule, ou accompagnée de John-John et de Caroline sur la culture desquels elle semblait très soucieuse de veiller.

Je retrouvai Jackie Onassis à l'issue de sa visite des temples de Karnak, en fin d'après-midi. Elle m'attendait devant le grand pylône et je l'emmenai vers le village franco-égyptien de la mission, bâti sur le cavalier de déblais des fouilles. Les maisons individuelles, entourées de jardins de rêve, Jean Lauffray les avait fait construire, toutes différentes les unes des autres, en bénéficiant des innovations introduites par l'architecte égyptien Hassan Fathy dans certains habitats modernes égyptiens. Les bâtiments étaient, comme à l'ancienne, faits de briques de terre crue, en pisé, éléments d'architecture millénaire; tout Égyptien sait les fabriquer... sans pour autant avoir été mis en esclavage. Les demeures, ainsi chaudes en hiver et fraîches en été, étaient recouvertes de terrasses et de coupoles. Des jardins intérieurs, illuminés par des bougainvillées et riches en vignes grimpantes et en grandes baies, seulement séparés du Nil par des terrasses protégées de flamboyants, de caoutchoucs (hévéas) et de sycomores, entourés de géraniums géants, complétaient cet ensemble exceptionnel.

Jackie Onassis semblait profondément apprécier l'ambiance si harmonieuse créé par Lauffray; nous découvrîmes une femme relativement timide, comme j'avais pu le constater le matin même, mais tout à fait mise en confiance par notre accueil spontané. Le coucher du soleil jetait, sur les marbrures de l'eau, des éclats rougeoyants et la Cime thébaine, en toile de fond de ce tableau, s'enveloppait déjà des ténèbres osiriennes. Ce paysage très prenant semblait lui avoir arraché, presque malgré elle, quelques phrases d'admiration. Puis, se tournant vers moi, je fus très étonnée de l'entendre me dire : « Vous savez, mon mari a été séduit par votre conversation de ce matin, pendant mon absence. Il ne manquera pas de se joindre à nous, demain, avec tous nos amis (arrivés avec lui à Louxor, dans son avion privé d'Olympic Airways). » J'en doutais fort! Mais je me trompais.

Le lendemain matin, à 6 heures moins le quart, dans la Vallée des Reines, surgissait d'abord une voiture de police d'où sortirent quatre jeunes officiers. A 6 heures précises, un minibus déboucha et se rangea devant les policiers au garde-à-vous. Nous étions sur la hauteur et regardions la petite troupe s'avancer vers nous, Aristote Onassis en tête. Les bras levés, il s'adressa à moi, à quelque quarante mètres de distance, en hurlant : « Ah! Krrristine, nous voilà! » L'échange de vues de la veille était encore présent à ma mémoire. Aussi répondis-je, mi-fâchée, mi-souriante : « Calmez-vous, Ari, je n'ai pas gardé les moutons avec vous! » Le ton semblait avoir été donné! Je m'étais encore trompée! A partir de cette minute, Aristote Onassis changea complètement d'attitude.

La visite de la fouille fut un véritable plaisir, aussi bien pour le guide que j'étais devenue très complaisamment que pour l'assistance extrêmement attentive. Les Onassis étaient accompagnés des deux enfants Kennedy, de l'ancien ministre grec Politis et de son épouse, de la jeune nièce de Louise de Vilmorin et d'un couple d'amis américains, cinéastes pointant sans faute sur les angles les plus spectaculaires du site.

Je proposai, sans trop y croire, une descente très pénible dans la tombe de la reine Touy, mère de Ramsès II, nouvellement redécouverte. Les marches antiques, écrasées par les énormes blocs de pierre projetés par les derniers pillards, s'étaient transformés en une pente raide extrêmement glissante. En se tenant aux parois pulvérulentes de cette descente dangereuse, Ari et Jackie, refusant même nos mains secourables, tinrent à braver un accident éventuel, mais évité avec adresse, pour pénétrer dans le caveau impressionnant.

Après la visite rituelle de la tombe de Nofrétari et des sépultures, tout enluminées, des fils de Ramsès III, nos visiteurs réclamaient encore avec insistance d'autres émotions archéologiques. Nous nous sommes ainsi dirigés vers le temple de Millions d'Années de Ramsès II, le Ramesseum, dont notre mission mixte avait entrepris l'étude complète. Le long défilé des fêtes de Min, contre le mur extérieur du second pylône, retint l'attention d'Onassis. Les quatre « oiseaux », lancés aux quatre coins de monde pour porter le message annonçant l'heureuse issue de la moisson, lui enseignèrent l'utilisation millénaire des pigeons voyageurs. Le défilé des prêtres qui portaient majestueusement les statuettes des prédécesseurs présumés de Ramsès sur le trône, lui faisant pressentir, devant ces reliefs au caractère officiel, pourtant largement impersonnel, un drame humain, une lutte dynastique peut-être féroce. Je venais en effet de lui faire remarquer, au milieu des rois dont Ramsès s'enorgueillissait de descendre, l'omission systématique des images de la reine Hatshepsout et des souverains de l'« aventure amarnienne ». Naturellement, Aménophis IV-Akhénaton était absent!

Le couple Onassis offrait vraiment le spectacle d'époux prévenants, très éloigné de l'image souvent diffusée. « Tu n'as pas oublié de prendre mon tricot? dit Onassis en quittant une zone de soleil. Je vais en avoir besoin. » Avec sollicitude, Jackie le lui mit sur le dos, à l'ombre de la terrasse bordée par les grands piliers osiriaques de la seconde cour. « Vous allez maintenant pénétrer dans la salle hypostyle, leur annonçai-je... – Que veut dire hypostyle ? » lança Jackie. Comme un bon professeur, Ari répondit : « Voyons, Jackie, cela veut dire : une salle au plafond soutenu par des colonnes... »

Puis les questions fusèrent sur l'orientation du temple, la signification de certains bas-reliefs, etc. L'harmonie de cette vaste salle, dont les inscriptions des architraves nous apprenaient qu'elle était avant tout traversée par la procession au moment de la « belle fête de la Vallée », les avait réellement impressionnés. Les douze colonnes aux chapiteaux épanouis de l'allée centrale portaient, sur leurs flancs, la représentation du roi rendant hommage aux multiples formes de la divinité. Onassis avançait dans cette allée et avait remarqué de son œil très perçant les silhouettes royales légèrement décalées, comme pour accompagner le passage de cet antique officiant.

Arrivés dans la salle au plafond astronomique, les visiteurs se trouvèrent devant un très grand échafaudage dressé pour étudier le niveau supérieur de la salle, où abaques et architraves étaient gravés d'inscriptions clefs. Il fallait monter par des échelles successives attachées, d'une façon assez rudimentaire, par des liens de *halfa* pour aboutir, sept mètres plus haut, à une plate-forme branlante. Ari et Jackie voulurent absolument y accéder : ils le firent avec adresse, seuls, en abandonnant au sol leurs amis et les policiers (de taille imposante, il faut l'avouer). Ces derniers n'osèrent pas mettre en péril le fragile équilibre des poutres !

La visite s'acheva dans les annexes du temple, en grande partie, heureusement, conservées, dont les greniers voûtés avaient frappé, entre autres, Diodore de Sicile, et dans le quartier nord-ouest ; on pouvait encore y admirer les vestiges de la grande galerie à colonnes « protodoriques » où, vraisemblablement, se déroulait le défilé des Ambassadeurs, durant les grandes fêtes du jour de l'an. Les questions les plus pertinentes me furent posées par Onassis. Je lui découvris, alors, une très vaste culture. Sans cesse, il essayait de comparer et même d'opposer la pensée grecque et les concepts des Égyptiens. Les rites funéraires le hantaient presque : en fait, nous passâmes l'heure présumée du déjeuner, assis à l'ombre d'une colonnade, à converser comme de vieux amis : j'avais découvert très

Vallée des Reines : visite de Jackie et Ari Onassis. Descente dans la tombe de ouy, fraîchement découverte.

Au Ramesseum, réconciliation... après mésentente !

probablement un des côtés les plus attachants du grand armateur.

En nous quittant et en apprenant mon retour à Paris le dimanche suivant, Jackie Onassis m'assura qu'elle me téléphonerait à mon domicile le lundi matin, voulant m'inviter à dîner, avec mon époux, le même soir. Je reçus cette proposition comme l'expression de son extrême politesse.

Un dîner chez Maxim's

Ce lundi, je me rendis à mon bureau du Louvre, sans avoir, à la maison, entendu la voix de Jackie, mais elle me poursuivit au téléphone au musée toute la matinée. A midi, lorsque je revins, à mon bureau, d'un comité de direction, elle put enfin me joindre pour me confirmer l'invitation du soir. Malheureusement, n'ayant pas été contactés plus tôt, comme convenu, nous avions accepté d'autres obligations. Jackie Onassis s'en trouvait navrée, car Ari devait partir le lendemain pour New York. Elle me rappela une heure plus tard, m'avertissant qu'il avait repoussé son départ au surlendemain, pour nous permettre de nous retrouver le mardi soir chez Maxim's. Je me vis encore obligée de décliner cette nouvelle invitation car, par une coïncidence incontournable, nous devions recevoir à dîner, ce soir-là, le président de l'Organisation des Antiquités de l'Égypte, le docteur Gamal Eddin Mokhtar. « Qu'il vienne avec vous, répondit-elle, nous avons manqué de le rencontrer à notre récent passage au Caire. »

De la sorte, nous arrivâmes tous les trois chez Maxim's ce mardi soir où Jackie et Ari nous attendaient, sans les deux enfants, mais entourés des amis de leur voyage égyptien, auxquels s'étaient joints le journaliste Salinger et sa jeune femme française. La même table était toujours réservée aux Onassis et le même serveur leur était affecté. Je laissai naturellement à notre hôte le soin de choisir le menu. « Alors, me dit-il, aimez-vous les pommes de terre en robe des champs ? » C'était vraiment le summum de la simplicité de venir déguster le célèbre tubercule dans ce haut lieu de l'élégance et de la gastronomie, mais j'acceptai, en vraie fille de Bourguignon, me proposant de l'assortir de crème fraîche. Lorsque cette entrée vénérable me fut servie, j'écartai les bords du papier d'argent l'entourant et je découvris un nid de caviar gris.

Onassis se montra un hôte plein d'esprit et très prévenant : son épouse était en beauté. Sur le chantier de fouilles, elle nous était apparue vêtue d'un vieux jean délavé rose pâle, sans aucun fard, les cheveux assez longs, tombants, sous un grand chapeau de paille déformé. En revanche, durant cette soirée, son teint était éclatant, le visage savamment entouré de sa coiffure bien connue. Deux longs sautoirs d'or piqués de diamants, discrètement façonnés, pouvaient passer pour le plus élégant des bijoux fantaisie de couturier. Une très sobre robe de jersey noir contribuait encore à la mettre en valeur. Le docteur Gamal Mokhtar était littéralement sous son charme. Politis brillait de son verbe élégant et de ses vastes connaissances. Il continuait, nous dit-il, à les entretenir par de longues lectures durant une partie de la nuit et bénissait, nous confia-t-il, les éditions en livres de poche si faciles à tenir en main lorsqu'on est au lit... Comme je le comprends, et je ne dois pas être la seule!

On attaquait le plat suivant, lorsque le maître d'hôtel vint glisser une confidence à l'oreille d'Onassis. Celui-ci se retourna alors vers moi et, d'une voix attristée, m'annonça : « Le président Pompidou vient de mourir. » Salinger, alors, s'adressant à Onassis, lui demanda la permission de se retirer immédiatement pour se rendre à son journal, *L'Express* (après avoir écrit ces lignes, il me revient à l'esprit un passage du livre de Valéry Giscard d'Estaing, *Le Pouvoir et la Vie* – tome premier –, où il relate comment la nouvelle du même décès lui a été annoncée pendant un dîner chez Claude de Kémoularia, ce même mardi 2 avril 1974).

Le repas se termina sans que les autres tables aient encore paru averties de ce deuil national.

Nous nous sommes séparés assez tard dans la nuit : Aristote et Jackie Onassis avaient, à plusieurs reprises, insisté pour que nous venions tous deux passer une semaine sur le *Kristina* et découvrir leur île de Scorpios, car ils tenaient à approfondir leur connaissance de l'antique pensée égyptienne. La disparition de l'armateur en décida autrement.

Une fois de plus, je mesurai combien il est délicat de porter un jugement sur des personnalités très en vue sans avoir pu les côtoyer, alors qu'une certaine presse à sensation retient seulement, pour les amplifier, les aspects facilement exploitables.

Alice au pays de la Septième Merveille

Quand on l'a rencontrée, on ne peut l'oublier. Sa voix chaleureuse, légèrement précipitée, parfois teintée d'une infime intonation méridionale, exprime toujours une pensée lucide – et logique –, créatrice, généreuse et d'un rare bon sens.

Grande voyageuse puisque avant tout géographe, celle qui fut un si efficace ministre des Universités était destinée à connaître, un jour ou l'autre, les rives du Nil. Pour s'y préparer, inconsciemment, elle avait déjà adopté la coupe originale de ses cheveux noirs « à la Cléopâtre ». Telle se présenta à moi Alice Saunier-Séïté, la première fois où je la rencontrai : elle venait d'être nommée secrétaire d'État autonome aux Universités. Une de ses premières obligations du lendemain était de me remettre la médaille d'or de la Recherche scientifique.

Je garde de son allocution, improvisée m'assura-t-elle, le souvenir d'une source vive d'où jaillissait le ruissellement d'un flot cristallin, véhiculant d'aimables paroles – c'était de circonstance –, mais frappant juste.

Cela me fut particulièrement agréable, quelque temps après, de la guider dans l'exposition Ramsès le Grand. Les antiquités lui semblaient familières : elle était entrée, d'emblée, dans ce domaine, et portait une grande attention à notre discipline. L'égyptologie, c'était évident, lui était d'un grand intérêt : je constatai même combien la « Sagesse de Ptahhotep » l'avait marquée.

Je devais la revoir peu après, à propos d'une bien triste circonstance. Serge Sauneron, le directeur de l'Ifao, venait de décéder, au cours d'un accident de la route, avec son fils, entre Le Caire et Alexandrie. Ainsi le plus brillant égyptologue de sa génération, à peine âgé de cinquante ans, disparaissait. Remarquable administrateur à la tête de notre École du Caire, il avait joué un rôle considérable dans notre domaine, par ses recherches si talentueuses et variées, ses publications – des modèles du genre –, et par l'impact de sa personnalité sur ses jeunes disciples – sans compter le rayonnement apporté à notre Institut. Mon devoir était d'avertir Alice Saunier-Séïté, son ministre de tutelle – dont dépendait aussi nos grandes écoles archéologiques à l'étranger –, du problème et du vide créé par cet accident. A cette occasion, elle me demanda en conclusion de l'accompagner en Égypte, pour évaluer par elle-même, sur place, l'étendue du réel « désastre ».

Je puis alors mesurer avec quelle rapide lucidité elle analysait toute situation. Ce bref voyage fut essentiel à bien des points de vue. Parmi les multiples facettes de sa personnalité, l'une me frappa : son sens aigu de la diplomatie. Langage tou-

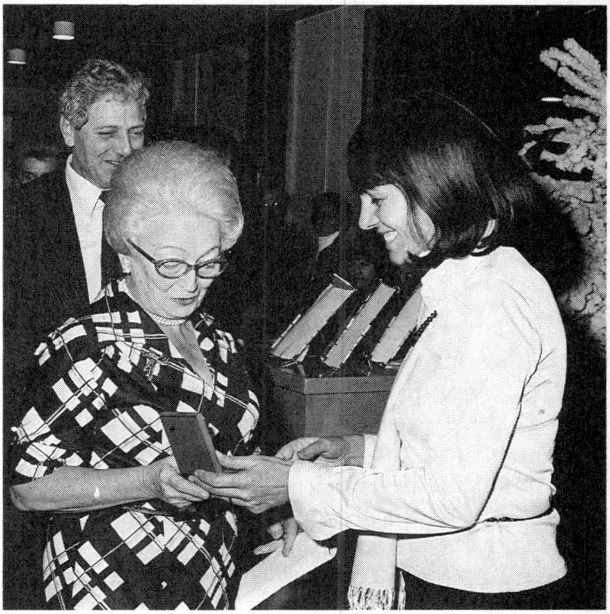

A Paris, remise de la médaille d'or du CNRS à Christiane Desroches Noblecourt par le ministre des Universités, Alice Saunié-Séïté, en présence de B.-P. Grégory, directeur général du CNRS. *A gauche*, le Dr Gamal Mokhtar et G. Nieva, à l'époque secrétaire général de la Commission nationale du CNRS.

Au Caire, à l'association Egypte-France, après une conférence sur « La femme au temps des pharaons ». *De gauche à droite* : Ismat Abdel Méguid, ministre des Affaires étrangères, André Noblecourt, Mme Ahad Kamal Eddin, professeur à el-Azhar, Christiane Desroches Noblecourt, Mme Hosni Moubarak.

jours rapide, direct et sincère, mais d'un diapason si différent lorsqu'elle paraissait à la table de notre ambassadeur, le comte Senard, inspectait les services de l'Ifao, ou encore s'adressait aux membres de l'Institut d'Égypte (fondé au Caire par Bonaparte). Elle allait, peu après, devenir ma « consœur » dans cette « illustre maison », tant elle avait captivé par son talent le secrétaire général de cette compagnie, géographe comme elle et ministre de l'Instruction publique, le docteur Soliman Huzzaÿen, également président, à l'époque, de l'Institut de géographie du Caire.

En quelques jours, reçue par les autorités du pays. Alice était devenue la « coqueluche » du tout-Caire. Avec son dynamisme et son habileté coutumière, elle sut faire face, sans se laisser déborder, tout en étant toujours présente au bon moment. Sa gentille patience – mais ferme – vis-à-vis des journalistes égyptiens, fut un plaisir à observer. A cette occasion, entre autres, j'appréciai combien elle savait se donner complètement à une tâche, sans ménager sa fatigue si cela s'avérait nécessaire. A la veille de notre retour à Paris, après une semaine échevelée au Caire, coupée par une pointe rapide poussée jusqu'à Abou Simbel, elle avait promis de remettre au représentant du grand journal *el-Ahram* une déclaration, demandée en anglais. Il était 1 heure et demie du matin lorsque nous avons regagné l'hôtel Méridien après la dernière réception officielle. Or, quelques moments après, Alice Saunier-Séïté frappait à ma porte pour me convier à venir traduire son texte, écrit avec sa coutumière facilité. Le sommeil disparaît devant une interlocutrice de cette qualité : cette traduction donnait l'occasion de multiples échanges de vues, captivants, rapides et toujours incisifs. En fait, Alice n'avait vraiment pas besoin de moi pour transcrire son texte en anglais; elle maniait parfaitement cette langue...

Depuis, nous sommes toujours restées en contact, liées d'une solide amitié, que des silences plus ou moins longs n'affaiblissent jamais. Je fus amenée, notamment, à participer à certaines réunions au ministère, où les échanges de vues entre ses directeurs et les étudiants étaient peu amènes. Aux moments critiques, on allait chercher Alice (devenue ministre). L'atmosphère changeait dès son apparition. Elle savait discuter, parfois convaincre, ces « fortes têtes », mais ne leur était jamais indifférente : ils voulaient toujours la retenir lorsqu'elle quittait les débats!

Lorsque fut annoncée l'arrivée de la momie de Ramsès,

Alice fut désignée, tout naturellement, pour venir l'accueillir au nom du gouvernement français à la base aérienne militaire du Bourget-Dugny. Après avoir passé en revue la garde républicaine, elle prononça une très émouvante allocution devant ces royales reliques atterrissant sur notre sol. Pendant sept mois, Alice Saunier-Séïté fit prendre en charge par son ministère les frais inhérents à la mission de l'ingénieur Nakhla, accompagnant notre millénaire voyageur, de même que l'équipement du retour : vitrine spéciale d'Altuglass et son dispositif de filtres, dans laquelle la momie devait être irradiée, bulle de protection munie de douze bras de travail, etc. Prêt à regagner l'Égypte, Ramsès, « remis en état » et irradié, reçut d'Alice le salut du départ, avec les mêmes honneurs militaires, dans la même sobre grandeur.

Ainsi, Alice ne pouvait pas être coupée trop longtemps de l'Égypte. Le président Giscard d'Estaing la délégua pour représenter le gouvernement à l'inauguration de l'île de Philae, entièrement déménagée sur l'île d'Aguilkya. Aux côtés de notre ambassadeur, Jacques Andréani, et de toutes les délégations des pays ayant subventionné ces travaux, elle attendit, comme nous tous, pendant des heures, dès le petit matin, dans le froid de la Grande Colonnade, l'arrivée de la « première dame d'Égypte », qui devait présider la cérémonie. Son irritation aurait sûrement pris des proportions moins diplomatiques si elle avait appris qu'un détour avait été ordonné à l'avion présidentiel, pour que la personnalité accompagnant Mme Sadate puisse voir, avant la nouvelle Philae, les temples d'Abou Simbel, rehaussés jusqu'au sommet de la falaise.

19

Le sauvetage de Philae

Citadelles des frontières

Après l'inauguration d'Abou Simbel, une fois le résultat tangible des opérations de sauvegarde si brillamment démontré, il ne restait plus aucun vestige humainement possible à préserver des eaux du lac Nasser montant progressivement. Les ruines des grandes forteresses de briques en terre crue, disparues déjà depuis longtemps, étaient seulement représentées par celles de Bouhen, à Ouadi Halfa. Walter Emery, de l'University College de Londres, les avait remises au jour pendant la récente campagne de fouilles. C'était la véritable évocation d'une ville fortifiée de notre Moyen Age, mais cette place forte remontait au deuxième millénaire avant notre ère !

Un glacis précédé de puissantes courtines, des tours probablement crénelées (si l'on en juge par les images qui figuraient encore sur les murs des temples), étaient percées dans leurs flancs d'au moins trois meurtrières. Sur les rebords de ces petites ouvertures, Emery retrouva les trous des différentes directions des flèches envoyées par les archers.

Les arasements du bâtiment, remontant au Moyen Empire, étaient encore majestueux et évocateurs. Fait exceptionnel : on exhuma, des fondations, le squelette d'un cheval dont l'existence, en Égypte – importée du Proche-Orient probablement par les chevaliers Hourrites –, ne fut jamais signalée avant les débuts de la XVIIIe dynastie. A contempler ces témoins architecturaux si parlants et à en analyser la remarquable reconstitution faite par Emery, de son élégant crayon, on peut retrouver les citadelles des frontières orientale et occidentale de l'Égypte, formant rempart contre les incursions des bédouins sémites ou des pillards libyens. Elles jalonnèrent aussi la grande route commerciale, partant du point fortifié de Tcharou (el-Qantara), et suivaient toute la côte des « Escaliers du Levant » (nous disons maintenant « Échelles ») pour assurer, ainsi, la sécurité des voyageurs et l'entretien des puits, régulièrement forés au long du trajet. Les Égyptiens édifièrent aussi ce genre de forteresses dans toutes les régions où les pharaons libérateurs de leur pays s'efforcèrent de consolider leurs conquêtes.

Ainsi, à l'époque où les Croisés abordèrent ces régions, ils découvrirent ces bâtiments, beaucoup plus élaborés que leurs propres défenses. Sans nul doute, les architectes du Krak des Chevaliers furent inspirés par la présence, non loin de là, des citadelles, entretenues au fil du temps, celle de Kadesh, en particulier; l'art de la construction militaire orientale et égyptienne avait fusionné en un harmonieux et efficace mélange.

La place forte de Bouhen avait été engloutie sous les eaux, de même que les traces des villages. Ce qui n'avait pu être sauvé des reliefs du petit *spéos* d'Abou Oda avait également disparu, rejoignant le sort des grottes creusées au pied de l'immense rocher de Kasr Ibrîm. Les infimes vestiges de la ville d'Aniba avaient été entraînés par les eaux. Un seul grand regret, je l'ai déjà exprimé : durant le démontage du temple de Dakka, pour l'édifier à nouveau sur les hauteurs, on avait découvert ses fondations, faites avec les grands blocs sculptés et encore peints – en dépit de plus d'un demi-siècle d'inondation –, remontant au règne de Thoutmosis III. Ce fut alors une tragique course contre la montre. Nous fîmes extraire, pendant les quelques jours et nuits, avant l'envahissement des eaux, le maximum de ces magnifiques reliefs, destinés au futur musée de la Nubie et très analogues à ceux du temple d'Éléphantine, sculptés à la même époque. Le dernier jour, on travailla même, désespérément, sur le site, pendant que les eaux commençaient à le recouvrir; on put encore prélever certaines assises, en partie submergées.

Mais toutes les demeures divines entièrement démontées étaient sauvées, et leurs blocs constitutifs déjà transportés aux nouveaux emplacements choisis pour la réédification; il ne se présentait plus de protection possible pour cette Nubie près de disparaître.

Restait Philae! On avait reporté le problème dans sa totalité à plus tard, après avoir arraché de Nubie tout ce qu'il pouvait être possible de préserver. En effet, les sanctuaires de Philae occupaient complètement une île située entre l'ancien et le nouveau barrage. Ces derniers réglementaient le régime du lac, et ses fluctuations, ainsi mécaniquement commandées, allaient alimenter et renforcer d'autant les turbines de la station électrique voisine. Le 8 mai 1968, René Maheu lançait un nouvel appel en faveur du déplacement de Philae : les contributions, s'élevant à 15,3 millions de dollars US, allaient être couvertes : l'Égypte assumait un tiers du coût total.

On revécut alors la création de comités spécialisés. L'un, réuni à l'Unesco, devait contrôler principalement le financement et sa bonne utilisation. Un autre comité, sur place à Assouan, devait suivre les travaux. La relance pour obtenir les crédits afin d'assurer le sauvetage de Philae fut, sans problème, presque automatique, après les résultats si convaincants d'Abou Simbel.

Un troisième comité fut instauré, réuni depuis 1972 et suivant un rythme régulier, à Philae et à Assouan. Il devait choisir le système de sauvegarde le plus approprié. Celui qu'avait jadis proposé Osman Rostom était séduisant, mais l'abandon du projet de barrage pour Abou Simbel, en raison des infiltrations et surtout des stations de pompage, à l'entretien délicat et onéreux, avait laissé la place à une solution d'actualité. Le démontage des temples construits par assises, et leur réédification, ayant déjà fait leurs preuves, incitèrent la généralité des membres de la commission à choisir cette dernière technique.

Il fut donc décidé de démonter et de remonter tous les édifices de cet ensemble unique dédié à la déesse Isis et à ses parèdres. Le procédé fut à peine discuté. La démonstration avait été si brillamment défendue par des exemples tangibles qu'il était vain de chercher un autre système éventuel. Mais comment y aboutir?

Les ingénieurs du Grand Barrage avaient naturellement accepté d'abaisser, au minimum des possibilités, le niveau du lac artificiel dont Philae ressortait à moitié. Mais il y avait une cote d'alerte à ne pas dépasser (cent huit mètres au-dessus du niveau de la mer), car la production d'électricité ne devait pas en être diminuée. Pourtant, le déménagement des assises de pierre ne pouvait être exécuté qu'une fois l'île entièrement dégagée, à l'air libre. On envisagea donc une protection autour des bâtiments, au fond de laquelle ils seraient accessibles comme dans un très large puits. On allait à nouveau faire

Panorama de l'île de Philae, aux monuments à moitié engloutis.

Le premier pylône de Philae, vu des ruines de Biggeh.

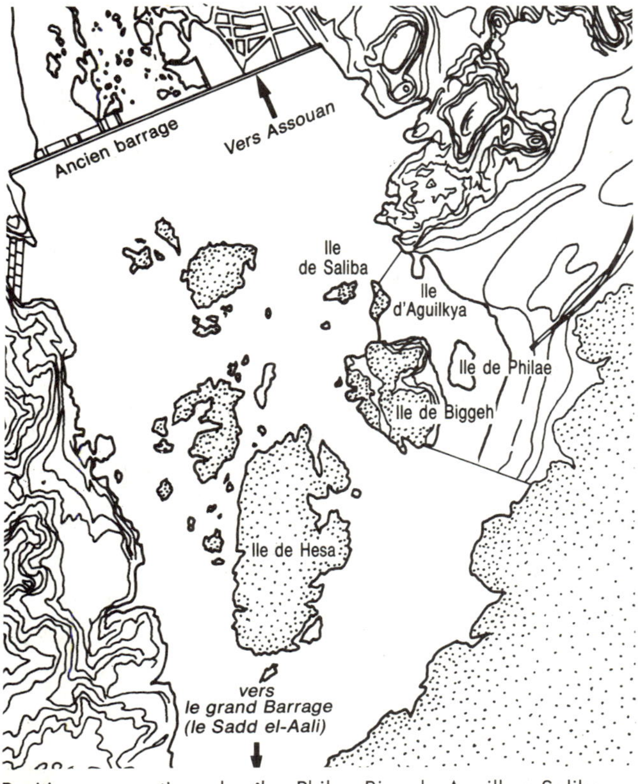

Positions respectives des îles Philae-Biggeh, Aguilkya-Saliba.

appel aux palplanches. Mais une double rangée était nécessaire pour cet écran quasi circulaire, afin d'assurer sa solidité, pendant que les eaux recouvrant encore Philae, à l'intérieur, seraient extraites par des pompes puissantes : alentour, la pression du lac de retenue allait se faire fortement sentir. Ainsi donc, à douze mètres de distance l'une de l'autre, les immenses murailles de fer seraient enfoncées dans le sol granitique et séparées entre elles par un blocage de sable fin, amené de la berge par de robustes canalisations de soufflerie. Ce double écran devait dominer naturellement de quelques mètres le niveau des eaux du lac de retenue.

Mais les fonds étaient insuffisants pour permettre à cet extraordinaire ouvrage de faire le tour de l'île. Il fallut donc le limiter aux seules constructions de style pharaonique : il mesurait déjà 752 mètres de long; il comprenait 3 115 palplanches d'acier, de 17 mètres de hauteur chacune, dont le poids total était de 4 562 tonnes. Au nord, les ruines du temps de Dioclétien, surtout, allaient demeurer sous les eaux, en attendant l'arrivée des plongeurs des armées égyptienne et britannique chargés de les repêcher.

Quand toutes les manœuvres de sauvetage furent mises au point, on tint compte à nouveau de la répartition des efforts. L'Égypte allait fournir les ingénieurs et la main-d'œuvre qui prépareraient la réédification des temples sur une « nouvelle Philae ». Suivant la loi dont nous étions tous conscients, ce site devait permettre de redonner aux constructions la même orientation, mais il devait aussi présenter un sol situé à treize mètres au-dessus du niveau de l'île primitive. Pour rester fidèle à l'environnement propre à l'ancien site, le nouveau terrain granitique, choisi dans le voisinage, devait être flanqué sur sa rive occidentale d'une autre île où l'antique mythologie avait situé le réel tombeau d'Osiris, sur lequel veillait constamment la fidèle Isis.

Le hasard faisait bien les choses : l'immense languette sainte de Biggeh (douze fois plus grande que Philae), et sur laquelle les prêtres avaient inhumé la momie meurtrie du dieu assassiné, ressortait des eaux près du nouvel endroit prévu et formait l'île de Saliba, séparée d'Aguilkya par un étroit chenal.

Le sommet de l'île d'Aguilkya, face à Saliba, sélectionnée pour recevoir les monuments de Philae, étant beaucoup trop élevé (150 mètres à rabaisser à 116 mètres), les équipes égyptiennes ayant déjà travaillé pour le *Sadd el-Aali* reprirent alors leur activité sous la direction d'un très grand ingénieur égyptien : William Sélim Hannah. Il fallait décalotter cet immense rocher granitique pour arriver au niveau voulu et à l'horizontalité désirée. Il était aussi nécessaire d'élargir Aguilkya, plus étroite que Philae. Ainsi, 270 000 mètres cubes de rocher furent-ils ajoutés de chaque côté de l'île. Ce seul travail prit cinq années.

Par ailleurs, le démontage et la réédification de l'ensemble des constructions résidant sur l'île de la déesse seraient confiés à l'adjudication publique, après la rédaction de cahiers des charges très méticuleux. Je passe sur les discussions sans fin et les incidents de toutes sortes déclenchés par ce processus. En définitive, les prix les plus bas furent proposés par une firme italienne : elle l'emporta. Qu'on ne soit pas étonné si, par la suite, des imprévus obligèrent à demander certains « ajustements » âprement discutés. Je m'empresse de souligner ici, toutefois, avec quels soins et quelles techniques remarquables Philae fut démontée et réédifiée.

L'épopée de Philae est le véritable point d'orgue de cette sauvegarde, dont la clef de voûte demeure l'extraordinaire aventure d'Abou Simbel. Mais, au sein du comité qui organisait et suivait les travaux, qui s'efforçait de régler les problèmes surgissant tout au long de l'opération, demeurait la question de la forme exacte à donner à l'île et des éventuels bâtiments annexes, dont certains proposaient l'adjonction.

Le message de Philae

Une fois de plus, on allait se trouver devant le très sérieux problème de l'insertion d'un monument dans le paysage avec lequel il devait faire corps. Tout doit concourir : nature, complétée par la construction, autant qu'édifice, profondément intégré dans son environnement, pour atteindre à sa pleine signification. De nombreux sites jalonnant l'Égypte entière pourraient en donner et en donneront, je l'espère, des exemples probants. Cependant, on avait déjà touché du doigt le problème devant Ibchek et Méha, où les grottes saintes du deuxième Ramsès et de la belle Nofrétari étaient indissolublement rattachées par leurs axes se rencontrant dans l'onde à l'aube du jour de l'an. Elles traduisaient aussi la brillance de Sothis et l'irradiation du soleil. Tout était fait, aussi, pour rappeler les principes dont le roi et son épouse étaient la manifestation sur terre, depuis la taille des monticules plus importante

Avant 1964, Philae, sortie des eaux en été,
puis progressivement noyée au cours de l'année.

Face orientale de la colonnade du *mammisi* donnant dans la première cour du Grand Temple de Philae.

« Visite » en bateau du kiosque de Trajan, en partie submergé, avant 1979.

pour Pharaon que pour la reine, et même l'emplacement des grottes – le sud étant toujours réservé à l'élément masculin et le nord à la femme.

A Philae, avait été réuni sous l'égide de la déesse – on ne lui connaît pas de logis terrestre avant la Basse Époque – un ensemble d'édifices entourant le grand temple d'Isis. L'ordonnance générale évoquait l'esprit religieux de ces derniers temps pharaoniques et tous les besoins d'un culte au symbolisme chargé de millénaires.

Depuis les premiers âges, les textes nous laissaient percevoir un mythe osirien, aboutissant au monde chthonien, et le rayonnement de la force solaire diurne, sans laquelle rien n'aurait pu exister. Sur les murs des derniers sanctuaires de l'Égypte, les grands thèmes en partie éclairés et commentés à l'apogée du Nouvel Empire se trouvaient alors regroupés, coordonnés, matérialisés, en quelque sorte, comme un héritage tracé par les ultimes serviteurs pharaoniques du divin. Le grand mythe illustrant la succession cosmique du jour et de la nuit, de la vie et de la mort était cristallisé sous la forme la plus élaborée de la légende osirienne devant, quoi qu'il en soit, s'achever en la vigueur renouvelée et le triomphe du soleil. Le trait d'union essentiel, indispensable à cet espoir ayant encore davantage étreint les cœurs au moment où l'Égypte épuisée allait disparaître après tant d'invasions, était incarné par cette lumineuse, bienfaisante et tendre image de l'épouse fidèle. La lutte de cette grande magicienne prit fin à l'apparition d'un héritier à la conception miraculeuse, et protégé jusqu'à son épanouissement sur le trône de l'ancêtre. Isis s'était substituée à tous les aspects, mais aussi à toutes les formes essentielles du divin. Elle était la protectrice universelle, mais aussi la Grande Veuve (Horus était appelé le « Fils de la Veuve »), et la mère du pauvre et de l'orphelin.

Encore fallait-il que l'île merveilleuse où jamais, semble-t-il, serpents et scorpions n'avaient abordé, rappelât par son essence même et son environnement cette légende qui faisait corps avec elle. Depuis des millénaires, le mythe osirien, dont la recension tardive fut rapportée par Plutarque, apparaissait sous certains de ses aspects, par allusion dans des textes ou sur les murs de temples antérieurs. On en était assuré, le dieu, détruit par la haine de la malfaisance, était définitivement parvenu dans le monde des trépassés, une fois son corps morcelé et jeté au Nil, puis, avec patience, reconstitué par Isis transformée en oiselle. Du haut de son vol, Isis avait pu identifier tous les lambeaux du corps et les avait soigneusement réunis, à l'exception du membre fécondateur, englouti par le poisson oxyrhynque. A chaque endroit où elle repêcha un morceau du cadavre, elle fit ériger un tombeau, laissant croire qu'il renfermait la momie complète. Ainsi serait dérouté l'acharnement du Malin.

Près de l'île de Biggeh, à hauteur de la première cataracte, Isis avait repéré la jambe gauche, laquelle rejoignit tous les autres morceaux d'Osiris dont elle composa la première momie. La veuve éplorée l'enterra au plus profond de l'île sainte. Restait encore une œuvre à accomplir pour cette « Grande de Magie ». La vie devait continuer, mais son sein était resté stérile, en dépit de la longue durée de leur vie commune. Elle reprit alors sa forme d'oiselle et, après avoir réanimé le corps inerte privé de sa virilité, elle descendit doucement pour se poser sur le dieu temporairement réveillé, afin de recevoir la semence divine.

Puis elle attendit la période prescrite afin de mettre au monde Horus – le soleil, incarné aussi par Pharaon sur son trône terrestre. La continuité était ainsi assurée et le mythe ne devait plus jamais cesser de l'entretenir. Philae et ses constructions rituelles avaient pour fonction de traduire ce symbole.

La grande île de Biggeh, contenant donc dans son sol le divin corps momifié, concrétisait la présence du dieu inerte. Les prêtres, chaque jour, célébraient le rite par des libations sur l'une des trois cent soixante-cinq tables d'offrandes évoquant l'éternel retour de l'année solaire (et, partant, de la renaissance d'Osiris). De surcroît, la déesse, sous l'aspect de son idole, toutes les décades, complétait l'hommage en venant y accomplir une libation de lait. Sur l'île de Philae elle-même, bien plus petite, le grand temple, le quai d'embarquement et l'immense double colonnade reliant ces deux constructions n'avaient pas été érigés suivant un axe rectiligne. En effet, cet axe suivait la courbe de l'île sur tout le côté qui épouse, à faible distance, le versant occidental de Biggeh.

En rappelant cette légende au Comité de Philae (bien sûr, il en était depuis longtemps instruit), je pus faire valoir à l'ensemble des techniciens et des archéologues la nécessité de reproduire fidèlement les contours de l'île de Philae, en faisant remodeler les profils de l'île d'Aguilkya. En effet, en montant sur la partie la plus haute des rochers de Biggeh – ce que les

Égyptiens avaient certainement fait depuis des millénaires –, on s'apercevait vite de la forme de Philae, épousant celle d'une oiselle, très près de se poser sur l'île de Biggeh. L'oiselle d'Isis était ainsi sans cesse évoquée pour une fécondation renouvelée. L'architecture du Grand Temple, s'étendant sur presque tout le côté occidental de l'île, figurait les entrailles de l'oiseau et le siège de la fécondation. Les formes de l'oiselle étaient reconnaissables : l'arrondi de la tête et le petit bec de l'oiseau, tourné vers la Nubie, le creux du dos bordé d'ailes, dans la zone orientale, puis la protubérance de la queue dans la zone septentrionale – là où les Romains avaient complété l'ensemble par un fastueux escalier menant au portique de Dioclétien. Rien n'y manquait, parmi les détails caractéristiques de l'oiselle, pas même un gros rocher saillant, à l'emplacement de l'œil.

Au début de ma démonstration, je repérai dans l'assistance quelques sourires, quelques airs dubitatifs, mais en définitive on admit qu'il fallait tenir compte de ces remarques, lors de la reconstitution du site sur Aguilkya. Les décisions furent suivies avec une fidélité admirable. Seul, le rocher évoquant la protubérance de l'œil ne put être déménagé complètement par les soins du si respectable William Sélim Hannah.

Un petit problème subsistait encore, auquel j'attachais une grande importance : la pointe de Saliba ne devait pas seulement remplacer l'ancienne île de Biggeh. Les vestiges du petit temple donnant accès à cette île, comme par un vestibule, devaient être transportés face au nouvel emplacement des temples de Philae. On le promit, mais cela ne put jamais être réalisé. A la fin des travaux, il aurait fallu préparer, sur Saliba, une plate-forme rocheuse où réédifier ces ruines recouvertes par les eaux. Je signale cette dernière touche à apporter à la reconstitution de l'ensemble : un jour peut-être aura-t-on la possibilité d'y remédier. Sur tous les autres points, nous étions d'accord et les travaux commencèrent.

Le début des travaux

Le nivellement d'Aguilkya fut un miracle réalisé par les Égyptiens avec un matériel fatigué durant la construction du *Sadd el-Aali*, grâce à des équipes locales au courage peu ordinaire : on sentait que ces hommes, à travers des milliers de générations, perpétuaient la tradition des carriers antiques, chargés d'extraire les gigantesques aiguilles, monolithes, de

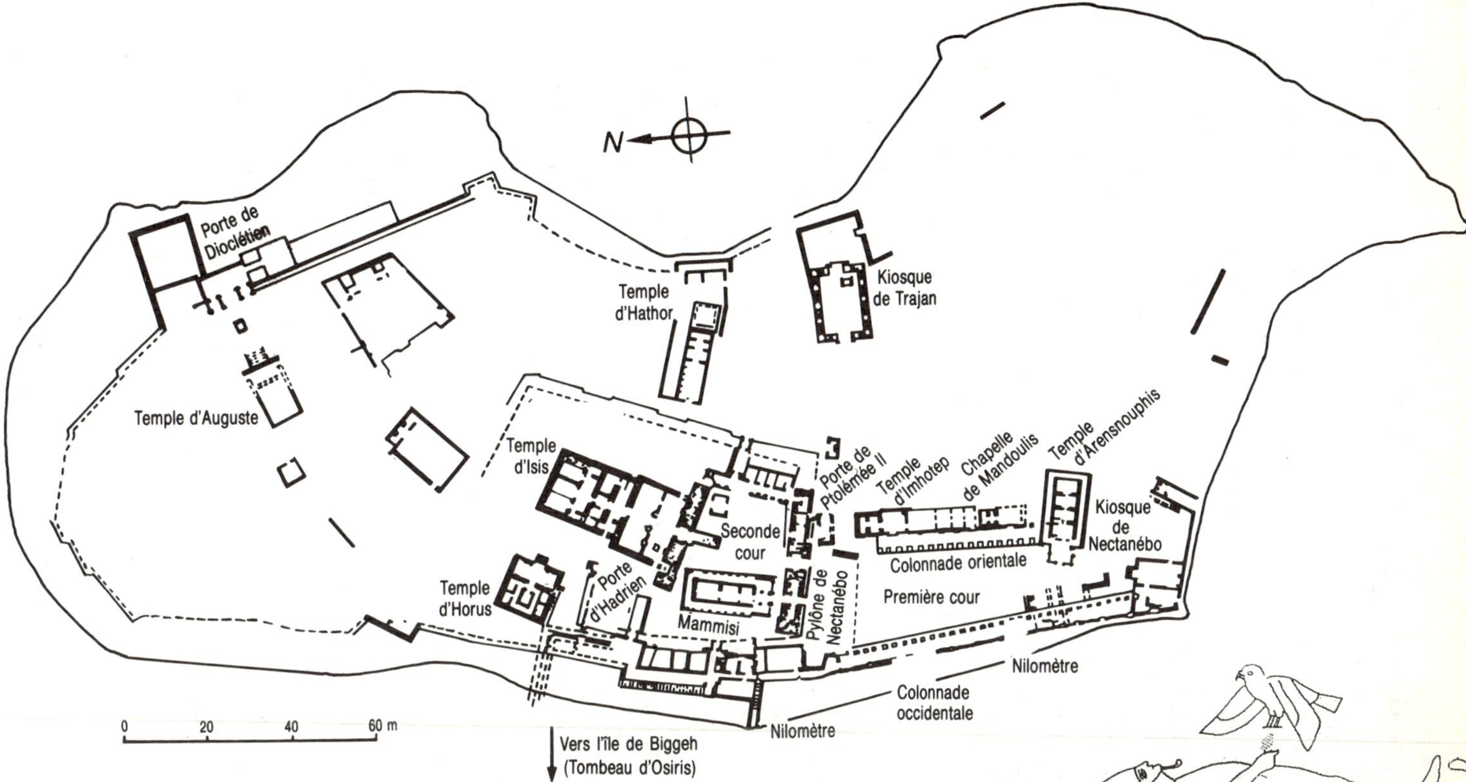

L'île de Philae, en forme d'oiselle orientée vers le sud, et ses constructions religieuses.

Représentation figurée dans plusieurs temples, depuis l'époque de Séthi Ier, montrant l'oiselle d'Isis fécondée par Osiris, à la fertilité restituée magiquement.

granite d'Assouan. Mais il ne suffisait pas d'aplanir avec tant de difficultés le sommet hérissé des rochers, il fallait, on le sait, élargir Aguilkya, dont la surface était trop étroite. Tout fut fait, et les contours ainsi obtenus furent sculptés suivant les angles et les courbes attendus. L'île pouvait alors être prise en main, pour que les fondations de ciment armé recouvrent les espaces, où les constructions déménagées seraient alors réédifiées.

Entre le début du mois d'août 1972 et le mois de mai 1974, la double ceinture de fer avait été dressée autour de Philae, non sans mal car, pour ne point ébranler les édifices sacrés, les Égyptiens n'avaient pu faire usage d'explosifs. Il fallait donc forer le granite sous l'eau pour y introduire les immenses lames de fer. En certains endroits, le conglomérat de la pierre, plus résistant qu'ailleurs, ne permit pas la pénétration des barres à la profondeur prévue : voilà pourquoi on vit, parfois, jaillir du « corset » métallique certaines palplanches plus hautes que les autres.

Lorsque l'épaisse muraille, destinée à garantir provisoirement Philae des eaux de submersion, fut achevée, les stations de pompage furent mises en action pour abaisser cette immense cuvette de 111,5 mètres au-dessus du niveau de la mer, jusqu'à 105 mètres. L'opération débuta le 21 mai 1974. Temples et chapelles devaient être débarrassés des limons déposés depuis tant d'années par les eaux de l'inondation. Il était prévu un déroulement très lent pour éviter de trop brusques pressions externes. Enfin réapparut le site. Suivant le rythme des crues du Nil, depuis le début du siècle, on tentait de visiter l'été – et partiellement – ces temples, à l'ouverture des vannes de l'ancien barrage. On parcourait, en barque la plupart du temps, la distance menant du débarcadère aux différents sanctuaires restés inaccessibles, et sur lesquels on flottait.

L'accumulation des boues arrachées par le fleuve, sur tout son parcours depuis le centre de l'Afrique, était considérable. Elles formaient, par endroits, un dépôt recouvrant le sol de la colonnade sur une hauteur de trois mètres et plus. La première tâche, après le retrait des eaux, fut de faire procéder au prélèvement de ces extraordinaires alluvions, les mêmes dont les masses, accumulées au cours de millions d'années, avaient formé la terre d'Égypte.

Le chantier dut commencer fort lentement, car cet humus

L'île de Philae ceinturée aux trois quarts par un double barrage de palplanches.

Les douze mètres de remplissage de sable, entre les deux « paravents » de palplanches.

Nivellement de l'île granitique d'Aguilkya.

en formation, sorti des eaux, était extrêmement gluant et redoutable. On risquait en permanence de s'y enfoncer dangereusement. Ainsi voyait-on, contre les flancs intérieurs des palplanches, la remontée sur des plans inclinés de ces boues, véhiculées par des hommes chargés des éternels *moktafs* (« couffins ») d'Égypte. Ils traversaient la zone de la double ceinture métallique et passaient sur la rive, à bord de chalands, pour fertiliser les champs des environs d'Assouan. Les derniers prélèvements furent déposés sur les sables de la muraille protectrice et l'on vit bientôt surgir courgettes, *dora* (mil), tomates, cannes à sucre et pastèques, soignées par les gardiens des travaux trouvant ainsi, sur place, la majorité de leur alimentation.

Le travail sur l'île de Philae devint plus animé lorsque toutes les boues commencèrent à sécher, mais ce fut un autre problème. Elles présentèrent très vite des craquelures rappelant les sols les plus primitifs des sanctuaires. Leurs surfaces trompeusement lisses étaient devenues desséchées et, lorsqu'on posait imprudemment le pied dessus, on s'enfonçait comme dans les débris tranchants d'une porcelaine cassée, et les coupures pouvaient être profondes. Nous avons, au reste, rencontré ce désagrément à chacune de nos missions d'été en Nubie, avant de pénétrer dans les temples, alors noyés neuf mois de l'année.

Le sol ainsi nettoyé, apparut le beau dallage de la colonnade si connue, aux chapiteaux inachevés sur le flanc oriental, menant vers la terrasse du Grand Temple, défendue par des lions assis. Ce premier pylône était précédé de deux obélisques. L'un d'eux fournit à Champollion des éléments sur lesquels il appuya sa première lecture des hiéroglyphes. Le monolithe fut enlevé de Philae, en 1819, par le voyageur anglais W. Bankes. Espérons qu'un jour ses héritiers possédant encore, dans les jardins de Kingston Hall (Dorset), ce témoin exceptionnel, pourront en fournir le moulage (il mesure environ 6,50 mètres).

La visite des bâtiments religieux

Dès la porte du premier pylône, l'attention est immédiatement attirée par l' « inscription de l'armée Desaix » : en l'an VI de la République, les futurs « grognards » avaient chassé d'Égypte les mamelouks jusqu'à cet endroit. On pénètre alors dans la grande cour flanquée, à droite, par une nouvelle et poétique colonnade, celle du péristyle abritant la bibliothèque du temple.

A gauche, se dresse le mur oriental du *mammisi*, aux piliers engagés, dont les chapiteaux sont dominés par la tête d'Hathor au regard captivant.

Ce *mammisi*, comme l'appelait Champollion, c'est la « maison de la naissance », où la déesse avait veillé sur la formation du nouveau germe divin appelé à renaître, tel le soleil. L'entrée du bâtiment fait face à un étroit couloir, percé dans la tour occidentale du premier pylône, desservant trois pièces, où se déroulait la gestation de l'enfant solaire et l'accouchement de la déesse. Ces salles matérialisaient le placenta divin, où doivent être réellement situés les fameux marécages de Chemmis : selon la légende, Isis s'y était cachée avec son fils pour le protéger durant sa croissance. Au fond du dernier local, une scène constitue le prototype même du culte de la Vierge : la forme féminine accroupie, entourée de bienveillants génies, tient sur son bras gauche le divin héritier qu'elle nourrit.

La tour orientale du second pylône avait été construite sur un immense rocher de granite rose, dont on avait régularisé le sommet à l'image d'une stèle. Elle portait la grande inscription aux lignes horizontales, du décret rendu par Ptolémée IV, dotant la déesse et son temple de l'immense domaine du « Dodécaschoene », c'est-à-dire les cent vingt kilomètres qui séparent Assouan de Dakka, au débouché des mines d'or de l'ouadi Allaki.

En se retournant, on peut voir, sur la face postérieure (nord) du premier pylône (qui regarde le *mammisi*), l'image de la barque divine portée par les prêtres : rappel du voyage de la déesse aux quatre aspects parcourant en tous sens les rives de la Nubie, avant de revenir à son lieu d'origine, près de son père le Démiurge, d'où sa bienfaisance se répandait sur toute l'Égypte.

Au début du christianisme, les Blemnyes, aux mœurs si rudes, vivant dans ces contrées méridionales, avaient combattu pour sauvegarder le droit de venir, chaque année, chercher la barque de leur déesse afin de l'exhiber dans une immense naumachie fluviale. Ces luttes entre les derniers païens et les premiers chrétiens (les Nobades), dont l'église avait été installée dans la grande salle hypostyle de Philae, sont encore évoquées par des croix aux branches régulières, gravées sur les murs et les colonnes pour indiquer l'orientation du lieu de culte transformé en église. Des affrontements sanglants s'étaient déroulés dans le sanctuaire, jusqu'au moment où Justinien fit fermer les portes de tous les temples d'Égypte. La dernière inscription hiéroglyphique connue a été gravée sur un mur de la porte d'Hadrien, le 24 août 394 de notre ère, par un des ultimes prophètes d'Isis, appelé Esmet Akhom.

Lorsqu'on approche des salles du saint des saints, les décors ptolémaïques présentent des surfaces plus fines ; les reliefs sculptés à l'image de personnages de taille presque humaine sont encore d'un style très pur, contemporain de l'époque des derniers pharaons, les Nectanébo.

Sur les terrasses du temple, l'édifice le plus important est cette chapelle osirienne, rituellement aménagée du côté de l'Occident : les mystères osiriens y étaient célébrés et, sur les murs, des petits bas-reliefs évoquent encore les épreuves de la force divine sacrifiée, mais appelée à la résurrection.

Toutes les chapelles et kiosques annexés au Grand Temple répondaient à cette préoccupation d'évoquer, dans les zones occidentale et orientale, les mystères de la vie et de la mort, sans cesse répétés et traduits, suivant cette lancinante préoccupation de l'Égyptien, par des symboles variés convergeant tous vers le même but.

Les édifices érigés dans l'île sainte, à l'Occident, étaient consacrés à l'entité osirienne plongée dans une mort provisoire. La région orientale, située dans le creux évoquant le dos de l'oiseau, devait rappeler le réveil de la nature, la joie du renouveau, le retour de la déesse qui, des entrailles de l'Afrique, revenait avec l'inondation salvatrice, garante de la vie de l'Égypte et de la jouvence de Pharaon, cet homme fils du dieu, Horus sur terre, rénové, chaque année, par la miraculeuse réapparition du flot.

Toute la machinerie de cette usine divine, préparée par l'aspect géographique des lieux et animée par les prêtres ritualistes, avait été fort bien comprise par l'empereur Hadrien. Dans les vestiges de la porte d'Hadrien, à l'ouest du Grand Temple, non loin des chambres souterraines osiriennes, subsiste encore un des plus précieux textes de l'ensemble de Philae, rappelant toute la signification de l'île. Il était interdit, dans la partie occidentale du site, de parler haut, de chanter, de faire du bruit et même de jouer de la musique. C'était la zone du silence succédant au deuil extériorisé. Il ne fallait pas

Barque processionnelle d'Isis, portée par les prêtres.

Deuxième cour du temple : la colonnade de la bibliothèque et la tour orientale du second pylône de Philae.

davantage y chasser ni même pêcher. En revanche, à l'est de l'île, c'était l'éclatement de la joie, du bonheur, de l'exaltation. Les servants de la déesse y exécutaient des danses et des jeux : la musique des hautbois, des harpes et des luths exprimait l'espoir et la satisfaction du monde à l'arrivée de l'an nouveau.

De fait, le grand kiosque d'Hadrien ou de Trajan, édifié pour y recevoir une des barques de la déesse, revenant mystiquement de son voyage, jouxtait presque la charmante chapelle d'Hathor, ornée d'un *pronaos* périptère aux chapiteaux hathoriques, dans laquelle devaient passer chanteuses et chorégraphes de la déesse lorsqu'elles se rendaient sur l'esplanade donnant sur le Nil. Elles venaient accueillir la Lointaine, arrivant pour se réconcilier avec son père, le Créateur de toutes choses. A l'intérieur de la petite chapelle, subsistaient les allusions au mythe, les suppliques de Pharaon afin d'obtenir la réapparition de la déesse en son temps, et toute les figurations des musiciens, joueurs de luth, de harpe ou de double hautbois, destinés à attirer la présence de la Lointaine en ces lieux.

Plus tard, l'île fut occupée par les conquérants romains. Sur les murs, des graffiti en langue grecque, tracés par les scribes locaux, constituent les ex-voto commandés par les occupants ou des pèlerins égyptiens. On peut y lire la preuve du crédit qu'ils prêtaient à la Grande Déesse, en passe de devenir universelle. Voici le texte d'un des dix épigrammes retrouvés :

> *Dans l'île qui se trouve à la limite de l'Égypte et qui, charmante et vénérable, appartient à Isis,en deçà de l'Éthiopie (Nubie), nous voici arrivés.*
>
> *Nous voyons sur le Nil des vaisseaux rapides qui, de la terre d'Éthiopie, apportent de quoi fonder des temples dans notre pays, fertile en grains, digne d'être visité et que tous les mortels révèrent.*

J'avais consigné pour Gaston Papeloux tout le commentaire de cette visite, soulignant l'aspect des lieux, lorsque pour la troisième fois nous avions eu à collaborer à l'organisation d'un « Son et Lumière », après les pyramides et Karnak : celui de Philae. Je transmis les notes à celui qui en reçut la charge, après le subit décès de Papeloux. Ce fond archéologique inspira, en partie, André Castelot pour animer le spectacle, réalisé avec les éclairages dus à Pierre Arnaud.

Le démontage des monuments et leur remontage

Le dégagement complet du temple une fois achevé, des équipes se mirent à nettoyer toutes les surfaces du grès pour chasser les dépôts et les algues incrustés depuis des décennies. Puis la firme italienne Condotte Mazzi vint s'installer. Une immense aire de stockage en plein air fut aménagée sur la rive de l'ancien port de Shellal, en vue de recevoir plus de quarante mille blocs de ce prodigieux ensemble architectural, dont le premier élément fut extrait le 9 septembre 1975. De vastes bureaux climatisés furent d'abord occupés par des architectes italiens des Monuments historiques, venus étudier la construction des édifices. Ils dessinèrent leurs murs bloc par bloc, chacun minutieusement mesuré puis numéroté. Parallèlement, nos équipes de photogrammètres enregistraient méticuleusement toutes les surfaces et, de ce fait, prenaient toutes les dispositions pour constituer les dernières archives de sécurité de la Nubie.

Les missions de contrôle se faisaient très régulièrement et les problèmes à résoudre ne manquaient pas. Autour du grand temple, là où une ville copte en briques de terre crue s'était établie jusqu'à la fin du XIXe siècle, tous les vestiges relevés par les architectes de Maspero avant la construction du premier barrage avaient disparu, car les briques des masures avaient bien vite été diluées dans l'eau. On put alors dégager de nombreux blocs de pierre, réutilisés comme seuils des maisons, dont on arrivait, par étapes, à reconstituer l'emplacement initial (2 200 blocs). C'étaient, pour la plupart, d'énormes panneaux – sculptés d'imposantes images divines –, provenant du mur d'enceinte du Grand Temple. Soigneusement numérotés, photographiés et catalogués, ils rejoignaient l'aire de stockage sur le sable fin. Au pied de la porte d'Hadrien, des blocs effondrés mais assez bien conservés, car jadis tombés dans les boues, permirent aussi de reconstituer la terrasse de cet édifice dominant le Nil et l'embarcadère de la déesse. A ce stade, les travaux nécessitaient un égyptologue permanent sur le terrain, pour étudier ces témoins nouvellement retrouvés et les remettre éventuellement en place le moment venu. On se trouvait en présence d'un véritable puzzle, entre les pierres réutilisées par les Coptes et arrachées aux temples (dans lesquels on repéra, entre autres, des éléments de la chapelle disparue vouée à Mandoulis) et des pans de murs effondrés dans l'eau au cours des années de submersion. Un des principaux artisans de cette tâche appartenait à l'équipe italienne de Sergio Donadoni : le futur professeur Roccati.

D'immenses grues avaient surgi au centre de l'île. Des péniches entouraient la double ceinture de fer. Un va-et-vient permanent reliait ainsi le chantier et les installations du rivage où les photographies des blocs et les soins donnés à certains d'entre eux cédaient le pas à l'étude archéologique. Pour éviter d'écailler ces blocs, leur saisie s'effectuait au moyen de larges sangles à la solidité éprouvée.

Lors des opérations du Grand Temple, les dernières assises livrèrent alors des pierres, dont on découvrit les inscriptions primitives et retournées à l'intérieur des murs au moment de leur réutilisation. Il s'agissait d'un sanctuaire érigé précédemment dans l'île, du temps de Psammétique II ; d'autres éléments, au nom d'Amasis, et même encore des bases de colonnes, demeuraient dans les sous-sols. Le niveau du dallage du Grand Temple atteint – je me trouvais heureusement sur les lieux, au cours d'un comité –, j'observais avec un intérêt très motivé le démontage du pavement. Cela devait me donner réponse à une question posée à l'époque où j'étudiais les monuments de Nubie. J'avais toujours été surprise de voir qu'au regard de tant de virtuosité pour jointoyer les pierres de construction, tant d'irrégularités avaient présidé à la composition des sols. J'en avais déduit une hypothèse de travail suivant laquelle ces derniers avaient été intentionnellement conçus pour évoquer, en réel ancêtre de l'*opus incertum*, les craquelures d'une terre assoiffée dans l'attente d'être revivifiée (le temple égyptien, c'est bien connu, évoque, entre autres choses, l'image générale du monde, de la terre au ciel en passant par le milieu végétal dans lequel vivent l'homme et l'animal). Le sol du temple de Philae était très évidemment irrégulier, mais les diverses couches d'assises superposées, soutenant ce pavement, *elles*, étaient bien faites de blocs si *réguliers* et jointoyés que la démonstration venait de m'être donnée et mon hypothèse confirmée. Depuis, cette conclusion m'a été largement « empruntée ».

Vint le moment où le sol fut complètement libéré, fouillé jusqu'à son niveau primitif. Alors les ingénieurs firent sectionner, sous le niveau de la cour, le grand rocher régularisé, utilisé comme une stèle, au pied du second pylône, pour l'insérer dans le nouveau site. Sur cette île d'Aguilkya, la nouvelle

Prélèvement des boues, déposées par chaque inondation, depuis le début du siècle.

Dans l'entrepôt des blocs retrouvés : remontage de parois disparues et enfouies dans les boues alluvionnaires.

Philae, on pouvait voir de longs rubans clairs de ciment marquant l'emplacement des différents édifices dont ils attendaient le remontage. Les uns après les autres, les milliers de blocs qui étaient alors disposés régulièrement sur l'aire de stockage, et suivant l'ordre de la numérotation, furent remis à leur place primitive, sur les nouvelles bases dans l'île d'Aguilkya; la pose de la première pierre remonte au 29 mars 1977. Les grues fonctionnaient sans arrêt, mais c'est avec des vérins que les éléments des corniches entourant la grande ouverture centrale, au plafond de l'hypostyle, furent surélevés jusqu'à leur lieu d'ancrage.

A chaque nouvelle visite du Comité, de nouveaux problèmes, surgis au cours des travaux, nous étaient soumis. Telle paroi de mur, masquée par une construction postérieure, devait-elle être rendue visible car elle portait un décor significatif? Ou devait-on respecter la transformation plus récente et conserver l'antique témoignage pour l'exposer indépendamment? Tel pan de mur s'étant effondré, mais sans aucun décor, comme cela se présentait pour la colonnade de l'ouest, devait-il être restauré d'une façon cependant visible ou devait-on laisser l'ouverture béante? Allait-on rajouter les marches manquantes du nilomètre ou compléter l'embarcadère, par le rappel moderne des deux autres petits obélisques disparus? Il fallait aussi reconstituer le jardin de la déesse, solution bien ingrate à trouver sur un sol entièrement granitique. Je m'y employai dans la mesure du possible.

Le cas de l'embarcadère nous retint quelque peu. Il était bien évident qu'en suivant mon interprétation du rôle joué par l'île, on devait, avant tout, maintenir l'accès à son *téménos* par le sud, là où l'embarcadère antique avait été aménagé. L'île de Philae n'était *plus* en Égypte, mais à la frontière septentrionale de la Nubie. Cela pouvait être aussi bien rappelé par la disposition de toutes les constructions, par l'orientation de la forme de l'oiselle, tournée vers l'arrivée du Nil et, surtout, par la direction même des pylônes du temple, opposés à l'Égypte métropolitaine, pour faire face au retour annuel de la Déesse lointaine, revenant au pays avec la première vague de l'inondation.

Ce fut une longue bataille où l'on finit par admettre provisoirement l'installation de pontons, jusqu'à ce qu'une solution puisse satisfaire les derniers opposants. De toute évidence, un escalier monumental tardif avait marqué l'accès vers la porte de Dioclétien, mais c'était l'arrivée des Romains, venant de l'Égypte et abordant l'île par le côté le plus immédiatement accessible. Philae demeurait bien, aux confins de la Nubie, l'aboutissement du voyage, son nom de Philae, grécisé, provenait peut-être des diverses transformations du terme égyptien *pa rek*, l'extrémité, alors que Biggeh était la *iou ouâb*, l'*Abaton*, l'île sainte où résidait la dépouille de l'Osiris inerte (territoire où il était interdit de pénétrer).

Un des aspects les plus saisissants du site de Philae en voie de reconstitution se présenta à la période où le Grand Temple était déjà muni de ses pylônes réédifiés, libérés de leurs échafaudages, alors que la grande colonnade n'avait pas encore été remontée. Pendant ce laps de temps unique, on peut voir la totalité de la façade, dont la tour orientale n'était pas encore en partie masquée par les bâtiments construits en avant et appartenant à cette élégante double colonnade d'influence grecque, substituée à l'antique *dromos* de sphinx, purement égyptien.

Pendant que l'on réédifiait, sur Aguilkya, les monuments propres à faire revivre tout le cycle de la déesse et la résurrection du dieu mort, les fouilles sous-marines avaient commencé avec les plongeurs militaires. Mais, dans le bassin, la vision était devenue impraticable, à quelques mètres en profondeur; les boues centenaires, remuées, rendaient les eaux complètement opaques. Les lunettes de plongeurs et les suçoirs animés par des groupes électrogènes pour aspirer ces alluvions ne pouvaient rien y faire. C'est véritablement en aveugles, montrant une ténacité et une habileté extraordinaires, que ces fouilleurs subaquatiques accrochèrent à des sangles les nombreux blocs décelés pour les remonter à la surface. Ce travail fut ainsi effectué d'une façon remarquable par trente-neuf plongeurs de la marine anglaise et vingt autres, appartenant à la marine égyptienne. Les investigations, hors de la ceinture protectrice de palplanches, au nord de l'île, permirent la reconstitution de la plus élégante architecture romaine, à laquelle un majestueux escalier à grandes volées donnait accès.

La guerre du Kippour

Les réunions de notre comité de contrôle ne se déroulèrent pas toujours dans des conditions très faciles, mais l'épisode le plus marquant fut certainement un soir en revenant d'Aguil-

1. Fondations des monuments déménagés sur l'île d'Aguilkya.
2. Le rocher régularisé en stèle et extrait de sa racine granitique a été transporté sur Aguilkya.
3. Tour orientale du second pylône en voie de réédification ; elle a été reconstruite sur l'immense rocher-stèle déménagé.

Façade du premier pylône,
encore démunie de sa double colonnade.

Le Grand Temple d'Isis, entièrement reconstruit, vu du débarcadère.

kya : nous trouvâmes l'hôtel New Cataract, où nous étions tous descendus, dans l'obscurité la plus totale : l'éclairage était complètement supprimé. Ce qui fut, par la suite, appelé la « guerre du Kippour » était déclenché. Toute circulation dans le pays était interdite et nous étions retenus sur les lieux mêmes avant de recevoir plus amples informations. Le retour vers Le Caire se fit sur l'unique voie ferrée où le train fut périodiquement arrêté pour répondre aux exigences d'une défense passive strictement appliquée.

Au Caire, on parlait d'évacuation (encore une !). On ne savait pas si le conflit allait persister. Les nouvelles locales étaient, comme de juste, contradictoires, mais semblaient, en majorité, véhiculer un immense espoir : l'Égypte voulait montrer qu'elle savait se battre, afin de pouvoir aspirer à la paix. L'avance des troupes égyptiennes fut rapidement confirmée. Pour cette fois, Français et Anglais, au moins, n'étaient plus considérés comme des ennemis, bien au contraire. Les membres du comité devaient, de toute façon, être évacués ; le départ en train vers Alexandrie fut quelque peu chaotique. Arrivés au port, deux de nos confrères purent prendre un cargo qui voguait sous pavillon de la RFA. En ce qui concernait les autres, ils furent évacués avec certains ressortissants français du Caire, désireux de quitter au plus vite le pays : ils le croyaient à nouveau menacé !

Naturellement je devais aussi rentrer au plus vite à Paris. Pour nous prendre à son bord, un navire français rejoignit le quai d'Alexandrie deux jours plus tard. Il s'agissait d'un bateau de tourisme faisant normalement la liaison entre Marseille et Tunis. Son nom était tout un programme : il s'appelait *L'Espoir* !

Au cours de ce voyage où je me trouvais en compagnie de plusieurs membres de notre commission, j'appris d'abord, par un câble, le décès de mon conservateur en chef, Jacques Vandier, à demi paralysé depuis des années, que j'avais longtemps suppléé. Ce fut ensuite l'occasion de m'entretenir avec Eiddon Edwards, devant la paisible surface des eaux de la Méditerranée orientale, incitant à une réflexion certaine. J'eus la grande satisfaction d'entendre ce vieil ami et néanmoins adversaire obstiné sur le plan de nos relations avec l'Égypte, ce même Eiddon Edwards – je l'avais fait nommer dans le Comité de Philae –, me dire qu' « en définitive, j'avais eu raison au sujet de toute l'aventure nubienne... ».

L'Espoir était cependant un peu transformé en bateau d'émigrés. Les uns, préférant le pont, restaient assis toute la journée sur leur valise, les autres s'entassaient dans les salons de taille réduite et, la nuit, les cabines étaient souvent devenues des lieux de campement, des sortes de dortoirs exigus. Le pire fut, pour moi, ces jeunes anciennes étudiantes, qui étaient devenues conférencières au Club Méditerranée du Caire. Elles n'avaient pas oublié d'emmener dans un panier un énorme matou, sentant le musc, aux miaulements rageurs et permanents, et ses odeurs infestaient la cabine que je leur avais proposé de partager avec moi. Je les laissai à leur encombrant pensionnaire et passai très agréablement les deux dernières nuits du voyage, enroulée dans une couverture, sur le pont à l'avant du bateau.

Les portions de nourriture étaient maigres car le navire, choisi pour être dérouté vers l'Égypte, dès son arrivée à Bizerte, avait pris seulement le temps de faire le plein en carburant... dans toute l'acception du terme. Il avait, en effet, chargé un vin d'une chaleur propre à réjouir nos cœurs, mais à bord il ne restait guère plus que d'interminables rations de fayots, distribuées à tous ces innombrables passagers pris en surcharge. A la hauteur de la Crète, nous fûmes survolés par une véritable flottille aérienne américaine, qui se dirigeait vers Israël. Puis la Méditerranée redevint calme, mais froide, jusqu'à Marseille.

Les combats ayant cessé, l'Égypte tout entière avait voulu montrer que ses fils, cette fois sans aucune trahison, ni utilisation d'un matériel déficient, avaient enfin été capables de démontrer leurs possibilités d'organisation et leur bravoure : elle aspirait à la paix et au règlement d'un différend vécu pendant de trop longues années. En attendant ces moments tant désirés, le ministre de la Culture, à cette époque Mansour Mahmoud Hassan, préparait avec ferveur l'inauguration de Philae dans son nouveau site, prévue le 10 mars 1980.

L'inauguration sur Aguilkya

La présidence de l'Organisation des Antiquités, dont le poste avait longtemps été occupé par le docteur Gamal Mokhtar, était maintenant passée sous l'autorité du docteur Chehata Adam. Ce dernier avait désiré une cérémonie spectaculaire et avait demandé à des musiciens égyptiens de composer une symphonie dédiée à Isis, pour être jouée par l'Orchestre symphonique du Caire sur les lieux mêmes.

René Maheu, décédé, était remplacé par le nouveau directeur général de l'Unesco, Amadou Mahtar M'Bow. Saroïte Okacha n'était plus à la tête du ministère de la Culture. Au *Reïs* Gamal Abdel Nasser avait succédé le président Anouar el-Sadate. Jan Van der Haagen, Giorgio Rosi, Piero Gazzola qui, à l'Unesco, s'étaient avec tant d'ardeur penchés sur le problème des monuments avaient disparu; Jean Thomas était à la retraite, mais José de Beredo Carneiro, délégué du Brésil, président du Conseil exécutif, était encore présent. William Hayes, le grand délégué américain, et le Britannique Walter Emery étaient passés dans le monde d'Osiris. Cependant, Sergio Donadoni, Louis Christophe et moi-même étions encore de pied ferme sur le sol de Philae. Les invités avaient été convoqués très tôt ce matin-là et les bateaux nous avaient amenés à Philae à la pointe de l'aube.

Les représentants des pays ayant accepté d'assumer le sauvetage de Philae étaient tous arrivés. Pour la France, délégués et ambassadeurs avaient changé. Ce n'étaient plus le ministre Yvon Bourges ni l'ambassadeur Jacques Roux. Diplomates et gouvernements présentaient de nouveaux visages. Le président Giscard d'Estaing avait délégué son ministre des Universités Alice Saunier-Séïté. Notre ambassadeur à l'époque était Jacques Andréani – il est maintenant en poste à Washington.

L'orchestre avait été placé à l'ombre de la grande colonnade occidentale. Il y faisait très froid : ce fut au détriment des instruments à cordes! De surcroît, dans cette zone vouée par l'antique rituel au silence et au deuil, on allait entendre des accents d'allégresse pour sanctionner la belle victoire de la technique sur l'anéantissement d'une relique du passé! La géographie symbolique n'était pas tout à fait respectée. Cependant, l'attente se poursuivait, car la cérémonie devait être présidée par Mme Sadate, retardée pour une raison inconnue. Enfin, la « première dame d'Égypte », comme Chehata Adam se plut à le déclarer en prononçant le discours d'inauguration, fut annoncée vers les 11 heures du matin...

La cérémonie commença aux accents attendus d'une symphonie triomphale. Les discours succédèrent aux discours, mais le public, transi, attendait que les rayons du soleil, jusqu'à présent masqués par les murs des sanctuaires réédifiés, puissent le réchauffer et lui permettre de participer à l'allégresse du moment.

Le kiosque de Trajan dans son nouveau cadre fleuri.

Jour de l'inauguration : le Pr Louis Christophe et le Pr Sergio Donadoni en conversation avec une assistante du bureau de la Nubie.

Le Grand Temple d'Isis entièrement recomposé sur l'île d'Aguilkya.

Première terrasse dominant le sanctuaire : *à droite*, le petit escalier occidental descendant à la chapelle osirienne.

Accès antique à l'île de Philae orientée vers le sud : le quai surélevé était opérationnel au moment de la crue annuelle.

Matin de l'inauguration : concert et discours entre la double colonnade. Le président du Conseil exécutif de l'Unesco, José de Beredo Carneïro et Mme Sadate, pendant le discours du Président des antiquités.

Elle ne fut pas complète pour un petit nombre d'entre nous. Le souvenir vibrant de René Maheu était présent en nos mémoires en ce jour très spécial. Il y avait encore un grand absent, Saroïte Okacha : on l'avait délibérément écarté.

C'est le seul regret que m'inspira le souvenir exaltant de toute la Grande Nubiade. Les luttes furent souvent déconcertantes, très âpres, parfois cruelles : j'avais accepté dès l'abord ces obstacles, dont le souvenir s'était estompé devant la présence retrouvée et quasi miraculeuse des sanctuaires dans une nouvelle Nubie, perpétuant une région qui ne devait pas complètement disparaître. Mais je ne pouvais pas oublier l'action de Maheu ni celle de Saroïte Okacha : l'œuvre magistrale du premier ne pouvait qu'être rappelée ; elle le fut très... discrètement. Mais on aurait dû entourer le second de tous les hommages - cet acteur du « trio » initial sans lequel rien, vraiment, n'aurait pu être projeté en Égypte pour organiser cette sauvegarde ni la réaliser, surtout, avec une telle efficacité.

Philae, fond du *mammisi* : Isis nourrissant Horus l'Enfant.
(dessin Guy Lecuyot)

20

Les voyages de Ramsès

L'exposition « Ramsès le Grand » à Paris

Tout commença, au cours de l'année 1975, par un coup de téléphone de la rue de Valois à mon bureau, au Louvre, par lequel notre ministre de la Culture Michel Guy, à la suite d'une rencontre avec son homologue égyptien, me convoquait d'urgence. « Je reviens du Caire, me dit-il, où j'ai envisagé avec mon collègue Youssef el-Sebaï le projet d'une nouvelle exposition égyptienne à Paris. Vous avez réalisé la " sortie de Toutânkhamon hors d'Égypte " pour la plus grande satisfaction de tous; j'aimerais que vous puissiez, maintenant, organiser une exposition Aménophis IV. »

J'étais naturellement bien loin d'être d'accord. Les temps de Toutânkhamon jouxtaient ceux de son frère aîné, Aménophis IV-Akhénaton. Dans la première salle de l'exposition servant d'introduction à la courte vie du jeune roi, j'avais présenté, même résumé, le contexte amarnien, plus précisément les temps d'Akhénaton. De plus, si le musée du Caire brille par la magnificence des trésors de Toutânkhamon, il n'en est pas de même pour ceux du roi « hérétique », dont on ne possède rien du mobilier funéraire. Enfin, les chefs-d'œuvre de son époque sont dispersés dans les divers musées égyptologiques et l'exposition projetée par les ministres, dont les bénéfices seraient affectés à la restauration de la tombe de Nofrétari, devait seulement concerner des objets provenant du musée du Caire. Le sujet n'aurait donc pas été assez renouvelé ni « étoffé ».

Je fis valoir mes objections à Michel Guy, si attentif aux arguments logiques qu'on pouvait lui présenter. Il n'insista pas et, d'emblée, comprit mon embarras. « Soit, dit-il, j'accepte vos raisons, mais proposez-moi un autre sujet. » Il ne me fallait pas hésiter. Je passai rapidement en mémoire les collections du musée du Caire et lui répondis : « Ramsès II. » Il accepta, assuré de recevoir l'accord du Caire, et je rentrai à mon bureau sous le poids d'une responsabilité dont j'envisageai l'ampleur exacte. Je me souvenais des difficultés de tous ordres rencontrées lors de la préparation de l'exposition consacrée à Toutânkhamon et aplanies, en grande partie, grâce à l'inappréciable soutien du ministre Saroïte Okacha : or il n'était plus au pouvoir.

En fait, le projet allait encore bénéficier, au début, du total appui au Caire du ministre Youssef el-Sebaï (malheureusement assassiné, peu après, au cours d'un déplacement en Grèce). De surcroît, l'amicale collaboration du président de l'Organisation des Antiquités de l'Égypte, le docteur Gamal Mokhtar, nous était assurée : il était aussi intelligemment secondé par le directeur du musée du Caire, à l'époque le docteur Henri Riad... Restaient seulement les inévitables contacts avec l'administration à la « routine » millénaire.

Comme pour Toutânkhamon, les antiquités « légères », après avoir été restaurées sur place par les spécialistes des ateliers du Louvre (Gaucherot et son assistante), furent savamment emballées et transportées par avion-cargo. Les gros monuments, tel le faucon d'Houroun protégeant l'enfant-roi, traversèrent la Méditerranée par bateau. Les galeries d'exposition des Musées nationaux, au Grand-Palais, à cette époque achevées, purent recevoir ce nouvel envoi égyptien, pour lequel il n'était plus nécessaire, comme dans le cas de Toutânkhamon, de demander l'aimable asile du Petit-Palais.

L'exposition, inaugurée par le président Giscard d'Estaing à la fin du printemps en mai 1976 connut à Paris, tout l'été, une chaleur analogue à celle de l'Égypte pendant la canicule. Les salles du Grand-Palais sobrement climatisées constituèrent un refuge idéal pour les antiquités, maintenues dans une température toujours égale, et assurèrent par la même occasion le confort des visiteurs.

Un règne aussi long que celui de Ramsès II (soixante-sept ans), durant une des plus glorieuses périodes connues de son pays, a laissé sur la terre d'Égypte de nombreux témoignages comblant, heureusement, le vide résultant de l'absence du mobilier funéraire, pillé au moment des grands saccages des

Exposition « Ramsès le Grand », à Paris : mise en place des monuments. Le grand faucon d'Horus-Houroun protégeant Ramsès enfant : rébus monumental.

Le président Valéry Giscard d'Estaing venant inaugurer l'exposition.

Sarcophages momiformes de contemporains de Ramsès, en « costume des vivants ».

nécropoles royales de la rive gauche. Il était relativement aisé d'évoquer – depuis les origines de la nouvelle dynastie – les gloires du règne, la pensée religieuse, les contemporains, la vie privée de la famille royale, et même la vie des artisans chargés de la nécropole. Thèbes la Magnifique, circonscrite entre Louxor et Karnak, était, il est vrai, recouverte par les agglomérations modernes. Cependant, l'immense photographie, relevée par l'IGN et épousant une partie du mur de la première rotonde des salles d'exposition, permettait d'en mesurer l'étendue. Le sol avait reçu la reconstitution d'un jardin du Seigneur, toujours orné d'un bassin central, bordé de papyrus, de lotus, de bleuets, de pavots et de mandragores. Afin d'évoquer l'ambiance de cette nature si poétique, j'avais fait diffuser des chants d'oiseaux, enregistrés près des mimosas en fleur du Ramesseum. L'effet devait être réussi puisque, quelques jours après l'inauguration, je reçus une lettre d'un membre de la Société protectrice des animaux me reprochant de maintenir ainsi, des jours durant, des oiseaux prisonniers sous le velum de la rotonde et... de les forcer à chanter sans discontinuer!

Le vrai problème, pour moi, fut celui de l'Exode. En choisissant le règne de Ramsès, j'allais à coup sûr être obligée de prendre parti à propos d'un événement dont l'existence, pour les égyptologues, était loin d'être avérée; et, si le phénomène même était envisagé, encore fallait-il savoir sous quel règne le placer. En effet, aucune allusion à cet épisode n'est mentionnée dans les textes égyptiens, et le texte de la Bible ne cite même pas le nom du pharaon contemporain de Moïse.

Cependant, il me paraissait peu scientifique – encore moins éducatif –, d'esquiver le problème puisque, si on en accepte l'éventualité – même très aménagée –, la période de Ramsès II paraît être celle où le plus d'arguments en faveur de certains détails donnés par la Bible existent : le nom et le personnage de Moïse, la pensée religieuse et les essais d'universalisme du roi, les nombreuses colonies sémites installées en Égypte et certains de leurs ressortissants occupant de hauts postes à la Cour, les ouvriers – mais non point esclaves – travaillant fraternellement avec les *fellahin* de l'époque à charrier les pierres et à fabriquer des briques pour Pharaon, les princesses s'occupant de l'éducation des fils de chefs étrangers, etc. En conclusion, ma démonstration arrivait à souligner une collaboration entre Sémites et riverains du Nil, à cette époque, et aboutissait à des conclusions analogues à celles du docteur Rottenberg, archéologue israélien fouillant les mines de Timna, au nord d'Eilat : sous Séthi Ier et Ramsès II, régnait entre ces peuples une entente pacifique. Il faudra – au bénéfice de tous et de l'Histoire – réformer, ou réviser, nos connaissances.

En 1983, Jean Drapeau, le maire bien connu de Montréal, me demanda d'organiser de nouveau cette exposition dans sa ville. Le gouvernement égyptien accepta le projet, qui fut inauguré par Mme J. Sauvé, Gouverneur du Canada, et le ministre égyptien de la culture M. Radouan, accompagné par le président de l'Organisation des Antiquités, Ahmed Kadri. Ramsès connut au Québec un succès éclatant et fut ensuite accueilli à Vancouver. Ensuite, parti de la côte du Pacifique, il fit encore le tour de huit villes américaines pour finir en gloire à Memphis... Tennessee !

La momie de Ramsès

Un seul sujet d'inquiétude, pendant le temps où je me penchais sur les reliques de Ramsès, concernait sa momie. En effet, les dépouilles royales, encore exposées à cette époque au premier étage du musée du Caire, étaient livrées à la curiosité d'un public venant les contempler sans parfois beaucoup de respect, et après être passé par un tourniquet payant. Les différentes manipulations auxquelles elles avaient été malheureusement soumises pendant des années n'avaient pas aidé à leur état de conservation. Comme on le sait, maltraitées par les premiers violateurs des tombes dans l'Antiquité, puis réunies dans le caveau d'une reine par des prêtres désireux de les soustraire une fois de plus au pillage, les momies avaient été exhumées de cette cachette, du temps de Maspero, puis transportées au Caire et véhiculées de réserves en mausolées empruntés (celui préparé pour Saâd Zagloul), pour aboutir sous une verrière qui ne les prémunissait ni de la chaleur ni de l'humidité ambiantes, surtout pendant la période de l'inondation. Divers spécialistes d'outre-Manche ou d'outre-Atlantique avaient obtenu la permission de les radiographier. Les coffrages de verre, déplacés puis remis, n'assuraient plus une étanchéité totale et, de ce fait, ne contribuaient plus à leur préservation.

Depuis un certain temps, lorsqu'on pénétrait dans la salle des momies, au musée du Caire, une odeur un peu âcre prenait légèrement à la gorge. Pour qui est accoutumé aux caveaux funéraires de l'Égypte ancienne où le parfum des embaumeurs a subsisté, il y avait là sujet à s'inquiéter. On pouvait craindre les attaques sournoises d'un quelconque agent de désagrégation sur ces illustres reliques.

Je profitai de la préparation de l'exposition qui me retenait au Caire pour m'en entretenir avec le docteur Gamal Mokhtar et quelques autorités médicales égyptiennes fort compétentes.

A Paris, j'alertai le doyen Lionel Balout, à l'époque administrateur du musée de l'Homme (dépendant du Muséum d'histoire naturelle), dont les laboratoires réunissaient une quantité aussi variée qu'hétéroclite de vestiges humains, des momies péruviennes et égyptiennes jusqu'à la surprenante tête de Danton.

La réponse fut immédiatement positive, mais il me fallait les moyens matériels. De quel organisme obtenir les fonds, en cours d'année budgétaire, et d'urgence, afin de subventionner une mission au Caire, composée de Lionel Balout et de deux collaborateurs spécialisés dans la préservation des momies, Mlle Cousier et M. Richir? S'il est très fréquent d'être submergé par les parasites de la victoire, il en est tout autrement lorsqu'il s'agit d'appuyer une entreprise désintéressée : c'est alors la foule des indifférents, des timorés, des jaloux. Aucun bureau officiel ne s'avéra en mesure de m'écouter. Fort heureusement, à l'époque, la société Elf-Erap menait un programme de recherches offshore, au large d'Alexandrie, et venait d'y détecter des gisements de gaz. Le hasard voulait que le président d'Elf-Aquitaine en Égypte, Robert Souchet, ait été durant ses études universitaires un de mes étudiants en égyptologie; de surcroît, le président-directeur général d'Elf était Pierre Guillaumat, également membre du conseil d'administration de la Mission laïque, dont j'étais vice-présidente. L'occasion leur parut propice de faire subventionner une opération culturelle dans le pays où la société effectuait des forages : tel fut le début de l' « Opération Ramsès ».

Plusieurs réunions au Caire permirent au doyen Balout de mettre au point la stratégie de protection, sur place, de la momie. Analyses et recherches devaient donc être faites dans un milieu parfaitement stérile, dont était doté l'hôpital militaire de Maâdi. En dépit de la bonne volonté de son directeur, le docteur Afifi, premier gendre du président Sadate, et malgré son désir de le faire, il ne put donner asile à la momie de

Ramsès en raison de l'affluence des militaires, victimes, m'avait-on dit, de bombardements au napalm pendant la guerre avec Israël. L'hôpital était comble.

En conséquence, le docteur Afifi me conseilla de faire transporter la précieuse dépouille à Paris, où il était assuré de la savoir entourée de tous les soins. Je devais alors m'en entretenir avec le docteur Gamal Mokhtar. De prime abord, la chose ne lui paraissait pas réalisable : jamais, dans les sphères gouvernementales, on n'accepterait d'envisager un tel voyage pour une des plus grandes figures de proue de l'Histoire, dont les restes tangibles avaient été, en dépit de ses tribulations, miraculeusement conservés. « Nous ne pouvons pas expatrier, même provisoirement, un de nos illustres morts. Certains de nos religieux pourraient le réprouver. » Cependant, il comprenait fort bien, d'autre part, qu'une action était nécessaire pour arrêter un processus pouvant conduire à une dégradation prévisible du corps de Ramsès. « Vous n'y arriverez, me dit-il, que si vous obtenez l'accord des deux chefs d'État, l'Égyptien et le Français. »

J'avais compris; je devais reprendre mon bâton de pèlerin. Une fois de plus, ma conviction était formelle : s'il existait une possibilité, un égyptologue ne devait pas manquer l'occasion d'aider à protéger un aussi prestigieux témoin du passé. Au cas où l'on arriverait à détecter le mal dont les premiers symptômes attaquaient l'illustre dépouille, il serait alors envisageable de protéger toutes les autres momies royales par le même procédé.

Après avoir pressenti aussi bien le président Sadate que le président Giscard d'Estaing, j'obtins un résultat positif à concrétiser par un accord officiel entre les deux chefs d'État. Le docteur Gamal Mokhtar était libéré de ses inquiétudes, mais, de mon côté, j'allais une fois de plus m'engager dans une voie périlleuse.

Le 29 avril 1976, un appel téléphonique de l'Élysée m'informait que le président Giscard d'Estaing me recevrait le lendemain pour l' « affaire de la momie ». Je fus introduite dans le bureau du Président, au premier étage, et accueillie par l'éclatant aboiement d'un de ses labradors. « Tais-toi, Jugurtha! » furent les premiers mots que j'entendis, puis : « Je crains de vous décevoir, madame, me dit le Président, il ne faudrait pas que la momie de Ramsès figure à l'exposition. » Ma réplique fut : « Il n'en a jamais été question, monsieur le Président, en dépit d'une certaine propagande. Avant tout, il faut soigner cette momie. Au reste, comment pourrait-on la faire venir, l'étudier, la soigner et s'efforcer de la guérir, avant de la joindre à une exposition que vous devez inaugurer dans quelques jours ?

– En revanche, poursuivit le Président, j'accepte volontiers de vous aider à la faire soigner à Paris. Je dois m'engager auprès du président Sadate. J'aimerais que vous me fassiez un projet de texte à ce propos. Je dois le lui adresser et en publier le contenu dans la presse. Il en fera de même de son côté pour sa réponse. J'aimerais recevoir votre document après-demain. »

Ce 1er mai, j'ai travaillé pour Ramsès. Je n'avais pas oublié de mentionner dans les projets du texte l'avion militaire français prévu pour assurer les transports de l'aller et du retour : l'engagement des deux présidents, à propos de la momie de Ramsès, parut effectivement dans la presse des deux pays.

L'affaire était lancée. Au musée de l'Homme, Lionel Balout faisait préparer une salle spéciale pour recevoir Pharaon. Depuis déjà quelques semaines, ses collaborateurs techniques, auxquels s'était jointe Mme Sachs, spécialiste de la conservation des peaux et des cuirs, étaient repartis au Caire. Tout le matériel pour l'emballage spécial de la momie avait été expédié au musée égyptien.

Lorsque j'arrivai au Caire avec le Nord-Atlas de l'armée de l'air française, tout était prêt pour l'embarquement. La ville célébrait la fête du Baïram. La caisse contenant le Grand Roi, couverte d'une toile de jute, fut placée sur un camion semi-bâché, entouré d'une garde de soldats, commandés par le chef de la police du musée, le général Ramsès ! L'avenue reliant le Caire à Héliopolis, vers l'aérodrome, était aussi l'avenue Ramsès !

Notre ambassadeur, le comte Senard, attendait l'arrivée du convoi pour signer, au nom du gouvernement français, la prise en charge du héros de Kadesh. Un vent d'une violence extrême contraignit le représentant égyptien et notre ambassadeur à s'abriter dans la voiture de la délégation française. Les conditions atmosphériques risquaient de devenir parfaitement impropres au transport aérien d'un tel chargement ne devant, en aucun cas, être secoué. Pourtant, les événements allaient compter avec Ramsès, ce faiseur bien connu de miracles. Sitôt décollé, l'avion ne rencontra plus la tempête, mais une atmosphère très calme, qui me permit de faire survoler les pyramides par l'époux de la belle Nofrétari, satisfaction que l'on n'avait pu lui procurer durant son règne!

Les miracles continuèrent: le plan de vol se déroula très harmonieusement; l'avion fut même obligé de faire un arrêt d'une heure et demie à Istres, afin de ne pas atterrir au Bourget avant l'arrivée des autorités devant accueillir l'hôte célèbre : l'ambassadeur d'Égypte, naturellement, Son Excellence Hafez Ismaïl, le général commandant la maison militaire du président de la République française et Mme le secrétaire d'État aux Universités, Alice Saunier-Séïté.

La Présidence égyptienne avait fait demander la plus grande discrétion pour toute cette opération : ni journalistes ni télévision; il ne fallait en aucun cas froisser les convictions religieuses de son pays. En revanche, un détachement de la garde républicaine, sabre au clair, était là pour saluer ce chef d'État millénaire, venu « consulter » la Faculté à Paris.

Ainsi, la caisse, toujours couverte de sa toile de jute, reçut les honneurs militaires, après que Mme le secrétaire d'État aux Universités, dont dépend le musée de l'Homme, eut passé en revue la garde et prononcé un très vibrant discours d'accueil. Chargé sur une camionnette, entouré de motards et suivi des autorités, Ramsès s'engagea vers notre capitale. Je ne résistai pas à la satisfaction d'entraîner tout le cortège place de la Concorde, où je lui fis faire le tour de l'Obélisque, une de ces aiguilles de pierre que notre pharaon avait fait ériger devant le temple de Louxor: son très lointain successeur l'offrit à la France parce qu'un de ses fils, Champollion, avait rendu à l'Égypte trois mille ans de son histoire.

Ramsès au musée de l'Homme

Tout le programme des recherches effectuées sur la momie de Ramsès et du traitement appliqué sur cette dernière a été abondamment décrit et commenté dans un ouvrage subventionné par les Affaires étrangères et le CNRS français : *La Momie de Ramsès II, contribution scientifique à l'égyptologie*, Paris, 1976-1977. On y apprendra que, toujours dans la plus grande discrétion, plus d'une centaine de savants se penchèrent, tous bénévolement, sur l'étude, les recherches, les analyses faites sous la vigilance du représentant égyptien, chef des laboratoires du musée du Caire, car il ne fallait pas virtuellement toucher à la momie. Plusieurs médecins égyptiens vinrent collaborer aux recherches, sous l'autorité du doyen Balout. En dépit du barrage systématique qu'il avait été nécessaire d'opposer à tout visiteur indésirable, ce dernier rencontra quelques difficultés avec tel médecin, « momie-maniaque », ne pouvant se consoler que ses « bons offices », proposés à de multiples reprises, n'aient pu être pris en considération. Comme tout ce qui touche à la para-égyptologie, cela fut érigé en véritable « affaire », dont on a pu retrouver encore dernièrement l'écho déformé : non seulement le doyen Balout était couvert d'opprobre, mais je n'ai pas davantage été épargnée : j'avais osé évoquer les temps de l'Exode – à situer éventuellement sous le règne du Grand Roi – et refusé de placer l'événement à l'époque de son treizième fils Merenptah, autre dada du momie-maniaque. Durant toute cette période, j'ai été assaillie d'une multitude de demandes par lettres, par téléphone, de visites à mon bureau au Louvre, émanant du nombre incalculable d'illuminés qui surgissent, d'habitude, dès qu'il s'agit d'une actualité égyptologique. Si j'ai résisté à ces assauts répétés, c'est, je pense, en raison de toutes les mésaventures de cette sorte arrivées à mon vieux maître, le chanoine Drioton; il me les avait commentées avec un humour inégalable. Pourtant, je pensais avoir été « rodée » par tous les événements survenus durant l'aventure nubienne et les temps où je préparais l'exposition Toutânkhamon.

Régulièrement, je venais constater les progrès des recherches au musée de l'Homme et, parfois, j'allais voir certains résultats obtenus dans les laboratoires. Ainsi, il m'a été donné de contempler les clichés de la xérographie, exécutée par les soins du docteur Massard, où apparaissaient les vaisseaux sanguins royaux, et suivre, après quelque trois mille deux cents ans, les progrès de l'artériosclérose ayant gagné le système circulatoire de Pharaon. Lorsque le médecin égyptien, le docteur Ménialawy, vint examiner le thorax de Ramsès grâce à l'endoscopie, on put constater la présence du cœur du roi, réintroduit, très haut dans la poitrine, attaché par un anneau d'or (d'après la légende, l'organe aurait été subtilisé). Des feuilles de tabac antique finement hachées furent également repérées, adhérant encore au bitume dont les cloisons internes avaient été imprégnées.

Avec surprise, fut mise en évidence aussi, dans le nez du roi, la présence de grains de poivre, utilisés peut-être comme antiseptiques, mais ayant surtout servi à maintenir la forme du cartilage. Une des découvertes les plus intéressantes pour l'archéologue est, sans doute, celle des ingénieurs chimistes de l'Oréal, ayant détecté que la chevelure de Ramsès était, à l'origine, de couleur rousse : on comprend mieux alors pourquoi la forme divine de la « perturbation », Seth aux cheveux rouges, avait été, du temps de Ramsès, franchement réhabilitée.

Cependant, l'objectif essentiel du séjour de Ramsès était de déterminer la « maladie » dont il semblait souffrir. Le linge de lin, remontant à la Basse Époque et sur lequel on avait déposé la momie dans son cercueil moderne, avait été découpé en de multiples morceaux, tous soumis à des analyses différentes. C'est un chimiste égyptien, le docteur Moussaka, stagiaire au Muséum d'histoire naturelle, qui détecta un champignon, très rare en Égypte mais dont la prolifération est assez rapide : le *Daedalae biennis*.

L'agent de destruction une fois identifié, restait à trouver le remède. Il ne pouvait être question d'employer un liquide, pas davantage un gaz. On proposa alors l'irradiation aux rayons gamma B utilisée même dans des expériences sur des matériaux restant comestibles et des animaux de laboratoire; ces derniers en sortirent indemnes, y compris les femelles et la progéniture qu'elles attendaient. Tous les calculs préliminaires furent exécutés au Centre d'études nucléaires de Grenoble, et l'irradiation elle-même au Centre d'études nucléaires de Saclay. Des expériences avaient été engagées, parallèlement, au Centre d'études nucléaires de Grenoble, sur des momies égyptiennes du musée de l'Homme, pour s'assurer que leurs ongles et leurs cheveux résisteraient au traitement.

Puis il fallut préparer la momie, en vue de son irradiation, de son voyage de retour et de sa réinstallation au musée du Caire. L'irradiation serait effectuée, la momie une fois déposée dans la vitrine étanche, conçue pour son exposition ultérieure. Il était, de plus, nécessaire de prendre en considération son voyage de retour en avion militaire, pendant lequel elle devait être solidement calée dans sa vitrine pour ne pas être ébranlée, déplacée ou même brisée.

Les recherches menées dans les réserves du musée du Caire, avaient permis de retrouver la cuve du sarcophage ancien dans laquelle la momie avait été réenterrée par les prêtres, après le premier pillage. Elle fut expédiée au musée de l'Homme où elle fut consolidée, passée à l'étuve et traitée pour recevoir à nouveau le souverain, posé sur un matelas fait de petits copeaux tassés de cèdre (inaccessible aux attaques de la vermine), et dont la toile était constituée par un lin de l'antique Égypte. Ce matelas était posé à mi-hauteur dans la cuve, sur une plaque de Plexiglas; de la sorte, ces dispositions pourraient permettre aux futurs visiteurs de contempler le visage, les bras saillants et les pieds de Ramsès, à une distance respectueuse. Son attitude était, au reste, impressionnante car un des tendons des muscles retenant le bras gauche ayant cédé, peu après son arrivée au Caire, l'avant-bras et la main s'étaient dressés, au grand émoi des gardiens du musée du Caire. C'était reproduire, ainsi, le geste d'Osiris sur son lit funèbre au moment où, se réveillant de son sommeil léthargique, il semblait protéger ses yeux des rayons du soleil naissant.

Les tampons qui devaient maintenir parfaitement en place toutes les parties du corps étaient donc très nombreux. Ce dispositif, une fois arrivé au musée du Caire, devait être retiré et, pour ce faire, la vitrine devait être rouverte. Or, une fois irradiée, la momie était destinée à rester dans son milieu stérile. Il fallait donc entourer la vitrine d'une grande bulle, munie de chaque côté de six bras de travail, dans laquelle le sujet et sa vitrine seraient irradiés. Par l'extérieur, on pourrait déplacer le capot supérieur d'Altuglas, ôter les cales enveloppées de papier de soie et remettre en place, éventuellement, le suaire de lin très fin. Ce dernier provenait des collections égyptiennes du Louvre et datait de l'époque de Ramsès; trouvé à Deir el-Médineh, il me parut équitable, après accord de mon ministre, de le mettre à la disposition du roi. Enfin, la vitrine pourrait être refermée et toutes les cornières assurant son étanchéité placées, toujours à l'aide des bras de travail. Pour cette intervention si délicate, on avait déposé autour de la vitrine et dans la bulle de plastique tous les instruments nécessaires. La paroi de la bulle repliée sur la vitrine, le tout fut mis en caisse. Pendant cette période, on avait également travaillé dans l'atelier des tapissiers du Louvre. J'avais fait faire un grand drap funéraire pour Ramsès, en velours lapis-lazuli, doublé d'un lourd taffetas jaune d'or; à la tête et aux pieds apparaissaient les deux plantes héraldiques de l'Égypte, le papyrus et le lis, copiés sur les grands piliers de Karnak et brodés de fils d'or.

La veille de l'irradiation à Saclay, le président Giscard d'Estaing, accompagné d'Alice Saunier-Seïté devenue ministre des Universités, vint saluer Ramsès et remercier les équipes de

ʌusée de l'Homme à Paris :
ndoscopie de la momie de
amsès. *Au centre*, le
r Ménialawy, de la faculté
e médecine du Caire.

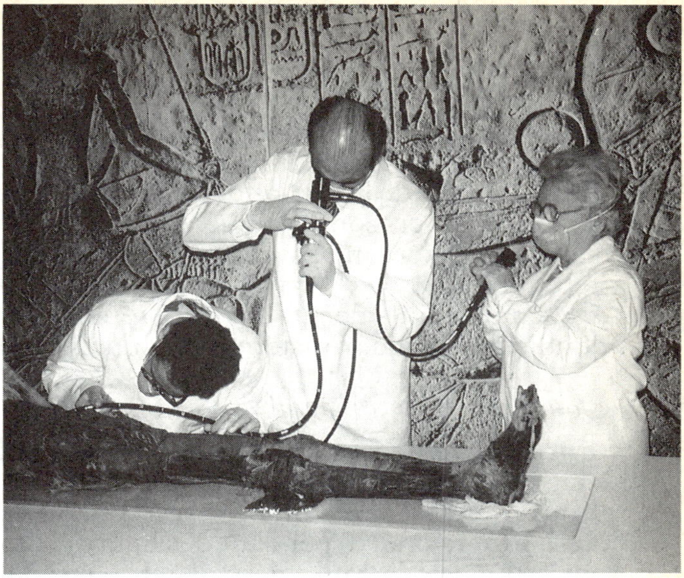

a momie prête à être
rradiée.

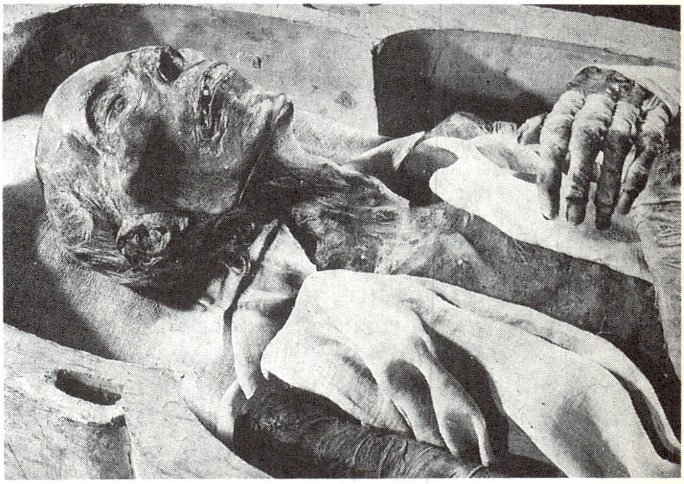

ʌérodrome militaire du
Bourget-Dugny : le
arcophage et la momie
rradiée à Saclay, dans la
aisse recouverte du drap
pharaonique, prêts à être
hargés dans l'avion
nilitaire, pour le retour au
Caire.

savants qui s'étaient tous bénévolement penchés sur les vicissitudes de son état *post mortem*.

Le lendemain de l'irradiation, la momie devait prendre le chemin du retour vers son royaume. A la base du Bourget-Dugny, ce fut le même cérémonial avec les mêmes autorités, dans la même discrétion que pour l'arrivée, mais sous une pluie diluvienne. Cependant, la toile de jute avait été remplacée par les armes du « double pays », qui résistèrent néanmoins aux intempéries.

Le retour à la terre natale

L'arrivée au Caire s'effectua à la nuit tombante et, le lendemain, au musée, la réapparition de Ramsès, dans sa sérénité retrouvée, se fit après que les responsables de toute l'opération se furent affairés pendant des heures autour d'un échafaudage soutenant la bulle de plastique. La manœuvre, à l'intérieur de cette bulle, fut accomplie sous le contrôle technique de M. de Tassigny, lequel avait déjà, antérieurement, mené au Centre d'études nucléaires de Grenoble les calculs d'irradiation. Il fallait, au moyen des bras de travail, ôter le capot de la vitrine, débarrasser la royale momie de ses cales de protection, et remettre le lourd couvercle transparent. Nous l'avons exécuté les uns et les autres, l'angoisse au cœur, craignant jusqu'au dernier geste un grave accident.

La vitrine une fois de plus fermée hermétiquement permit d'apercevoir le majestueux profil du souverain, dont le grand âge, pourrait-on dire, n'avait pas fait disparaître la similitude des traits qu'il présentait encore avec ses images de jeunesse figurant aux murs de son Grand Temple d'Abou Simbel.

La publication des travaux de toute cette aventure doit permettre aux autres momies d'être traitées de la même façon, mais celle de Ramsès attend encore d'être exposée dignement avec les autres pharaons. Plusieurs projets ont été proposés. En définitive, il s'agirait d'un cénotaphe, où les visages seraient à une distance respectueuse, visibles pour un public déférent. En attendant, Ramsès demeure isolé dans une galerie, recouvert de son drap désormais empoussiéré. L'Altuglas, qui avait été cintré pour que sa rotondité soit substituée aux collages inesthétiques des parois, présenta, quelque temps après son arrivée, de petites moirures (analogues à celles détectées sur les hublots des Caravelle). C'était l'effet de la précontrainte à laquelle l'Altuglas avait été soumis. Il y eut grand émoi parmi les gardiens qui se croyaient devenus eux-mêmes soumis à une irradiation mortelle. Le fait ne m'étonna pas. Lorsque Kodak exécuta la gammagraphie du masque d'or de Toutânkhamon, à Paris, pendant l'exposition, le personnel de surveillance de la salle du Petit-Palais, où le travail s'était fait, refusa pendant plusieurs jours de pénétrer dans le local de peur de devenir stérile !

Souhaitons que dans l'avenir le plus rapproché possible les autres momies royales égyptiennes soient dûment traitées, réunies à celle de Ramsès et conservées dans un environnement leur assurant l'éternelle dignité à laquelle elles ont droit.

[illegible] un [illegible] quoi [illegible]
[illegible]
[illegible]
[illegible]
[illegible]
d'ascenseur [illegible]
[illegible]
[illegible]
[illegible]

21

Deux missions très enrichissantes

Une incursion au Texas

L'organisation d'une exposition provoque parfois des imprévus charmants, vers lesquels on est conduit en vertu de cette prédestination attachée à toute action relative à l'Égypte ancienne. Ainsi, avais-je accepté avec enthousiasme que mon département préparât pour le musée de Metz un lot d'antiquités conservées au Louvre, afin de faire revivre l'existence journalière du petit peuple au moment où l'Égypte, sortie d'une pénible période d'invasion, achevait ses guerres de libération au XVIe siècle avant notre ère.

A l'époque de l'inauguration, j'étais en pourparlers avec mes collègues du Fine Arts Museum de Boston, Kelly Simpson, secondé par Edward Brovarski, en vue de mettre à leur disposition certains des objets de mon Département pour la fastueuse présentation projetée en vue d'évoquer l' « *Egypt Golden Age* ». Edward Brovarski fit le voyage de Boston à Metz pour juger, d'après cet exemple pourtant modeste, du parti à tirer de pareille réalisation. Au retour, ce fut alors au Louvre un échange de vues approfondi sur l'ensemble des antiquités qu'il conviendrait de rassembler et du style de leur exposition, pour cerner l'ampleur de cette civilisation au cours d'une des plus brillantes périodes de l'Égypte.

Une de mes idées les plus chères en matière de muséologie consistait à ne pas simplement présenter des objets pour le plaisir d'une contemplation esthétique ou d'informations ponctuelles, mais à se servir de ces mêmes témoins portant en eux leur message propre, pour illustrer un thème précis. Je crois en avoir fait la preuve en 1967 avec l'exposition « Toutânkhamon et son temps » et celle de Ramsès II en 1976.

Je n'omis naturellement pas de suggérer la reconstitution, dans ce panorama, de l'intérieur d'une maison seigneuriale, entourée de son jardin..., sans oublier la présence du chat familier, protecteur de la demeure, dont l'image figurait même, parfois, au-dessus des portes. J'avais jadis étudié la « maison civile égyptienne », mon premier mémoire d'archéologie !

Une cinquantaine d'objets prirent le chemin de Boston. Suivant un principe de sécurité, les départs échelonnés de ces trésors étaient, à chaque voyage, escortés par un membre du département. Le plus précieux était la coupe en or du général Thoutii, reçue des mains de Sa Majesté Thoutmosis III – dont il fut le fidèle guerrier dans ses conquêtes – et célèbre par sa prise de la ville de Jaffa (Joppé). Il avait investi la citadelle en y faisant pénétrer ses soldats cachés dans des jarres à huile, préfigurant ainsi l'épisode d'Ali Baba et de ses voleurs, et aussi du cheval de Troie. Ce dernier trésor arriva en avion la veille de l'inauguration, tenue par un de nos jeunes conservateurs trop heureux d'aborder, ainsi, les États-Unis pour la première fois.

Comme la plupart des expositions spectaculaires à notre époque, celle-ci voyagea dans plusieurs villes et même différents États des USA. Un jour elle aboutit à Houston, au Texas, où les organisateurs me demandèrent de venir donner des conférences à l'occasion de son vernissage. C'était mon tour de connaître d'autres cieux en apportant la « bonne parole » égyptologique. Fidèle à la généreuse tradition américaine, cette nouvelle réception fut brillante et pleine d'imprévus. Les frais étaient assumés par les sponsors locaux. Des amis de Kelly Simpson, les Vaugh, s'étaient chargés de ma personne et leurs multiples attentions me touchèrent infiniment. Héritier de richissimes propriétaires du pétrole texan, M. Vaugh était un mathématicien chevronné, vivant entouré de ses livres habités de millions de chiffres et de formules, pendant que son épouse, férue d'art moderne et pratiquant elle-même la figuration plastique abstraite, se plaisait dans son boudoir dont elle avait entièrement garni les murs de « draperies » de plâtre. Dans le sous-sol, le garage abritait entre autres voitures une majestueuse Rolls Royce.

J'avais envoyé au préalable une de mes assistantes, Diane Harlé, pour escorter les objets du Louvre de Boston à Houston. A son retour, elle m'avait dépeint l'atmosphère étouffante de cette ville en me recommandant de me munir de vêtements légers. J'eus le malheur de suivre le conseil à la lettre. Logée dans un des plus luxueux hôtels de Houston, je reçus le premier choc glacé, non seulement dans le hall, mais en pénétrant dans ma vaste chambre dont je recommandai immédiatement qu'on fermât le conditionnement de l'air. Puis, au vif scandale du valet d'étage, je fis ouvrir la grande baie pour recevoir la chaleur extérieure. Cela ne suffit pourtant pas. L'installation générale de climatisation de l'hôtel continuait à fonctionner. En définitive, enroulée dans le couvre-lit, trop léger, je passai une nuit frigorifiée, dont les conséquences me poursuivirent pendant presque tout mon voyage. Je songe avec une certaine ironie que j'ai passé de nombreux étés en Nubie, ayant supporté plus de cinquante-huit degrés à l'ombre, sans en avoir jamais subi les inconvénients!

La même atmosphère d'igloo se retrouva dans tous les endroits où je fus si aimablement conviée. Je découvris alors combien les habitants de la région étaient habitués à ce froid polaire qu'ils retrouvaient, avec une sorte d'extase, en quittant la fournaise extérieure et sans en éprouver la moindre gêne. Aussi, mon voisin de table, durant le premier dîner offert au restaurant par mes hôtes, retira-t-il galamment sa veste pour en recouvrir mes épaules congelées, heureux, même, de cette excuse pour pouvoir dîner, ayant encore trop chaud, en manches de chemise. J'ai gardé de cet homme un souvenir très vif, car il faisait partie des ingénieurs ayant participé à la préparation du premier voyage sur la lune. Pour marquer cette mémorable soirée, il me remit l'assiette de Wedgwood, représentant les deux premiers astronautes et le Lem en blanc sur fond bleu, entourés de la couronne de laurier des vainqueurs et portant cette inscription : « *Man on the moon, Apollo eleven, july 20, 1969* ».

Cet ingénieur, et ce présent-souvenir me remirent en mémoire une réflexion de René Maheu, alors directeur général de l'Unesco, au retour d'un séjour en Amérique durant cette période d'exception. Le soir où l'homme avait marché pour la première fois sur la planète morte, il participait justement à une réunion mondaine et fut frappé d'étonnement par l'attitude des invités : personne de ceux auxquels il adressa la parole n'avait fait allusion à cet exploit. « Ces gens sont extraordinaires, me dit-il. Était-ce de l'indifférence? Je ne le crois pas. Une sorte de discrétion ? Ils sont tellement habitués à réaliser des tours de force technologiques, ils n'en parlent même plus. »

Mon sang gaulois, plus habitué aux sujets de Toutânkhamon et de Ramsès qu'à ceux du Nouveau Monde, allait de découverte en découverte. Sortant de l'hôtel situé dans le parc entouré de vastes avenues, qu'il me suffisait de traverser pour me rendre au musée où se tenait l'exposition, j'eus d'abord à me défendre de l'insistance du portier tenant obstinément à me faire prendre un véhicule pour une distance si minime. Je compris très vite : j'avais pénétré dans une fournaise et traversais des avenues dont je constatais qu'elles n'étaient pas bordées de trottoirs. Était-ce utile ? Sur mon chemin, je n'ai rencontré aucun piéton mais, en revanche, je fus arrêtée plusieurs fois, en l'espace de dix minutes à peine, par d'aimables automobilistes soucieux de m'aider à éviter ces étendues hostiles !

Nouvelle surprise au cours d'un de mes dîners texans, en arrivant à la soirée où les Vaugh m'introduisirent chez l'un de leurs amis. L'immeuble était du plus élégant modernisme, et la maîtresse de maison nous fit entrer dans un vaste studio de deux étages de hauteur. Le mur du fond était fait d'une immense vitre formant la paroi visible d'une piscine profonde où le maître de maison et quelques-uns de ses invités plongeaient et nageaient.

Le même genre d'originalité ne m'attendait pas le lendemain, où je devais rendre visite à l'un des grands mécènes de la région, Mme de Mesnil (née Schlumberger). Nous avions eu l'occasion, au département du Louvre, de lui indiquer quelques références égyptiennes pour son livre concernant l'Homme noir, dans l'histoire de l'art. J'en revis avec un grand intérêt les originaux dans sa demeure. Mais la découverte fut celle de ses riches collections, encore entreposées dans ses réserves avant l'ouverture du musée, dont elle a maintenant doté Houston. L'inlassable activité de cette grande dame française, se penchant également sur tous les problèmes humains, est incomparable et a seulement d'égale son extrême simplicité. Sa magnifique demeure, encerclant un jardin évoquant la plus luxuriante verdure, visible à travers d'immenses panneaux de verre, renferme en un cadre d'une très sobre élégance un inestimable ensemble de peintures contemporaines. Après le repas en tête à tête, où son propos portait sur le sujet exécrable du racisme, elle tint à me conduire devant le monument dédié par elle au pasteur Martin Luther King après son assassinat. Le choix des éléments constitutifs s'inspirait de l'antique Égypte, mais leur agencement ne correspondait à rien de connu dans le pays des pharaons. Son sommet pyramidal était percuté, en oblique, par la pointe d'un obélisque au fût en partie fracassé.

Tout proche avait été érigé, toujours sur son initiative, un bâtiment contenant une salle ronde, agrémentée de quelques simples banquettes, formant cercle au premier tiers de sa surface. Cet oratoire, voué à la méditation œcuménique, était marqué de teintes sombres, noir et gris : l'aspect, cette fois, n'était plus inspiré de l'antique terre du Nil, mais du bien plus lointain Extrême-Orient, et traduisait certainement une des préoccupations philosophiques de cette personnalité exceptionnelle.

Un week-end dans un ranch

Sachant que je me rendais à Houston, des amis, et surtout les Kémoularia, m'avaient donné les adresses de quelques familles de leur connaissance résidant dans cette ville. Je contactai l'une d'elles et trouvai au bout du fil une aimable dame qui, suivant cette convivialité proverbiale de l'Amérique, m'invita immédiatement pour le week-end. « Louez un hélicoptère, me dit-elle (l'idée ne m'en serait pas venue), et rejoignez-nous dans notre ranch. » Décelant quelques restrictions dans mon enthousiasme, elle me proposa alors de la rejoindre dans son appartement de Houston pour partir avec elle dans son propre engin, que nous gagnâmes sur une petite terrasse, en ville.

Mon expérience en la matière concernait seulement les hélicoptères militaires égyptiens, lorsque je survolais certains sites de Nubie avec le ministre de la Culture, Saroïte Okacha. Celui que nous avons pris pour nous rendre dans ce ranch était d'un modèle beaucoup plus léger et sans difficulté aucune, plus confortable. Il était facile de contempler à loisir toutes les zones survolées. « Ici, me dit mon hôtesse, vous passez au-dessus du plus grand champ de maïs du monde. » De fait, la vue était impressionnante. J'étais loin de tout ce que j'avais pu voir encore : c'était un autre univers. Au bout d'une heure à peine, on m'annonça que nous allions atterrir dans leur propriété, « The Scattered Oaks ». Avant la descente, je réalisais que le mot « ranch » évoquait a priori, pour moi, un bâtiment de cow-boys ; ici c'était plutôt une immense et très originale propriété de luxe en forme d'étoile à trois branches et à un étage. Nous étions un samedi matin. On m'introduisit dans une vaste pièce aux multiples annexes, dont l'ameublement rappelait en même temps l'Angleterre et le style colonial, aux fauteuils et aux canapés profonds, aux grandes baies donnant sur la verte nature. « Mon mari a quelques coups de téléphone d'affaires à donner. Je dois moi-même m'occuper de certains problèmes, mais avant tout regardez son dernier cadeau. » L'objet était exceptionnel, posé sur une grande colonne dans un coin de la pièce. Elle alluma un spot dans sa direction et je vis briller, sur le socle, à un mètre cinquante du sol, un aigle conquérant, les ailes à demi déployées, aux yeux d'émeraude, modelé dans de l'or et couvert de duvet et de plumes en cristal de roche. La taille dégradée des cristaux avait été choisie suivant l'importance des plumes et du duvet à figurer.

« Pendant que vous nous attendrez, voulez-vous regarder cet album ? »

C'était le recueil de photographies-souvenirs de la visite du président de la République Valéry Giscard d'Estaing, accompagné de sa famille, au ranch des « Scattered Oaks », au cours d'un de ses voyages aux USA. A cette occasion, le Président avait offert aux éleveurs du Texas un taureau, le plus beau reproducteur de la région de Salers, dont il semblait opportun de faire profiter le Nouveau Monde. C'était, paraît-il, la seule fois où l'on avait fait voyager un taureau par avion !

En effet, quelques instants après, le maître de maison vint me chercher pour aller en Jeep à la ferme, afin d'admirer le cadeau présidentiel. L'accès était assez désertique. On pouvait constater que le domaine avait dû, jadis, être entièrement recouvert de chênes, dont il ne restait plus que quelques rares exemplaires dispersés. Le fameux taureau de Salers avait droit à une étable spéciale et, je dois le dire, son nouveau propriétaire le traitait presque avec solennité. Je fus autorisée à pénétrer dans le local par la porte arrière et le silence le plus complet me fut demandé. Je vis alors une énorme croupe recouverte d'un magnifique pelage cuivré. En contournant la bête, je ne voyais que des muscles et demeurais impressionnée par la force extraordinaire émanant de l'animal. Mais, quand mon regard atteignit la tête, je fus frappée, et bien amusée, par sa petitesse extrême contrastant avec le gigantisme du corps.

« Tout est arrangé, dit la maîtresse de maison à notre retour, nous allons déjeuner dans un ranch ami, à la frontière du Mexique. » Autre départ en hélicoptère, autre descente au-dessus d'une nouvelle bâtisse. Près de la terrasse d'entrée ornée d'un jet d'eau bordé de figurines mexicaines en terre cuite, un grand mât dressé supportait le drapeau des États-Unis et celui du Texas. Un couple d'hôtes charmants, à l'accueil chaleureux, nous introduisit à l'intérieur de la demeure, faite d'une succession de pièces sur lesquelles ouvrait un local central où l'architecte avait conservé un arbre, au moins centenaire, autour duquel la maison avait été construite. Dans les cavités du tronc et sur les vétustes branches, poussaient plantes vertes et orchidées. Un renfoncement de la pièce centrale était entièrement couvert de livres. Un grand panneau de verre limitait un jardin d'hiver, à la suite de la salle à manger. Au-delà du jardin d'hiver, on apercevait une piscine. Plus loin, je pouvais encore distinguer un « living-room » muni d'une vaste cheminée : notre hôte nous expliqua qu'habitant Los Angeles, il venait passer Noël devant ce feu de bois.

Le déjeuner, composé de plats succulents, entièrement mexicains, fut servi par les gardiens du ranch, également mexicains. Puis, au dessert, l'hôtesse nous demanda de faire la chaîne d'union autour de la table et d'écouter une sorte de cantique que cette dame de Houston chanta d'une voix magnifique : elle avait été cantatrice. Pour rompre une certaine émotion ressentie dans notre cercle, une des jeunes invitées, dont j'appris qu'elle avait été l'élève de Nadia Boulanger à Paris, se mit au piano et joua « La Marseillaise », reprise en chœur par l'ensemble des invités.

Notre hôte nous proposa ensuite d'aller visiter son zoo.

En sortant sur l'esplanade, je vis qu'un troisième drapeau avait été hissé au sommet du mât : c'était le drapeau tricolore. Nous avons des leçons à prendre de la chaleureuse hospitalité américaine.

Les convives montèrent dans deux véhicules tout terrain. Le maître de maison s'était muni d'une grande valise : je le vis plus tard, il s'agissait d'un réfrigérateur portatif. Après avoir traversé une sorte de steppe, on arriva dans un vaste domaine ponctué de loin en loin par d'épaisses murailles végétales. Nous avons d'abord été présentés aux autruches. Celles-là me paraissaient extraordinairement civilisées. Elles vinrent, en effet, prendre délicatement les biscuits offerts, à la main, par une des convives. Quelle différence avec leurs congénères, pratiquement sauvages, rencontrés dans la propriété du roi Farouk à Inchass, dans le delta oriental ! Ces oiseaux lançaient éperdument des coups de patte vengeurs aux visiteurs osant s'approcher des grillages – ce qui avait le don de réveiller les tortues géantes de l'enclos voisin.

Puis nous sommes passés, plus loin, dans le domaine des gazelles, si élégantes et rapides, comme transformées en une ligne horizontale dans leur charge effrénée. Nous avons ensuite pénétré dans le canton des zèbres à la croupe potelée ; les rayures du troupeau brouillaient presque la vue. Nous avons alors débouché dans un immense champ où nombre d'arbres épousaient la forme d'ombrelles. Je compris pourquoi : c'était la propriété des girafes. La plupart des jeunes pousses avaient disparu jusqu'à une certaine hauteur. A ce moment-là, notre hôte ouvrit son réfrigérateur, dans lequel il avait pris soin de mettre au frais une quantité de trognons de salade. Il nous pria de le laisser seul près d'un arbre où nous le vîmes, tendant le plus haut possible, à bout de bras, le cœur d'une laitue (il mesurait plus d'un mètre quatre-vingt-dix). Un long moment se passa avant que, d'un bosquet derrière lequel les girafes s'étaient cachées, l'une d'elles apparût puis, à pas balancés – mouvement prolongé, à chaque effort, par l'ondulation de son long cou –, elle arriva près de son maître en glissant à son intention un doux regard ombré de grands cils. Avec quelque hésitation révélant visiblement son extrême timidité, et peut-être aussi sa délicatesse un peu dédaigneuse, elle saisit la salade. Alors, doucement, les autres girafes arrivèrent et très vite le réfrigérateur fut vidé.

Enfin, des grondements sourds annoncèrent une autre galopade dans le secteur voisin, et nous vîmes un troupeau quasiment enragé de buffles noirs, semblant fuir un orage. La promenade se termina à un kilomètre de là, près d'un immense hangar où des rafraîchissements nous furent servis. Lorsque la porte coulissa, on put voir un très joli petit avion à six places. Le détail qui m'étonna le plus fut un magnifique piano mécanique dans le fond du local, dont les rouleaux soigneusement entretenus, une fois actionnés, nous permirent d'entendre toute la vieille musique française des guinguettes du bord de la Marne !

Voilà comment une égyptologue, pour son plus grand profit, visita un coin du Texas.

La semaine franco-égyptienne au Kenya

Si j'esquisse un retour en arrière, le seul moment de ma vie où j'ai vraiment fait ce que je voulais est celui où j'ai choisi d'étudier l'égyptologie. Dans toutes les autres circonstances, il me semble avoir été toujours poussée vers un irrésistible destin. Le cas s'est certainement présenté pour la plupart des voyages que j'ai été amenée à faire... ou à ne pas faire. Ainsi, j'aurais aimé me rendre, avec nombre de mes collègues, à Moscou, au Congrès des orientalistes; ce n'était certes pas le moment : pendant cette période d'été, je ne pouvais quitter les chantiers de Nubie.

Mais, si j'ai pu ressentir bien souvent l'étau dans lequel Amon me maintenait, je n'ai jamais, en fait, eu à regretter les voies où j'étais contrainte de cheminer. Ainsi, un certain Pierre Comte me téléphona un jour; je ne le connaissais pas, mais il semblait me connaître. Directeur du Centre culturel français à Nairobi, il me demandait de venir participer à la semaine franco-égyptienne avec des personnalités égyptiennes, hommes de lettres, cinéastes, écrivains. Ma première réaction fut, comme d'habitude, de lui demander un temps de réflexion. Il insista, me proposa des horaires correspondant à la fourchette des quelques jours où je pouvais me dégager, entre certaines obligations au Louvre et une courte mission en Égypte. Nous sommes arrivés à transiger. « Une semaine, vous n'y pensez pas; trois jours peut-être. » Ces trois jours, mais pas davantage, furent définitivement libérés et, comme à l'accoutumée, ils me parurent avoir duré des semaines tant ils furent remplis.

Partie de Paris très tôt le matin, je fus accueillie à l'aérodrome par Pierre Comte, un personnage vibrant de générosité, d'une prodigieuse et lumineuse activité. Homme d'action, et pourtant très sensible, d'une grande culture, partout où il est passé il a laissé des créations durables. Pierre Comte m'accompagna immédiatement à l'ambassade de France – c'était un ancien établissement hollandais –, où je fus reçue par notre représentant, M. Girard, et son épouse si accueillante. L'ambassadeur avait été l'aide de camp du général Leclerc en Afrique et je fus touchée et très intéressée de l'entendre évoquer ses souvenirs sur son ancien chef. Sa fierté fut de me montrer la lettre du général, à la Libération, lui souhaitant de faire une brillante carrière dans la diplomatie après l'épopée vécue en commun.

Je tombais vraiment à pic, car le thème proposée par Pierre Comte pour la conférence à donner le surlendemain était « Le Soleil chez les pharaons. » « Or, me confia l'ambassadeur, vous avez bien choisi votre jour en arrivant tôt ce matin. A midi, nous aurons une éclipse de soleil ; toute une équipe d'astronomes japonais est en train, depuis hier, de faire l'ascension du Kilimandjaro dont nous pouvons apercevoir, du parc de l'ambassade, la cime enneigée. » Un tel phénomène valait la peine d'être vécu. Vers 11 heures le ciel commença à se plomber, puis s'obscurcit progressivement. Un quart d'heure avant midi, on ne voyait plus qu'un petit croissant horizontal : c'était, en réalité, celui du soleil, dont la masse incandescente disparaissait derrière le disque lunaire noir. Alors, les grenouilles sont sorties du bassin et ont commencé à coasser et, autour de nous, dans ce jardin édénique du Kenya, toutes les fleurs environnantes se fermaient comme pour s'endormir, depuis les bougainvillées géantes jusqu'aux plus petites orchidées, tout semblait s'anéantir dans un sommeil profond. « Dans le *rift*, me dit M. Girard, les hippopotames sont en train de sortir de l'eau. » A midi précis, on ne voyait plus, dans le ciel noir, qu'une minuscule lunule lumineuse : le « bout de l'ongle », auraient dit les Égyptiens. « Vous le constatez, l'éclipse de soleil n'est pas tout à fait complète vue d'ici, reprit l'ambassadeur Girard. A cent kilomètres, on ne voit plus du tout ce petit morceau de soleil. »

Une heure après, le phénomène constaté se déroula en sens inverse et tout revint dans l'ordre. Le soir, les Girard me convièrent à dîner dans un des clubs anglais qui existaient toujours à Nairobi. J'avais vraiment l'impression de me trouver dans la province britannique : mêmes gentlemen racés et silencieux, mêmes ladies parlant du temps et de leurs chiens, même repas s'achevant par le célèbre *pie* à la crème, coiffé par le chester aux biscuits salés. Tout y était. « Nous sommes seulement deux cents Français au Kenya, me dit Girard, mais les Anglais viennent très nombreux aux manifestations de notre Centre culturel. Nous recevons également, de plus en plus, les habitants du pays. C'est pourquoi je vous demanderai de vous exprimer en anglais après-demain. »

Le lendemain matin, les Girard m'accompagnèrent dans le grand parc central de Nairobi, aux arbres gigantesques escaladés par des bougainvillées géantes de toutes les teintes de rouge. Je trouvai le site admirable et surtout remarquablement entretenu. « Ne vous y trompez pas, dit Mme Girard, vous aventurer derrière cette façade serait très dangereux : si vous ne prenez pas garde à nos recommandations, vous pouvez en revenir dépouillée de vos vêtements par les vagabonds qui hantent les taillis. »

L'après-midi, les deux jeunes coopérants des Affaires étrangères, en stage à l'ambassade, m'escortèrent en direction du rift, paysage contrastant complètement avec les horizons égyptiens auxquels j'étais habituée. Pour achever cette journée touristique, le premier conseiller de l'ambassade, connu au Caire et retrouvé par hasard en ces lieux, me conduisit, avec son épouse, dans une échoppe au centre de Nairobi où je trouvai les productions artisanales locales, souvent assez anciennes. Parmi celles-ci, j'eus la surprise de découvrir une figurine d'hippopotame assis, en pierre rosâtre, s'appuyant sur les pattes antérieures, tournant la tête, gueule ouverte, comme pour s'opposer à un ennemi invisible : c'était exactement la réplique locale d'une des statuettes égyptiennes d'hippopotame, conservée au Metropolitan Museum, traduisant fidèlement la même attitude. Rien n'y manquait, depuis le prototype remontant à l'an 2000 av. J.-C., pas même la reproduction des plantes aquatiques sur les flancs et le dos de l'animal. On se sentait vraiment dans une région d'Afrique où pouvait subsister le lointain souvenir d'origines nilotiques.

La conférence prévue devait avoir lieu en fin d'après-midi, le troisième jour, ce qui me procura au préalable la possibilité d'aller voir les fameuses danses des tribus massaï, au reste maintenant organisées pour des troupes de touristes, à des heures fixes, en des lieux bien déterminés. Leurs huttes de pisé et de chaume, montées sur pilotis, me rappelaient celles des habitants du pays de Pount si bien reproduites par les artistes de la reine Hatshepsout sur les murs de son temple de Deir el-Bahari. Ces guerriers, grands, filiformes et musclés, à la peau brun foncé, couverte de tatouages blancs, étaient impressionnants. Nourris uniquement du sang et du lait de leurs troupeaux, leurs corps n'étaient alourdis d'aucune graisse superflue. Leurs danses sont effrénées et les lances à la pointe effilée qu'ils projetaient devant eux amenaient quelques frissons.

Mais il me fallait rentrer bien vite afin de prendre mes clichés de projection destinés à ma conférence. Pierre Comte avait disparu depuis la veille pour se rendre au Caire. Il avait décidé d'aller lui-même chercher une partie de ses invités égyptiens, dont le cinéaste bien connu Youssef Chahine, sachant pertinemment que de multiples impondérables auraient pu peser sur leurs horaires et les auraient empêchés de prendre leur avion à l'heure voulue. Il arriva en même temps que moi à son Centre culturel... un peu tendu. Il avait déposé chez lui Youssef Chahine, en proie à une terrible poussée de fièvre et, de plus, son assistant venait de lui annoncer que tout Nairobi était en panne d'électricité! C'était écrit, il me fallait attendre le retour de la lumière. Cette situation se prolongea pendant deux heures et, pour finir – l'assistance, patiente, assise dans l'amphithéâtre toujours aussi sombre –, Girard et Comte me prièrent de faire l'effort d'évoquer le soleil chez Pharaon, dans le noir, sans cliché de projection et sans notes, comme toujours, en improvisant en anglais. On avait poussé l'humour jusqu'à placer devant moi, sur la table, une bougie allumée. Ma causerie dura une heure et demie. Le propre des archéologues est de savoir décrire objets et événements de façon qu'on puisse en retenir l'essentiel. L'assistance était sans doute douée d'autant d'indulgence que d'une généreuse imagination : elle eut la patience de m'écouter jusqu'au bout!

Pierre Comte n'oublia jamais l'épreuve à laquelle il m'avait soumise et dont je m'étais efforcée de sortir honorablement. Je le retrouvai plus tard au Caire, au même poste de directeur de notre Centre culturel. Je l'ai revu au printemps 1988 à Cracovie et à Varsovie, son dernier poste – puisque hélas, il nous a quittés ces derniers temps –, où il m'avait demandé de venir évoquer plusieurs sujets d'archéologie égyptienne. Il s'est bien gardé de me demander de parler du « soleil chez les Égyptiens », aussi n'ai-je pas revécu d'éclipse de soleil ni de panne d'électricité pendant ces agréables causeries. Malheureusement, K. Michałovskin'était plus; cependant, au musée de Varsovie, proches des antiquités égyptiennes mises en dépôt par le Louvre, je pus admirer quelques-unes des splendides fresques chrétiennes primitives, concédées par le gouvernement soudanais après les fructueuses fouilles exécutées à Faras, durant la sauvegarde des monuments de Nubie.

22

Sanctuaires du passé et cultes d'aujourd'hui

Tous ceux qui ont vécu sur les chantiers de fouilles ont ressenti cette impression extraordinaire d'être en dehors du temps. Les jours succèdent aux jours, sans même que l'on puisse y prendre garde, tant la recherche vous accapare totalement et inlassablement, dès l'aube apparue : parfois, notre longue patience permet d'atteindre un des buts poursuivis. Cette continuité, non pas monotone, dans laquelle on a pénétré de plain-pied, vous replonge dans les millénaires passés : la notion du calendrier, alors, finit par échapper complètement.

Il y a pourtant des dates auxquelles on s'arrête parfois : lorsqu'il s'agit d'une importante fête musulmane à laquelle, souvent, nos ouvriers nous convient, ou celles de l'agenda chrétien marquant les grands instants de notre religion.

Deux messes en Égypte

Ainsi, durant le Noël copte, célébré en Thébaïde à Deir el-Médineh, quelques jours après celui des chrétiens d'Occident, Bernard et Francette Bruyère incitèrent le petit groupe d'égyptologues ayant pu se joindre à eux, pendant ce premier hiver de guerre 1939-1940, à les accompagner au couvent du désert, au sud de Deir el-Médineh : le Deir el-Mohareb.

Notre troupe était seulement constituée des Bruyère, de la dessinatrice du chantier, Ginette Jourdain, de Jaroslav Černý, en mission de la France comme je l'ai rappelé plus haut, et de moi-même. La marche dans cette nuit égyptienne jamais totalement noire, mais d'un bleu sombre, piquée d'étoiles remarquablement scintillantes, était ouverte par le fidèle *reïs* (contremaître) de Bernard Bruyère, Ahmed, habitant du village de Baïrat et si fidèle au chef de la mission que chaque année, au 14 juillet, invité par le *moudir* dans sa petite maison de Chatou, il venait chanter « La Marseillaise » devant le défilé militaire à son passage sur les Champs-Élysées. Ahmed portait toujours son grand *nabout*, le bâton à la base alourdie de plomb lui servant à tuer les serpents, à éloigner les animaux du désert et à chasser les importuns. Derrière lui, deux autres serviteurs balançaient, au rythme de leur marche, d'imposantes grandes lampes à pétrole. Sur la piste du désert, nous rencontrâmes seulement les grands loups roux du *gebel*, en arrêt devant ce cortège insolite : ils nous regardaient de leurs immenses yeux d'un vert transparent et brillant.

A plus de deux kilomètres, nous commencions à distinguer les coupoles blanchies coiffant le monastère. Prévenu de notre arrivée par l'éternel « téléphone du désert » et relativement loin de son cloître, un grand moine marchait vers nous, levant les bras au ciel d'un geste emphatique. La chasuble dont on l'avait revêtu avait été manifestement tirée d'un coffre où elle était restée enfouie très longtemps, toute fripée encore, mais portant des broderies magnifiques. Il sortit de ses poches, pour nous les offrir, des petits cierges de cire vierge, couleur d'ambre, et des pains ronds de communion formés dans des moules de bois millénaires, frappés de la croix latine. Puis il nous précéda vers le couvent dont la porte était restée ouverte.

La vision de la cour était impressionnante ; dans un coin, des hommes en habits de fête, au turban immaculé, jouaient silencieusement entre eux au tric-trac *(taoula)*, semble-t-il, mais je fus frappée de leur silence, car ils ne tapaient pas, comme d'habitude, avec les pions pris à l'adversaire : on respectait la présence des lieux saints. A l'autre extrémité, des femmes accroupies, drapées dans leurs voiles noirs, tenaient toutes un enfant très jeune dans leurs bras. Chacune d'elles évoquait cette image si répandue de la Vierge Marie affichée aux murs des maisons des villages coptes.

Nous fûmes alors introduits dans l'église où nous prîmes place tous les cinq sur une banquette placée dans l'axe du chœur dont on était séparé par un petit couloir étroit. A cette époque le casque colonial était encore de rigueur. Bernard Bruyère et Jaroslav Černý se découvrirent. Francette Bruyère garda le turban qui ne la quittait jamais. Ginette Jourdain et moi-même fûmes contraintes de conserver notre casque pour masquer nos cheveux.

Les *fellahin* coptes vus dans la cour avaient pénétré dans l'église et, pendant les trois longues messes successives et rituelles, nous fûmes régulièrement l'objet de coups de cymbales et de jeux de triangle devant nos visages comme cela se faisait pour les hôtes de marque. Derrière nous, on entendait les gazouillis et les pleurs des enfants. Nous avions compris pourquoi ces images vivantes de la Sainte Vierge les avaient emmenés avec elles : c'était le soir où tous les nouveau-nés de l'an étaient baptisés. A l'issue de la cérémonie, après avoir été entièrement plongés, suivant l'antique coutume, dans de vastes fonts baptismaux, les nourrissons nous gratifièrent d'un concert de protestations véhémentes donnant, à cette occasion, une idée de leur force vocale déjà très affirmée.

A la fin de la cérémonie, nous remîmes aux moines les oboles naturellement attendues. Sur le chemin du retour, nous étions de nouveau escortés par les loups, semblant avoir pris goût à la contemplation de notre humble procession de rois mages.

Bien des années passées, après la fièvre du travail en Nubie, nous venions, avec mon équipe du CNRS et mes collègues égyptiens du CEDAE, travailler un mois par an dans la Vallée des Reines. Je me souvenais de l'impression laissée par la messe de minuit dans le couvent du désert à Jaroslav Černý se défendant, pourtant, de toute mystique religieuse. Ces cérémonies issues des origines dépassent de beaucoup le message d'une confession particulière; je pressentais que notre groupe « bigarré » ne devrait pas rester indifférent à quelques instants de recueillement, si ce n'est de réflexion. L'occasion était propice, car un des membres de la mission était le révérend père du Bourguet, mon adjoint au département égyptien du Louvre, pour la section copte. D'une discrétion extrême, il emportait toujours le nécessaire lui permettant de célébrer un office.

Nous allions aborder le dimanche des Rameaux, et l'on déblayait les entours de la tombe d'une des Grandes Épouses royales de Ramsès II, la princesse Nebet-Taouy, dont le caveau, pillé à plusieurs reprises, avait été transformé, à l'époque des débuts du christianisme en Égypte, en une chapelle souterraine. La première salle voûtée portait encore des décors jaune-or sur fond blanc; à certaines des images peintes avaient été substituées des croix. L'une d'elles était ornée des deux pousses de l'arbre de vie jaillissant de ses branches latérales. Au fond de cette pièce, les images divines égyptiennes recouvertes de plâtre avaient été remplacées par une immense croix posée sur une sorte de rocher.

Adossé à ce symbole, le père du Bourguet célébra les Rameaux devant notre groupe de catholiques, de protestants, de musulmans et même de libres-penseurs tenant chacun dans une main les grandes tiges de palmiers, cueillies par nos ouvriers, venus nous les offrir spontanément.

Les sanctuaires de Monthou

Nous étions en 1975. Trois années plus tard, je procédai à la réouverture du chantier de fouilles du Louvre à Tôd. Ce quatrième jalon du « palladium de Thèbes » avait été choisi, car les fouilles de Médamoud prenaient fin et les recherches étaient susceptibles de continuer dans le domaine de Monthou. Cette expression divine ne matérialisait pas, comme on l'a trop souvent écrit, l'esprit de la guerre, mais incarnait plutôt les armes pour se prémunir du « Jour de malheur » (nom donné à la guerre) ou pour le rejeter hors des frontières.

Fernand Bisson de la Roque, fouilleur du département égyptien du Louvre, contemporain de Bernard Bruyère et d'Étienne Drioton, avait, jadis, exhumé des ruines du temple, les plus beaux reliefs de la XIe dynastie que le Louvre possède à ce jour : ils voisinent, depuis lors, près des vestiges du sanctuaire du même dieu érigé à Médamoud, et dont les plus remarquables sont constitués par le linteau de la porte du magasin des offrandes exposé dans notre département. Dans la même salle, nous avons fait figurer les statues de Sésostris III provenant du même site. Dans le granite noir moucheté, les visages du souverain, jeune et vieilli, répondent aux deux effigies, également différenciées, retrouvées sur le grand linteau. Pour la première fois, on rencontrait des portraits dont l'unique but ne semblait plus avoir été d'évoquer Pharaon en une synthèse de son existence, dans la plénitude de son âge, éternel comme le soleil. On avait longtemps professé que, à l'époque où vécurent les Amenemhat et les Sésostris, les rois avaient été victimes, après une « révolution », de la « démocratisation des rites funéraires ». Autrement dit, ils avaient été contraints d'abandonner le mythe de l'être supra-terrestre et de se faire figurer, subissant toutes les vicissitudes de la vie humaine, depuis la tendre jeunesse jusqu'à la décrépitude du dernier âge.

Il faudrait maintenant pousser le raisonnement dans une

Le Deir el-Mohareb, au pied de la montagne thébaine, où les trois messes de minuit étaient scrupuleusement célébrées, comme aux premiers temps. (Cliché Clonard)

Le révérend père du Bourguet, conservateur des Antiquités coptes à mon Département, célèbre la messe des Rameaux dans la tombe de la princesse Henout-Taouy, occupée par les premiers chrétiens, dans la Vallée des Reines. (Cliché Lecuyot)

direction plus conforme à notre connaissance actuelle de la pensée religieuse égyptienne. A cette époque, où la langue et la littérature sont depuis longtemps reconnues comme « classiques » pour la civilisation des pharaons, une manifestation de la religion, plus accessible à l'entendement, est ressentie. Pharaon est toujours le représentant de la force divine sur terre, matérialisée par le soleil. Il est le Roi-Soleil, Horus sur son trône, mais l'astre s'enfonce chaque nuit à l'horizon occidental pour « recharger sa pile », Il devient alors l'image transitoire de la mort, dont la vieillesse est la porte, dans le domaine d'Osiris. On voit déjà poindre, traduit dans la statuaire, aux symboles élaborés dans les « Maisons de Vie », des temples, le concept exprimé dans les Textes des Sarcophages de la même époque et qui sera ouvertement énoncé au chapitre 17 du Livre des Morts du Nouvel Empire : « Quant à Osiris, c'est hier : quant à Rê, c'est demain. »

On s'est appliqué à figurer Pharaon, jeune Horus, puis le souverain, très près d'atteindre le seuil d'Osiris : il pourra ainsi pénétrer dans le cycle de l'Éternité.

En 1936, quelque temps après l'ouverture du premier chantier de Tôd, Bisson de la Roque avait déblayé l'emplacement du sanctuaire réédifié au Moyen Empire, à l'endroit où, dès au moins la Ve dynastie, un temple avait déjà été érigé. Ce monument du Moyen Empire, respecté et agrandi au cours de la période des Thoutmosis et des Ramsès, subsistait lorsque les Ptolémées firent de nouveau élever des sanctuaires de style pharaonique sur tout le territoire : ils régnaient depuis Alexandrie, mais Tôd ne fut pas oublié. Les nouvelles constructions respectèrent et englobèrent les édifices religieux successifs à travers les millénaires. Plus tard, le site fut occupé par les Coptes, une église fut aménagée dans le temple et les vieux murs de grès furent réutilisés. Mais ceux qui, dans la suite des temps, recherchèrent le calcaire, s'attaquèrent alors au cœur de l'édifice, préservé depuis le Moyen Empire, et les parois porteuses de prestigieux reliefs finirent dans les fours à chaux.

Bisson de la Roque retrouva seulement, de ce témoin disparu, les pavements de son sol. Avec sa conscience habituelle, il en fit retourner toutes les grandes dalles pour la recherche de cryptes éventuelles. Il avait vu juste : au bout de quelques jours, il découvrit, assez profondément enfouis, quatre coffres de bronze, marqués aux cartouches de Sésostris II, contenant un trésor. Drioton, encore conservateur – adjoint au Louvre, en mission sur le chantier, m'avait écrit que l'ouverture du premier avait été une émotion à ne jamais oublier. Les eaux de l'inondation, infiltrées dans les soubassements du temple, chaque année, depuis les environs de 1800 avant notre ère, avaient naturellement soudé les glissières des couvercles. Lorsque l'on put ouvrir le premier coffre, on vit qu'il était rempli d'une eau transparente, décantée des particules en suspens. A travers ce véritable « cristal », on apercevait des lingots d'or, des plaques d'argent et des morceaux de lapis-lazuli. La fièvre s'était emparée de tous les ouvriers, et les égyptologues décidèrent d'attendre leur arrivée à la maison de fouilles pour procéder à l'ouverture des trois autres réceptacles. La police de Louxor, à vingt-cinq kilomètres de Tôd, fut mandée aussitôt car, à la rumeur d'une trouvaille de monceaux d'or se répandant de village en village, on pouvait craindre le pire. En réalité, les quatre coffres contenaient des lingots d'or, des lingots et des chaînes d'argent, des coupes du même métal, ornées de décors ne rappelant en aucune manière les thèmes égyptiens et, de surcroît, une centaine de ces mêmes coupes, pliées comme des mouchoirs et aplaties au marteau afin de pouvoir être, par dizaines, entassées dans leur cachette. Apparaissaient également des amulettes, des perles et des blocs à peine équarris de lapis-lazuli au bleu profond. A en juger par les coupes et leur décor encore inconnu, les objets auraient pu venir de la côte du Proche-Orient et sans doute, par cet intermédiaire, se révéler en partie originaires de la Crète. C'était un ensemble parfaitement original auquel étaient mêlés ces fragments de la pierre de Bactriane, le lapis-lazuli, si précieux pour les Égyptiens. Les anneaux d'argent avaient dû servir de monnaie d'échange et, sur les coupes et les lingots, un scribe comptable égyptien avait tracé, à l'encre noire, le « poinçon » de son pays, deux fois le signe *nefer*, authentifiant, ainsi, un métal pur et sans mélange entrant sur le territoire égyptien.

Le musée du Louvre possède une vitrine entière rappelant cette magnifique découverte. Elle présente un échantillonnage du Trésor, partagé entre le musée du Caire et celui du Louvre, mais nous n'avons pas reçu de lingots d'or! Tous les autres éléments sont figurés par un choix de témoins fort valables. Les coupes martelées ont été dépliées et remodelées suivant les traces très visibles, par le fameux restaurateur André que, plus tard, Drioton appela en mission en Égypte pour exécuter le même travail au musée du Caire.

La fouille de Tôd fut arrêtée au moment de la guerre. La paix revenue, Bisson de la Roque y retourna, quelques années encore, jusqu'au moment où il fut frappé d'une attaque à l'issue d'une de ses missions. Rentré à Paris, il ne devait jamais plus retourner en Égypte. Puis les difficultés diplomatiques commencèrent. Enfin, la Révolution survint et, au moment du conflit avec Israël, on arrêta les recherches sur ce site qui faisait partie d'une zone militaire. La maison de fouilles était abandonnée dans le désert, prête à s'écrouler : elle fut réparée et agrandie, grâce à une subvention généreusement allouée par la société des Ciments Lafarge. Et c'est en 1978 que je pus obtenir de nouveau la concession du travail archéologique pour le Département égyptien du Louvre.

L'expérience du chantier me paraissait indispensable à la formation d'un conservateur de Département d'égyptologie; aussi, les jeunes conservateurs et stagiaires de mon département, dorénavant entrés au musée à l'issue d'un concours d'un très haut niveau et à la préparation duquel il fallait entièrement se consacrer, allaient enfin connaître concrètement l'Égypte et être initiés au terrain archéologique. D'autre part, les futurs égyptologues se destinant uniquement à l'enseignement et à la recherche espéraient, d'une façon au reste très parcimonieuse, entrer en qualité de pensionnaires à l'École du Caire. De la sorte, ils bénéficieraient de séjours prolongés sur les chantiers de fouilles de l'Ifao.

Ainsi, après avoir redressé, agrandi et modernisé – toujours grâce au talent de Jean Lauffray –, la « base-vie » de Tôd, sise dans le désert entre la nécropole moderne, le cimetière copte et les tombes antiques, nous reprîmes, à nouveau, les travaux arrêtés depuis vingt-six années.

Sur ce site, tous les membres du département se succédèrent, les conservateurs et même notre excellente documentaliste, Diane Harlé. J'y avais également convié mon équipe de chercheurs du CNRS, dont la contribution fut fort efficace, puisqu'ils étaient déjà formés à la fouille, depuis plusieurs années, au Ramesseum et dans la Vallée des Reines : Ruth Antelme, Monique Nelson, Anne-Marie Loyrette, Christian Leblanc, Guy Lecuyot. Le professeur Gérard Roquet vint aussi se joindre à nous. Je n'oublie pas Chantal Anzalone (maintenant Orgogozo), qui a quitté le département pour devenir le directeur du musée d'Aquitaine, à Bordeaux. L'administrateur général du CEDAE, le docteur Fathy Hassanein, vint aussi participer à nos travaux, de

Oecuménisme moderne : temple de Tôd, messe de Pâques. Le cheikh musulman s'apprête à chanter la sourate Myriam.

Le père du Bourguet se prépare à dire la messe.

Le père abbé orthodoxe du couvent de Tous-les-Saints (dans le désert de Tôd) va lire l'Évangile en arabe ; le père du Bourguet va le lire en copte.

même que Marcel Kurz, de l'IGN, et que deux architectes coopérants (VSNA) pris en charge par nos Affaires étrangères. Bernard Fonquernie nous resta également fidèle.

La fouille stratigraphique fut reprise autour du temple et de son *dromos*, mis au jour précédemment, et les expropriations de maisons des siècles derniers, abandonnées, déjà très vétustes, construites sur les vestiges antiques, furent l'objet de nos premières préoccupations. Les palabres n'entravaient pas cependant le dégagement progressif, à l'arrière de la chapelle périptère, de Thoutmosis III, érigée pour la barque sacrée du dieu. Un immense atelier de poteries fut exhumé, recélant, entre autres, de grands plats à cupules décorés, copies de la fastueuse vaisselle romaine en argent. Ce niveau copte cachait, sur toute son étendue, des habitations de notabilités romaines du fameux *limes*, édifié par les occupants, et défendant les possessions de Rome jusqu'à la mer Rouge. Un magnifique bracelet d'or torsadé, orné de têtes stylisées de lion, vint illustrer ce secteur de fouilles. De l'autre côté de la voie d'accès triomphale au temple, un grand *kôm* (accumulation des couches successives de terrain) révéla les ateliers et les communs d'un grand couvent copte. Les silos – ayant contenu les grains et les objets journaliers, les vêtements et couvertures – voisinaient encore avec des *ostraca* portant les fiches comptables du responsable des entrées et des sorties du matériel. Plus loin, une aire avait été réservée aux ateliers de teinturier dont les fourneaux étaient encore en place. On allait bientôt pouvoir « attaquer », sur ce site, des niveaux pharaoniques.

Une messe œcuménique à Pâques

Le père du Bourguet participait à ces nouvelles missions. Arrivé à la veille de Pâques, il se rendit compte de l'exiguïté de la pièce commune de notre maison, où il avait coutume de célébrer la messe dominicale. L'espace était trop mesuré pour le jour de fête, où notre cercle serait étoffé de quelques visiteurs. « Je voudrais, me dit-il, pouvoir célébrer la messe dans le temple de Tôd. Pensez-vous que cela soit possible ? »

Il fallait avant tout en informer les autorités locales dont le puissant *omdah* régnant sur les différents cheikhs, responsables des quartiers de ce village étendu sur plusieurs kilomètres, à la limite des cultures, et encore marqué par son aspect totalement moyenâgeux. Non seulement l'autorisation fut donnée par ce fonctionnaire musulman, mais il déclara qu'il serait particulièrement flatté à l'idée d'être convié à la cérémonie religieuse. « Mais n'oubliez pas, reprit-il, de faire participer à cette messe le supérieur du couvent copte du désert voisin, dédié à Tous-les-Saints. »

Je revenais assez satisfaite de ma démarche et je fus étonnée de rencontrer le peu d'enthousiasme du cher père du Bourguet. Il me confia son embarras à l'idée de voir un prêtre orthodoxe se joindre à nous ; durant cette période, en effet, l'Église d'Orient rencontrait des difficultés avec le Vatican. Le problème me paraissait bien mineur comparé à cette rencontre où les musulmans d'Égypte montraient une telle ouverture d'esprit. La discussion se passait devant Mohammed Maksoud, notre inspecteur. Sans hésiter, celui-ci décida que, si le bon père jésuite éprouvait des scrupules, durant la conjoncture traversée, à solliciter un prêtre orthodoxe, lui, musulman et respectueux de tous les cultes déistes, pouvait s'en charger. Mon mari, depuis l'époque de sa retraite, pouvait m'accompagner à Tôd ; il fit avec notre inspecteur cette démarche, ne voulant pas manquer d'être témoin de cette ambassade peu ordinaire !

Les préparatifs concernaient la mise en place, dans l'hypostyle du temple, d'une table branlante en palmier. Nous l'avions recouverte d'une nappe blanche. Une petite grappe de fleurs de bougainvillées provenant du jardin de l'*omdah* (à trois kilomètres de là, en bordure du désert) était placée devant l'endroit où le père allait déposer les accessoires liturgiques. Me rappelant ma première expérience au Deir el-Mohareb, en 1940, j'avais dépêché un de nos ouvriers coptes pour acquérir, au couvent de Tous-les-Saints, des pains de communion et des bougies de cire vierge. Un des membres de notre mission, Anne-Marie Loyrette, utilisa son petit magnétophone pour envelopper de la fluidité sereine d'une messe de Mozart, libres-penseurs, chrétiens et musulmans, conviés dans le temple.

Pour conférer à la cérémonie un caractère pleinement œcuménique, j'avais demandé à nos amis égyptiens collaborant avec nous aux fouilles du Louvre (le CEDAE) de choisir parmi les cheikhs de la mosquée du village celui dont la voix était la plus prenante. Je voulais naturellement que la sourate Myriam soit présente, s'agissant d'un hommage rendu par le Prophète à la Mère du Christ.

Une place d'honneur avait été réservée au puissant *omdah*

et, sur une chaise également en palmier, nous avions, pour lui, replié un drap blanc donnant à ce siège des allures de fauteuil. Des villageois nous avaient prêté une *dikka*, sorte de lourd canapé de bois, placé à l'extérieur de leur maison, contre le mur, pour recevoir leurs visiteurs. Nous allions installer ce meuble contre une paroi de la salle hypostyle, à l'intention du cheikh.

Celui-ci avait ôté ses babouches et, accroupi sur la *dikka* comme un scribe, il psalmodia sa mélopée, qu'il semblait projeter au loin, orientant les sons à l'aide d'une de ses mains, placée en coquille à côté de sa bouche. La cérémonie devait commencer par la moitié de la sourate, dont la seconde partie clôturerait la messe. Le supérieur du couvent était arrivé, monumental, imposant, dans sa grande robe bleu lapis, la tête couverte de sa haute coiffe empesée noire et portant avec superbe une longue barbe blanche.

Le père du Bourguet commença sa messe et notre ami le docteur Fathy Hassanein, directeur général du CEDAE, traduisait mot à mot en arabe le rituel catholique. Les enfants du quartier le plus proche du village, entendant de loin la sourate, étaient montés sur la terrasse de la grande mosquée datant de Saladdin, dominant le chantier de fouilles et le temple de Monthou. Pendant les premières phrases prononcées par le père du Bourguet, ils avaient commencé à s'esclaffer bruyamment comme tous les gamins du monde. Le ton baissa progressivement au moment où le docteur Fathy Hassanein entreprit sa traduction.

La nuit commençait à tomber au cours de cette messe de Pâques qui avait débuté à 5 heures de l'après-midi. Les bougies de cire vierge avaient été placées sur les fûts des colonnes fracassées ou sur des pans de murs ; cet agencement fixait des points de lumière à des hauteurs différentes et dispensait un véritable éclairage d'ambiance des plus étonnant. Anne-Marie Loyrette mit en marche son magnétophone et nous fûmes entourés d'harmonies renvoyées par les murs et semblant partir, en ondes successives, en direction de la mosquée.

Les cris des enfants avaient cessé : ils commencèrent à chantonner doucement, comme s'ils s'efforçaient de suivre les vagues musicales. Au même moment, la nuit parfaitement tombée intensifiait la luminosité des cierges et provoquait contre les murs tapissés de reliefs un éclairage à jour frisant. La *dikka* du cheikh avait été placée contre un panneau décoré

Oecuménisme antique : temple de Ouadi es-Séboua, réoccupé par les premiers chrétiens de Nubie. Les images divines de jadis sont remplacées par celle de saint Pierre... Ramsès continue à faire l'offrande des fleurs.

Fouilles de Tôd. Dans le secteur de l'occupation romaine, découverte, à la reprise des fouilles, d'un splendide bracelet, lourd de 236 grammes d'or.

Ouadi es-Séboua, en Nubie : vase chrétien contenant des reliques, enfoui sous l'autel de l'église installée dans le temple.

d'une image inhabituelle : à droite, la silhouette humaine de Monthou à tête de faucon brandissait sa *harpê* ; sous ce geste impératif, l'image de deux taureaux affrontés par les cornes. Au-dessus, une inscription nous apprenait que la forme divine ordonnait à ses deux fils, Horus et Seth, d'arrêter le combat – lequel, en fait, évoquait l'éclipse de lune survenant souvent le 15 du mois : « *Cessez de vous opposer dans de vaines querelles et rassemblez-vous fraternellement pour lutter contre le vrai mal.* » A l'instant où cette image venait d'être presque violemment illuminée par les cierges, les enfants se mirent brusquement à observer le plus respectueux silence.

Après cette accalmie, le père se mit à lire l'Évangile en copte. Le même texte fut ensuite repris en arabe par le père abbé du couvent. Par toutes les ouvertures du temple, les ouvriers de notre chantier étaient arrivés ; la salle hypostyle et son vestibule étaient envahis d'un public respectueux, venu écouter les traductions du docteur Fathy Hassanein, jusqu'à la fin de l'office, et de la sourate Myriam.

Aussi impressionné que nous, le père du Bourguet, en clôturant la cérémonie, se mit à serrer la main de ses voisins pour inciter à la formation d'une très vaste chaîne d'union.

Cette mémorable fête de Pâques s'acheva autour de notre maison de fouilles dans le désert, limitée par quelques buissons piqués de points lumineux.

Le lendemain matin, l'atmosphère sur le chantier n'était plus la même parmi les ouvriers : on sentait une sorte de lien nouveau nous unissant, une compréhension que nous n'avions pas encore ressentie, une fraternité humaine introduite dans les rapports déjà cordiaux entretenus avec certains d'entre eux. Les petits gamins poussant les wagonnets Decauville n'affichaient plus leur habituel air narquois, et le va-et-vient des porteurs de *moktafs* charriant les déblais des divers secteurs de la fouille, pour les déverser dans les bennes, s'effectuait avec bien plus d'entrain.

C'était un fait : nous n'étions vraiment plus considérés comme des mécréants.

23

La rénovation de la Vallée des Reines et le secret de la Grotte sacrée

Les travaux dans la Vallée de 1970 à 1983

Durant toute la période où je traversais cette étroite, mais fascinante Nubie, ces remontées et ces descentes du Nil étaient coupées par les arrêts dans les différents sanctuaires : maintes fois, je me suis interrogée sur les mobiles ayant provoqué leur implantation en des sites déterminés.

Certes, près des deux ou trois bourgades les plus importantes : débouchés de caravanes ou antiques endroits de vénération, l'existence d'un temple s'expliquait, mais, à bien réfléchir, cet édifice religieux n'est pas un lieu de culte populaire puisque réservé aux seuls desservants de l'image divine, dont l'action bienfaisante devait néanmoins veiller sur la région entière.

Cependant, dès que l'on abordait les temps du Grand Ramsès, la multiplicité de tels emplacements réservés, dans ces régions perdues et à faible densité d'habitants, se comprenait difficilement. En revanche, on peut, avec trois mille cinq cents ans de recul, pressentir, ou détecter, le lien entre tel centre de dévotion et son milieu géographique, ou encore l'exploitation d'un environnement symbolique, complétant la fondation pieuse, vouée à jouer un rôle déterminant pour l'Égypte tout entière.

Au Soudan, un égyptologue du musée de Boston, T. Kendall, vient de repérer, sur un flanc de l'immense rocher de Napata, la présence d'une haute saillie naturelle de la pierre, évoquant la silhouette d'un cobra dressé. Il n'en fallait pas davantage pour inciter les prêtres à reconnaître en cet endroit la place d'où Amon-Nil de Napata était issu, et à lui consacrer un majestueux sanctuaire.

En ce qui concerne la Nubie égyptienne, la démonstration la plus typique de ce phénomène m'a été donnée par les deux *spéos* d'Abou Simbel, dont la conformation, l'emplacement et l'orientation devaient concourir au renforcement de la vitalité supra-terrestre de Pharaon, parallèlement au renouveau de l'année et à la prospérité du pays. De même, et bien plus tard, l'utilisation des secteurs cardinaux de l'île de Philae et sa situation par rapport à l'île de Biggeh permirent aux prêtres de la Basse Époque d'implanter, dans ce panorama, la plus grande scène dramatique propre à commenter le mythe osirien.

Aussi, lorsque nous décidâmes, CNRS et CEDAE réunis, de localiser nos travaux à Thèbes-ouest, la détermination des terrains à étudier – le Ramesseum et la Vallée des Reines – n'était pas fortuite : le « système » si cher à la mentalité égyptienne devait y être décelé. La suite des recherches allait amplement le confirmer. J'en veux pour preuve la démonstration fournie par la Vallée des Reines.

Cette appellation fut donnée par Champollion, lorsqu'il parcourut la région abandonnée. En réalité, an Nouvel Empire, le toponyme local était : *Set Néférou*, longtemps traduit par la « place des Beautés », ce qui ne signifie réellement pas grand-chose.

Le propos final de mes investigations était d'aboutir à la compréhension des facteurs ayant conduit au choix du terrain, donc de sa signification.

Au préalable, il fallait reconstituer l'histoire du site, retrouver son antique surface et certains de ses monuments, engloutis sous des gravats et immondices de toutes sortes. En effet – mais sans relater ici l'historique du chantier –, les vicissitudes des lieux, telles qu'elles étaient connues avant notre intervention, doivent être brièvement rappelées.

La Vallée fut pillée, déjà, avant la fin de l'époque ramesside ; non seulement des tombes de reines, aménagées dans ses flancs, avaient été dépouillées de leurs trésors funéraires, mais encore leurs momies avaient disparu.

Ces reines semblaient toutes appartenir à la famille ramesside ; depuis que les Italiens avaient entrepris leur prospection, au début du siècle, la sépulture de Nofrétari en constituait le plus bel exemple. De même, plusieurs caveaux préparés pour des fils de Ramsès III, aux décors d'une fraîcheur surprenante, permettaient de mesurer l'évolution de la sépulture princière.

ıovation de la vallée des Reines : vue
cœur de la Vallée

Une partie de l'équipe franco-égyptienne. À côté de membres de CEDAE M. Sayed, M. Fikri et de l'inspecteur des Antiquités : C. Leblanc, M. Nelson, A.-M. Loyrette, G. Lecuyot, I. Franco, C. Desroches Noblecourt, M Kallos, etc.

Souvent accessibles par des ouvertures béantes et ayant servi, de nos jours, de tanières pour les animaux du désert, la majorité des tombes présentait un remplissage de *sebbakh*, d'ossements et de fragments de rochers, témoins des vols antiques et des réutilisations postérieures. Cela valait pour les hypogées, excavés au pied des flancs de ce large *ouadi*. Quant au sol même, des « puits » creusés verticalement jusqu'à sept à huit mètres, avaient été détectés; les premières fouilles démontraient qu'ils menaient à des chambres funéraires assez modestes – sans décor et sans aucune mesure avec les tombes « à escalier » ramessides – et ayant reçu la dépouille de quelques très rares personnages importants du début de la XVIIIe dynastie.

Enfin, certains signes de christianisation sur les peintures des tombes ramessides, l'existence, à l'entrée de la Vallée des Reines, d'un couvent (le Deir Roumi) et les traces de cellules aménagées dans le rocher permettaient d'évoquer la présence, au début de notre ère, d'anachorètes, puis de moines, illustrant bien la pénétration de la nouvelle expression de la foi, ayant trouvé un terrain d'élection dans cette thébaïde.

J'entrepris d'abord de faire établir la carte en courbes de niveaux par l'IGN et d'y implanter toutes les entrées des tombes à puits ou à escalier, repérées avant le début des travaux. Ce fut aussi l'étude de la configuration stratigraphique et géographique du site et la prospection systématique de sépultures déjà connues, mais pillées et remplies de gravats.

On peut affirmer qu'entre 1970 et 1983, l'activité se poursuivit régulièrement, mais à un rythme dont nous nous entendions tous à regretter les limites, car les moyens mis à disposition par le CNRS – encore légèrement assisté par l'Unesco au début –, unissant nos possibilités avec celles du CEDAE, nous permettaient d'accomplir seulement une mission par an, et pendant un mois!

Le bilan était pourtant positif: certaines tombes de reines avaient pu être vidées de leur « remplissage ». Cela avait permis de constater la façon dont, par la suite, elles avaient été réutilisées par le petit clergé des environs, puis comment elles étaient devenues les sépultures communes à certains groupements gréco-romains – souvent véritables fosses communes –, et où les Coptes étaient ensuite venus achever l'occupation.

Pour ma part, j'eus l'émotion de redécouvrir le grand hypogée de Touy, mère de Ramsès. Les parois systématiquement détériorées paraissaient, par endroits, avoir été éclatées au feu. Le trésor violé nous livra cependant, sous une accumulation de décombres et de déchets incroyables, des éléments notoires, fragments d'objets de toilette, de magnifiques vases et récipients d'albâtre, des blocs de granite rose provenant de sa cuve funéraire, des jarres à vin brisées, mais faciles à reconstituer, portant des « appellations contrôlées » d'un intérêt essentiel pour l'histoire du règne. Ainsi, l'an XXII de Ramsès, écrit sur l'épaule d'une jarre, nous indiqua la dernière année de la vendange avant le trépas de la reine douairière et permit de remettre au point la chronologie des rapports de l'Égypte et des Hittites au moment des tractations de paix entre les deux pays. Cette nouvelle tombe recensée reçut le numéro 80.

Mais la plus belle révélation fut le portrait de Touy sous forme d'un « bouchon » de vase canope, en albâtre, portant les traces d'incrustations, bleu lapis-lazuli. Une figure empreinte d'un charme presque encore mutin à contempler de face, à la bouche aux fines commissures, comme soulevées par un léger sourire, contrastant avec le menton, menu, mais à l'ossature volontaire. De profil, la jeunesse de la physionomie a presque disparu. C'est, alors, l'apparition d'un visage à l'âge mûr, légèrement empâté.

La première mention du nom de la reine fut donnée par une petite statuette funéraire, appelée *shaouabti*, indiquant ainsi – au début de l'inscription recouvrant l'image momiforme – qu'elle représentait la mère royale.

L'identité de la reine Tanedjmy, de la tombe numéro 33, fut aussi réglée : son nom constituait un problème débattu entre égyptologues.

Mais comment procéder plus avant et surtout par quel moyen dégager cette Vallée, dont on ne pouvait pas étudier réellement la configuration en raison des couches de déblais la recouvrant, dominées par les gravats sortis des tombes et qu'il ne nous avait pas été possible d'évacuer?

Les déblaiements auxquels nous procédions nous contraignaient à laisser dans les parages du lieu de fouilles tous les déchets prélevés des entrailles des sépultures, minutieusement criblés et d'où sortirent fréquemment d'importantes trouvailles. A toutes ces difficultés matérielles rencontrées s'opposait simplement un budget restreint.

Le moment de la retraite administrative, où je quittai mon

poste au Département, mon enseignement à l'École du Louvre et la direction des fouilles du Musée à Tôd, me libérait automatiquement de mes fonctions à la Commission nationale du CNRS et de la responsabilité des chercheurs que je dirigeais. Je ne voulais cependant pas abandonner les efforts poursuivis en commun, depuis si longtemps, avec cette équipe du CNRS, dont les membres avaient tous été mes étudiants, puis mes collaborateurs remarquablement formés au cours de tant d'années, sans essayer de leur assurer de meilleures conditions de travail.

Mon premier souci fut d'en faire affecter la responsabilité à celui qui avait choisi de résider en permanence en Égypte, Christian Leblanc, et d'agir en sorte que la majorité des éléments de la formation, tels Ruth Antelme, Monique Nelson, Monique Kanawati, Guy Lecuyot, Anne-Marie Loyrette, Yvan Koenig (Sidney Aufrère avait été nommé membre de l'Ifao), puissent continuer les recherches entreprises, et si loin d'être achevées, sur ces deux sites prestigieux et avec des moyens accrus, tant souhaités. Il ne fallait pas compter, en ces périodes de restrictions budgétaires, sur un complément de subventions de la Commission des fouilles des Affaires étrangères.

L'intervention de Germaine Ford De Maria

Une fois de plus, le destin se manifesta, puis s'imposa par un concours de circonstances fortuites, m'entraînant presque malgré moi vers une solution inattendue, inespérée pour toute mon équipe, et naturellement pour le plus grand bénéfice des recherches amorcées dans la Vallée des Reines.

Afin d'améliorer l'enquête dans la *Set Néférou*, je souhaitais, avant tout, doter le chantier du seul matériel susceptible de dégager la masse énorme des gravats accumulés en terrasses et en *kôms* sur toute l'aire de travail : je veux parler d'un tracteur et de bennes d'évacuation.

Je ne cessais d'en parler autour de moi, comptant sur une généreuse initiative. Plusieurs « bonnes intentions » étaient sur le point d'éclore, lorsque après une conférence sur la Vallée des Reines, à Cannes, Germaine Ford De Maria, ayant été alertée quelques mois auparavant, me fit connaître son intérêt pour l'œuvre entreprise et son désir de mieux être informée sur l'ensemble des besoins (et non seulement un tracteur!) indispensables à une réalisation intensive de mes projets, pour la durée des quatre années à venir.

Vallée des Reines avant la rénovation. Séance de « criblage » du remplissage des tombes, et accumulation des dépôts qui comblaient le site.

Germaine Ford De Maria visitant avec Christiane Desroches Noblecourt la Vallée, dont elle vient de rendre possible la rénovation.

Une intervention aussi généreuse et animée d'une telle profondeur de vues est un fait d'autant plus exceptionnel que les moyens affectés par Germaine Ford De Maria à la concrétisation de mes plans ont été dispensés dans un contexte parfaitement désintéressé. En effet, cette aide à l'égyptologie militante pour l'amélioration d'un site prestigieux ne devait rien – je le souligne – à une forme quelconque de mécénat moderne ou de « sponsoring », mais correspondait au désir de Germaine Ford de Maria de rendre hommage au président Anouar el-Sadate pour tous ses efforts en faveur de la paix entre musulmans et juifs. Par ailleurs, s'agissant d'une subvention strictement privée, il n'était pas question d'attendre « en retour » quelque objet à la suite d'un « partage », comme il est d'usage lorsque des institutions officielles font une demande de fouilles.

Les projets développés devant elle avaient rencontré un des aspects préférés de son action : la défense de l'environnement, pour lequel elle a tant lutté.

En effet – rien ne m'empêchait de rêver –, mon exposé portait sur le désir de redonner à cette Vallée perdue, autant que faire se pouvait, son aspect antique et de comprendre son message en le dégageant des couches de dépôt qui l'étouffaient, de retrouver les sépultures disparues et tous les éléments permettant de reconstituer l'histoire du site et de sa région.

Enfin, le dernier chapitre du projet envisagé était la création, sur place, d'un musée du site, retraçant ses avatars au cours de presque deux millénaires.

« Présentez-moi tout le programme tel que vous en envisagez le déroulement, chiffrez-le, n'omettez aucun détail. » Ce que je fis, sans oublier l'aménagement d'une maison de fouilles dans le désert, au sud de la Vallée, capable de loger une quinzaine de participants et de posséder des locaux de travail satisfaisants.

Un peu déroutée par l'importance de la somme en jeu, je décidai de proposer aussi un budget plus réduit, correspondant à des travaux de moindre envergure : en deux mots, la « grande », mais aussi la « petite » vitesse !

Après réflexion, Germaine Ford De Maria – me confia-t-elle bien plus tard – prit conseil de ses fils. Leur réponse fut : « Maman, si tu veux agir avec efficacité, fais-le bien, prends la grande vitesse ! »

La rénovation de la Vallée

Au bout de quelques mois, la maison de briques en terre crue située dans l'aire de l'ancienne capitale fondée par Aménophis III, à Malgatta, était devenue une imposante « base-vie » (dominée par son château d'eau). Chaque chambre-cellule était complétée par un local sanitaire muni d'une douche. Des salles de travail pour archéologues, architectes, un grand laboratoire photographique et son équipement technique avaient été aménagés. Tout était organisé pour que les missions puissent se succéder à deux reprises chaque année, durant une période de deux mois, au printemps et en automne. Le désert environnant, vivifié par l'apport de terre arable venant des cultures, se transforma rapidement – grâce à l'installation d'une ligne électrique et à une alimentation en eau, par captation de sources à la limite des champs – en une oasis verdoyante et fleurie.

La rénovation de la Vallée des Reines, dont je devins responsable, ajoutant cette manne inespérée aux ressources du CNRS et du CEDAE, allait permettre de 1984 à 1988, étant le plus grand chantier de fouilles d'Égypte, des efforts considérables pour transformer tout le cœur de la Vallée. Les niveaux parfois abaissés de deux à trois mètres donnèrent l'accès à de nombreux « puits » funéraires aussitôt dégagés et inventoriés. Notre connaissance du terrain en était d'autant améliorée. Progressivement, on découvrait un nouvel aspect de la nécropole : les puits conduisaient tous à des sépultures princières de la XVIIIe dynastie, aucunement sporadiques, comme on l'avait cru, mais très nombreux. Les noms des pharaons Thoutmosis et Aménophis apparaissaient parmi les reliques subsistant des mobiliers funéraires.

De magnifiques portraits des filles royales surgissaient des décombres. Leurs noms figuraient sur les vases d'albâtre. Armes et jeux d'enfants royaux étaient encore rappelés par leurs débris évocateurs. Les vestiges des sépultures d'« usurpation » plus tardives livraient, aussi, des témoins artistiques d'importance, tel cet ensemble de quatre vases canopes, dont trois des têtes figurent parmi les plus beaux exemples d'art animalier. Les docteurs A. et Ch. Macke se joignirent très vite bénévolement aux recherches pour étudier les centaines de corps momifiés de la Basse Époque, les procédés de momification et les corps révélant ethnies, traces d'accidents antiques,

Fouille d'une tombe à « puits », de la XVIIIᵉ dynastie.

Entrées de tombes à « descenderie » ou « à escalier » de la XXᵉ dynastie (secteur Nelson). *À gauche* : entrée de la tombe du prince Parêkerounemef ; *à droite* : entrée de la tombe inachevée, n° 45.

Extraction d'une lourde pierre.

Activité de fouilles : dégagement du centre de la Vallée.

Une fois criblés, les déchets sont, enfin, évacués hors de la Vallée.

déformations congénitales, etc. Des stagiaires vinrent s'initier au terrain, tels Frédéric Bellay, Andrew Ware, Isabelle Franco, récemment encore Marc Gabolde, puis continuèrent à collaborer régulièrement : ainsi, Isabelle Franco dont le nouveau doctorat a obtenu la plus haute mention – ou des « mordus » de l'égyptologie, transformés pour l'occasion en excellents photographes. Ils nous prêtèrent leur très précieux concours : Jean-Louis Clouard, opticien de métier, et Christian Chapoton, agent supérieur de l'UAP. De surcroît, nous avons pu bénéficier parfois de la participation de Marcel Kurz, de l'IGN, revenu ainsi, sur les lieux de ses relevés topographiques et photogrammétriques antérieurs. Enfin, des coopérants architectes se succèdent encore sur le terrain, pris en charge par le ministère des Affaires étrangères, tel Yves Laurent, Franck Bouilloc et Michaël Kallos.

Si les tombes ramessides, principalement dans le cœur de la Vallée et de son aile sud-est, permirent d'identifier les propriétaires de certaines d'entre elles, les prospections nous apprirent qu'elles ne constituaient pas l'ensemble des sépultures féminines de ces grandes familles royales, mais bien plutôt une sélection parmi les mères, Grandes Épouses royales et Filles Grandes Épouses. Les syringes des princes sont connues seulement sous le règne de Ramsès III. Pourtant, des inscriptions avaient révélé le creusement de sépultures préparées pour des fils de Ramsès II : on les recherche encore. Le cas est analogue pour une des deux premières Grandes Épouses de Ramsès II, Isis-Nofret, dont les images semblent être bannies de Nubie et de la région thébaine, mais un *ostracon* (c'est-à-dire un fragment de calcaire écrit en hiératique) relate bien « le travail dans la tombe destinée à Isis-Nofret », dans cette même Vallée. Les recherches n'ont pas encore abouti : après l'achèvement des fouilles dans la partie centrale de la Vallée, le dégagement des *ouadis* latéraux, déjà percés de puits du début du Nouvel Empire, pourrait réserver d'éventuelles découvertes dans leurs flancs rocheux.

Les visiteurs ayant abordé la *Set Néférou* avant les travaux de rénovation se souviennent sans doute de la dénaturation et de l'étouffement progressifs du site, provoqués de surcroît par les cabanes de vendeurs de souvenirs et de breuvages désaltérants, d'un encombrant transformateur électrique en forme de tourelle et du stationnement inacceptable de véhicules en tout genre. Les compagnies touristiques y introduisirent progres-

Étude de la tombe d'une reine anonyme (numéro 40 de la Vallée) par R. Antelme et Ch. Desroches Noblecourt.

Portrait d'une fille d'Aménophis III (?) trouvé près d'un puits funéraire pillé dans l'Antiquité (secteur Loyrette).

Trois des quatre vases canopes trouvés dans une tombe à puits, remployée après le Nouvel Empire (cliché Kurz) (secteur Lecuyot).

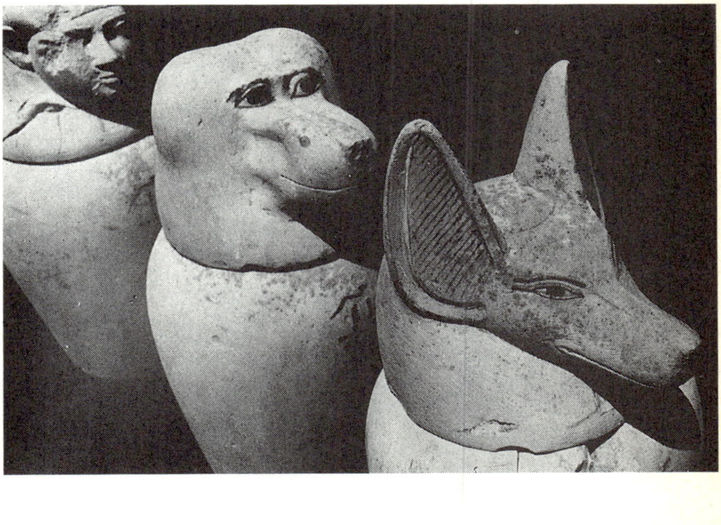

sivement d'immenses cars en stationnement, qui maintenaient leur moteur en marche pour assurer la climatisation. Leurs trépidations étaient aussi d'une grande nuisance pour des sépultures vraisemblablement encore recouvertes par la route moderne goudronnée, tout cela mêlé aux vapeurs des carburants, fatales aux peintures murales des syringes environnantes.

Après plusieurs entrevues avec l'actuel ministre de la Culture, M. Farouk Hosny, l'autorisation me fut accordée de libérer la Belle Vallée de tous ces parasites et de reporter cabanes de vendeurs et parkings sauvages hors de la nécropole. Enfin, le projet d'un *rest-house* d'accueil complet a été soumis au ministre, qui s'est engagé à le faire réaliser à l'emplacement prévu, avant l'entrée immédiate dans la Vallée.

Après ces déménagements essentiels, une majesté retrouvée règne sur la voie conduisant vers le centre de la nécropole, par ailleurs bordée de syringes ramessides, dont on découvre l'accès au sommet d'une longue terrasse. Les touristes entreprenant le parcours à pied peuvent, maintenant, contempler l'admirable cirque rocheux encerclant la vallée désertique s'ouvrant sur la plaine fertile.

Depuis ces années, Germaine Ford De Maria, dont l'intérêt pour la rénovation est pour nous un encouragement inestimable, vient partager notre vie de la nécropole et du désert, s'étant fait construire sa « cellule » sur la terrasse des salles de travail. A l'ombre de la Cime thébaine, elle domine ainsi les quatre points de l'horizon, établis par les vieux Égyptiens ; elle a tenu, depuis 1989, à prolonger son assistance aux travaux, mais cependant à un rythme moins intensif et pour une subvention naturellement moins importante.

Parallèlement aux recherches, dégagements, rapports de fouilles, publications de tombes, l'étude de restauration des tombes a été entreprise, non seulement pour la consolidation des décors et parois internes, mais pour leur architecture visible. En effet, la plupart du temps, des trous béants, au cours d'une séculaire dégradation, se sont substitués au cadre régulier de l'entrée des puits de la XVIIIe dynastie. Il s'agit de redonner à ces orifices informes une fermeture d'une discrète géométrie.

Aussi meurtries que les ouvertures des puits, se présentent la plupart des « descenderies » vers les syringes. Les escaliers sont de nos jours presque toujours privés de marches. Ces dernières ont été victimes des diverses occupations et des blocs de pierre, précipités sans égards pour les obstruer. Il convient maintenant de reconstituer sobrement les pans rocheux et l'auvent encadrant ces entrées, sans que l'œil ne soit heurté par des formes étrangères au paysage ménagé intentionnellement dans l'Antiquité.

Plus on a déblayé de terrain, plus on s'est efforcé de retrouver le sol antique, davantage on aperçoit combien discret était, à l'origine, l'aménagement du fond de l'*ouadi* central de la Vallée. Seules subsistent encore les traces de petites constructions artisanales en pierre sèche, où les décorateurs devaient entreposer leur matériel, dont les vestiges très émouvants ont été retrouvés. Ces locaux, constitués en hameaux, également dans les deux autres nécropoles royales (Vallée de l'Ouest et Vallée des Rois), auraient pu, exceptionnellement, devenir la propriété des artisans.

La constatation la plus étonnante pour une nécropole princière est donc l'absence totale de chapelles funéraires où le culte aurait pu être célébré, à l'image des tombes civiles voisines. Existait-il des constructions rituelles pour ces parents royaux, aux confins de la plaine, près des grands temples pharaoniques de « Millions d'Années » ? La réponse demeure encore en suspens.

De toute façon, pour comprendre cette nécropole et son intégration dans le cadre prestigieux choisi, il faut prospecter plus avant et dépasser la limite qu'instinctivement les fouilleurs du début du siècle avaient fixée au niveau de la tombe d'un des fils de Ramsès III, le prince Imenherkhopshef. Il s'agit, avant tout, de ne pas considérer le pan montagneux assez proche, aux strates « déversées », comme l'extrémité de la Vallée, mais d'observer avec attention, plus à droite, le fond de cet *ouadi*, choisi par les prêtres royaux et constituant la façade d'une imposante grotte.

La Grotte et son contexte

Tout au long des patientes enquêtes poursuivies dans la belle *Set Néférou*, une question revenait sans cesse à mon esprit : pourquoi donc le vizir de Pharaon, conseillé sans nul doute par les prêtres, avait-il choisi pour nécropole princière, au début de la XVIIIe dynastie, cet emplacement, certes, fort impressionnant, mais si vulnérable en raison de la friabilité de son calcaire et certainement menacé sporadiquement d'inondations, puisque dominé par une grotte susceptible, aux moments d'orages torrentiels, d'être alimentée par une cascade!

En effet, il n'existe pas, dans la nécropole, de tombes aux parois sculptées de bas-reliefs comme dans la Vallée des Rois. La roche, par endroits très délitée, a même contraint les artisans à l'abandon de certaines entrées de tombes, en cours de creusement. L'ensemble des hypogées présente, ainsi, des murs recouverts d'une préparation de plâtre fin, sur laquelle les artistes ont dû modeler légèrement les reliefs désirés, remarquablement enluminés de couleurs chatoyantes.

Quant aux risques d'inondation – ils étaient, certes, peu fréquents dans ce climat désertique. Toutefois des pluies diluviennes existaient, déferlant en trombe du haut de la montagne. Elles existent encore, très espacées, souvent courtes, mais lorsqu'elles se prolongent les ravages sont importants et s'étendent aux maisons, construites en briques de terre crue, dans les villages de la plaine.

Pour lutter contre ce danger, les architectes de Pharaon firent édifier une digue de gros rochers à la limite des dernières syringes, en direction de l'ouest. Cette digue-barrage, en partie effondrée, m'intriguait depuis longtemps.

Après l'avoir traversée, puis en gravissant la pente rocheuse et en suivant les traces millénaires d'un ravinement sporadique des eaux, on atteint le fond de la Vallée, devant la façade de la grotte, percée d'une haute et étroite ouverture, au pied de laquelle les traces d'un barrage plus petit subsistent encore. On laisse, sur la gauche, un petit bassin entouré d'une sorte de déambulatoire-parvis, puis on monte, alors, sept marches aménagées contre la paroi de droite, avec de grosses pierres roulées par les eaux, et l'on rencontre un troisième mur, fait d'énormes blocs donnant sur l'intérieur de la majestueuse grotte pansue et haute de 22,50 mètres. Son plafond, irrégulièrement ouvert, permettait certainement aux ramifications des *ouadis* du sommet de la terrasse montagneuse, de déverser l'eau des orages en une violente cascade. Ainsi, débordant du sein de la grotte et canalisé par les deux premiers murs, le torrent devait être arrêté par la grande digue construite en limite des premiers caveaux funéraires, et pour leur protection.

Il fallait donc, afin de rendre utilisable cette Vallée funéraire choisie selon les impératifs de son utilisation, vaincre coûte que coûte ces difficultés présentées par le site – au risque

Ruine du couvent (Deir Roumi) installé à l'entrée de la Vallée, complété par une église construite en partie sur une tombe antique.

Fond occidental de la Vallée : entrée de la grotte sacrée.

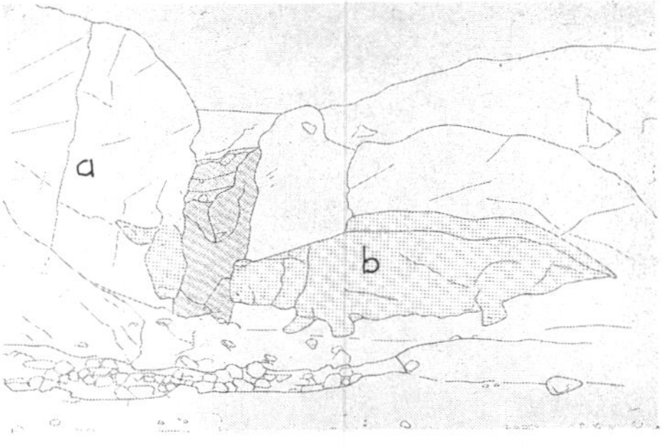

La façade présentait deux formes animales régularisées : a) tête de vache Hathor ; b) corps de l'hippopotame de Thouéris. (Croquis Lecuyot)

même d'affronter des accidents –, car elle avait dû être sélectionnée pour son aspect exceptionnel et rien ne devait contrarier cette prédestination. L'endroit était conditionné et sanctifié par la présence même de l'immense grotte naturelle, incarnant Hathor, à la fois la mort redoutée et l'amour désiré. Elle accueille en effet les défunts, les enlace irrésistiblement, puis porte en elle le germe de leur transformation pour les remettre au monde dans les sphères éternelles. Les montagnes, les carrières et les grottes lui sont consacrées, parfois même les souverains font creuser des chapelles rupestres afin d'obtenir de sa prodigieuse intervention l'entretien de leur jouvence sur terre (c'est le cas pour Ramsès à Abou Simbel), ou leur renouvellement d'éternité, ainsi que nous l'enseignent les niches excavées dans la montagne de Deir el-Bahari, pour les temples des Monthouhotep et des Thoutmosides.

Lorsque le flot des orages débouchait par la cascade et s'écoulait de son trop-plein jusqu'à la digue inférieure, on pouvait y reconnaître les eaux de la renaissance s'échappant du sein de la grande déesse, au moment de l'accouchement céleste de tous les souverains et princes défunts. Cet immense « jeu de la nature », qu'une main divine avait modelé, devait jouer un rôle d'une extrême importance pour toute la région.

Au reste, il est aisé de constater le soin pris par l'architecte d'Aménophis III pour fonder le temple de « Millions d'Années » de son souverain, dont il ne demeure maintenant presque plus de témoins, sauf les Colosses de Memnon. L'axe qui passe au milieu de la ligne droite joignant ces derniers, qui encadraient la porte du pylône, est dirigé, depuis la plaine thébaine où ils ont été dressés, vers le fond de la grotte. De cet endroit, on peut en sens inverse contempler le déploiement des deux ailes rocheuses du cirque se terminant en s'amenuisant régulièrement comme deux pans d'un châle, à l'entrée du site et en direction de la plaine fertile, au loin.

Dès qu'on pénètre dans la grotte, à droite, un grand éperon en surplomb, à sept mètres de hauteur, forme ce que l'on appelle un « abri sous roche ». Après l'avoir escaladé, nous avions déjà repéré, contre la muraille, des graffiti et images gravées ou peintes en ce seul endroit. Deux figurations de la Vache Hathor dont une tracée à l'ocre rouge, une autre encore, sans doute un graffiti préhistorique. Puis, une représentation différente de la déesse, toujours dessinée à l'ocre rouge, mais sous sa forme de jouvencelle : nous étions bien

…e prise du fond ouest de la grotte, en direction de la Vallée,
…rs l'est, avant la fouille du bassin.

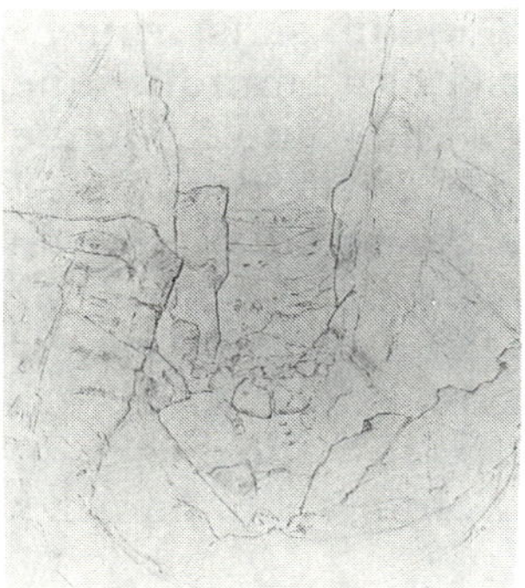

Croquis du bassin en cours de dégagement. (Lecuyot)

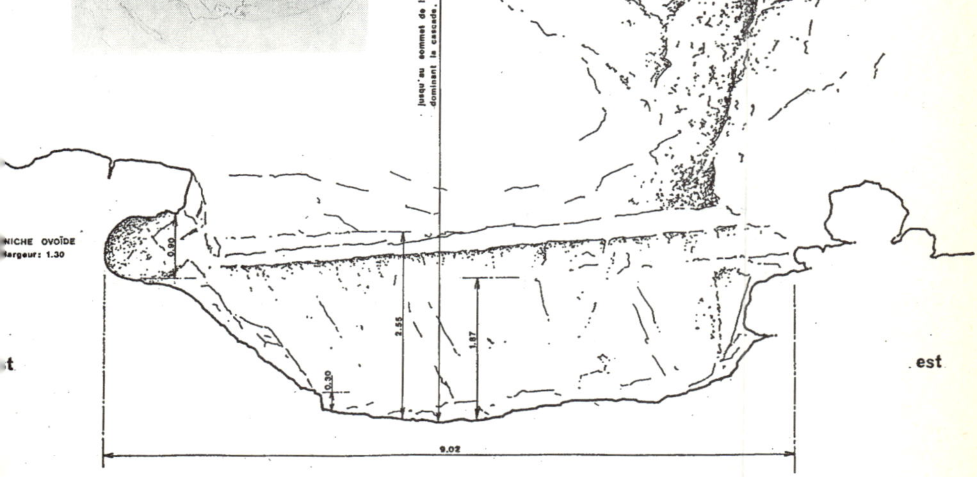

…oupe est-ouest du bassin, dominé par un abri-sous-roche, couvert de graffiti.
…elevé Bouilloc)

dans le domaine d'Hathor. Enfin, parmi les ex-voto des pèlerins, trois inscriptions précieuses complétaient les éléments mis à notre disposition pour l'enquête qui s'amorçait. Toutes faisaient allusion à des pluies torrentielles, appelées « eau du ciel » – l'une indiquant un orage survenu « en l'an 62 de Ramsès II » ; l'autre donnant une précision sur la trombe déversée : « L'an IV, le 27e jour du premier mois de la saison *shemou*, sous le règne de Merenptah », treizième fils de Ramsès II ; et la dernière, non datée, peut-être de l'époque de Ramsès III et remontant à « l'an II, le 24e jour du quatrième mois de la saison *shemou* » (c'est-à-dire juste avant la fin de l'année égyptienne et l'arrivée du jour de l'an). Ces pluies avaient dû, naturellement, impressionner les Thébains, enclins à y reconnaître l'œuvre de la déesse : ils n'avaient pas manqué de les enregistrer dans l'antre sacré.

La Grotte et son secret

Il me paraissait alors nécessaire d'interroger plus avant ces lieux extraordinaires et de fouiller son sol moderne qui affleurait la dernière marche de son escalier d'accès antique. Après avoir prélevé des couches de sable, de gravier, de poussière accumulés sur plus d'un mètre de profondeur, sans trouver aucun vestige dans ce remplissage, je constatai néanmoins que les parois rocheuses, ainsi dégagées, avaient de toute évidence été taillées de main d'homme. De plus, tout le côté droit, ainsi décelé, apparaissait bordé d'une sorte de corniche aménagée grâce à une épaisse strate prise dans la paroi.

Puis j'atteignis de gros rochers, en partie entassés les uns sur les autres, provenant évidemment du sommet de la grotte où l'ouverture actuellement irrégulière de la cascade avait dû être fracassée par l'effet d'une pluie diluvienne véhiculant les pierres des *ouadis* supérieurs.

A ce niveau, le remplissage du bassin était parsemé de fragments d'os, identifiés par les deux ostéologues de notre mission comme provenant de corps humains. Enfin, près de la base du dernier rocher tombé, les fragments de trois crânes. L'enquête s'étoffait ! Des pèlerins, vraisemblablement venus prélever ou recevoir la lustration de cette eau sacrée, avaient été surpris par l'effondrement des rochers. Leurs ossements fracassés furent répartis à l'époque par ce flot en tumulte sur toute la surface du bassin. Leur crâne, partiellement épargné, demeura en place. A la même hauteur, mais plus loin, apparut une magnifique jarre peinte en ocre, au fond brisé, datant le niveau archéologique environ de la XIXe dynastie et, par conséquent, celui de l'accident.

Je continuai le déblaiement de ce qui s'avérait comme un magnifique bassin, aux flancs taillés en pente, et dont la face orientale avait été dotée de trois marches réservées à même le calcaire pour atteindre les différents niveaux des eaux.

Arrivée au fond du bassin, à 2,50 mètres plus bas que la corniche, ce qui donne finalement à la grotte une hauteur totale de 25 mètres, je constatai que ses flancs, taillés en pente, avaient été jadis peints à l'ocre rouge : de nombreux vestiges de couleur subsistaient encore. Aux trois quarts de sa longueur, en direction de l'est et de l'escalier conduisant à l'entrée, l'ocre rouge avait cédé la place à l'ocre jaune. Je contemplai alors, sur tout le fond du bassin, une forme tendant à rappeler le plancher utérin de la Grande Vache, où devait se reformer le germe des trépassés. Tout y était évoqué, jusqu'à l'orifice de l'anus, sur la paroi ouest, et sous lequel avait été figuré le muscle sanguinolent de la génisse, apparaissant lorsqu'elle est « en chaleur », et qui était peint en ocre rouge très foncé.

De surcroît, au fond, sur trois niveaux superposés et littéralement agglomérés, des fragments de poteries également de couleur ocre rouge gisaient en quantité sur le sol. J'étais très probablement en présence des vestiges du « bris rituel des vases rouges », souvent cité et même parfois représenté, mais dont les traces n'avaient pas encore été retrouvés *in situ*. L'extraction de tous ces tessons, pris dans un véritable ciment de boue, requit une longue patience : ces précieuses poteries sont maintenant reconstituées. Mélangés au sable et graviers du fond du bassin, je récoltai également des éléments dont la diversité était étonnante : pied d'âne, os de porcelet, bois de cervidé, vertèbres de varan, os de patte de veau, entièrement passé à l'ocre rouge à l'extérieur et intérieur et tronçonnés avec une scie très fine, grenaille de cuivre, morceau de résine (ou d'ambre?), infimes fragments de feuilles d'or, débris de coquilles d'œufs d'autruche... Après enquête dans les écrits magiques et médicaux, j'établis qu'il s'agissait bien d'ingrédients utilisés pour éviter les accidents durant la grossesse : je venais de découvrir le giron de la divine mère..., le lieu de gestation mystique de l'enfant solaire, à l'image duquel les défunts royaux, et par la suite bourgeois et populaires, tentaient d'assimiler leur sort après leur trépas.

Le nourrisson solaire, on le sait, dès le début de l'histoire égyptienne se manifestait à sa naissance sous de multiples aspects, dans le contexte animal et végétal. On l'évoquait comme le « jeune veau à la bouche de lait », mais on le symbolisait aussi apparaissant sur un lotus : tel l'œil *oudjat*, ou bien le petit garçon nu accroupi, ou encore une simple tête humaine (le chapitre 81 du Livre des Morts lui est consacré). Le plus bel exemple plastique de cette image provient du Trésor de Toutânkhamon.

Un des noms du lotus est *nefer*, au pluriel *neferou*. La *Set Néférou*, nom antique de notre Vallée, ne serait-il pas tout simplement la « place *(set)* des Lotus », c'est-à-dire l'endroit où la renaissance mystique des défunts, alimentée par la Grotte sacrée, s'extériorisait dans ce cadre au sol si plat que, du fond de la prestigieuse caverne, on croyait voir apparaître, surgissant du monde de l'invisible, une sorte d'étang, d'où allaient émerger les lotus de la renaissance ?

Le symbole valait certainement pour le rituel royal et princier. La religion populaire s'en inspira sans doute très tôt, car dans les chapelles des tombes privées et sur les stèles funéraires le lotus offert aux défunts, ou tenu en main par ces derniers, matérialisa continuellement le souhait d'une aspiration à la renaissance. Le lotus et la Vache Hathor ont, au reste, toujours été rapprochés dans l'iconographie : guirlande de lotus au-dessus de la Vache divine, fleur de lotus suspendue à son cou, remplaçant son collier sacré, mangeoire en forme de lotus, souvent confondue avec le « vase de l'ivresse » qui donne la survie. Mieux encore, il existe, à partir du Nouvel Empire, dès l'époque d'Hatshepsout-Thoutmosis III, des coupes rituelles de bronze, au centre desquelles était fixée une statuette de la Vache sacrée. On sait qu'au moment de l'offrande, la silhouette animale était entourée de fraîches fleurs de lotus.

Telle fut mon enquête menée au fond de la Vallée des Reines, afin de rendre à ce site exceptionnel son aspect et sa signification profonde. Mes hypothèses, tout en étant fondées sur tant de preuves, attendaient encore une ultime confirmation. Elle me fut donnée sans tarder. Le 31 décembre 1990, une pluie torrentielle, comme on n'en avait pas vu à Thèbes depuis des décennies, couvrit brusquement la région entière, pendant toute la nuit. Le lendemain matin, le bassin était rempli d'eau claire jusqu'à la corniche : le trop-plein avait raviné

Découverte
des vases rouges
brisés rituellement
au fond du bassin.

Moussa, le spécialiste de la reconstitution des poteries.

Les vases brisés, aux formes multiples, ont été reconstitués.

jusqu'à l'aube et passé naturellement les deux petits barrages supérieurs. La grande digue du bas, dont j'avais achevé le remontage, trois semaines auparavant, arrêta le flot dans le bassin inférieur aménagé à sa base. Aucune infiltration ne se manifesta dans le secteur des caveaux, toute détérioration était de la sorte évitée. Réalité du bassin, puis efficacité du système des barrages étaient ainsi démontrés.

Restaient l'identification des rites accomplis sur cette aire sacrée, la raison d'être du bassin creusé, l'explication de l'accident de « pèlerins » supposés, etc. A ce propos encore, l'enchaînement des événements s'avéra providentiel. Mon collègue, le professeur Vernus, ayant assisté à une de mes conférences sur ce sujet, me rappela peu de temps après l'existence d'une stèle conservée au British Museum, quasiment inconnue car de lecture déroutante et imparfaitement traduite jusqu'alors. Elle avait été dédiée à la déesse Hathor par un habitant de la rive gauche de Thèbes, un certain Kenherkhopshef, petit-fils du Scribe de la Nécropole royale bien connu des égyptologues et portant le même nom. Il nous a laissé la description de son pèlerinage de piété personnelle, depuis l'antre d'Hathor à Deir el-Bahari jusqu'à la Vallée des Reines (dont les textes nous ont appris qu'elle est limitée, au nord, par un petit sanctuaire de Ptah) :

« *O Hathor... j'ai été mis au monde dans ton parvis, qui introduit au temple de* Djeseret *[celui de la reine Hatshepsout à Deir el-Bahari], à côté de la* Menset *[temple voisin d'Ahmès Nofrétari, reine divinisée]. J'ai mangé des pains d'offrandes auprès des grands esprits [les nobles défunts : pharaons ?]. J'ai déambulé dans la* Set Néférou *[la Vallée des Lotus]. J'ai passé la nuit dans ton parvis [devant la grotte]. J'ai bu de l'eau. J'ai brisé en morceaux [les vases] dans l'eau du parvis de la* Menet *[la Grotte]. J'ai immergé dans l'eau des joncs et les lotus, pour toi, dans le parvis de Ptah...* »

Tout y est, la description des lieux où notre homme aurait connu une « initiation » (naissance), la communion avec le pain, et l'arrivée après une sorte d'attente, telle celle des catéchumènes dans le narthex, à l'entrée de la grotte de la Vallée des Lotus – une fois effectuée la montée vers le fond du cirque –, la « communion » avec l'eau contenue dans le bassin de la grotte, dont on connaît enfin le nom (la *Menet*), et enfin

Musée du Louvre : la vache Hathor, contenue dans une coupe à libation, entourée des lotus de la renaissance (provenance : Deir el-Bahari ?).

Un des graffiti de la vache Hathor peint à l'ocre rouge, au fond de l'abri-sous-roche.

Musée du Caire : statue monumentale de la vache Hathor, sortant du marécage de papyrus pour faire apparaître le souverain qu'elle a, au préalable, allaité (*i. e.* nourri) dans son giron.

Trésor de Toutânkhamon (Le Caire) : tête de Toutânkhamon, tel le jeune soleil, sortant du lotus.

le « bris des vases au-dessus de l'eau » (traduction P. Vernus.) Pour finir, l'évocation du lotus apparemment « immergé » – cette offrande pour Hathor, dans la grotte de Ptah (limitant le nord de la Vallée) devait certainement clore le rite de celui qui aspirait à s'assurer l'éternité. Et ces lotus offerts *dans l'eau* devaient entourer la figurine de la Vache, au centre de la coupe de bronze – un des rares exemplaires connus – dont on sait, par un document testamentaire retrouvé dans la région même, que Kenherkhopshef l'avait héritée de sa mère.

Telle semble bien nous être expliquée la géographie symbolique de la *Set Néférou*.

Dominant le cœur de la nécropole, accordant sa puissante et agissante bénédiction sur la plaine des vivants, la Grotte, la *Menet*, immense chapelle commune à toutes les tombes, illustrant l'organe fécondé, assurait par l'œuvre même de la nature orageuse la survie des trépassés royaux, mais aussi celle des humbles mortels. Il s'agissait d'être informé de son message, mais ce langage de la pierre et du rocher était familier à l'Égyptien. De même reconnaissait-il, en la sainte Cime thébaine, pyramidale, une allusion directe au membre viril géniteur.

L'ultime touche à cette reconstitution du système vient de m'être apportée au cours de la dernière saison de fouilles dans la Vallée des Reines (novembre-décembre 1991). Un dégagement au sommet de la Cascade a révélé l'existence d'un vaste puits de « décharge » profond de sept mètres et destiné à neutraliser la puissance du déferlement des eaux des deux *ouadis* supérieurs réunis, les rares jours redoutables – et bénis –, de la chute de l' « Eau du Ciel ».

De la sorte, roches et fragments de terrain entraînés étaient reçus dans cette profonde cavité de filtrage qui permettait au seul surplus du torrent de rebondir ainsi « allégé » – tel l'ancêtre des *nymphées* –, dans le bassin, sans risquer alors d'obstruer le giron de la Déesse, par des chutes intempestives de blocs arrachés à la montagne, comme cela se produisit au préalable, ainsi que les traces de l'accident nous le prouvent. L'étude a révélé que le puits devait être vidé lorsqu'il était complètement rempli et cela jusqu'à une époque très tardive.

Il restait encore à interroger les fondations de la digue, ultime frontière entre la nécropole princière et l'arrivée imprévisible des eaux divines. A l'intérieur de l'aire ainsi délimitée, et contre le centre de la muraille de pierre, avait été plaquée une sorte de plate-forme, faite d'un amalgame de cailloux et de gravats, sur une longueur de quatre coudées (2,10 mètres environ) et une hauteur de deux coudées. A l'angle nord, une superbe coupe de poterie, bordée d'un liséré ocre rouge avait été déposée, limitant deux niveaux de revêtement de sol, pris entre deux épaisses couches de sable extrêmement fin. Le tout recouvrait deux lits superposés de charbon de bois, grossièrement écrasé, témoins de rites de consécration.

Puis, à la base de la plate-forme, de même que tout le long de la digue, sont apparus, en nombre assez considérable, des fragments de fer de météorites, parsemés intentionnellement, en une sorte de cordon prophylactique. Ce dernier réalisait, ainsi, matériellement, la formule de protection citée dans les textes et attribuée à la divinité, constituée en « *muraille de fer* » (météoritique) (le « mur d'airain » : *ineb n bia en pet,* littéralement *mur de miracle du ciel*). Curieusement, l'expression est encore employée, de nos jours, en Haute-Égypte, car ce furent intégralement les termes spontanés utilisés par un ouvrier de la fouille dégageant ces fragments.

Ainsi, deux éléments se retrouvaient, pour ce véritable circuit magique, dans leur rôle bien déterminé : l' « *l'Eau du Ciel* », nécessaire pour la renaissance des désincarnés, et, en conclusion, le « *Fer du Ciel* » avait pour mission de garantir l'intégrité des « Demeures d'Éternité ».

Pour conclure

Tout au long de ce parcours, le lecteur a pu constater combien la recherche égyptologique en bibliothèques, archives et musées doit être obligatoirement complétée par l'investigation sur le terrain.

Les circonstances – faut-il évoquer le destin ? – m'ont fait prendre des voies qui, pour n'être pas contradictoires, ne se rencontrent pas nécessairement : d'un côté le Musée, la recherche scientifique, l'étude au sein de la terre d'Égypte, l'enseignement dont la préparation m'a tant apporté ; de l'autre, mon attachement à la vie active et la part de civisme que chacun de nous doit consacrer à la défense des droits de l'homme et de son patrimoine culturel.

Sans doute est-ce, en partie, à cette conjoncture qu'il m'a été donné d'aborder et de mener à terme ce que je pourrais appeler l' « Aventure nubienne » : répondre aux réels objectifs de l'Unesco, au cours d'une période exceptionnelle pour l'Égypte, au détriment de mes objectifs propres, mais au bénéfice d'une action collective. Faire abstraction d'un intérêt personnel pour servir la cause de l'égyptologie, tel fut, au reste, l'esprit qui anima constamment nos grands devanciers dans leur itinéraire. Les entraves ne manquèrent pas, différentes certes, mais d'une âpreté analogue à celles rencontrées lorsqu'on s'efforce de bousculer les idées reçues et de parer aux embûches inévitablement dressées sur le chemin. Inertie, incompréhension, jalousie, lâcheté, furent les traditionnels et principaux obstacles à franchir, sans pour autant, perdre le sens de l'humour. Chaque fois que, devant tant des difficultés, naturelles ou provoquées, j'étais sur le point de céder à quelque découragement, surgissait alors un catalyseur, une personnalité exceptionnelle, et la voie se trouvait dégagée.

Cette confrontation avec le réel, bien éloignée de la quiétude recherchée par les habitués de calmes bureaux, semblait, a priori, presque incompatible avec mon métier de conservateur des Musées nationaux et de professeur à l'École du Louvre. Bien au contraire, cet effort permanent pour venir à bout de situations quasiment insurmontables et qui, par ailleurs, étaient bien loin d'être sans risques de tous ordres, me permit pourtant de mieux assumer mes tâches (et non pas d'être obnubilée par le déroulement d'une carrière) et, sans doute, aussi, de donner à mon action des horizons plus larges, en visant toujours l'essentiel.

Les réalités de l'Égypte moderne, que j'ai dû aborder, celles de l'intelligentsia des ministères comme de l'administration (la célèbre « routine »), la profonde amitié, l'affection même qui me lient à ces Égyptiens des villes comme à ceux des campagnes, constituent le trésor dans lequel j'ai puisé – souvent même inconsciemment –, pour mieux comprendre la mentalité des contemporains de Pharaon, très présente encore chez les hommes d'aujourd'hui, dans cette Égypte meurtrie par les graves crises qu'elle a su, et sait encore, surmonter tout à son honneur avec sa spécificité, dans ce Proche-Orient si bouleversé.

Sans tout ce faisceau d'expériences, il ne m'aurait pas été possible d'interroger aussi intensément les deux sanctuaires cosmiques d'Abou Simbel. Je n'aurais peut-être pas été suffisamment préparée pour élaborer la reconstitution de l'enseignement légué par Aménophis IV, au moyen de ses fantastiques piliers « osiriaques » de Karnak. Aurais-je, également, osé proposer le dialogue charnel qui inspira sans doute la forme de Philae, l'oiselle fécondée par le ferment de l'Éternel Retour ?

Ainsi, avoir combattu pour éviter la disparition des monuments de Nubie, véritables testaments de pierre, entre autres ceux d'Abou Simbel et de Philae, finit par m'inciter à tenter de lever le voile sur leur réelle signification.

Ce long cheminement vers l'interprétation d'un site et le décryptage de son message constitue un exemple type de mise en œuvre de la recherche archéologique. Sans doute, maintenant, le lecteur pourra-t-il mieux saisir mon ardeur à entreprendre, puis à défendre, la « Grande Nubiade ».

En fait, la rénovation de la Vallée des Reines apparaît comme le complément logique à l'action entreprise. En délivrant, afin de mieux comprendre son histoire, la nécropole de la chape qui l'étouffait, elle m'a permis de souligner l'extraordinaire sensibilité mystique des fils du Nil qui, il y a des millénaires, traduisaient, puis utilisaient, en une communion profonde avec leur génie constructeur, leur environnement naturel pour révéler le message tangible de leur Créateur.

Découverte d'une coupelle de fondation, sous plusieurs couches de sable fin, de *mouna* et de charbon de bois.

Fouille du puits au sommet de la Grotte et du ravin alimenté sporadiquement par l'« eau du Ciel » s'écoulant des ouadis supérieurs.

Du sommet du puits supérieur : vue sur le cheminement des eaux, la digue, le cœur de la Vallée des Reines et l'amorce de la plaine thébaine.

Tableau chronologique simplifié

ANCIEN EMPIRE (vers 2700-2200)
- IIIe dynastie (Djéser)
- IVe dynastie (Chéops, Chéphren, Mykérinos)
- V^{e} dynastie (Sahourê, Niouserrê, Ounas)
- VIe dynastie (Téti, Pépi)

Première Période Intermédiaire (vers 2200-2060)

MOYEN EMPIRE (2060-1786)
- XIe dynastie (Monthouthotep)
- XIIe dynastie (Amenemhat, Sésostris)

Deuxième Période Intermédiaire (1786-1550)

NOUVEL EMPIRE (1550-1080)
- XVIIe dynastie (Aménophis, Thoutmosis, Hatshepsout, Toutânkhamon)
- XIXe dynastie (Séthi Ier, Ramsès II)
- XXe dynastie (Ramsès III à XI)

Troisième Période Intermédiaire (1080-712)

Basse Époque (712-332)

Époque ptolémaïque (332-30)

Époque romaine (30 av. J.-C.-337 ap. J.-C.)

Époque chrétienne (337-641)

Conquête arabe (641)

L'Antiquité

Dans cet index, les noms des personnages royaux ou impériaux sont composés en gras; les noms des formes divines en italique, et les noms des civils en romain.

A

B

C

D

Les Contemporains

C

D

E

F

G

N

S

T

V

W

Y

Z

Lieux

A

B

C

D

E

F

G

T

U

V

W

Y

Z

Notabilia

D

E

F

G

H

I

N

O

P

R

S

T

U

V

Z

Table

Dans la même collection

Christiane Desroches Noblecourt

La femme au temps des Pharaons

Cette Égypte qui nous fascine avec ses pharaons légendaires, ses sarcophages d'or et ses pyramides mystérieuses s'est-elle faite *avec* ou *sans* les femmes? *Avec*, répond Christiane Desroches Noblecourt au terme d'un impressionnant travail de recherche et de décryptage.
Dans la société civile, la femme est l'égale de l'homme; comme lui, elle peut faire des études; elle peut hériter, tester, léguer. Au sein du couple les décisions se prennent à deux.
Dans le domaine royal, la Grande Épouse transmet le sang et l'héritage pharaonique; elle seconde et conseille le roi. Consécration ultime : une femme sur le trône; c'est l'extraordinaire histoire de la reine Hatshepsout, pharaonne pacifique, énergique, éclairée; le récit de l'expédition qu'elle organise à Pount pour y chercher des arbres à encens, des résines, des aromates, en échange de quelques verroteries, est stupéfiant d'audace et d'ingéniosité.
D'autres femmes participent au pouvoir : celles du Grand Harem du pharaon qui vont jusqu'à ourdir des complots; les vierges souveraines de Thèbes, Épouses du dieu, qui évincent les grands prêtres pour prendre le pouvoir religieux, concurrent du pouvoir royal.
Quant au monde divin qui imprègne toute la vie quotidienne, il est largement dominé par Isis, la magicienne, le modèle de l'épouse et de la mère dont le poète dit : « Tu as rendu le pouvoir des femmes égal à celui des hommes. »
Rempli d'anecdotes inattendues, d'histoires cocasses, de faits divers, d'intrigues et de légendes cosmiques; illustré de vingt-quatre pages de reproductions hors texte, de nombreux dessin in teste, *La femme au temps des Pharaons* donne une vision nouvelle et plus familière d'une époque dont on n'avait jusqu'aloes que l'image impériale et grandiose.

Christiane Desroches Noblecourt, médaille d'or du C.N.R.S., a été conservateur en chef du département égyptien du Louvre. Par son enseignement, ses écrits, en particulier par son best-seller sur Toutankhamon – traduit dans vingt-deux pays –, par son acharnement à sauvegarder les temples de Nubie, elle a contribué à faire connaître l'Égypte au grand public. Elle poursuit actuellement des recherches dans la Vallée des Reines, dont elle a entrepris, grâce à un mécénat, la rénovation.

Aubin Imprimeur
LIGUGÉ, POITIERS

Achevé d'imprimer en mai 1992
N° d'édition 8578 / N° d'impression L 40327
Dépôt légal mai 1992
ISBN 2-234-024099
54-07-4050-06
Imprimé en France

54-4050-01